**beck**|sche
**reihe**

**b**sr

Albert Schweitzers humanitäres Engagement in einem afrikanischen Urwald-Krankenhaus und seine Lehre von der Ehrfurcht vor dem Leben sind gerade in Krisenzeiten wichtige ethische Orientierungspunkte. Harald Steffahn hat in diesem Lesebuch die wichtigsten und schönsten Texte des Friedensnobelpreisträgers und Bestsellerautors versammelt. Es ist chronologisch nach den Lebensstationen Albert Schweitzers angelegt, von der Jugend in Günsbach bis zu den letzten Jahren in Lambarene. Alle Themen seiner großen Werke sind hier vertreten: Theologie, Musik und Literatur, Kulturphilosophie, Ethik und Politik. Wie ein roter Faden durchziehen Schweitzers autobiographische Texte den Band. So ist eine eindrucksvolle Dokumentation zu Leben und Werk Albert Schweitzers entstanden.

*Albert Schweitzer,* 1875–1965, ist als Theologe, Philosoph, Musikwissenschaftler und Tropenarzt weltweit bekannt. 1952 wurde ihm für seine medizinische Tätigkeit in Afrika der Friedensnobelpreis verliehen.

*Harald Steffahn,* geb. 1930, Historiker und Journalist, besuchte zweimal Lambarene und publizierte mehrere Bücher über Albert Schweitzer. Zuletzt erschien von ihm „Glanz und Elend der Deutschen" (2006).

# DAS ALBERT SCHWEITZER LESEBUCH

*Herausgegeben
von Harald Steffahn*

Verlag C. H. Beck

1. Auflage (Leinen). 1984
2. Auflage (Leinen). 1986
3. Auflage (Beck'sche Reihe). 1995

4. Auflage (Beck'sche Reihe). 2009

© Verlag C. H. Beck oHG, München 1984
Gesamtherstellung: Druckerei C. H. Beck, Nördlingen
Umschlagentwurf: malsyteufel, Willich
Umschlagbild: Erica Anderson
Printed in Germany
ISBN 978 3 406 59196 9

*www.beck.de*

# INHALT

Einleitung 7

## KINDHEIT UND JUGEND
### 1875–1893

Günsbach 17
Mülhausen 35
Der nüchterne Idealismus 51

## WISSENSCHAFT, PREDIGTAMT, KUNST
### 1893–1913

Studienjahre 59
Jesus, Bach und Orgelbau 74

## BLICK NACH AFRIKA
### 1904–1913

Die Entscheidung 90
«… Ringen mit der Müdigkeit» 110

## DAS SPITAL IM URWALD
### 1913–1917

Der weiße Fetischmann 131
Die Vorstellung vom «älteren Bruder» 153
Die Ehrfurcht vor dem Leben 171

## RESIGNATION UND ERMUTIGUNG
### 1918–1923

Heimkehr ins Tal  193
Das große Bekenntnis  206
Der Ruf aus Schweden  227


## NEUBEGINN IN LAMBARENE
### 1924–1927

Die ersten Gehilfen kommen  246
Hungersnot  265
Der kühne Entschluß  280


## AUSBAU UND FESTIGUNG
### 1927–1939

Goethe und Paulus  293
Vertrauen in Geist und Denken  310
«... endlich fertig sein»  326


## DIE BÜRDE DER HOHEN JAHRE
### 1939–1965

Lambarene wird Kampfgebiet  351
Der «idyllische» Atomkrieg  370
«... daß ich zu euch gehöre»  391


Anmerkungen  397
Zeittafel  399
Quellennachweise  405

# EINLEITUNG

«Er hat uns die Gründe wohl gesagt, aber verstanden haben wir ihn nicht ganz... Wir ahnten indes, daß es Berufung im höchsten Sinne war, gegen die es keine Einwendungen gibt.» Elly Heuss-Knapp schreibt dies über Albert Schweitzer in ihren Erinnerungen. Wie der erfolgreiche Wissenschaftler und Musiker in der Großstadtzivilisation von Straßburg und Paris sich 1904 zum Dienstberuf im äquatorialen Westafrika entschloß – dieser innere Lebensruf war, in Anlehnung an einen Ausdruck von Stefan Zweig, eine Sternstunde in der Geschichte des Humanen. Während der Privatdozent der evangelisch-neutestamentlichen Theologie, der Prediger und Organist zwei vieldiskutierte Bücher über die Geschichte der Leben-Jesu-Forschung und über Johann Sebastian Bach veröffentlicht und regelmäßig in den Konzerten der Pariser Bach-Gesellschaft den Orgelpart übernimmt, studiert er zugleich in Straßburg Medizin, um in einigen Jahren als Arzt in den französischen Kongo zu gehen und die Not der kranken Afrikaner zu lindern. Aus dieser Absicht wird er seine heimische Laufbahn abbrechen.

Der Dekan der medizinischen Fakultät, bei dem der schon 30jährige sich zum Studium anmeldete, betrachtete den Fall nüchterner als die Freundin Elly. Schweitzer: «Er hätte mich am liebsten seinem Kollegen von der Psychiatrie überwiesen.» Genau ein halbes Jahrhundert nach dem Entschluß, das menschliche Dienen über das Glück der weiteren wissenschaftlichen und künstlerischen Verwirklichung zu stellen, nahm der «Urwalddoktor» den Friedensnobelpreis in Oslo entgegen.

Er selber beschreibt eindrucksvoller, als jedes nachzeichnende Bemühen es könnte, wie er unter dem Verzicht gelitten, wie er im selben Maße das Helfenkönnen als immer neue Gnade erfahren habe; wie ihm zugleich auf andere Weise das Opfer ausgeglichen wurde durch – vorher nicht erahnte – Vertiefung seiner Orgelkunst in der urweltlichen Abgeschiedenheit und wie allein unter der Voraussetzung dieser Weltferne das ethische Prinzip der «Ehrfurcht vor dem Leben» gefunden werden konnte.

Er hat aber auch bescheiden der Größe seines Tuns alles Modellhafte, Exemplarische abgesprochen und den Vorbehalt strenger Selbstprüfung vor ähnliche Entschlüsse gerückt; nur ganz besondere Umstände dürften maßgebend sein, das Außergewöhnliche, Aus-der-Bahn-Werfende an die Stelle des vorgegebenen Normalen zu setzen. Nie verlor er aus dem Blick, wieviel Schicksalsgunst sich dem guten Willen zugesellen mußte, damit das Vorhaben gelingen konnte.

Dennoch wird der Leser solcher Bekenntnisse und Warnungen nicht einfach entlassen mit dem Hinweis darauf, seelische Zwänge wie jene seien eben unübertragbar. Niemand sucht folgenlos nähere Bekanntschaft mit diesem Sproß eines elsässischen Schulmeistergeschlechts, der in seinen Schriften immer auch Pädagoge ist. Unaufdringlich, doch bestimmt lenkt er das Bewußtsein auf das «Nebenamt», in welchem jeder etwas von sich als Mensch abgeben könne und müsse. Auch dies soll er uns selber erklären; man kann's nicht besser.

Dies will als Lob auf den Schriftsteller Schweitzer verstanden sein. Immer bezieht das geschriebene Wort bei ihm Kraft und Überzeugung aus der Einheit von Denken und Tat. Jede Zeile über das Mitleiden, die Barmherzigkeit, das Opfer, das Glück und seinen Preis im Leben, die Beistandspflicht gegenüber dem Schwächeren, vor allem der Kreatur, ist im Feuer der eigenen Bewährung gehärtet beziehungsweise läßt – wenn vorher verfaßt – erkennen, daß der Weg dieser Bewährung schon vor Augen liegt. Das macht Schweitzer so glaubwürdig. Leben und Lehre durchwirken einander; er erprobt seine Forderungen, er lehrt seine Praxis. Der Prediger, der 1905 den Kolonialismus als ausbeuterisch anprangert, mit dem Ausspruch, daß für jeden, der draußen sündigt, einer hinausgehen müsse, der hilft und heilt – er ist bereits innerlich im Aufbruch begriffen, hat sich entschieden, eben dies zu tun; der Kulturphilosoph, der 1915 die «Ehrfurcht vor dem Leben» als Grundgesetz des Sittlichen entdeckt und dann philosophisch begründet, hat Jahre vorher das Urwaldspital als Symbol dieser seiner Gedanken aufgebaut; das Verlangen an jeden, sich ein «Nebenamt» schlichten Menschentums zu schaffen, ist beglaubigt von dem eigenen Lebensopfer des Berufsabbruchs mitten im Genuß der Erfüllung und des Erfolgs.

Es wäre ein Irrtum, hieraus abzuleiten, Schweitzers Selbstzeugnisse schritten alle im Panzer tiefernster und asketischer Dienstgesinnung. Welche Frische allein in den Rückblicken auf die Kindheit und Jugend! Kundgebungen wohl eines früherwachten Gewissens sind es, aber Erlebnisse zugleich, voller Gärungen und Anpassungsmühen des Wachstums, in denen jeder sich wiedererkennt. Die anderen autobiographischen Stücke sind vom nämlichen Geist. Kein Irrtum wird unterschlagen, keine Gelegenheit für eine selbstironisierende Pointe ausgelassen; der Leser erhält Einblick in alle Quittungen für das bezahlte Lehrgeld. Den elsässischen Pfarrerssohn («Ich bin zu einem Drittel Arzt, zu einem Drittel Professor und zu einem Drittel Baumeister – dazu kommt ein Schuß wilder Mann») auf seinem Lebensweg zu begleiten ist eine gewinnreiche Wanderschaft. Unverbraucht und alterslos stehen diese Selbstdarstellungen in ihrer Kernsubstanz da, vielseitig, kompetent, erlebnisintensiv, aber gänzlich unsentimental, idealistisch, doch absolut nüchtern. Nur der Idealismus, der sich nicht über die Welt täuscht und ihr dennoch nicht resignierend erliegt, hat Bestand und bleibt vorbildhaft.

Dieser Meister des Einfachen und Allgemeinverständlichen (sogar in den meisten seiner Fachschriften) ist nicht das, was man einen glänzenden Stilisten nennt. Indes, damit ist wenig gesagt. Wenn das Grundsolide und Feste seiner menschlichen Erscheinung sich in einem Satzbau strenger Relativsatzanschlüsse und mitunter altfränkischer Ausdrucksweise spiegelt, so kompensieren die bildhafte Sprache, Humor und Wärme den Eindruck des Schwerblütigen. Zudem gewinnt die Darstellung an den eigenen Schicksalskreuzungen eine Einprägsamkeit und Leuchtkraft, die unvergeßlich sein kann, etwa das «Finden Afrikas» 1904 (geschrieben 1931), die Missionspredigt von 1905, die Schlußabschnitte der Jesus-Forschung 1913 und der Kindheitserinnerungen 1924 (jeweils unmittelbar vor der Ausreise nach Afrika), die Schilderung vom Auffinden des Ethik-Prinzips 1915 (geschrieben 1931) und der Epilog in diesem selben Buch («Aus meinem Leben und Denken»).

Das meiste Selbstkundliche entstand in den zwanziger Jahren des Jahrhunderts und etwas darüber hinaus, zwischen dem 46. und 57. Lebensjahr. Gemessen an der Aussagekraft dieser Schriften, deren Wirkung um so erstaunlicher ist, als sie teilweise unter abenteuerlichen Umständen des Arbeitsdrucks und der Unruhe geschaffen wurden – gemessen daran bieten die «Briefe aus dem Lambarene-Spital 1930–1954» bei allem Lesenswerten nicht mehr die Geschlossenheit der älteren Erzählstücke, auch wird der Berichtsstil spröder gegenüber den prallen Gemälden von früher. Das erste hat seinen Grund darin, daß Schweitzers Aufenthalte in Lambarene, seit genügend Ärzte ihm beistanden, häufiger mit Europareisen zum Teil längerer Dauer wechselten (abgesehen vom zweiten Weltkrieg), das zweite, weil immer mehr überbürdende Pflichten – nicht zuletzt durch den Ruhm, von dem er völlig schweigt – die hohen Jahre drückend belasteten.

Der Herausgeber eines anthologischen Schweitzer-Buches, eines Sammelbandes aus der vieltausendseitigen publizierten Hinterlassenschaft, muß vieles Wertvolle beiseite lassen, erreicht freilich im Ausgleich dazu unschwer die Wirkung eines dauerhaften Lesevergnügens, bei dem das Beste durch Verdichten noch enger aneinanderrückt. Die Frage ist nicht schwierig, mit welchen Druckbuchstaben sein Lebensweg zu pflastern sei. Schweitzer war so hilfreich, eine Anzahl Selbstdarstellungen zu verfassen, teils «aus einem Guß» gestaltet, teils in Form von periodisch geschriebenen Tätigkeitsberichten. Zur ersten Gruppe gehören «Aus meiner Kindheit und Jugendzeit» (1924) und «Aus meinem Leben und Denken» (1931), zur zweiten die «Mitteilungen aus Lambarene 1913–1914», die eine wesentliche Quelle für das Buch «Zwischen Wasser und Urwald» (1920) bildeten, die «Briefe aus Lambarene 1924–1927» und die «Briefe aus dem Lambarene-Spital 1930–1954». Aus alledem ist viel entnommen worden. Einige Privatbriefe an wichtigen Lebenseinschnitten, eine Reihe Predigten, Erzählungen aus Afrika, die erste Rede über Goethe ergänzen die Auswahl zur autobiographischen Seite hin.

Hinter dem reichhaltigen lebenskundlichen Fundgut stehen Schweitzers Fachpublikationen und populärwissenschaftliche Schriften an Umfang nicht zurück. Ein «Lesebuch» muß sich damit begnügen, hierin Einblicke zu vermitteln, ohne zu sehr ins Fachspezifische einzutauchen. Das gilt sowohl für die Jesus- und die Paulus-Forschung (1913, 1930) als auch für «Kultur und Ethik» (1923). Kerngedanken des Bach-Buches (1908) wurden nicht diesem selber, sondern der Kurzfassung in «Leben und Denken» entnommen. «Die Weltanschauung der indischen Denker» (1935) blieb unberücksichtigt, weil Schweitzers Grundauffassungen über asiatische Weltanschauung bereits in den Ausschnitten aus seinen Vorträgen über «Das Christentum und die Weltreligionen» von 1922 hervortreten.

Eine Sonderkategorie bilden die Appelle gegen die Atomgefahren («Friede oder Atomkrieg») 1958. Der über Achtzigjährige hatte sich noch in die schwierige Materie eingearbeitet, um sachkundig warnen zu können. Er war gedrängt worden, seine Autorität als Friedensnobelpreisträger vernunftstiftend einzusetzen. Die Aufrufe, für eine breite Öffentlichkeit gedacht, sind allgemeinverständlich gehalten, ebenso der Aufsatz von 1963, nach dem Moskauer Abkommen über die Beendigung der oberirdischen Versuchsexplosionen: «Der Weg des Friedens heute». Damals war der große Humanist 88 Jahre alt. Sein ganzes letztes Lebensjahrzehnt – er starb mit neunzig Jahren – war belastet von der Sorge um die Zukunft der Menschheit, um ihr Überleben.

Alles Streichen, alles Weglassen ist subjektiv; jeder wird hier im einzelnen anders verfahren. Bedingung bleibt, ein Lebensbild entstehen zu lassen, das die Gewichte möglichst so verteilt, daß jener, dem das Bemühen gilt, mutmaßlich zufrieden wäre. Schweitzer muß in der Vielheit seiner Wesensäußerungen und Schaffensbereiche hervortreten, muß an den dramatischen Wendepunkten nachzuerleben sein, und aber vor allem ausführlich mitteilen dürfen, was ihm aus der Sicht der zweiten Lebenshälfte und besonders des Alters als das Wichtigste erschien. Das war Lambarene, das war die «Ehrfurcht vor dem Leben», beides untrennbar verwoben. Seinen Weg nach Afrika brachte der 86jährige im Gespräch auf die diskussionslos knappe Formel: «Ich mußte es ja tun.»

Zur inneren Wahrheit des Ganzen gehört, die Anschauungen des Spitalgründers auch dort sprechen zu lassen, wo sie aus heutigem politischem Wandel unbequem oder gar anachronistisch erscheinen. Jeder Kenner weiß, daß damit die Vorstellung vom «älteren Bruder» gemeint ist, als welchen Schweitzer sich gegenüber seinen schwarzen Schutzbefohlenen stets verstand. Wer ohne Vorurteil auf sich wirken läßt, was er über Gründung, Neubau und Ausbau Lambarenes im Kontext mit dem

Sozialverhalten der Stämme jener Urwaldregion liest, wird zugestehen, daß der weiße Doktor in der gegebenen Lage kaum zu anderen Urteilen gelangen konnte; traf er doch auf eine Mentalität, die – bei vielfach liebenswürdigen Naturanlagen – zivilisatorisch urtümlich, archaisch war.

Bei genauem Hinschauen hatte sich die Anschauung auch nicht gewandelt, als er Ende 1951 im Vorwort für die französische Ausgabe von «Wasser und Urwald» schrieb, wir müßten uns darein finden, uns nicht mehr als die älteren Brüder zu fühlen und nicht mehr als solche zu handeln. So habe der Zeitgeist entschieden. Einen Absatz weiter bedauert er die Preisgabe des patriarchalischen Prinzips – immer aus der Sicht seiner täglichen Erfahrungen, die eben andere waren als in fortgeschritteneren Regionen Afrikas. Wer ihn in den letzten Lebensjahren auf dem Bauplatz im Spital erlebte, wie Faust am Meeresufer Land gewinnend, dem Wohnen nutzbar machend, fand in ihm unverändert den Patriarchen wie eh und je – und jeder seiner schwarzen Mitarbeiter und Patienten respektierte ihn bedingungslos. Das aber war nur möglich, weil sie erkannten, daß er ebenso bedingungslos für sie da war und sein Leben bis in die höchsten Tage im Dienst für sie verbrauchte. Eine seiner letzten öffentlichen Äußerungen, am Tage des Goldenen Afrika-Jubiläums im April 1963, brachte diese Haltung unzweideutig zum Ausdruck! «... daß ich zu euch gehöre bis zu meinem letzten Atemzuge». Wer die mitunter scheltende Stimme des Alten von Lambarene noch im Ohr hat, weiß auch, daß er die liebte, die er schalt. In seinen Schriften bekennt er die Zuneigung oft.

Bei der Frage, ob die Texteauswahl systematisch oder chronologisch angelegt sein sollte, fiel die Entscheidung nicht schwer. Systematik, gewiß, gewährleistet bei einem weitgespannten Geist wie Schweitzer den klareren Überblick über die Fachgebiete, läßt mich, den Leser, ihn leichter in Schubfächer katalogisieren, nach Sachgebieten einordnen. Wir gehen aber meistens nicht mit dem Blick des Spezialisten an ein Buch dieser Art, sondern mit dem Interesse am Menschen Albert Schweitzer. Und den wollen wir wachsen und sich entwickeln sehen, wobei sich ja auch in seinem originalen Daseinsablauf die Fachbereiche nicht säuberlich voneinander schieden. In gedrängter Dichte standen sie beieinander in mitunter täglichem, ja stündlichem Wechsel. Goethe war auch nicht heute der Zeichner, morgen der Finanzminister seines Fürstentums, ein andermal der Lyriker oder Anatom, sondern mitunter alles zugleich und nebeneinander. In der Fähigkeit, ohne Übergangsschwierigkeiten in ihren verschiedensten Tätigkeits- und Begabungsrichtungen augenblicklich präsent und konzentriert zu sein, und das in dauerndem Wechsel, ähnelten Schweitzer und der ihm «existentiell» verwandte und von ihm tief verehrte Weimarer einander auffallend.

Die nachfolgenden Texte wollen in ihrer Anlage und Aufeinanderfolge ein Stufenbild von Schweitzers Leben bieten, wobei sie logisch nach dem Erlebens- und Geschehenszeitraum eingeordnet sind (soweit Ereignis und Druck zeitlich differieren). «Aus meiner Kindheit und Jugendzeit» wurde 1924 von dem 49jährigen veröffentlicht; hier aber stehen die Kindheitsrückblicke am Anfang. «Aus meinem Leben und Denken» wurde 1931 abgeschlossen und gedruckt; hier wird der Inhalt über die ganze Strecke vom Beginn des Studiums 1893 bis 1931 verteilt. «Zwischen Wasser und Urwald» entstand 1920; die Schilderung der ersten Afrikajahre 1913–1917 kann aber darauf nicht warten. Die «Straßburger Predigten» erschienen erst 1966, ein Jahr nach dem Tode; Stücke daraus lesen wir aber schon an den Lebensstationen 1905, 1907, 1919. Lebenschronologie also, nicht Druckchronologie ist das Prinzip.

Wir folgen einem berühmten Lebensgang vom letzten Viertel des 19. Jahrhunderts über zwei Drittel des zwanzigsten hin, vom sterbensschwachen Säugling bis zum robusten Greis, der 1963 bekennt: «Mit 88 Jahren darf ich noch in der schönen Arbeit stehen. Wem ist solches verliehen gewesen?» Das ist der demutvolle Christ, der als 56jähriger vorausschauend zu jedem Verzicht bereit gewesen war, wenn er ihm auferlegt werden würde, der fröhliche Weltbürger zugleich, der eines Tages in höheren Jahren augenzwinkernd verkündet hatte: «Ich habe beschlossen, neunzig zu werden.» Die Zeitspanne wurde gewährt, der Vertrag mit der Ewigkeit bis dahin verlängert.

Die weltweite Verehrung und Popularität im Alter rief naturgesetzlich Kritik und Anfeindung herauf. Nach der großen Zäsur von 1965 wurde es stiller um Albert Schweitzer, freilich nicht still bis zum Vergessen. Zuviel an ethischen Energien hatte er ausgestrahlt, als daß sie nicht weiterhin die Atmosphäre erfüllen mußten. In demoskopischen Umfragen der folgenden Jahrzehnte stand sein Name beharrlich an der Spitze der großen Vorbilder oder ganz vorn unter ihnen. Zunehmend werden wir alle gewahr, daß Sehnsucht nach der Humanität im Wachsen begriffen ist. Das Buch möchte hilfreich sein, uns eine ihrer großen Verkörperungen erneut vor Augen zu führen.

Harald Steffahn

# KINDHEIT UND JUGEND
1875–1893


## Günsbach

Ich wurde am 14. Januar 1875 in dem Städtchen Kaysersberg im Oberelsaß geboren, in dem Häuschen mit dem Türmchen links am oberen Ausgang des Ortes. Mein Vater bewohnte es als Pfarrverweser und als Lehrer der kleinen evangelischen Gemeinde des zum größten Teile katholischen Ortes. Seitdem das Elsaß französisch geworden ist, ist die kleine Pfarrei eingegangen. In dem Häuschen mit dem Türmchen ist nun die Gendarmerie untergebracht. Ich folgte als das zweite Kind auf eine um ein Jahr ältere Schwester.

Nach diesem Kaysersberg ist der berühmte mittelalterliche Prediger Geiler von Kaysersberg (1445–1510), der am Straßburger Münster predigte, benannt. In Schaffhausen in der Schweiz geboren, wuchs er nach dem Tode seines Vaters in Kaysersberg bei seinem Großvater auf. Das Jahr 1875 war ein ausgezeichnetes Weinjahr. Als Knabe habe ich mir sehr viel darauf eingebildet, in der Stadt Geilers von Kaysersberg und in einem berühmten Weinjahr geboren zu sein.

Ein halbes Jahr nach meiner Geburt siedelte mein Vater als Pfarrer nach Günsbach im Münstertal über. Meine Mutter war eine Münstertälerin. Sie war die Tochter des Pfarrers Schillinger zu Mühlbach, hinten im Tal.

Als wir nach Günsbach kamen, war ich ein sehr schwächliches Kind. Bei der Installation meines Vaters hatte mich meine Mutter, so schön sie es nur konnte, in einem weißen Kleidchen mit farbigen Bändern herausgeputzt. Aber keine der zur Feier gekommenen Pfarrfrauen der Umgebung wagte, ihr ein Kompliment über das magere Kindchen mit dem gelben Gesichtchen zu machen. Alle ergingen sie sich in verlegenen Redensarten. Da konnte sich meine Mutter – sie hat es mir oft erzählt – nicht mehr beherrschen. Sie flüchtete mit mir in das Schlafzimmer und weinte heiße Tränen über mir. Einmal hielt man mich gar für tot. Aber die Milch der Kuh des Nachbars Leopold und die gute Luft Günsbachs taten Wunder an mir. Vom zweiten Jahre an gesundete ich und wurde ein kräftiger Knabe.

Im Pfarrhause von Günsbach verlebte ich mit drei Schwestern und einem Bruder eine schöne Kindheit. Ein sechstes Kind, ein Mädchen, Emma genannt, wurde meinen Eltern durch einen frühen Tod entrissen.

Meine erste Erinnerung ist der Teufel. Mit drei oder vier Jahren durfte ich schon alle Sonntage mit in die Kirche. Ich freute mich die ganze Woche darauf. Noch fühle ich auf meinen Lippen die Zwirnhandschuhe unserer Magd, die mir die Hand auf den Mund legte, wenn ich gähnte oder zu laut mitsang. Jeden Sonntag nun erlebte ich es, daß aus blitzendem Rahmen oben seitwärts von der Orgel herunter ein zottiges Antlitz sich hin und her wendend in die Kirche herunterschaute. Es war sichtbar, solange die Orgel spielte und der Gesang dauerte, verschwand, sobald mein Vater am Altar betete, kam wieder, sowie wieder gespielt und gesungen wurde, verschwand wieder, sobald mein Vater predigte, um nachher zu Gesang und Orgelspiel noch einmal zu erscheinen. «Dies ist der Teufel, der in die Kirche hereinschaut», sagte ich mir. «Wenn dein Vater mit dem Worte Gottes anfängt, muß er sich davonmachen.» Diese allsonntäglich erlebte Theologie gab den bestimmenden Ton in meiner kindlichen Frömmigkeit an. Erst viel später, als ich schon längere Zeit in die Schule ging, wurde mir klar, daß das zottige Antlitz, das so merkwürdig kam und verschwand, dem Vater Iltis, dem Organisten, angehörte und in dem Spiegel erschien, der an der Orgel befestigt war, um den Organisten schauen zu lassen, wann mein Vater an den Altar oder auf die Kanzel trat...

Auf die Schulzeit habe ich mich nicht gefreut. Als mein Vater mir an einem schönen Oktobertage zum ersten Male die Schiefertafel unter den Arm gab und mich zur Lehrerin führte, weinte ich den ganzen Weg lang. Ich ahnte, daß es mit dem Träumen und der herrlichen Freiheit zu Ende sei.

Auch später hat sich mein Ahnen nie von dem schönen Schein, in dem sich das Neue darbot, blenden lassen. Immer bin ich ohne Illusionen in das Unbekannte hineingestiegen.

Einen großen Eindruck machte mir die erste Visitation des Schulinspektors, und zwar nicht nur deswegen, weil die Lehrerin vor Aufregung mit den Händen zitterte, als sie ihm das Klassenbuch reichte, und der Vater Iltis, der sonst so streng aussah, in einem fort lächelte und sich verbeugte. Nein, was mich so bewegte, war, daß ich zum ersten Male einen Mann von Angesicht sah, der ein Buch geschrieben hatte. Sein Name – er hieß Steinert – war es, der auf dem grünen Lesebuch der Mittelstufe und auf dem gelben Lesebuch der Oberstufe stand. Und nun hatte ich den Schreiber dieser zwei Bücher, die für mich gleich nach der Bibel kamen, leibhaftig vor mir. Sein Aussehen war nicht imposant. Er war klein, hatte einen Kahlkopf, eine rote Nase, ein dickes Bäuchlein und stak in einem grauen Anzug. Für mich aber war er von einem Glorienschein umflossen, denn es war eben der Mann, der ein Buch geschrieben hatte. Es schien mir unfaßlich, daß die Lehrerin und der Lehrer mit ihm wie mit einem gewöhnlichen Menschen redeten.

Auf das erste Zusammentreffen mit einem Bücherschreiber folgte bald ein zweites, noch größeres Erlebnis. Ein Jude aus einem Nachbardorfe, Mausche genannt, der Vieh- und Länderhandel trieb, kam mit seinem Eselskarren zuweilen durch Günsbach. Da bei uns damals keine Juden wohnten, war dies jedesmal ein Ereignis für die Dorfjungen. Sie liefen ihm nach und verspotteten ihn. Um zu bekunden, daß ich anfing, mich als erwachsen zu fühlen, konnte ich nicht anders, als eines Tages auch mitzumachen, obwohl ich eigentlich nicht verstand, was das sollte. So lief ich mit den andern hinter ihm und seinem Esel her und schrie wie sie «Mausche! Mausche!» Die Mutigsten falteten den Zipfel ihrer Schürze oder ihrer Jacke zu einem Schweinsohr zusammen und sprangen damit bis nahe an ihn heran. So verfolgten wir ihn vors Dorf hinaus bis an die Brücke. Mausche aber, mit seinen Sommersprossen und dem grauen Bart, ging so gelassen fürbaß wie sein Esel. Nur manchmal drehte er sich um und lächelte verlegen und gütig zu uns zurück. Dieses Lächeln überwältigte mich. Von Mausche habe ich zum ersten Male gelernt, was es heißt, in Verfolgung stillschweigen. Er ist ein großer Erzieher für mich geworden. Von da an grüßte ich ihn ehrerbietig. Später, als Gymnasiast, nahm ich die Gewohnheit an, ihm die Hand zu geben und ein Stückchen Wegs mit ihm zu gehen. Aber nie hat er erfahren, was er für mich bedeutete. Es ging das Gerücht, er sei ein Wucherer und Güterzerstückler. Ich habe es nie nachgeprüft. Für mich ist er der Mausche mit dem verzeihenden Lächeln geblieben, der mich noch heute zur Geduld zwingt, wo ich zürnen und toben möchte.

Ich war nicht händelsüchtig. Aber ich liebte, in freundschaftlichem Raufen meine Körperkräfte mit andern zu messen. Eines Tages, auf dem Nachhausewege von der Schule, rang ich mit Georg Nitschelm – er ruht nun schon unter der Erde –, der größer war und für stärker galt als ich, und bezwang ihn. Als er unter mir lag, stieß er hervor: «Ja, wenn ich alle Woche zweimal Fleischsuppe zu essen bekäme wie du, da wäre ich auch so stark wie du!» Erschrocken über dieses Ende des Spiels, wankte ich nach Hause. Georg Nitschelm hatte mit böser Deutlichkeit ausgesprochen, was ich bei anderen Gelegenheiten schon zu fühlen bekommen hatte. Die Dorfknaben ließen mich nicht ganz als einen der Ihrigen gelten. Ich war für sie der, der es besser hatte als sie, das Pfarrerssöhnle, das Herrenbüble. Ich litt darunter, denn ich wollte nichts anderes sein und es nicht besser haben als sie. Die Fleischsuppe wurde mir zum Ekel. Sowie sie auf dem Tisch dampfte, hörte ich Georg Nitschelms Stimme.

Nun wachte ich ängstlich darüber, mich in nichts von den andern zu unterscheiden. Auf den Winter hatte ich einen Mantel bekommen, aus einem alten meines Vaters gemacht. Aber kein Dorfknabe trug einen Mantel. Als der Schneider mir ihn anprobierte und gar noch sagte: «Potztausend, Albert, jetzt bist du bald ein Monsieur!», verbiß ich mit Mühe die Tränen. Am Tage aber, wo ich ihn zum ersten Mal anziehen sollte – es war an einem Sonntagmorgen zur Kirche –, weigerte ich mich. Es gab einen üblen Auftritt. Mein Vater verabreichte mir eine Ohrfeige. Es half nichts. Man mußte mich ohne Mantel zur Kirche mitnehmen.

Jedesmal nun, wenn ich den Mantel anziehen sollte, gab es dieselbe Geschichte. Was habe ich wegen dieses Kleidungsstückes Schläge bekommen! Aber ich blieb standhaft.

In demselben Winter nahm mich meine Mutter mit nach Straßburg, einen alten Verwandten zu besuchen. Bei dieser Gelegenheit wollte sie mir eine Kappe kaufen. In einem schönen Laden probierte man mir etliche auf. Zuletzt einigten sich meine Mutter und die Verkäuferin auf eine schöne Matrosenmütze, die ich gleich aufbehalten sollte. Aber sie hatten die Rechnung ohne den Wirt gemacht. Die Mütze war für mich unannehmbar, denn kein Dorfknabe trug eine Matrosenmütze. Als man in mich drang, diese Mütze oder ein anderes von den aufprobierten Dingern zu nehmen, führte ich mich so auf, daß der ganze Laden zusammenlief. «Ja, was willst du denn für eine Kappe, du dummer Bub?» fuhr mich die Verkäuferin an. «Ich will keine von euren neumodischen, ich will eine, wie sie die Dorfknaben tragen.» Also sandte man ein Ladenfräulein aus, die mir dann aus den Ladenhütern eine braune Kappe brachte, die man über die Ohren herunterklappen konnte. Freudestrahlend setzte ich sie auf, während meine arme Mutter ein paar schöne Bemerkungen und höhnische Blicke für ihren Tölpel einheimste.

Ich litt darunter, daß sie sich meinetwegen vor den Stadtleuten schämen mußte. Aber sie schalt mich nicht, als ahnte sie, daß etwas Ernstes dahinterstecke.

Dieser schwere Kampf dauerte so lange, als ich auf der Dorfschule war, und verbitterte nicht nur mir, sondern auch meinem Vater das Leben. Ich wollte nur Fausthandschuhe tragen, denn die Dorfjungen trugen keine andern. An Wochentagen wollte ich nur in Holzschuhen gehen, denn sie hatten die Lederschuhe auch nur am Sonntag an. Jeder Besuch, der kam, fachte den Konflikt aufs neue an, denn da sollte ich mich in «standesgemäßer» Kleidung präsentieren. Im Hause selbst machte ich alle Konzessionen. Aber sowie es sich darum handelte, als Herrenbüble gekleidet mit dem Besuch auch spazierenzugehen, war ich wieder der unausstehliche Kerl, der seinen Vater erzürnte, und der mutige Held, der Ohrfeigen hinnahm und sich in den Keller sperren ließ. Und ich litt schwer darunter, gegen meine Eltern widerspenstig zu sein. Meine Schwester Luise, die ein Jahr älter war als ich, hatte Verständnis für das, was ich durchmachte, und war rührend für mich.

Die Dorfknaben wußten nicht, was ich ihretwegen ausstand. Sie nahmen alle meine Anstrengungen, in nichts anders zu sein als sie, gelassen hin ... um mich dann, beim geringsten Zwist, mit dem furchtbaren Wort «Herrenbüble» zu verwunden.

Gleich in meiner ersten Schulzeit mußte ich mit einem der schwersten Erlebnisse, die die Schule des Lebens für uns bereithält, fertig werden. Ein Freund verriet mich. Dies ging so zu. Als ich zum erstenmal das Wort «Krüppel» hörte, wußte ich nicht recht, was mir darunter vorstellen. Er erschien mir geeignet, einem besonders starken Mißfallen Ausdruck zu geben. Als solches eignete ich es mir an. Die neu gekommene Lehrerin, Fräulein Goguel, hatte meine Gunst noch nicht erworben. Also wurde sie mit dem geheimnisvollen Worte bedacht. Darum, als ich mit meinem liebsten Kameraden die Kühe hütete, vertraute ich ihm mit geheimnisvoller Miene an: «Das Fräulein ist ein Krüppel. Aber du sagst es niemand.» Er versprach es.

Kurze Zeit darauf hatten wir auf dem Wege zur Schule einen Disput miteinander. Auf der Treppe raunte er mir dann zu: «Gut, jetzt sag ich aber dem Fräulein, daß du es Krüppel geheißen hast.» Ich nahm die Drohung nicht ernst, denn ich hielt solchen Verrat nicht für möglich. In der Pause aber ging er wirklich ans Pult und meldete: «Fräulein, der Albert hat gesagt, daß du ein Krüppel bist.» Die Sache hatte keine Folgen, denn die Lehrerin verstand nicht, was die Anzeige bedeuten sollte. Ich aber konnte das Schreckliche nicht fassen. Das erste Erleben von Verrat schlug alles in Scherben, was ich bisher vom Leben gedacht und erwartet hatte. Ich brauchte Wochen, bis ich mich damit abgefunden hatte. Nun war ich wissend geworden über das Leben. Ich trug die bittere Wunde an mir, die es uns allen schlägt und die es durch immer neue Streiche offenhält. Von den Streichen, die ich seitdem empfangen habe, waren manche schwerer als der erste. Aber so geschmerzt wie jener hat keiner.

Schon vor meiner Schulzeit hatte mein Vater begonnen, mich auf einem alten Tafelklavier in Musik zu unterrichten. Von Noten spielte ich nicht viel ab. Meine Freude war, zu improvisieren und Lieder und Choralmelodien mit selbst erfundener Begleitung wiederzugeben. Als nun in der Gesangstunde die Lehrerin fortgesetzt den Choral Note für Note ohne Begleitung anschlug, empfand ich dies als nicht schön und frug sie in der Pause, warum sie ihn nicht richtig mit Begleitung spiele. Im Eifer setzte ich mich an das Harmonium und spielte ihr ihn schlecht und recht mehrstimmig aus dem Kopfe vor. Da wurde sie sehr freundlich zu mir und schaute mich merkwürdig an. Aber selber tippte sie den Choral auch weiterhin immer nur mit einem Finger. Da ging mir auf, daß ich etwas konnte, was sie nicht konnte, und ich schämte mich, ihr mein Können, das ich für etwas ganz Selbstverständliches angesehen hatte, vorgemacht zu haben.

Im übrigen war ich ein stiller und verträumter Schüler, der Lesen und Schreiben nicht ohne Mühe erlernte...

Als ich acht Jahre alt war, gab mir mein Vater, auf mein Bitten, ein Neues Testament, in dem ich eifrig las. Zu den Geschichten, die mich am meisten beschäftigten, gehörte die von den Weisen aus dem Morgenland. Was haben die Eltern Jesu mit dem Gold und den Kostbarkeiten gemacht, die sie von diesen Männern bekamen? fragte ich mich. Wie konnten sie nachher wieder arm sein?

Ganz unbegreiflich war mir, daß die Weisen aus dem Morgenland sich später um das Jesuskind gar nicht mehr bekümmerten. Auch daß von den Hirten zu Bethlehem nicht erzählt wird, sie seien nachher Jünger Jesu geworden, gab mir schweren Anstoß.

Im zweiten Schuljahr hatten wir zweimal wöchentlich Schönschreibstunde beim Lehrer, der gerade vorher mit den Großen Singstunde abhielt. Da kam es vor, daß wir zu früh aus der kleinen Schule herübergekommen waren und vor dem Schulsaal der Großen warten mußten. Wenn dann der zweistimmige Gesang «Dort drunten in der Mühle saß ich in süßer Ruh» oder «Wer hat dich, du schöner Wald» einsetzte, mußte ich mich an der Wand halten, um nicht umzufallen. Die Wonne der zweistimmigen Musik lief mir über die Haut und durch den ganzen Körper. Auch als ich die ersten Male Blechmusik hörte, schwanden mir fast die Sinne. Den Ton der Violine aber empfand ich nicht als schön und gewöhnte mich erst nach und nach an ihn.

Auf der Dorfschule erlebte ich das Aufkommen des

Fahrrades. Mehrmals schon hatten wir gehört, wie die Fuhrleute sich gegen Menschen ereiferten, die auf hohen Rädern einherrasten und die Pferde erschreckten. Eines Morgens aber, während wir in der Pause auf dem Schulhof spielten, wurde bekannt, daß im Wirtshaus an der Straße drüben ein «Geschwindläufer» eingekehrt sei. Die Schule und alles vergessend, rannten wir hin und bestaunten das hohe Rad, das draußen stand. Auch viele Erwachsene fanden sich ein und warteten mit uns, daß der Fahrer mit seinem Schöppele Wein fertig wäre. Endlich trat er heraus. Da lachte alles, daß ein erwachsener Mann kurze Hosen trug. Und schon saß er auf seinem Rad und fuhr auf und davon.

Neben den hohen Rädern kamen nachher, in der Mitte der achtziger Jahre, die halbhohen, die sogenannten Känguruhs, auf. Bald darauf erblickte man auch schon die ersten Niederräder. Die Fahrer aber, die sich zuerst zeigten, wurden verspottet, daß sie nicht den Mut hätten, auf hohen Rädern zu sitzen.

Im vorletzten Jahr auf dem Gymnasium kam ich selber in den schon lange heißersehnten Besitz eines Rades. Die Mittel dazu hatte ich mir in anderthalb Jahren durch Mathematikstunden verdient, die ich zurückgebliebenen Schülern erteilte. Es war ein schon gebrauchtes Rad und kostete zweihundertunddreißig Mark. Damals galt es aber noch für unziemlich, daß Pfarrerssöhne Rad fuhren. Zum Glück setzte mein Vater sich über diese Vorurteile hinweg. An Stimmen, die das «hochmütige» Unternehmen seines Sohnes tadelten, hat es nicht gefehlt ...

Die Jugend von heutzutage kann sich nicht mehr vorstellen, was das Aufkommen des Rades für uns bedeutete. Eine bisher ungeahnte Möglichkeit, in die Natur hinauszukommen, wurde uns aufgetan. Ich habe sie reichlich und mit Wonne ausgenützt ...

Der unheimlichste Ort war mir das Studierzimmer meines Vaters. Nur wenn ich unbedingt mußte, setzte ich den Fuß hinein. Der Büchergeruch, der darin herrschte, nahm mir den Atem. Und daß mein Vater immer am Tisch saß und studierte und schrieb, dünkte mir etwas furchtbar Unnatürliches. Ich verstand nicht, wie er das aushalten könne, und gelobte mir, nie so ein studierender und schreibender Mensch zu werden.

Etwas mehr Verständnis für das Sitzen und Schreiben meines Vaters bekam ich, als ich so weit war, daß ich den Reiz der von ihm im «Kirchenboten» und in Kalendern erscheinenden Dorfgeschichten empfand. Sein literarisches Vorbild war Jeremias Gotthelf, der als Schriftsteller bekannte schweizerische Pfarrer. Nur war er rücksichtsvoller als dieser. Er vermied es, die Leute, die ihm zu den Personen der Geschichten Modell gesessen hatten, so deutlich zu zeichnen, daß sie erkennbar waren.

Einmal im Jahr mußte ich aber mit der Studierstube Bekanntschaft machen. Das war zwischen Weihnachten und Neujahr. Da kam der Tag, an welchem es nach dem Morgenessen aus dem Munde des Vaters hieß: «Heute aber werden die Briefe geschrieben! Die Weihnachtsgeschenke nehmt ihr an. Aber wenn's dann heißt, an die Dankbriefe gehen, da seid ihr zu faul. Darum dran! Und ich will keine verdrossenen Gesichter sehen!»

Oh, diese Stunden, während deren ich mit meinen Schwestern im Studierzimmer saß, die Bücherluft einatmete, die Feder meines Vaters auf dem Papier kratzen hörte, im Geiste bei den Kameraden war, die auf ihren Schlitten den Weg hinter der Kirche heruntersausten... und an Onkel, Tanten, Taufpaten und andere Geber von Weihnachtsgeschenken Briefe schreiben sollte! Und was für Briefe! So etwas Schweres für die Feder ist mir in meinem Leben überhaupt nicht mehr vorgekommen. Alle Briefe hatten naturgemäß drei Teile und denselben Inhalt: 1. Dank für das von dem Betreffenden gespendete Weihnachtsgeschenk nebst Versicherung, daß es von allen Geschenken mir am meisten Freude gemacht habe. 2. Aufzählung der sämtlichen Geschenke. 3. Neujahrswünsche. Bei gleichem Inhalte sollte doch jeder Brief von dem andern verschieden sein! Und in jedem türmte sich die furchtbare Schwierigkeit auf, einen guten Übergang von den erhaltenen Weihnachtsgeschenken zu den Neujahrswünschen zu finden. Von der Not, zu guter Letzt jedesmal das gerade passende Schlußkompliment anzubringen, will ich gar nicht reden!

Jeder Brief sollte zuerst ins unreine geschrieben und dem Vater vorgelegt werden. Dann hieß es ihn verbessern oder neu bearbeiten und zuletzt auf einen schönen Briefbogen ohne Fehler und ohne Tintenklecks abzuschreiben.

Oft ging's zum Mittagessen, und ich hatte noch nicht einmal eines von den sechs oder sieben erforderlichen Schreiben entworfen! Jahrelang habe ich die Mahlzeiten zwischen Weihnachten und Neujahr mit meinen Tränen gesalzen. Einmal fing ich gleich nach der Bescherung am Christfest, im Hinblick auf die dadurch unvermeidlich gewordenen Briefe, zu weinen an! Meine Schwester Luise brachte es fertig, jeden Brief anders zu schreiben und immer neue Übergänge von den Weihnachtsgeschenken zu den Neujahrswünschen zu finden. Nie wieder hat mir jemand durch schriftstellerische Gewandtheit so imponiert wie sie.

Der Ekel vor Studierstuben und Briefschreiben, den ich mir mit diesen Dank- und Neujahrsbriefen in der Kindheit geholt habe, hat jahrelang angehalten. Unterdessen bin ich durch die Lebensumstände dahin geführt worden, eine außerordentlich umfangreiche Korrespondenz unterhalten zu müssen. Aber Briefe, in denen man in schöner Weise am Schluß in Neujahrswünsche hineingerät, habe ich noch nicht schreiben gelernt. Darum, wo ich als Onkel oder Taufpate Weihnachtsgeschenke zu stiften habe, verbiete ich immer, daß die Empfänger mir Dankesbriefe zukommen lassen. Sie sollen ihre Suppe zwischen Weihnachten und Neujahr nicht mit Tränen salzen, wie ich es tat.

Noch heute fühle ich mich in dem Studierzimmer meines Vaters nicht wohl.

Die Woche nach Weihnachten war die einzige, in der unser Vater streng zu uns war. Im übrigen ließ er uns so viel Freiheit, als Kinder sie ertragen können. Wir wußten seine Güte zu schätzen und waren ihm tief dankbar dafür. In den Sommerferien ging er zwei- oder dreimal in der Woche mit uns auf einen ganzen Tag in die Berge. So wuchsen wir auf wie die Heckenrosen.

Im dritten Schuljahr kam ich in die «große Schule» zum Vater Iltis. Er war ein sehr tüchtiger Lehrer. Ohne mich sehr anzustrengen, habe ich viel bei ihm gelernt.

Zeitlebens bin ich darum froh gewesen, in der Dorfschule begonnen zu haben. Es war gut für mich, daß ich mich im Lernen mit den Dorfknaben messen und dabei feststellen mußte, daß sie mindestens so viel im Kopf hatten als ich. Der Dünkel, den so viele Knaben haben, die gleich auf das Gymnasium kommen und dort miteinander meinen, die Kinder der Gebildeten hätten von sich aus mehr los als die Buben, die in geflickten Hosen und Holzschuhen gehen, ist mir immer ferngeblieben. Noch heute, wenn ich meinen ehemaligen Schulkameraden im Dorf oder auf dem Feld begegne, ist mir alsbald gegenwärtig, in was ich nicht an sie heranreichte. Der konnte besser Kopfrechnen; der machte weniger Fehler im Diktat; der wußte immer alle Geschichtszahlen; der war der Erste in Geographie; der, ich meine dich, Fritz Schöppeler, schrieb fast noch schöner als der Schulmeister. Noch heute sind sie für mich das, worin sie mir damals überlegen waren.

Mit neun Jahren kam ich auf die Realschule in Münster und hatte nun morgens und abends einen Weg von drei Kilometern am Berg entlang zurückzulegen. Meine Wonne war, ihn allein ohne die Kameraden, die ihn auch zu machen hatten, zu gehen und meinen Gedanken nachzuhängen. Wie habe ich in jenen Jahren auf meinen Wanderungen Herbst, Winter, Frühjahr und Sommer erlebt!

Als im Jahre 1885 in den Ferien beschlossen wurde, daß ich nach Mülhausen im Oberelsaß auf das Gymnasium käme, weinte ich stundenlang heimlich für mich. Es war mir, als risse man mich von der Natur los.

Der Begeisterung über die schöne Natur, wie ich sie auf meinen Wanderungen nach Münster erlebte, versuchte ich in Gedichten Luft zu machen. Aber über die zwei oder drei ersten Reime kam ich nie hinaus. Einige Male unternahm ich auch, den Berg mit der alten Burg, der der Straße gegenüberlag, abzuzeichnen. Aber auch dies mißriet. Von da an ergab ich mich darein, das Schöne rein beschaulich zu genießen, ohne es zu Kunst zu verarbeiten. Bis auf den heutigen Tag habe ich nichts mehr abzubilden und nichts mehr in Verse zu bringen versucht. Nur im Improvisieren von Musik verhielt und verhalte ich mich schöpferisch.

Den Religionsunterricht auf der Realschule in Münster erteilte Pfarrer Schäffer, eine bedeutende religiöse Persönlichkeit und ein in seiner Art hervorragender Redner. Er konnte die biblischen Geschichten hinreißend erzählen. Noch erinnere ich mich, wie er auf dem Pulte weinte und wir in den Bänken schluchzten, als Joseph sich seinen Brüdern zu erkennen gab. Mir legte er den Übernamen Isaak, das heißt der Lacher, bei. Ich hatte nämlich die Schwäche, daß ich leicht zum Lachen zu bringen war, was die Schulkameraden in den Unterrichtsstunden mit Grausamkeit betrieben. Wie oft stand im Klassenbuch: «Schweitzer lacht.» Dabei hatte ich gar keinen heiteren Charakter, sondern war schüchtern und verschlossen.

Das verschlossene Wesen hatte ich von meiner Mutter geerbt. Es war uns nicht gegeben, die Liebe, die wir füreinander hatten, in Worten auszudrücken. Ich kann die Stunden zählen, in denen wir uns wirklich miteinander ausgesprochen haben. Aber wir verstanden uns, ohne zu sprechen.

Von der Mutter her hatte ich auch eine tiefe Leidenschaftlichkeit, die sie ihrerseits wieder von ihrem Vater hatte, der sehr gut und zugleich jähzornig war. Zum

Bewußtsein kam mir meine Leidenschaftlichkeit beim Spielen. Ich nahm jedes Spiel furchtbar ernst und erzürnte mich, wenn andere nicht ebenfalls mit ganzer Hingebung spielten. Mit neun oder zehn Jahren schlug ich einst meine Schwester Adele, weil sie in einem Spiele eine lässige Gegnerin war und mir durch ihre Gleichgültigkeit einen leichten Sieg zukommen ließ. Von jener Zeit an bekam ich Angst vor meiner Spielleidenschaft und gab nach und nach alles Spielen auf. Eine Karte habe ich nie anzurühren gewagt.

Auch auf das Rauchen verzichtete ich als Student, am 1. Januar 1899, für immer, weil es mir zur Leidenschaft geworden war.

Sehr schwer habe ich gegen Jähzorn anzukämpfen gehabt. Von meiner Kindheit her stehen viele Erinnerungen vor mir, die mich demütigen und in diesem Kampfe wachsam erhalten.

Mein Großvater Schillinger, den ich selber nicht mehr gekannt habe, war ein Eiferer für Aufklärung gewesen. Er hatte noch ganz den Geist des 18. Jahrhunderts an sich. Nach der Kirche teilte er den Leuten, die ihn auf der Straße erwarteten, die politischen Nachrichten mit und machte sie auch mit den neuesten Entdeckungen des Menschengeistes bekannt. War etwas am Himmel zu sehen, so stellte er abends vor seinem Hause das Fernrohr auf und ließ jedermann hineinschauen.

Da der katholische Pfarrer auch noch von dem Geiste des 18. Jahrhunderts und von seiner Weitherzigkeit beherrscht war, lebten die beiden Geistlichen in den nachbarlichen Pfarrhäusern in brüderlicher Eintracht zusammen. Hatte der eine mehr Besuch, als er logieren konnte, so brachte er ihn im anderen Pfarrhaus unter. Ging einer auf Reisen, so kam es vor, daß der andere auch die Kranken der andern Konfession besuchte, damit sie nicht ohne geistigen Zuspruch blieben. Wenn am Ostermorgen der katholische Pfarrer aus der Messe kam und zum Osterschmaus eilte, öffnete mein Großvater das Fenster und rief ihm seinen Glückwunsch zum Ende der Fastenzeit zu ...

Als ich noch so klein war, daß ich kaum verstand, was man mir sagte, erklärte mir meine Mutter, daß ich den Namen Albert zum Andenken an ihren verstorbenen Bruder führe. Dieser Bruder – es war eigentlich ein Halbbruder aus der ersten Ehe meines Großvaters – war Pfarrer an der Kirche St. Nicolai in Straßburg gewesen. Im Jahre siebenzig, nach der Schlacht von Weißenburg, war er nach Paris geschickt worden, um Medikamente im Hinblick auf die erwartete Belagerung Straßburgs zu holen. Dort, statt ihm die von den Ärzten Straßburgs flehentlich verlangten Medikamente zur Verfügung zu stellen, schickte man ihn von Büro zu Büro. Als er sich endlich mit einem kleinen Teil des Verlangten auf den Rückweg machen konnte, war die Festung bereits vollständig eingeschlossen. General von Werder, der die deutsche Belagerungsarmee kommandierte, ließ die Medikamente nach Straßburg gelangen, behielt aber meinen Onkel als Gefangenen zurück. So mußte er die Belagerung unter den Belagerern mitmachen und wurde von dem Gedanken gequält, seine Gemeinde könne meinen, er habe sie freiwillig in den schweren Zeiten im Stich gelassen. Die Folgen der Aufregungen jener Monate hat er – er war herzleidend – nicht überwunden. Im Sommer des Jahres 1872 brach er im Kreise seiner Freunde zu Straßburg tot zusammen.

Der Gedanke, die Existenz eines Menschen, der meiner Mutter so lieb gewesen war, fortzusetzen, beschäftigte mich sehr, besonders da mir von seiner Güte so viel erzählt wurde. Als nach der Belagerung von Straßburg die Milch eine Zeitlang sehr knapp war, brachte er jeden Morgen seine Milch einer alten, armen Frau. Nach seinem Tode erzählte diese meiner Mutter, auf welche Weise sie damals jeden Morgen ihre Milch gehabt hatte.

Solange ich zurückblicken kann, habe ich unter dem vielen Elend, das ich in der Welt sah, gelitten. Unbefangene, jugendliche Lebensfreude habe ich eigentlich nie gekannt und glaube, daß es vielen Kindern ebenso ergeht, wenn sie auch äußerlich ganz froh und ganz sorglos scheinen.

Insbesondere litt ich darunter, daß die armen Tiere so viel Schmerz und Not auszustehen haben. Der Anblick eines alten hinkenden Pferdes, das ein Mann hinter sich herzerrte, während ein anderer mit einem Stecken auf es einschlug – es wurde nach Kolmar ins Schlachthaus getrieben –, hat mich wochenlang verfolgt.

Ganz unfaßbar erschien mir – dies war schon, ehe ich in die Schule ging –, daß ich in meinem Abendgebete nur für Menschen beten sollte. Darum, wenn meine Mutter mit mir gebetet und mir den Gutenachtkuß gegeben hatte, betete ich heimlich noch ein von mir selbst verfaßtes Zusatzgebet für alle lebendigen Wesen. Es lautete: «Lieber Gott. Schütze und segne alles, was Odem hat, bewahre es vor allem Übel und laß es ruhig schlafen!»

Einen tiefen Eindruck machte mir ein Erlebnis aus meinem siebenten oder achten Jahre. Heinrich Bräsch und ich hatten uns Schleudern aus Gummischnüren gemacht, mit denen man kleine Steine schleuderte. Es war im Frühjahr, in der Passionszeit. An einem Sonntagmorgen sagte er zu mir: «Komm, jetzt gehen wir in den Rebberg und schießen Vögel.» Dieser Vorschlag war mir schrecklich, aber ich wagte nicht zu widersprechen, aus Angst, er könnte mich auslachen. So kamen wir in die Nähe eines kahlen Baumes, auf dem die Vögel, ohne sich vor uns zu fürchten, lieblich in den Morgen hinaussangen. Sich wie ein jagender Indianer duckend, legte mein Begleiter einen Kiesel in das Leder seiner Schleuder und spannte dieselbe. Seinem gebieterischen Blick gehorchend, tat ich unter furchtbaren Gewissensbissen dasselbe, mir fest gelobend, danebenzuschießen. In demselben Augenblicke fingen die Kirchenglocken an, in den Sonnenschein und in den Gesang der Vögel hineinzuläuten. Es war das «Zeichen-Läuten», das dem Hauptläuten eine halbe Stunde voranging. Für mich war es eine Stimme aus dem Himmel. Ich tat die

Schleuder weg, scheuchte die Vögel auf, daß sie wegflogen und vor der Schleuder meines Begleiters sicher waren, und floh nach Hause. Und immer wieder, wenn die Glocken der Passionszeit in Sonnenschein und kahle Bäume hinausklingen, denke ich ergriffen und dankbar daran, wie sie mir damals das Gebot: «Du sollst nicht töten» ins Herz geläutet haben.

Von jenem Tage an habe ich gewagt, mich von der Menschenfurcht zu befreien. Wo meine innerste Überzeugung mit im Spiele war, gab ich jetzt auf die Meinung anderer weniger als vorher. Die Scheu vor dem Ausgelachtwerden durch die Kameraden suchte ich zu verlernen.

Die Art, wie das Gebot, daß wir nicht töten und quälen sollen, an mir arbeitete, ist das große Erlebnis meiner Kindheit und Jugend. Neben ihm verblassen alle anderen.

Als ich noch nicht in die Schule ging, hatten wir einen gelben Hund namens Phylax. Wie manche Hunde konnte er keine Uniformen leiden und ging immer auf den Briefträger los. Also wurde ich angestellt, zur Stunde des Briefträgers Phylax, der bissig war und sich schon an einem Gendarmen vergangen hatte, in Zaum zu halten. Mit einer Gerte trieb ich ihn in einen Winkel des Hofs und ließ ihn nicht heraus, bis der Briefträger wieder fort war. Welch stolzes Gefühl, als Tierbändiger vor dem bellenden und zähnefletschenden Hund zu stehen und ihn mit Schlägen zu meistern, wenn er aus dem Winkel ausbrechen wollte! Aber das stolze Gefühl hielt nicht an. Wenn wir nachher wieder als Freunde beieinander saßen, klagte ich mich an, daß ich ihn geschlagen hatte. Ich wußte, daß ich ihn vom Briefträger auch abhalten könnte, wenn ich ihn beim Halsband faßte und streichelte. Wenn die fatale Stunde aber wieder kam, erlag ich wiederum dem Rausch, Tierbändiger zu sein...

In den Ferien durfte ich beim Nachbar Fuhrmann sein. Sein Brauner war schon etwas alt und engbrüstig. Er sollte nicht viel traben. In der Fuhrmannsleidenschaft ließ ich mich aber immer wieder hinreißen, ihn mit der Peitsche zum Traben anzutreiben, auch wenn ich wußte und fühlte, daß er müde war. Der Stolz, ein trabendes Pferd zu leiten, betörte mich. Der Mann ließ es zu, «um mir die Freude nicht zu verderben». Aber was wurde aus der Freude, wenn wir nach Hause kamen und ich beim Ausschirren bemerkte, was ich auf dem Wagen nicht so gesehen hatte, wie die Flanken des Tieres arbeiteten! Was nützte es, daß ich ihm in die müden Augen schaute und es stumm um Verzeihung bat? . . .

Einmal, ich war damals schon auf dem Gymnasium und in den Weihnachtsferien zu Hause, kutschierte ich im Schlitten. Aus dem Hause des Nachbars Löscher heraus sprang kläffend sein als böse bekannter Hund dem Pferde entgegen. Ich glaubte im Recht zu sein, ihm einen gutgezielten Peitschenschlag zu versetzen, obwohl er sichtlich nur aus Mutwillen auf den Schlitten zukam. Zu gut hatte ich gezielt. Ins Auge getroffen, wälzte er sich heulend im Schnee. Seine klagende Stimme klang mir noch lange nach. Durch Wochen hindurch konnte ich sie nicht loswerden.

Zweimal habe ich mit andern Knaben mit der Angel gefischt. Dann verbot mir das Grauen vor der Mißhandlung der aufgespießten Würmer und vor dem Zerreißen der Mäuler der gefangenen Fische, weiter mitzumachen. Ja, ich fand sogar den Mut, andere vom Fischen abzuhalten.

Aus solchen mir das Herz bewegenden und mich oft beschämenden Erlebnissen entstand in mir langsam die unerschütterliche Überzeugung, daß wir Tod und Leid über ein anderes Wesen nur bringen dürfen, wenn eine unentrinnbare Notwendigkeit dafür vorliegt, und daß wir alle das Grausige empfinden müssen, das darin liegt, daß wir aus Gedankenlosigkeit leiden machen und töten. Immer stärker hat mich diese Überzeugung beherrscht. Immer mehr wurde mir gewiß, daß wir im Grunde alle so denken und es nur nicht zu bekennen und zu bestätigen wagen, weil wir fürchten, von den andern als «sentimental» belächelt zu werden, und auch weil wir uns abstumpfen lassen. Ich aber gelobte mir, mich niemals abstumpfen zu lassen und den Vorwurf der Sentimentalität niemals zu fürchten.

### Mülhausen

In Mülhausen lebte ich beim Onkel Louis und der Tante Sophie, einem kinderlosen alten Ehepaar. Onkel Louis war ein Halbbruder meines Großvaters väterlicherseits und mein Taufpate. In dieser Eigenschaft hatte er sich erboten, mich umsonst für die ganze Gymnasialzeit in seinem Hause zu haben. So ermöglichte er es meinem Vater, mich auf das Gymnasium zu tun. Anders hätte dieser nicht die Mittel dazu gehabt. Was mir Onkel Louis und Tante Sophie, indem sie mich aufnahmen, für eine Wohltat antaten, ermaß ich erst später. Anfangs empfand ich nur die Strenge der Zucht, in die ich kam.

Mein Onkel war Direktor der Elementarschulen von Mülhausen und bewohnte eine etwas düstere Dienstwohnung in der Zentralschule bei der Mariahilfkirche... Das Leben in dem Hause des Großonkels verlief bis ins kleinste geregelt. Nach dem Mittagessen mußte ich Klavier üben, bis es Zeit war, wieder in die Schule zu gehen. Waren abends die Schulaufgaben gemacht, so mußte ich wieder ans Klavier. «Du weißt nicht, wozu dir die Musik einst im Leben gut sein wird», pflegte die Tante zu sagen, wenn sie mich ans Klavier jagen mußte. Freilich konnte sie nicht ahnen, daß die Musik mir einst mit dazu helfen würde, die Mittel zur Gründung eines Spitals im Urwald zusammenzubringen. Nur die Sonntagnachmittage waren eigentlich der Erholung gewidmet. An diesen machten wir einen Spaziergang. Nachher durfte ich bis zehn Uhr abends meine Lesewut befriedigen.

Mein Lesewut war grenzenlos. Sie geht mir heute noch nach. Ich bin nicht imstande, ein angefangenes Buch aus der Hand zu legen. Eher lese ich die ganze Nacht hindurch. Zum mindesten muß ich es bis zu Ende durchflogen haben. Gefällt es mir, so lese ich es dann gleich zwei oder drei Male hintereinander.

Meiner Tante war dieses «Verschlingen der Bücher», wie sie es nannte, ein Greuel. Sie selber hatte auch die Leseleidenschaft, aber auf eine andere Art. Als ehemalige Lehrerin las sie, wie sie sagte, «um den Stil zu genießen, der die Hauptsache ist». Drei Stunden jeden Abend hatte sie über dem Stricken oder dem Häkeln ein Buch vor, eine Stunde vor dem Abendessen, zwei danach. War der Stil gar zu schön, so verlangsamte sich die Bewegung der Nadeln wie der Gang der Pferde, wenn der Kutscher nicht auf sie achtet. Manchmal entfuhr es ihr: «Oh, dieser Daudet! Oh, dieser Theuriet! Welch ein Stil! Oh, wie kann dieser Victor Hugo beschreiben!»

Bei der Lektüre von Julius Stindes «Familie Buchholz» liefen ihr vor Lachen die Tränen die Backen herunter. Aber sie blieb darum keine Viertelstunde länger über dem Buche sitzen. Um halb elf Uhr legte sie das Lesezeichen hinein und klappte es zu ... So saßen wir mit unsern verschiedenartigen Leseleidenschaften an demselben Tisch und waren uns gegenseitig ein Rätsel ...

Besonders unsympathisch war ihr, daß ich mich von früh an auf die Zeitungen warf. Ich hatte dafür nur eine Viertelstunde zur Verfügung, nämlich die Zeit, wo der Tisch zum Abendessen gedeckt wurde und ich deshalb die Arbeit an meinen Schulaufgaben unterbrechen mußte. Da griff ich nach der «Straßburger Post», dem «Mülhauser Tagblatt» und der «Neuen Mülhauser Zeitung». Mit der Begründung, daß ich doch nur die Feuilletonromane und die Mordtaten läse, wollte die Tante es unternehmen, mir das Zeitunglesen zu verbieten. Ich aber beteuerte, daß ich mich besonders für die Politik, also für die zeitgenössische Geschichte interessierte. Die Frage – ich mochte etwa elf

Jahre alt sein – kam vor den Onkel. «Das wollen wir gleich sehen», sagte er beim Abendessen, «ob der Bub wirklich Politik liest.» Nun fing er an, mich zu examinieren, welche Fürsten auf den Balkanthronen säßen und wie ihre Ministerpräsidenten hießen. Dann mußte ich ihm die Zusammensetzung der drei letzten französischen Ministerien angeben. Zuletzt sollte ich ihm den Inhalt der letzten Reichstagsrede Eugen Richters vortragen. Dieses Examen bei gebratenen Kartoffeln und Salat bestand ich glänzend. Daraufhin wurde der Spruch gefällt, daß ich nicht nur während des Tischdeckens, sondern auch noch nach dem Fertigstellen der Aufgaben in den Zeitungen lesen dürfe, was ich natürlich auch benützte, um mich an den Feuilletonromanen zu erlaben. Aber die Politik war mir wirklich die Hauptsache. Von da an begann der Onkel, mich als Erwachsenen zu behandeln und über dem Essen mit mir von Politik zu reden ...

Ein guter Schüler war ich anfänglich auch in Mülhausen nicht. Ich war noch zu sehr verträumt. Meine schlechten Zeugnisse bereiteten meinen Eltern viel Kummer, ohne daß ich die Energie fand, mich zu besseren Leistungen aufzuraffen. Die Freistelle, die ich als Pfarrerssohn hatte, sollte mir genommen werden. Mein Vater wurde zum Direktor geladen, der ihm sogar andeutete, daß es vielleicht am besten wäre, wenn er mich vom Gymnasium nähme. Und ich in meiner Verträumtheit gab mir keine Rechenschaft von der Sorge, die ich ihm bereitete! Nur wunderte ich mich, daß er mich eigentlich nicht schalt. Er war zu gut und zu traurig zum Schelten.

Da erschien mir ein Retter in der Gestalt eines neuen Klassenlehrers. Er hieß Dr. Wehmann. Soviel wurde mir in meiner Verträumtheit gleich in den ersten Tagen klar: Dieser Lehrer hatte jede Stunde sorgfältig vorbereitet. Er wußte genau, wieviel er darin durchnehmen wollte, und wurde immer gerade damit fertig. Und die Hefte mit den Reinarbeiten gab er immer pünktlich auf den fälligen Tag und zur fälligen Stunde zurück. Diese miterlebte Selbstdisziplin wirkte auf mich. Ich hätte mich geschämt, diesem Lehrer zu mißfallen. Er wurde mein Vorbild. Nach drei Monaten, beim Osterzeugnis in Quarta, gehörte ich schon zu den besseren Schülern, während das Weihnachtszeugnis noch so schlecht gewesen war, daß meine Mutter die ganzen Weihnachtsferien mit verweinten Augen herumgegangen war. Als Herr Wehmann später von Mülhausen nach Thann und nach Saargemünd und Straßburg kam, suchte ich ihn noch immer auf. Er wußte, wieviel ich ihm verdankte. Bei meiner Rückkehr aus Afrika am Ende des Krieges galt einer meiner ersten Gänge ihm. Ich traf ihn nicht mehr an. Durch das Hungern nervenkrank geworden, hatte er, wie man mir erzählte, sich das Leben genommen. Daß tiefes und bis ins kleinste gehendes Pflichtbewußtsein die große erzieherische Kraft ist und vollbringt, was keine Reden und keine Strafen ausrichten können, ist mir durch ihn eine Lehre geworden, die ich in meinem Wirken als Erzieher zu betätigen suchte.

Auch meinem Musiklehrer in Mülhausen habe ich anfangs wenig Freude gemacht. Es war der eben von der Berliner Hochschule für Musik gekommene Organist der reformierten Stephanskirche, Eugen Münch. «Albert Schweitzer ist meine Qual», pflegte er zu sagen. Dies kam einerseits daher, daß ich in den mir von der Tante auferlegten Übungsstunden vom Blatt spielte und improvisierte, statt die aufgegebenen Stücke zu studieren, andererseits aber auch daher, daß ich mich scheute, vor meinem Lehrer mit Empfindung zu spielen. Ich brachte es nicht über mich, ihm preiszugeben, was ich in einem schönen Musikstück erlebte. Vielen Musikschülern geht es wohl ebenso. So erzürnte ich ihn mit meinem «hölzernen Spiel». Als ich ihm in solcher Befangenheit wieder eine noch dazu schlecht geübte Sonate von Mozart heruntergeleiert hatte, schlug er mißmutig das kurze Lied ohne Worte in E-Dur von Mendelssohn-Bartholdy vor mir auf. «Eigentlich bist du nicht wert, daß man dir schöne

Musik zu spielen gibt. So wirst du mir auch dieses Lied ohne Worte versudeln. Wenn einer halt kein Gefühl hat, so kann ich ihm auch keines geben.» – ‚Oho', dachte ich bei mir selber, ‚dir will ich doch zeigen, daß ich Gefühl habe.' Die ganze Woche übte ich eifrig an dem Stück, das ich schon so oft vom Blatt gespielt hatte. Ich probierte sogar, wozu man mich bisher nie gebracht hatte, die besten Fingersätze aus und schrieb sie auf. In der nächsten Stunde, als ich die Fingerübungen und die Etüde glücklich hinter mir hatte, gab ich mir einen Ruck und spielte das Lied ohne Worte so, wie ich's im Herzen spürte. Mein Lehrer sagte nicht viel, sondern schlug mir nur fest auf die Schulter und spielte mir selber ein neues Lied ohne Worte vor. Dann bekam ich ein Stück von Beethoven auf. Nach einigen Stunden wurde ich würdig befunden, mit Bach anfangen zu dürfen. Und wieder einige Stunden später wurde mir eröffnet, nach meiner Konfirmation dürfte ich auf der großen schönen Orgel der Stephanskirche Orgelunterricht nehmen. Damit ging ein im stillen gehegter Traum in Erfüllung. Denn meine Sehnsucht war von jeher auf die Orgel gerichtet. Sie lag mir im Blute. Mein Großvater mütterlicherseits, Pfarrer Schillinger aus Mühlbach, hatte sich viel mit der Orgel und Orgelbau beschäftigt. Kam er in eine fremde Stadt, so besah er zuerst die Orgeln. Als die berühmte Orgel in der Stiftskirche zu Luzern gebaut wurde, reiste er dorthin und war ganze Tage lang auf der Empore, um den Bau zu verfolgen und das Meisterwerk des Orgelbauers Haas zu probieren. Er soll sehr schön improvisiert haben. Auch mein Vater besaß diese Gabe. Stundenlang habe ich ihm als Kind zugehört, wenn er abends in der Dämmerung auf dem alten Tafelklavier, das vom Großvater Schillinger stammte, phantasierte. Bachsche Musik hat er aber nie gemocht.

Durch die Freundlichkeit des Vaters Iltis und weil er einen Ersatzmann gut brauchen konnte, war ich schon als Knabe auf die Orgel der Günsbacher Kirche gekommen. Bereits mit neun Jahren vertrat ich ihn im Gottesdienst.

Nun aber, mit fünfzehn Jahren, durfte ich das kunstgerechte Pedalspiel auf einer Orgel von drei Klavieren und zweiundsechzig Registern bei einem großen Orgelmeister, denn ein solcher war Eugen Münch, erlernen! Fast konnte ich mein Glück nicht fassen. Mit sechzehn Jahren durfte ich dann Eugen Münch in den Gottesdiensten vertreten. Bald darauf saß ich zum erstenmal in einem Konzert vor der Orgel. Mein Lehrer vertraute mir die Orgelbegleitung des Brahmsschen Requiems an, das er mit dem Chor der Kirche aufführte. Damals kannte ich zum ersten Male die Wonne, die ich seither so oft durchgekostet habe, die Orgel in den Klang von Orchester und Chor hineinfluten zu lassen ...

Für den Konfirmandenunterricht wurde ich zum alten Pfarrer Wennagel getan. Ich hatte große Ehrfurcht vor ihm. Aber auch ihm gegenüber verschloß ich mich. Ich war ein fleißiger Konfirmandenschüler. Nie jedoch hat der gute Pfarrer geahnt, was mein Herz bewegte. Und auf so vieles, was mein Gemüt beschäftigte, gab mir sein an sich gediegener Unterricht keine Antwort. Wie manche Frage hätte ich ihm gerne gestellt! Aber man durfte es nicht.

In einem Punkte, dies fühlte ich klar, dachte ich anders als er, bei aller Verehrung, die ich ihm entgegenbrachte. Er wollte uns begreiflich machen, daß vor dem Glauben alles Nachdenken verstummen müsse. Ich aber war überzeugt, und ich bin es noch, daß die Wahrheit der Grundgedanken des Christentums sich gerade im Nachdenken zu bewähren habe. Das Denken, sagte ich mir, ist uns gegeben, daß wir darin alle, auch die erhabensten Gedanken der Religion begreifen. Diese Gewißheit erfüllte mich mit Freude.

In den letzten Wochen des Unterrichts behielt Pfarrer Wennagel nach jeder Stunde einige von uns zurück, um mit jedem unter vier Augen über die Konfirmation zu reden. Als die Reihe an mich kam und er in liebevollem Fragen von mir erfahren wollte, mit welchen Gedanken und Entschlüssen ich der heiligen Stunde entgegenginge, fing ich an, zu stottern und ausweichend zu antworten. Es war mir unmöglich, so gern ich ihn hatte, ihn in mein Herz blicken zu lassen. Die Unterhaltung nahm ein trauriges Ende. Ich wurde kühl entlassen. Bekümmert sagte Pfarrer Wennagel nachher zu meiner Tante, daß ich als ein Gleichgültiger zur Konfirmation gehe. In Wirklichkeit aber war ich in jenen Wochen von der Heiligkeit der Zeit so bewegt, daß ich mich fast krank fühlte. Die Konfirmation war ein großes Erlebnis für mich. Als unsere Schar am Palmsonntag aus der Sakristei in die Kirche trat, spielte Eugen Münch auf der Orgel «Hoch tut euch auf» aus dem Messias von Händel. Wunderbar stimmte dies zu den Gedanken in meinem Herzen.

Als Vikar von St. Nicolai in Straßburg habe ich an die zehn Jahre lang Knaben Konfirmandenunterricht erteilt. Wie oft habe ich da, wenn mir einer gleichgültig schien, an den lieben Pfarrer Wennagel und an mich denken müssen und mir dann immer gesagt, daß in einem Kinderherzen viel mehr vorgeht, als es ahnen läßt! Auch suchte ich in meinem Unterricht dafür Sorge zu tragen, daß die Knaben mit dem, was sie bewegte, an mich herankommen konnten. Zweimal im Monat war ein Teil der Stunde den Fragen gewidmet, die sie mir vorlegten.

Viel litt ich in den ersten Jahren in Mülhausen an Heimweh nach der Kirche zu Günsbach. Mir fehlten die Predigten meines Vaters und der mir von Kindheit her vertraute Gottesdienst. Die Predigten meines Vaters machten einen großen Eindruck auf mich, weil ich bemerkte, wie vieles von dem, was er auf der Kanzel sagte, mit seinem Erleben zusammenhing. Es ging mir auf, welche Anstrengung, ja welchen Kampf es für ihn bedeutete, den Leuten allsonntäglich sein Herz preiszugeben. Deutlich erinnere ich mich an Predigten, die ich von ihm gehört habe, während ich noch in die Dorfschule ging.

Am liebsten waren mir die Nachmittagsgottesdienste, von denen ich kaum je einen verfehlt habe, wenn ich in

Günsbach war. In diesen intimen Andachten kam die schlichte Predigtweise meines Vaters so recht zur Geltung. Und die Wehmut, daß der Feiertag dem Ende zuging, gab diesen Gottesdiensten eine ganz eigenartige Weihe.

Aus den Gottesdiensten, an denen ich als Kind teilnahm, habe ich den Sinn für das Feierliche und das Bedürfnis nach Stille und Sammlung mit ins Leben genommen, ohne die ich mir mein Dasein nicht denken kann. Darum vermag ich der Meinung derer nicht beizutreten, die die Jugend am Gottesdienste der Erwachsenen nicht teilnehmen lassen wollen, ehe sie etwas davon versteht. Es kommt gar nicht auf ein Verstehen an, sondern auf das Erleben des Feierlichen. Daß das Kind die Erwachsenen andächtig sieht und von ihrer Andacht mit ergriffen wird: dies ist es, was für es bedeutungsvoll ist.

Auf die Nachmittagsgottesdienste zu Günsbach geht auch mein Interesse für Mission zurück. An jedem ersten Sonntag des Monats hielt mein Vater nachmittags einen Missionsgottesdienst ab. In diesem erzählte er von dem Leben und Wirken der Missionare. Eine Reihe von Sonntagen las er uns einmal die Memoiren des Bassutomissionars Casalis vor, die er zu diesem Zweck aus dem Französischen übersetzt hatte. Sie machten mir einen großen Eindruck. – Neben Casalis war es der aus Colmar stammende Bildhauer Bartholdi, der Schöpfer der Freiheitsgöttin am Eingang des Hafens von New York, der meinen kindlichen Gedanken die Richtung in die Ferne gab. An seinem Denkmal des Admirals Bruat, auf dem Marsfeld in Colmar, ist ein Neger in Stein gehauen, der wohl zu dem Eindrucksvollsten gehört, was sein Meißel geschaffen hat. Eine herkulische Gestalt mit einem sinnenden, traurigen Ausdruck im Gesicht. Dieser Neger beschäftigte mich sehr. Sooft wir nach Colmar kamen, suchte ich Gelegenheit, ihn zu beschauen. Sein Antlitz sprach mir von dem Elend des dunklen Erdteils. Noch heute pilgere ich zu ihm hin, wenn ich in Colmar bin...

Nachdem ich einmal durch das Verdienst von Doktor

Wehmann meine Verträumtheit abgelegt hatte, blieb ich ein guter Schüler, ohne gerade immer unter den Ersten zu sitzen. Wirkliche Begabung hatte ich eigentlich nur für Geschichte. In den Sprachen und in Mathematik leistete ich nur so viel, als dem von mir darauf verwandten Fleiß entsprach. Die Geschichte aber beherrschte ich ohne jegliche Anstrengung. Dabei tat mir meine Lesewut, die sich im Laufe der Zeiten auf geschichtliche Werke konzentriert hatte, große Dienste. Zum Glück für mich war Professor Kaufmann, der Geschichte unterrichtete, ein bedeutender Forscher in seinem Fach. In den höheren Klassen behandelte er mich mehr als Freund denn als Schüler. Bis zu seinem Tode bin ich in steter Verbindung mit ihm geblieben. Neben der Geschichte war es der naturwissenschaftliche Unterricht, der mich am meisten fesselte... Der naturwissenschaftliche Unterricht hatte für mich etwas eigentümlich Aufregendes. Ich wurde das Empfinden nicht los, daß man uns nicht genug sagte, wie wenig man von dem, was in der Natur vorgeht, auch wirklich versteht. Gegen die naturwissenschaftlichen Schulbücher hatte ich geradezu einen Haß. Ihre zuversichtlichen, auf das Auswendiglernen zugeschnittenen Erklärungen – die, wie ich schon merkte, bereits auch etwas veraltet waren – befriedigten mich in keiner Weise. Es erschien mir lächerlich, daß der Wind, der Regen, der Schnee, der Hagel, die Entstehung der Wolken, die Selbstentzündung des Heues, die Passatwinde, der Golfstrom, Donner und Blitz ihre Erklärung gefunden haben sollten. Ein besonderes Rätsel war mir immer die Bildung des Regentropfens, der Schneeflocke und des Hagelkornes. Es verletzte mich, daß man das absolut Geheimnisvolle der Natur nicht anerkannte und zuversichtlich von Erklärung sprach, wo man es in Wirklichkeit nur zu tiefer eindringenden Beschreibungen gebracht hatte, die das Geheimnisvolle nur noch geheimnisvoller machten. Schon damals wurde mir klar, daß uns das, was wir als Kraft und als «Leben» bezeichnen, seinem eigentlichen Wesen nach immer unerklärlich bleibt...

Von meinem vierzehnten bis etwa zum sechzehnten Jahr machte ich eine üble Phase durch. Ich wurde allen Menschen, besonders aber meinem Vater, durch einen Drang zum Diskutieren unausstehlich. Mit jedem Menschen, der mir in den Weg geriet, wollte ich über die Fragen, die gerade berührt wurden, eingehende und vernunftgemäße Überlegungen anstellen, um dabei die Irrtümer der Gewohnheitsmeinungen aufzudecken und das Richtige zur Geltung zu bringen. Die Freude an dem Suchen nach dem Wahren und Zweckmäßigen war wie ein Rausch über mich gekommen. Jedes Gespräch, an dem ich beteiligt war, sollte auf den Grund der Dinge gehen. So trat ich aus meiner bisherigen Verschlossenheit heraus und wurde der Störenfried jeglicher Unterhaltung, die nur Unterhaltung sein wollte. Wie viele Tischgespräche zu Mülhausen und zu Günsbach habe ich in ein böses Fahrwasser gebracht! Die Tante schalt mich frech, weil ich mich mit den Erwachsenen auseinandersetzen wollte, als wären sie meine Altersgenossen. Gingen wir irgendwo auf Besuch, so mußte ich meinem Vater versprechen, ihm den Tag ja nicht durch «dummes Benehmen bei Gesprächen» zu verderben.

Tatsächlich war ich so unausstehlich, wie ein halbwegs gut erzogener Mensch nur sein kann. Aber es war keine einfache Rechthaberei, die mich so werden ließ, sondern ein leidenschaftliches Bedürfnis, zu denken und mit andern Menschen nach dem Wahren und Zweckmäßigen zu suchen. Der Aufklärungsgeist des Großvaters Schillinger war in mir erwacht. Die Überzeugung, daß der Fortschritt der Menschheit nur dadurch möglich wird, daß das Vernunftgemäße an die Stelle der Meinungen und der Gedankenlosigkeit tritt, hatte von mir Besitz ergriffen und äußerte sich vorerst in stürmischer und unangenehmer Weise.

Nach dieser üblen Gärung klärte sich der Wein. Eigentlich bin ich geblieben, was ich damals wurde. Klar habe ich gefühlt, daß, wenn ich von meinem Enthusiasmus für das im Denken erkannte Wahre und Zweckmäßige abließe, ich damit mich selber aufgeben würde. So bin ich eigentlich noch so unausstehlich wie damals. Nur suche ich es, so gut ich kann, mit der im Umgang erforderlichen Gesittung zu vereinigen, um den Menschen nicht lästig zu fallen. Ich habe mich darunter gebeugt, an Gesprächen teilzunehmen, die nur Gespräche sind, und Gedankenlosigkeiten anzuhören, ohne mich dagegen aufzulehnen. Meine angeborene Verschlossenheit hat mitgeholfen, daß ich mir wieder dieses Verhalten des wohlerzogenen Menschen aneignete.

Aber wie oft bäume ich mich innerlich auf! Was leide ich darunter, daß wir Menschen so viele Zeit des Zusammenseins unnütz miteinander zubringen, statt uns in ernster Weise über ernste Dinge zu besprechen und uns einander als strebende, leidende, hoffende und glaubende Menschen zu erkennen zu geben! Oft empfinde ich es geradezu als schlecht, so in der Maske dazusitzen. Gar manchmal frage ich mich, wie weit man mit dieser Wohlerzogenheit gehen darf, ohne Schaden an der Wahrhaftigkeit zu nehmen.

Treffe ich auf Menschen, mit denen man sich als denkender Mensch auseinandersetzen darf, so genieße ich sie mit Leidenschaft, als wäre ich so jung wie damals. Kommt mir aber gar ein junger ernster Diskutierer in den Weg, so gebe ich mich zu fröhlichem Fechten her, bei dem der Altersunterschied im Guten wie im Bösen außer Geltung gesetzt ist.

Den tiefsten Eindruck auf dem Gymnasium empfing ich von dem Direktor Wilhelm Deecke, der nach Mülhausen kam, als ich in die höheren Klassen aufrückte. Seine etwas steife Art – er war Lübecker – mutete uns anfangs zwar fremdartig an. Aber wir gewöhnten uns bald daran.

Deecke war ein hervorragender Schulmann, ein universell gebildeter Philologe und ein tiefer Mensch. Man fühlte ihm an, daß er uns nicht nur Wissen beibringen, sondern uns auch zu Menschen erziehen wollte. Dunkel wußten wir, daß er sich durch freimütige Äußerungen das Mißfallen des Statthalters General von Manteuffel zugezogen hatte und dies mit Zurücksetzung büßen mußte. Die Stelle am Gymnasium zu Mülhausen war eigentlich eine Verbannung für ihn. Daß er dabei immer heiter war und sich in den Schulstunden ganz ausgab, wo er doch so viel höhere Sachen im Kopfe trug, erfüllte uns mit Bewunderung. Er war für uns ein Stoiker im modernen Gewande. Daß er mit dem Dichter Geibel, mit dem Historiker Mommsen und anderen Berühmtheiten befreundet war und als eine Autorität in altgriechischen Inschriften und in etruskischen Dingen galt, gab ihm noch besonderes Ansehen unter uns. Den Unterricht würzte er dadurch, daß er in Zwischenerörterungen Ausblicke auf alle möglichen Gegenstände und Fragen bot, die sich mit dem behandelten Stoff irgendwie berührten. Unvergeßlich sind mir die Stunden, in denen er mit uns Plato las und uns dabei mit der Philosophie überhaupt bekannt machte. Seine Vorliebe galt Arthur Schopenhauer.

Kurze Zeit nachdem wir das Gymnasium verlassen hatten, als man sich gerade anschickte, ihm Gerechtigkeit widerfahren zu lassen, starb er an Magenkrebs.

Längere Zeit lag ein Schatten auf meiner sonst so sonnigen Jugend. In dem Pfarrhaus mit den fünf Kindern herrschten Geldsorgen. Meine Mutter sparte an allen Ecken und Enden. Ich selber setzte meinen Stolz darein, in Mülhausen sowenig wie möglich zu brauchen. Als meine Mutter einmal im Herbst meinte, mein Winteranzug müsse mir zu klein geworden sein und ich brauche einen neuen, verneinte ich es. Da ich ihn aber wirklich nicht mehr tragen konnte, lief ich im Winter in meinem gelben Sommeranzug herum. Meine Tante ließ es geschehen, denn sie war für Abhärtung. Aber von den Schulkameraden unter die Hungerleider, die sich nichts leisten können, klassiert zu werden, war etwas, was ich in meiner knabenhaften Eitelkeit nur ertrug, um meiner Mutter Sorge abzunehmen.

Um zu sparen – sie hat es mir später erzählt –, kochte meine Mutter statt mit Butter mit Pflanzenfett. Dieses wurde in den achtziger Jahren noch nicht so untadelig hergestellt wie später, sondern hatte oft einen unangenehmen Nachgeschmack. Der Verwendung des Pflanzenfetts schrieb meine Mutter es zu, daß mein Vater in jener Zeit magenleidend wurde. Ein Gelenkrheumatismus, den er sich in einem feuchten Bett in Straßburg holte, brachte ihn noch mehr herunter. So kamen traurige Wochen und Monate über unser Haus. Die verweinten Augen meiner Mutter aus jener Zeit bleiben mir immer in Erinnerung.

Zur Zeit meiner Konfirmation fing die Gesundheit meines Vaters an, sich zu bessern. Viel trug dazu der Umstand bei, daß wir das alte, etwas feuchte, ringsum von Gebäuden eingeschlossene Pfarrhaus gegen ein neues, auf einen sonnigen Garten gehendes vertauschen durften . . .

Mit zunehmendem Alter ist mein Vater dann immer rüstiger geworden. Als Siebenzigjähriger versorgte er seine Gemeinde im Kriege unter dem Feuer der feindlichen Geschütze und versieht jetzt noch,[1] hoch in den Siebenzigern, sein Pfarramt, nun bald an die fünfzig Jahre in Günsbach wirkend. Meine Mutter wurde während des Krieges auf der Straße von Günsbach nach Weier im Tal von Militärpferden überrannt und getötet.

Auch die schwersten Geldsorgen wurden mit der Zeit von uns genommen. Eine entfernte, kinderlose Verwandte meiner Mutter, eine Frau Fabian aus Wasselnheim, hinterließ uns ihr kleines Vermögen.

So lag in den letzten Jahren, in denen ich auf der Schule war, wieder voller Sonnenschein über meinem Vaterhaus. Wir waren alle gesund und lebten in schönster Eintracht miteinander. Das Verhältnis zwischen Eltern und Kindern war ein ideales, dank dem großen Verständnis, das die Eltern uns in allen Dingen, selbst in unseren Torheiten, entgegenbrachten. Sie erzogen uns zur Freiheit. Niemals, seitdem ich das leidige Diskutieren aufgegeben hatte, war in unserem Hause etwas von der Spannung zwischen dem Vater und dem erwachsenen Sohn, die das Glück so mancher Familie stört. Der Vater war mir der liebste Freund.

Als eine besondere Güte unserer Eltern empfanden wir, daß sie uns erlaubten, von unseren Schulfreunden mit in die Ferien zu bringen, bis das Haus voll war. Wie meine Mutter die Arbeit, die wir ihr dadurch verursachten, bewältigen konnte, ist mir heute noch ein Rätsel.

Der Gedanke, daß ich eine so einzigartige glückliche Jugend erleben durfte, beschäftigte mich fort und fort. Er erdrückte mich geradezu. Immer deutlicher trat die Frage vor mich, ob ich dieses Glück denn als etwas Selbstverständliches hinnehmen dürfe. So wurde die Frage nach dem Recht auf Glück das zweite große Erlebnis für mich. Als solches trat sie neben das andere, das mich schon von meiner Kindheit her begleitete, das Ergriffensein von dem Weh, das um uns herum in der Welt herrscht. Diese beiden Erlebnisse schoben sich langsam ineinander. Damit entschied sich meine Auffassung des Lebens und das Schicksal meines Lebens.

Immer klarer wurde mir, daß ich nicht das innerliche Recht habe, meine glückliche Jugend, meine Gesundheit und meine Arbeitskraft als etwas Selbstverständliches hinzunehmen. Aus dem tiefsten Glücksgefühl erwuchs mir nach und nach das Verständnis für das Wort Jesu, daß wir unser Leben nicht für uns behalten dürfen. Wer viel Schönes im Leben erhalten hat, muß entsprechend viel dafür hingeben. Wer von eigenem Leid verschont ist, hat sich berufen zu fühlen, zu helfen, das Leid der andern zu lindern. Alle müssen wir an der Last von Weh, die auf der Welt liegt, mittragen.

Dunkel und verworren arbeitete der Gedanke an mir. Manchmal ließ er mich auf einige Zeit los, daß ich ganz erleichtert aufatmete und meinte, wieder vollständig Herr meines Lebens zu werden. Eine kleine Wolke war am Horizont aufgestiegen. Ich konnte zeitweise von ihr wegblicken. Aber sie wuchs langsam und unaufhaltsam. Zuletzt bedeckte sie den ganzen Himmel.

Die Entscheidung fiel, als ich einundzwanzig Jahre alt war. Damals, als Student in den Pfingstferien, beschloß ich, bis zum dreißigsten Jahre dem Predigeramt, der Wissenschaft und der Musik zu leben. Dann, wenn ich in Wissenschaft und Kunst geleistet hätte, was ich darin vorhatte, wollte ich einen Weg des unmittelbaren Dienens als Mensch betreten. Welches dieser Weg sein sollte, gedachte ich in der Zwischenzeit aus den Umständen zu erfahren.

Der Entschluß, mich dem Werke des ärztlichen Helfens in den Kolonien zu weihen, kam nicht als erster. Er tauchte auf, nachdem mich Pläne andersartigen Helfens vorher beschäftigt hatten und aus den verschiedensten Gründen aufgegeben worden waren. Eine Verkettung von Umständen wies mir dann den Weg zu den Schlafkranken und Aussätzigen Afrikas.

Als ich mich mit achtzehn Jahren, Anno 1893, auf die Abgangsprüfung vom Gymnasium vorbereitete, ahnte ich nur erst dunkel, daß sich Gedanken in mir dachten, denen ich mich einst zu unterwerfen hätte. Die Beschäftigung mit der unmittelbaren Zukunft behauptete ihre Rechte. Ich freute mich auf die Studentenzeit. Kühn nahm ich mir vor, Theologie, Philosophie und Musik miteinander zu betreiben. Meine gute Gesundheit, die mir die erforderliche Nachtarbeit erlaubte, machte es mir möglich, diesen Vorsatz durchzuführen. Aber es war doch viel schwieriger, als ich gedacht hatte.

Mein Abgangsexamen vom Gymnasium bestand ich befriedigend, aber nicht so gut, als man erwartet hatte. Das lag an den Hosen, die ich an jenem Tage trug.

Ich besaß einen schwarzen Gehrock, den ich von einem alten Verwandten meiner Mutter geerbt hatte, aber keine schwarzen Hosen. Aus Sparsamkeit wollte ich mir auch noch keine machen lassen und bat meinen Onkel, das Examen in seinen Hosen bestehen zu dürfen. Er war zwar viel kleiner als ich und beleibt, während ich damals aufgeschossen und schmächtig war. Aber wir dachten, daß es für einmal doch gehen würde.

Leider unterließ ich es, eine Probe mit den Hosen abzuhalten. Als ich sie am Morgen des Examens anzog, reichten sie mir kaum bis an die Schuhe, obwohl ich die Hosenträger mit Schnüren verlängert hatte. Über dem oberen Rande der Hose gähnte ein weißer Raum. Wie sie mir auf der Rückseite saßen, beschreibe ich nicht.

Mein Erscheinen unter den Examensgenossen rief ausgelassene Lustigkeit hervor. Ich wurde nach allen Seiten gewendet und in Augenschein genommen. Unser feierlicher Eintritt in das Prüfungszimmer mißlang, weil wir das Lachen nicht dämpfen konnten. Als die Lehrer am Prüfungstisch meine Hose sahen, wurden auch sie munter. Der gestrenge Herr Oberschulrat aus Straßburg aber – er hieß Albrecht –, der bei der Prüfung den Vorsitz führte, merkte nicht, um was es sich handelte. Er sah nur, daß ich der Anlaß der unzeitgemäßen Heiterkeit war, und tat eine strenge Bemerkung über unser unfeierliches Benehmen im allgemeinen und über mich im besonderen. Um dem vermeintlichen Spaßvogel den Übermut auszutreiben, übernahm er es selber, mich in allen Fächern zu examinieren, außer in Mathematik, in der er anerkanntermaßen absolut unwissend war. Er setzte mir hart zu. Vom Direktor mit freundlichen Blicken ermutigt, behauptete ich mich, so gut ich konnte. Aber gar manche Antwort mußte ich dem Gestrengen schuldig bleiben und manches Schütteln des Kopfes hinnehmen.

Sehr entrüstet war er namentlich darüber, daß ich nicht imstande war, ihm über das Schiffslager, wie es bei Homer beschrieben ist, genau Bescheid zu geben. Als auch die anderen Kandidaten nicht viel mehr darüber wußten als ich, tadelte er dies als einen unverzeihlichen Mangel an Bildung. Ich aber sah es für einen noch viel größeren Mangel an Bildung an, daß wir das Gymnasium verließen, ohne etwas von Astronomie und Geologie zu wissen.

Zu guter Letzt kam Geschichte daran, das spezielle Fach des Herrn Oberschulrats. Nach zehn Minuten war er wie umgewandelt. Sein Grimm schmolz dahin. Am Ende examinierte er mich nicht mehr, sondern unterhielt sich mit mir über den Unterschied zwischen den Kolonisationsunternehmungen der Griechen und denen der Römer.

In der Schlußrede, nach der Verkündung des Resultats der Prüfung, kam er nochmals auf die Freude zurück, die er mit mir in Geschichte erlebt hatte. Ein dahin gehendes, von ihm beantragtes Kompliment ziert mein sonst sehr mittelmäßiges Reifezeugnis. So endigte alles in Wohlgefallen...

### Der nüchterne Idealismus

Blicke ich auf meine Jugend zurück, so bin ich vom Gedanken bewegt, wie vielen Menschen ich für das, was sie mir gaben und was sie mir waren, zu danken habe. Zugleich aber stellt sich das niederdrückende Bewußtsein ein, wie wenig ich jenen Menschen in meiner Jugend von diesem Danke wirklich erstattet habe. Wie viele von ihnen sind aus dem Leben geschieden, ohne daß ich ihnen ausgedrückt habe, was die Güte oder die Nachsicht, die ich von ihnen empfing, für mich bedeutete! Erschüttert habe ich manchmal auf Gräbern leise die Worte für mich gesagt, die mein Mund einst dem Lebenden hätte aussprechen sollen.

Dabei glaube ich sagen zu können, daß ich nicht undankbar war. Beizeiten bin ich aus der jugendlichen Gedankenlosigkeit erwacht, das, was ich an Güte und Nachsicht von Menschen erfuhr, als etwas Selbstverständliches hinzunehmen. Ich meine, darüber so früh nachdenklich geworden zu sein wie über das Weh in der Welt. Aber bis zu meinem zwanzigsten Jahr, und noch darüber hinaus, habe ich mich zuwenig dazu angehalten, die

Dankbarkeit, die in mir war, auch zu bekunden. Ich ermaß zuwenig, was es für Menschen bedeutet, Dankbarkeit tatsächlich zu empfangen. Oft auch ließ ich mich durch Schüchternheit zurückhalten, Dankbarkeit auszusprechen. Weil ich dies an mir erlebt habe, meine ich nicht, daß so viel Undankbarkeit in der Welt ist, wie man gewöhnlich behauptet ...

Noch ein anderes bewegt mich, wenn ich an meine Jugend zurückdenke: die Tatsache, daß so viele Menschen mir etwas gaben oder etwas waren, ohne daß sie es wußten. Solche, mit denen ich nie ein Wort gewechselt habe, ja auch solche, von denen ich nur erzählen hörte, haben einen bestimmten Einfluß auf mich ausgeübt. Sie sind in mein Leben eingetreten und Kräfte in mir geworden. Gar manches, was ich sonst nicht so klar empfunden und so entschieden getan hätte, empfinde und tue ich so, weil ich wie unter dem Zwang jener Menschen stehe. Darum kommt es mir immer vor, als ob wir alle geistig von dem lebten, was uns Menschen in bedeutungsvollen Stunden unseres Lebens gegeben haben. Diese bedeutungsvollen Stunden kündigen sich nicht an, sondern kommen unerwartet. Auch nehmen sie sich nicht großartig aus, sondern unscheinbar. Ja, manchmal bekommen sie ihre Bedeutung für uns erst in der Erinnerung, wie uns die Schönheit einer Musik oder einer Landschaft manchmal erst in der Erinnerung aufgeht. Vieles, was an Sanftmut, Gütigkeit, Kraft zum Verzeihen, Wahrhaftigkeit, Treue, Ergebung in Leid unser geworden ist, verdanken wir Menschen, an denen wir solches erlebt haben, einmal in einem großen, einmal in einem kleinen Begebnis. Ein Leben gewordener Gedanke sprang wie ein Funke in uns hinein und zündete.

Ich glaube nicht, daß man in einen Menschen Gedanken hineinbringen kann, die nicht in ihm sind. Gewöhnlich sind in den Menschen alle guten Gedanken als Brennstoffe vorhanden. Aber vieles von diesem Brennstoff entzündet sich erst oder erst recht, wenn eine Flamme oder ein Flämmchen von draußen, von einem andern Menschen her, in ihn hineinschlägt. Manchmal auch will unser Licht erlöschen und wird durch ein Erlebnis an einem Menschen wieder neu angefacht.

So hat jeder von uns in tiefem Danke derer zu gedenken, die Flammen in ihm entzündet haben. Hätten wir sie vor uns, die uns zum Segen geworden sind, und könnten es ihnen erzählen, wodurch sie es geworden sind, sie würden staunen über das, was aus ihrem Leben in unseres übergriff. So weiß auch keiner von uns, was er wirkt und was er Menschen gibt. Es ist für uns verborgen und soll es bleiben. Manchmal dürfen wir ein klein wenig davon sehen, um nicht mutlos zu werden. Das Wirken der Kraft ist geheimnisvoll.

Überhaupt, ist nicht in dem Verhältnis des Menschen zum Menschen viel mehr geheimnisvoll, als wir es uns gewöhnlich eingestehen? Keiner von uns darf behaupten, daß er einen andern wirklich kenne, und wenn er seit Jahren täglich mit ihm zusammen lebt. Von dem, was unser inneres Erleben ausmacht, können wir auch unseren Vertrautesten nur Bruchstücke mitteilen. Das Ganze vermögen wir weder von uns zu geben, noch wären sie imstande, es zu fassen. Wir wandeln miteinander in einem Halbdunkel, in dem keiner die Züge des andern genau erkennen kann. Nur von Zeit zu Zeit, durch ein Erlebnis, das wir mit dem Weggenossen haben, oder durch ein Wort, das zwischen uns fällt, steht er für einen Augenblick neben uns, wie von einem Blitze beleuchtet. Da sehen wir ihn, wie er ist. Nachher gehen wir wieder, vielleicht für lange, im Dunkel nebeneinanderher und suchen vergeblich, uns die Züge des andern vorzustellen.

In diese Tatsache, daß wir einer dem andern Geheimnis sind, haben wir uns zu ergeben. Sich kennen will nicht heißen, alles voneinander wissen, sondern Liebe und Vertrauen zueinander haben und einer an den andern glauben. Ein Mensch soll nicht in das Wesen des andern eindringen wollen ... Alle müssen wir uns hüten, denen, die wir lieben, Mangel an Vertrauen vorzuwerfen, wenn sie uns nicht jederzeit in alle Ecken ihres Herzens einblicken lassen. Es ist ja fast so, daß wir, je näher wir uns kennen, einander um so geheimnisvoller werden. Nur wer Ehrfurcht vor dem geistigen Wesen anderer hat, kann andern wirklich etwas sein.

Darum meine ich, daß sich auch keiner zwingen soll, mehr von seinem inneren Leben preiszugeben, als ihm natürlich ist. Wir können nicht mehr, als die andern unser geistiges Wesen ahnen lassen und das ihrige ahnen. Das einzige, worauf es ankommt, ist, daß wir darum ringen, daß Licht in uns sei. Das Ringen fühlt einer dem andern an, und wo Licht in Menschen ist, scheint es aus ihnen heraus. Dann kennen wir uns, im Dunkel nebeneinanderher gehend, ohne daß einer das Gesicht des andern abzutasten und in sein Herz hineinzulangen braucht.

War mir die Ehrfurcht vor dem geistigen Wesen des andern von Jugend auf etwas Selbstverständliches, so hat mir dagegen die Frage viel zu schaffen gemacht, inwieweit wir dem sonstigen Verkehr mit Menschen zurückhaltend sein sollen oder inwieweit wir uns unmittelbar geben dürfen. Beides lag in mir im Kampf...

Sicherlich müssen wir uns dagegen anhalten, einer dem andern gegenüber taktvoll zu sein und nicht ungerufen an seinen Angelegenheiten teilzunehmen. Dabei haben wir uns auch der Gefahr bewußt zu bleiben, die in dieser durch das tägliche Leben gebotenen Zurückhaltung liegt. Es darf nicht sein, daß wir uns dem Unbekannten gegenüber in absolute Fremdheit bannen lassen. Kein Mensch ist jemals einem Menschen ein vollständig und dauernd Fremder. Mensch gehört zu Mensch. Mensch hat Recht auf Mensch. Große und kleine Umstände können eintreten, die die Fremdheit, die wir uns im täglichen Leben auferlegen müssen, außer Kraft setzen und uns als Mensch zu Mensch miteinander in Beziehung bringen. Das Gesetz der Zurückhaltung ist bestimmt, durch das Recht der Herzlichkeit durchbrochen zu werden. So kommen wir alle in die Lage, aus der Fremdheit herauszutreten und für einen Menschen Mensch zu werden. Zu oft versäumen wir es, weil die geltenden Anschauungen von Wohlerzogenheit, Höflichkeit und Takt uns unsere Unmittelbarkeit genommen haben. Dann versagen wir einer dem andern, was wir ihm geben möchten und wonach er Sehnsucht hat. Viel Kälte ist unter den Menschen, weil wir nicht wagen, uns so herzlich zu geben, wie wir sind . . .

Die Ideen, die das Wesen und das Leben eines Menschen bestimmen, sind in ihm auf geheimnisvolle Weise gegeben. Wenn er aus der Kindheit heraustritt, fangen sie an, in ihm zu knospen. Wenn er von der Jugendbegeisterung für das Wahre und Gute ergriffen wird, blühen sie und setzen Frucht an. In der Entwicklung, die wir nachher durchmachen, handelt es sich eigentlich nur darum, wieviel von dem, was unser Lebensbaum in seinem Frühling an Frucht ansetzte, an ihm bleibt.

Die Überzeugung, daß wir im Leben darum zu ringen haben, so denkend und so empfindend zu bleiben, wie wir es in der Jugend waren, hat mich wie ein treuer Berater auf meinem Wege begleitet. Instinktiv habe ich mich dagegen gewehrt, das zu werden, was man gewöhnlich unter einem «reifen Menschen» versteht.

Der Ausdruck «reif», auf den Menschen angewandt, war mir und ist mir noch immer etwas Unheimliches. Ich höre dabei die Worte Verarmung, Verkümmerung, Abstumpfung als Dissonanzen miterklingen. Was wir gewöhnlich als Reife an einem Menschen zu sehen bekommen, ist eine resignierte Vernünftigkeit. Einer erwirbt sie sich nach dem Vorbilde anderer, indem er Stück um Stück die Gedanken und Überzeugungen preisgibt, die ihm in seiner Jugend teuer waren. Er glaubte an den Sieg der Wahrheit; jetzt nicht mehr. Er glaubte an die Menschen; jetzt nicht mehr. Er glaubte an das Gute; jetzt nicht mehr. Er eiferte für Gerechtigkeit; jetzt nicht mehr. Er vertraute in die Macht der Gütigkeit und der Friedfertigkeit; jetzt nicht mehr. Er konnte sich begeistern; jetzt nicht mehr. Um besser durch die Fährnisse und Stürme des Lebens zu schiffen, hat er sein Boot erleichtert. Er warf Güter aus, die er für entbehrlich hielt. Aber es war der Mundvorrat und der Wasservorrat, dessen er sich entledigte. Nun schifft er leichter dahin, aber als verschmachtender Mensch.

In meiner Jugend habe ich Unterhaltungen von Erwachsenen mit angehört, aus denen mir eine das Herz beklemmende Wehmut entgegenwehte. Sie schauten auf den Idealismus und die Begeisterungsfähigkeit ihrer Jugend als auf etwas Kostbares zurück, das man sich hätte festhalten sollen. Zugleich aber betrachten sie es als eine Art Naturgesetz, daß man das nicht könne.

Da bekam ich Angst, auch einmal so wehmütig auf mich selber zurückschauen zu müssen. Ich beschloß, mich diesem tragischen Vernünftigwerden nicht zu unterwerfen. Was ich mir in fast knabenhaftem Trotze gelobte, habe ich durchzuführen versucht.

Zu gern gefallen sich die Erwachsenen in dem traurigen Amt, die Jugend darauf vorzubereiten, daß sie einmal das meiste von dem, was ihr jetzt das Herz und den Sinn erhebt, als Illusion ansehen wird. Die tiefere Lebenserfahrung aber redet anders zu der Unerfahrenheit. Sie beschwört die Jugend, die Gedanken, die sie begeistern, durch das ganze Leben hindurch festzuhalten. Im Jugendidealismus erschaut der Mensch die Wahrheit. In ihm besitzt er einen Reichtum, den er gegen nichts eintauschen soll.

Wir alle müssen darauf vorbereitet sein, daß das Leben uns den Glauben an das Gute und Wahre und die Begeisterung dafür nehmen will. Aber wir brauchen sie ihm nicht preiszugeben. Daß die Ideale, wenn sie sich mit der Wirklichkeit auseinandersetzen, gewöhnlich von den Tatsachen erdrückt werden, bedeutet nicht, daß sie von vornherein vor den Tatsachen zu kapitulieren haben, sondern nur, daß unsere Ideale nicht stark genug sind . . .

Die Reife, zu der wir uns zu entwickeln haben, ist die,

daß wir an uns arbeiten müssen, immer schlichter, immer wahrhaftiger, immer lauterer, immer friedfertiger, immer sanftmütiger, immer gütiger, immer mitleidiger zu werden. In keine andere Ernüchterung als in diese haben wir uns zu ergeben. In ihr härtet sich das weiche Eisen des Jugendidealismus zum Stahl des unverlierbaren Lebensidealismus.

Das große Wissen ist, mit den Enttäuschungen fertig zu werden. Alle Tatsachen sind Wirkung von geistiger Kraft; die erfolgreichen von Kraft, die stark genug ist, die erfolglosen von Kraft, die nicht stark genug ist. Mein Verhalten der Liebe richtet nichts aus. Das ist, weil noch zuwenig Liebe in mir ist. Ich bin ohnmächtig gegen die Unwahrhaftigkeit und die Lüge, die um mich herum ihr Wesen haben. Das hat zum Grunde, daß ich selber noch nicht wahrhaftig genug bin. Ich muß zusehen, wie Mißgunst und Böswilligkeit weiter ihr trauriges Spiel treiben. Das heißt, daß ich selber Kleinlichkeit und Neid noch nicht ganz abgelegt habe. Meine Friedfertigkeit wird mißverstanden und gehöhnt. Das bedeutet, daß noch nicht genug Friedfertigkeit in mir ist.

Das große Geheimnis ist, als unverbrauchter Mensch durchs Leben zu gehen. Solches vermag, wer nicht mit den Menschen und Tatsachen rechnet, sondern in allen Erlebnissen auf sich selbst zurückgeworfen wird und den letzten Grund der Dinge in sich sucht.

Wer an seiner Läuterung arbeitet, dem kann nichts den Idealismus rauben. Er erlebt die Macht der Ideen des Wahren und Guten in sich. Wenn er von dem, was er nach außen hin dafür wirken will, gar zuwenig bemerkt, so weiß er dennoch, daß er so viel wirkt, als Läuterung in ihm ist. Nur ist der Erfolg noch nicht eingetreten, oder er bleibt seinem Auge verborgen. Wo Kraft ist, ist Wirkung von Kraft. Kein Sonnenstrahl geht verloren. Aber das Grün, das er weckt, braucht Zeit zum Sprießen, und dem Sämann ist nicht immer beschieden, die Ernte mitzuerleben. Alles wertvolle Wirken ist Tun auf Glauben.

Das Wissen vom Leben, das wir Erwachsene den Jugendlichen mitzuteilen haben, lautet also nicht: «Die Wirklichkeit wird schon unter euren Idealen aufräumen», sondern: «Wachset in eure Ideale hinein, daß das Leben sie euch nicht nehmen kann.»

Wenn die Menschen das würden, was sie mit vierzehn Jahren sind, wie ganz anders wäre die Welt!

Als einer, der versucht, in seinem Denken und Empfinden jugendlich zu bleiben, habe ich mit den Tatsachen und der Erfahrung um den Glauben an das Gute und Wahre gerungen. In dieser Zeit, wo Gewalttätigkeit, in Lüge gekleidet, so unheimlich wie noch nie auf dem Throne der Welt sitzt, bleibe ich dennoch überzeugt, daß Wahrheit, Liebe, Friedfertigkeit, Sanftmut und Gütigkeit die Gewalt sind, die über aller Gewalt ist. Ihnen wird die Welt gehören, wenn nur genug Menschen die Gedanken der Liebe, der Wahrheit, der Friedfertigkeit und der Sanftmut rein und stark und stetig genug denken und leben.

Alle gewöhnliche Gewalt beschränkt sich selber. Denn sie erzeugt Gegengewalt, die ihr früher oder später ebenbürtig oder überlegen wird. Die Gütigkeit aber wirkt einfach und stetig. Sie erzeugt keine Spannungen, die sie beeinträchtigen. Bestehende Spannungen entspannt sie, Mißtrauen und Mißverständnisse bringt sie zur Verflüchtigung, sie verstärkt sich selber, indem sie Gütigkeit hervorruft. Darum ist sie die zweckmäßigste und intensivste Kraft.

Was ein Mensch an Gütigkeit in die Welt hinausgibt, arbeitet an den Herzen und an dem Denken der Menschen. Unser törichtes Versäumnis ist, daß wir mit der Gütigkeit nicht Ernst zu machen wagen. Wir wollen die große Last wälzen, ohne uns des die Kraft verhundertfachenden Hebels zu bedienen.

Eine unermeßlich tiefe Wahrheit liegt in dem phantastischen Worte Jesu: «Selig sind die Sanftmütigen, denn sie werden das Erdreich besitzen.»

# WISSENSCHAFT, PREDIGTAMT, KUNST
## 1893–1913

### Studienjahre

Im Oktober dieses Jahres (1893) ermöglichte es mir die Freigebigkeit des in Paris als Kaufmann ansässigen älteren Bruders meines Vaters, den Orgelunterricht des Pariser Orgelmeisters Charles Marie Widor zu genießen. Mein Mülhauser Lehrer hatte mich so gut vorgebildet, daß mich Widor, nachdem ich ihm vorgespielt hatte, als Schüler annahm, obwohl er sonst seine Tätigkeit auf die Angehörigen der Orgelklasse des Konservatoriums beschränkte. Dieser Unterricht war für mich von entscheidender Bedeutung. Widor leitete mich an, meine Technik zu vertiefen und vollendete Plastik des Spiels zu erstreben. Zugleich ging mir bei ihm die Bedeutung des Architektonischen in der Musik auf.

Ende Oktober 1893 bezog ich die Universität Straßburg. Ich wohnte in dem theologischen Studienstift (Collegium Wilhelmitanum) zu St. Thomas, dessen Leiter der gelehrte Pfarrer Alfred Erichson war. Zur Zeit war er gerade mit der Vollendung der großen Ausgabe der Werke Calvins beschäftigt.

Die Straßburger Universität stand damals in voller Blüte. Durch keine Traditionen gehemmt, suchten Lehrer und Studierende miteinander das Ideal einer neuzeitlichen Hochschule zu verwirklichen. Bejahrte Professoren gab es fast keine in dem Lehrkörper. Ein frischer, jugendlicher Zug ging durch das Ganze.

Ich hörte zugleich in der theologischen und in der philosophischen Fakultät. Da ich auf dem Gymnasium nur die Anfänge des Hebräischen gelernt hatte, wurde mir das erste Semester durch die Arbeit auf das «Hebraïcum» (das Vorexamen in Hebräisch) hin verdorben, das ich am 17. Februar 1894 mit Mühe und Not bestand. Später, wieder durch das Bestreben angespornt, auch das mir nicht Liegende zu bewältigen, eignete ich mir dann gediegene Kenntnisse in dieser Sprache an.

Die Sorge um das Hebraïcum hinderte mich nicht, mit Eifer bei Heinrich Julius Holtzmann ein Kolleg über die Synoptiker – das heißt über die drei ersten Evangelien – und bei Wilhelm Windelband und Theobald Ziegler Geschichte der Philosophie zu hören.

Vom 1. April 1894 an diente ich mein Militärjahr ab. Die Güte meines Hauptmanns – er hieß Krull – ermöglichte es mir, bei gewöhnlichem Dienstbetrieb fast regelmäßig um 11 Uhr auf der Universität zu sein und Windelband zu hören.

Als es im Herbst 1894 in die Gegend von Hochfelden (Unterelsaß) ins Manöver ging, packte ich mein griechisches Testament in den Tornister. Bei Beginn des Wintersemesters nämlich hatten die Theologiestudenten, die sich um Stipendien bewarben, eine Prüfung in drei Fächern zu bestehen; für diejenigen, die gerade ihre Militärzeit abdienten, bedurfte es nur eines Fachs. Ich wählte Synoptiker.

Um bei dem von mir so verehrten Holtzmann nicht mit Unehre in diesem Fach zu bestehen, führte ich das griechische Neue Testament im Manöver mit; und da ich damals so robust war, daß ich keine Müdigkeit kannte, kam ich an den Abenden und an den Ruhetagen auch wirklich zum Arbeiten. Den Sommer über hatte ich Holtzmanns Kommentar durchgearbeitet. Nun wollte ich mir Textkenntnis erwerben und sehen, was ich aus dem Kommentar oder dem Kolleg behalten hatte. Dabei erging es mir merkwürdig. Holtzmann hatte die Markushypothese – das heißt die Theorie, daß dieses Evangelium das älteste sei und daß sein Plan den Evangelien des Matthäus und Lukas zugrunde liege – in der Wissenschaft zur Anerkennung gebracht. Damit schien auch erwiesen, daß die Wirksamkeit Jesu aus dem Markusevangelium allein zu verstehen sei. An diesem Schlusse wurde ich zu meinem Erstaunen irre, als ich mich an einem Ruhetage im Dorfe Guggenheim mit dem 10. und 11. Kapitel des Matthäus beschäftigte und auf die Bedeutung des in ihnen enthaltenen, nur von Matthäus, nicht auch von Markus gebotenen Stoffes aufmerksam wurde... Als ich aus dem Manöver nach Hause kam, hatten sich mir ganz neue Horizonte aufgetan. Es stand mir fest, daß Jesus nicht ein von ihm und den Gläubigen in der natürlichen Welt zu gründendes und zu verwirklichendes Reich verkündigt habe, sondern eines, das mit dem baldigen Anbruch der übernatürlichen Weltzeit zu erwarten sei.

Natürlich hätte ich es für Vermessenheit gehalten, in der bald darauf stattfindenden Prüfung Holtzmann anzudeuten, daß ich die von ihm vertretene und von der damaligen kritischen Schule allgemein anerkannte Auffassung des Lebens Jesu bezweifelte. Auch hätte ich keine Gelegenheit dazu gefunden. In seiner bekannten Gütigkeit prüfte er mich als jungen und dazu noch durch den Militärdienst vom Arbeiten abgehaltenen Studenten so milde, daß er in einem Kolloquium von zwanzig Minuten von mir nur eine vergleichende summarische Auskunft über den Inhalt der drei ersten Evangelien verlangte.

Während der folgenden Studienjahre beschäftigte ich mich, oft unter Vernachlässigung der übrigen Fächer, in selbständiger Weise mit der Evangelienfrage und den Problemen des Lebens Jesu und kam dabei immer mehr zur Überzeugung, daß der Schlüssel der zu lösenden Rätsel in der Erklärung der Reden Jesu bei der Aussendung der Jünger und der Anfrage des gefangenen Täufers sowie in seinem Verhalten nach der Rückkehr der Jünger zu suchen sei.

Wie dankbar empfand ich es, daß die deutsche Universität den Studenten in seinen Studien nicht so bevormundet und ihn nicht durch ständige Examen so in Atem hält, wie es in andern Staaten der Fall ist, und daß sie ihm die Möglichkeit selbständiger wissenschaftlicher Arbeit bietet!...

Neben den theologischen besuchte ich ständig philosophische Vorlesungen. Musiktheorie hörte ich bei Jacobsthal, dem Schüler Bellermanns. In seiner Einseitigkeit erkannte er nur die vorbeethovensche Musik als Kunst an. Aber den reinen Kontrapunkt konnte man gründlich bei ihm lernen. Ich verdanke ihm viel.

Eine große Förderung für meine musikalischen Studien bedeutete es für mich, daß Ernst Münch, der Bruder meines Mülhauser Orgellehrers, Organist zu St. Wilhelm in Straßburg und Dirigent der von ihm gegründeten Bachkonzerte des Chores von St. Wilhelm, mir die Orgelbegleitung der Kantaten und Passionen in diesen Konzerten übertrug. Zunächst freilich war ich damit nur in den Proben betraut, in Stellvertretung seines Bruders aus Mülhausen, der dann in den Aufführungen meinen Platz einnahm. Bald aber kam es dazu, daß ich, wenn der Bruder am Kommen verhindert war, auch in den Aufführungen spielte. So wurde ich schon als junger Student mit den Schöpfungen Bachs vertraut und hatte Gelegenheit, mich praktisch mit den Problemen der Wiedergabe Bachscher Kantaten und Passionen zu beschäftigen.

Die Kirche zu St. Wilhelm in Straßburg galt damals als eine der bedeutendsten Pflegestätten des zu Ende des Jahrhunderts aufkommenden Bachkults. Ernst Münch war ein ausgezeichneter Kenner der Werke des Thomaskantors. Als einer der ersten hat er auf die zu Ende des 19. Jahrhunderts noch fast allgemein übliche modernisierende Wiedergabe der Kantaten und Passionen verzichtet und mit seinem kleinen, vom ausgezeichneten Straßburger Orchester begleiteten Chor wirklich stilvolle Aufführungen erstrebt. Wie viele Abende haben wir miteinander über den Partituren der Kantaten und Passionen gesessen und uns in Diskussionen über die wahre Art der Ausführung ergangen!...

Mit der Verehrung Bachs ging bei mir die Richard Wagners zusammen. Als ich mit sechzehn Jahren als Gymnasiast zu Mülhausen zum erstenmal ins Theater durfte, war es, um Richard Wagners Tannhäuser zu hören. Diese Musik überwältigte mich so, daß es Tage dauerte, bis ich wieder fähig war, dem Unterricht in der Schule Aufmerksamkeit entgegenzubringen.

In Straßburg, wo die Oper unter Kapellmeister Otto Lohse hervorragend war, hatte ich dann Gelegenheit, Wagners sämtliche Werke, natürlich außer Parsifal, der damals nur in Bayreuth aufgeführt werden durfte, gründlich kennenzulernen. Ein großes Erlebnis war es für mich, daß ich im Jahre 1896 in Bayreuth der denkwürdigen ersten Wiederaufführung der Tetralogie nach der Uraufführung von 1876 beiwohnen konnte. Pariser Freunde hatten mir die Karten geschenkt. Um die Kosten der Reise bestreiten zu können, mußte ich mich mit einer Mahlzeit am Tage begnügen.

Wenn ich heute eine Wagneraufführung erlebe, bei der alle möglichen Bühneneffekte sich neben der Musik geltend machen, als handelte es sich um einen Film, muß ich mit Wehmut an die in ihrer Einfachheit so ungeheuer wirkungsvolle damalige Bayreuther Inszenierung der Tetralogie denken. Wie die Ausstattung, so war auch die Aufführung noch ganz im Geiste des verstorbenen Meisters ...

Schnell vergingen die Straßburger Studienjahre. Am Ende des Sommers 1897 meldete ich mich zur ersten theologischen Prüfung. Als Thema der sogenannten «These» erhielten wir: «Schleiermachers Abendmahlslehre, verglichen mit den im Neuen Testament und in den reformatorischen Bekenntnisschriften niedergelegten Auffassungen». Die These war eine allen Kandidaten gemeinsam aufgegebene und innerhalb von acht Wochen anzufertigende Arbeit, die über die Zulassung zum Examen entschied.

Durch diese Aufgabe wurde ich wieder auf das Problem

der Evangelien und des Lebens Jesu geführt. Aus dem Studium aller historischen und dogmatischen Abendmahlsanschauungen, die mir diese Examensarbeit auferlegte, ging mir nämlich auf, in welchem Maße die geltenden Erklärungen der Bedeutung der historischen Feier Jesu mit seinen Jüngern und des Aufkommens der urchristlichen Abendmahlsfeier unbefriedigend waren. Viel zu denken gab mir eine Bemerkung Schleiermachers in dem Abschnitt über das Abendmahl in seiner berühmten «Glaubenslehre». Er macht darauf aufmerksam, daß nach den Berichten über das Abendmahl bei Matthäus und Markus Jesus die Jünger nicht aufgefordert habe, das Mahl zu wiederholen, und wir uns also möglicherweise mit dem Gedanken vertraut machen müssen, daß die Wiederholung der Feier in der urchristlichen Gemeinde auf die Jünger und nicht auf Jesum selber zurückgehe. Dieser von Schleiermacher in glänzender Dialektik hingeworfene, aber in seiner möglichen historischen Tragweite nicht weiter verfolgte Gedanke arbeitete an mir, auch als ich mit jener Kandidatenthese schon fertig war...

Am 6. Mai 1898 bestand ich die erste theologische Prüfung, das sogenannte Staatsexamen. Den Sommer über blieb ich, jetzt außerhalb des Stifts wohnend, noch in Straßburg, um mich ganz der Philosophie zu widmen. Windelband und Ziegler waren hervorragende Vertreter ihres Faches und ergänzten sich als Lehrer in ausgezeichneter Weise. Windelbands Stärke war die alte Philosophie. Seine Seminarübungen über Plato und Aristoteles sind eigentlich meine schönsten Erinnerungen aus der Studienzeit. Ziegler beherrschte besonders Ethik und Religionsphilosophie. Für letztere kamen ihm die Kenntnisse zustatten, die er als ehemaliger Theologe – er war aus dem Tübinger Stift hervorgegangen – besaß.

Auf Grund meines Examens erhielt ich, durch Holtzmanns Verwendung, das Gollsche, von dem Thomaskapitel zusammen mit der Fakultät verwaltete Stipendium. Es betrug 1 200 Mark im Jahr und wurde jedesmal auf sechs Jahre vergeben. Der Stipendiat war verpflichtet, nach spätestens sechs Jahren den Grad eines Lizentiaten der Theologie zu Straßburg zu erwerben oder die empfangenen Gelder zurückzuzahlen.

Auf Zuraten Theobald Zieglers beschloß ich, zunächst die philosophische Doktordissertation in Angriff zu nehmen. Am Schlusse des Semesters schlug er mir, bei einem unter dem Regenschirm gehaltenen Gespräch auf der Treppe der Universität, Kants Religionsphilosophie als Thema vor, was mir sehr zusagte.

Gegen Ende Oktober 1898 fuhr ich nach Paris, um an der Sorbonne Philosophie zu hören und mich bei Widor im Orgelspiel weiterzubilden... Bei Widor – der mich jetzt umsonst unterrichtete – trieb ich Orgel und bei I. Philipp, der bald darauf als Lehrer an das Konservatorium kam, Klavier. Zugleich war ich Schüler der genialen Schülerin und Freundin Franz Liszts, Marie Jaëll-Trautmann, einer geborenen Elsässerin. Aus dem Konzertleben hatte sie, die kurze Zeit als ein Stern erster Größe geglänzt hatte, sich damals schon zurückgezogen. Sie lebte ihren Studien über den Klavieranschlag, den sie physiologisch zu ergründen suchte. Ich diente ihr als Versuchstier und war schon als solches an den Experimenten beteiligt, die sie zusammen mit dem Physiologen Féré unternahm. Wieviel verdanke ich dieser genialen Frau!...

Unter Marie Jaëlls Leitung arbeitend, habe ich meine Hand völlig umgestaltet. Ihr verdanke ich es, daß ich durch zweckmäßiges, wenig zeitraubendes Üben immer mehr Herr meiner Finger wurde, was auch meinem Orgelspiel sehr zustatten kam. Philipps Unterricht, der sich mehr in den traditionellen Bahnen der Klavierpädagogik bewegte, bot mir ebenfalls außerordentlich viel und bewahrte mich vor den Einseitigkeiten der Jaëllschen Methode. Da meine beiden Lehrer gering voneinander dachten, durfte keiner von ihnen wissen, daß ich auch Schüler des andern war. Was mußte ich mir für Mühe geben, morgens bei Marie Jaëll à la Jaëll und nachmittags bei Philipp à la Philipp zu spielen!

Mit Philipp – Marie Jaëll starb 1925 – verbindet mich noch heute eine tiefe Freundschaft, wie auch mit Widor. Widor verdanke ich es, daß ich mit einer Reihe interessanter und bedeutender Persönlichkeiten des damaligen Paris zusammenkam. Auch um mein materielles Wohl war er besorgt. Gar manchmal, wenn er den Eindruck hatte, daß ich mir aus Rücksicht auf meine magere Börse nicht genügend zu essen gegönnt habe, nahm er mich nach der Stunde mit in sein Stammlokal, das Restaurant Foyort in der Nähe des Luxembourg, damit ich mich wieder einmal gründlich sättigte.

Auch die beiden in Paris ansässigen Brüder meines Vaters und ihre Frauen erwiesen mir viel Liebes. Durch den zweiten Bruder meines Vaters, Charles Schweitzer, der sich als Philologe durch seine Bemühungen um die Verbesserung der Methode des neusprachlichen Unterrichts einen Namen gemacht hatte, kam ich in Beziehung mit Leuten der Universität und des Unterrichtswesens. So wurde ich in Paris heimisch.

Die Doktorarbeit hatte weder unter der Kunst noch unter der Geselligkeit zu leiden, da mir meine gute Gesundheit ausgiebige Nachtarbeit gestattete. Es kam vor, daß ich morgens Widor auf der Orgel vorspielte, ohne überhaupt im Bett gewesen zu sein.

Auf der Bibliothèque Nationale die Literatur über Kants Religionsphilosophie einzusehen erwies sich wegen des schwerfälligen Betriebs auf dem Lesesaal als undurchführbar. So entschloß ich mich kurzerhand, die Arbeit zu machen, ohne mich mit der Literatur abzugeben, und zu sehen, was sich mir bei einem Vergraben in die Kantschen Texte ergäbe...

Mitte März 1899 kehrte ich nach Straßburg zurück und

trug Theobald Ziegler die fertige Arbeit vor. Er äußerte sich sehr zustimmend. Die Promotion wurde auf Ende Juli festgesetzt.

Den Sommer 1899 verbrachte ich in Berlin, hauptsächlich mit philosophischer Lektüre beschäftigt. Ich wollte die Hauptwerke der alten und neueren Philosophie gelesen haben. Daneben hörte ich bei Harnack, Pfleiderer, Kaftan, Paulsen und Simmel. Bei Simmel wurde ich aus einem gelegentlichen ein regelmäßiger Hörer des Kollegs...

Sehr viel Zeit verbrachte ich damals in Berlin bei Karl Stumpf. Die psychologischen Studien über Tonempfindung, mit denen er damals beschäftigt war, interessierten mich sehr. Regelmäßig nahm ich an den von ihm und seinen Assistenten veranstalteten Experimenten teil und war bei ihm Versuchstier, wie ich es bei Marie Jaëll gewesen war...

Professor Heinrich Reimann, der Organist der Kaiser-Wilhelm-Gedächtnis-Kirche, an den ich durch Widor empfohlen war, erlaubte mir, regelmäßig auf seiner Orgel zu spielen, und bestellte mich zu seinem Vertreter, als er auf Urlaub ging. Durch ihn kam ich mit Berliner Musikern, Malern und Bildhauern zusammen.

Die akademische Welt lernte ich im Hause der Witwe des bekannten Hellenisten Ernst Curtius kennen, die mich als einen Bekannten ihres Stiefsohnes, des Kreisdirektors Friedrich Curtius zu Colmar, liebevoll aufnahm. Öfter war ich dort mit Herman Grimm zusammen, der sich alle Mühe gab, mich von der Ketzerei zu bekehren, daß die Darstellung des vierten Evangeliums mit der der drei ersten nicht vereinbar sei. Noch heute sehe ich es als ein großes Glück an, daß ich in jenem Hause in unmittelbare Berührung mit Führern des geistigen Lebens des damaligen Berlin kommen durfte.

Von dem geistigen Leben Berlins wurde ich stärker berührt als von dem von Paris. In Paris, der Weltstadt, war das geistige Leben zersplittert. Man mußte sich schon gründlich in sie eingelebt haben, um sich von den vorhandenen Werten Rechenschaft zu geben. Hingegen besaß das geistige Leben Berlins einen Mittelpunkt in seiner großartig organisierten und einen lebendigen Organismus bildenden Universität. Zudem war es damals noch nicht Weltstadt, sondern mutete als eine in jeder Hinsicht glücklich aufstrebende größere Provinzialstadt an. Sein ganzes Gebaren war von einem gesunden Selbstbewußtsein und einem zuversichtlichen Glauben an die Führer seiner Geschicke getragen, die dem damaligen, durch den Dreyfusprozeß zerrissenen Paris abgingen. So habe ich Berlin in seiner schönsten Zeit kennengelernt und liebgewonnen. Besonderen Eindruck machten auf mich die einfache Lebensweise der Berliner Gesellschaft und die Leichtigkeit, mit der man in den Familien Eingang fand.

In den letzten Tagen des Juli 1899 kehrte ich nach Straßburg zurück und promovierte. Im mündlichen Examen blieb ich nach dem übereinstimmenden Urteil Zieglers und Windelbands hinter dem zurück, was sie auf Grund meiner Dissertation erwartet hatten. Die bei Stumpf in Experimenten verbrachte Zeit war der Vorbereitung auf das Examen verlorengegangen. Auch hatte ich über der Lektüre der Originalwerke das Studium der Lehrbücher allzusehr vernachlässigt.

Die Dissertation erschien noch 1899 als Buch unter dem Titel «Die Religionsphilosophie Kants von der Kritik der reinen Vernunft bis zur Religion innerhalb der Grenzen der bloßen Vernunft». Theobald Ziegler legte mir nahe, mich in der philosophischen Fakultät als Privatdozent zu habilitieren. Ich entschloß mich aber für die theologische. Ziegler deutete mir nämlich an, daß man nicht gern sehen würde, wenn ich als Privatdozent der Philosophie mich zugleich als Prediger betätigte. Nun war mir das Predigen aber ein innerliches Bedürfnis. Ich empfand es als etwas Wunderbares, allsonntäglich zu gesammelten Menschen von den letzten Fragen des Daseins reden zu dürfen.

Von nun an blieb ich in Straßburg. Obwohl ich nicht mehr Student war, erhielt ich doch die Erlaubnis, in dem mir so lieben Collegium Wilhelmitanum (Thomasstift) als zahlender Gast unter den Alumnen zu leben. Das auf den stillen Garten mit den großen Bäumen gehende Zimmer, in dem ich als Student so glücklich gewesen war, schien mir der tauglichste Ort für die nun kommende Arbeit. Kaum waren die Druckkorrekturen der Doktordissertation erledigt, ging ich an meine theologische Lizentiatenarbeit ...

Am 1. Dezember 1899 erhielt ich ein Predigtamt zu St. Nicolai in Straßburg, zuerst als sogenannter «Lehrvikar», später, nach bestandener zweiter theologischer Prüfung, als regulärer Vikar. Diese zweite, hauptsächlich durch ältere Pfarrer abgehaltene Prüfung bestand ich – am 15. Juli 1900 – mit knapper Not. Ganz mit der Dissertation für das Lizentiatenexamen beschäftigt, hatte ich es unterlassen, meine Kenntnisse in den verschiedenen Fächern der Theologie auf dieses Examen hin gebührend aufzufrischen. Nur dem energischen Eintreten des alten Pfarrers Will, dem ich durch meine dogmengeschichtlichen Kenntnisse Freude bereitet hatte, verdankte ich es, daß ich nicht durchfiel. Besonders wurde mir verübelt, daß ich über die Dichter von Kirchenliedern und ihr Leben nicht genügend Bescheid wußte. Zu allem Unglück war mir noch das Mißgeschick widerfahren, daß ich meine Unwissenheit in bezug auf den Verfasser eines Kirchenliedes – es war von Spitta, dem berühmten Dichter von «Psalter und Harfe» – damit zu entschuldigen suchte, daß ich es für zu unbedeutend gehalten hätte, um mir zu merken, von wem es sei. Diese Ausrede brachte ich, sonst ein Bewunderer Spittas, zum Entsetzen aller in Gegenwart von Professor Spitta, seinem Sohne, vor, der als Vertreter der theologischen Fakultät in der Examenskommission saß.

An St. Nicolai amtierten zwei betagte, aber noch rüstige Pfarrer, Herr Knittel, einer der Vorgänger meines Vaters in Günsbach, und Herr Gerold, ein intimer Freund des frühverstorbenen Bruders meiner Mutter, der zu St. Nicolai Pfarrer gewesen war. Diesen beiden wurde ich hauptsächlich zur Übernahme der Nachmittagsgottesdienste, der allsonntäglichen Kindergottesdienste und des Religionsunterrichts beigegeben. Die mir zufallende Tätigkeit war mir eine stete Quelle der Freude. In den Nachmittagsgottesdiensten, in denen nur ein kleiner Kreis von Andächtigen zugegen war, konnte ich mich in meiner vom Vater ererbten intimen Art zu predigen viel besser ausgeben als in den Morgengottesdiensten. Bis auf den heutigen Tag werde ich vor einer größeren Zuhörerschar eine gewisse Befangenheit nicht los. Als mit den Jahren die beiden alten Herren sich mehr Schonung auferlegen mußten, fielen mir natürlich auch häufig Morgenpredigten zu. Meine Predigten arbeitete ich schriftlich aus, wobei der Reinschrift oft zwei oder drei Skizzen vorausgingen. Im Vortrag band ich mich aber nicht in diese genau memorierte Fassung, sondern gab der Predigt oft eine ganz andere Form.

Meine Nachmittagspredigten, die ich mir mehr als einfache Andachten denn als Predigten dachte, waren so kurz, daß einst bei Pfarrer Knittel, der zugleich die Würde eines geistlichen Inspektors bekleidete, aus Kreisen der Gemeinde eine Klage deswegen gegen mich einlief und er mich in dieser Sache vor sich zitieren mußte, wobei er nicht weniger verlegen war als ich. Auf seine Frage, welchen Bescheid er den sich beschwerenden Gemeindemitgliedern geben solle, erwiderte ich, er möge ihnen sagen, daß ich nur ein armer Vikar sei, der zu reden aufhöre, wenn er über den Text nichts mehr zu sagen wisse. Daraufhin entließ er mich mit einer milden Zurechtweisung und der Ermahnung, nicht unter zwanzig Minuten zu predigen...

Dreimal in der Woche hatte ich von elf bis zwölf Uhr, nach Schluß der Schule, den Konfirmandenunterricht für die

Knaben abzuhalten. Ich bestrebte mich, ihnen möglichst wenig Aufgaben zu geben, damit ihnen diese Stunden eine ungetrübte Erholung des Geistes und des Herzens wären. Darum verwandte ich die letzten zehn Minuten des Unterrichts dazu, sie die Bibelsprüche und Liederverse, die sie aus diesem Unterricht fürs Leben mit hinausnehmen sollten, durch Vorsprechen und Wiederholen auswendig lernen zu lassen. Als Ziel meiner Unterweisung nahm ich mir vor, die Wahrheiten des Evangeliums ihren Herzen und ihrem Denken nahezubringen und sie in der Art religiös werden zu lassen, daß sie den später an sie herantretenden Versuchungen zur Religionslosigkeit widerstehen könnten. Auch Liebe zur Kirche und Bedürfnis nach sonntäglicher Feierstunde der Seele im Gottesdienste suchte ich in ihnen zu wecken. Den überlieferten Dogmen lehrte ich sie Ehrfurcht entgegenzubringen und zugleich sich an das Wort Pauli zu halten, daß, wo der Geist Christi ist, Freiheit sei.

Von der Saat, die ich so durch Jahre hindurch säte, ist, wie ich erfahren durfte, einiges aufgegangen. Ich habe von Männern Dank dafür empfangen, daß ich ihnen in meinem Unterricht die Grundwahrheiten der Religion Jesu als etwas mit dem Denken zu Vereinendes nahebrachte und sie damit gegen die spätere Gefahr der Preisgabe der Religion stark machte. In diesen Religionsstunden kam mir zum Bewußtsein, wieviel Schulmeisterblut ich von meinen Vorfahren her in mir trug.

Mein Gehalt zu St. Nicolai betrug hundert Mark im Monat. Dies reichte, da ich im Thomasstift billig wohnen und essen konnte, für meine Bedürfnisse aus. Ein großer Vorzug meiner Stellung war, daß sie mir reichlich Zeit für die wissenschaftliche Arbeit und die Kunst ließ. Das Entgegenkommen der beiden Pfarrer ermöglichte es mir, daß ich in den Frühjahrs- und Herbstferien, wo der Konfirmandenunterricht ausfiel, Urlaub nehmen konnte, wenn ich einen Vertreter für die Predigten (soweit sie sie in ihrer Güte nicht selber übernahmen) stellte. So hatte ich drei

Monate im Jahr frei, einen nach Ostern und zwei im Herbst. Die Frühjahrsferien verbrachte ich gewöhnlich in Paris, als Gast des ältesten Bruders meines Vaters, um meine Studien bei Widor fortzusetzen. Die Herbstferien verlebte ich zum größten Teil im Vaterhause zu Günsbach.

Bei dem öfteren Verweilen in Paris machte ich manche wertvolle Bekanntschaft. Mit Romain Rolland kam ich etwa um 1905 herum zum ersten Male zusammen. Anfangs waren wir nur Musikanten füreinander. Nach und nach aber entdeckten wir einander, daß wir auch Menschen waren, und gewannen uns als Freunde lieb. Auch zu Henri Lichtenberger, dem feinsinnigen französischen Kenner der deutschen Literatur, kam ich in ein herzliches Verhältnis.

In der Pariser «Société des Langues étrangères» hielt ich, auf deutsch, in den ersten Jahren des Jahrhunderts eine Reihe von Vorträgen über deutsche Literatur und Philosophie. In Erinnerung habe ich noch die über Nietzsche, Schopenhauer, Gerhart Hauptmann, Sudermann und Goethes Faust. Während ich im August 1900 an dem Vortrag über Nietzsche arbeitete, kam die Kunde, daß der Tod ihn endlich von seinem Leiden erlöst habe. So verlief mein Leben in jenen für mein Schaffen entscheidenden Jahren in der einfachsten Weise. Ich arbeitete viel, in ununterbrochener Konzentration, aber ohne Hast.

In der Welt kam ich nicht viel herum, da ich dazu nicht die Zeit und auch nicht die Mittel besaß. Anno 1900 begleitete ich die Frau des ältesten Bruders meines Vaters nach Oberammergau. Die wunderbare Natur im Hintergrunde der Bühne machte eigentlich einen größeren Eindruck auf mich als das Passionsspiel. In diesem störte mich die Einrahmung der eigentlichen Passionshandlung durch zahlreiche alttestamentliche Bilder, der zu große theatralische Aufwand, die Unvollkommenheiten des Textes und die Banalität der Musik. Innerlich berührt wurde ich durch die fromme Hingabe der Darsteller an ihre Rollen.

Das Unbefriedigende, das mit der Tatsache gegeben ist, daß ein Passionsdrama, das durch Dörfler für Dörfler in primitiver Darstellung als Gottesdienst aufgeführt werden sollte, durch den Zustrom der fremden Zuschauer aus diesem Rahmen herausgedrängt und zu einem Schauspiel wird, das suchen muß, Ansprüchen zu genügen, läßt sich nicht vermeiden. Daß die Oberammergauer diese veränderte Passion aber im alten einfachen Geiste zu spielen bestrebt sind, muß ihnen jeder zugestehen, der das Empfinden für das Geistige der Dinge bewahrt hat.

Langten meine Ersparnisse, so pilgerte ich nach Bayreuth, wenn dort in dem betreffenden Jahre gerade gespielt wurde. Einen großen Eindruck machte Frau Cosima Wagner auf mich, die ich, während ich an meinem Buch arbeitete, in Straßburg kennengelernt hatte ... Die Schüchternheit konnte ich aber bei keinem Zusammensein mit dieser durch ihr künstlerisches Können und ihr hoheitsvolles Wesen einzigartigen Frau ganz ablegen ...

Als ich nach der Arbeit über Kant wieder zur Theologie zurückkehrte, wäre es für mich das Nächstliegende gewesen, die Studien über die Probleme des Lebens Jesu, die mich seit meinem ersten Studienjahr beschäftigten, zusammenzufassen und als Dissertation für die Lizentiatenprüfung auszuarbeiten. Durch die Arbeit über das Abendmahl hatten sich aber mein Gesichtskreis und mein Interessenkreis erweitert. Aus dem Gebiete der Probleme des Lebens Jesu war ich zugleich in das der Probleme des Urchristentums gelangt. Das Problem des Abendmahls gehört ja beiden Gebieten an. Es steht im Mittelpunkt der Entwicklung des Glaubens Jesu zum Glauben des Urchristentums. Wenn, sagte ich mir, das Aufkommen und der Sinn des Abendmahls uns so rätselhaft bleiben, so ist es, weil wir weder die Gedankenwelt Jesu noch die des Urchristentums vollständig begriffen haben, wie wir andererseits die Probleme des Glaubens Jesu und des Urchristentums nicht in ihrer eigentlichen Gestalt zu

Gesicht bekommen, weil wir sie nicht von dem Probleme des Abendmahls und der Taufe aus in Augenschein nehmen.

Aus diesen Erwägungen heraus faßte ich den Plan, eine Geschichte des Abendmahls im Zusammenhang mit dem Leben Jesu und der Geschichte des Urchristentums zu schreiben. Eine erste Untersuchung sollte zu der bisherigen Abendmahlsforschung Stellung nehmen und das Problem beleuchten, eine zweite das Denken und Wirken Jesu als Voraussetzung des Verständnisses des Abendmahls, das er mit seinen Jüngern feierte, darstellen, eine dritte das Abendmahl in der urchristlichen und altchristlichen Epoche behandeln.

Mit der Arbeit über das Abendmahlsproblem erwarb ich am 21. Juli 1900 den Grad eines Lizentiaten der Theologie. Die zweite, von dem Leidens- und Messianitätsgeheimnis handelnd, diente mir 1902 dazu, mich als Privatdozent an der Universität zu habilitieren ...

## Jesus, Bach und Orgelbau

Am 1. März 1902 hielt ich meine Antrittsvorlesung vor der Theologischen Fakultät zu Straßburg über die Logoslehre im Johannesevangelium. Gegen meine Habilitation waren, wie ich später erfuhr, von zwei Mitgliedern der Fakultät Bedenken erhoben worden. Sie waren mit meiner Art, geschichtliche Forschung zu treiben, nicht einverstanden und befürchteten, daß ich mit meinen Ansichten die Studenten verwirren würde. Aber gegen die Autorität Holtzmanns, der sich für mich einsetzte, hatten sie nicht aufkommen können ... Im Sommersemester 1902 begann ich meine Vorlesungen mit einem Kolleg über die Pastoralbriefe.

Anlaß, mich mit der Geschichte der Leben-Jesu-Forschung zu beschäftigen, gab mir ein Gespräch mit Studenten, die bei Professor Spitta ein Kolleg über Jesu Leben gehört und in diesem sozusagen nichts von der früheren Leben-Jesu-Forschung erfahren hatten. So entschloß ich mich, im Einvernehmen mit Professor Holtzmann, im Sommersemester 1905 zwei Stunden wöchentlich über Geschichte der Leben-Jesu-Forschung zu lesen. Mit Eifer ging ich an die Arbeit. Der Stoff packte mich so, daß ich mich, nachdem ich mit dem Kolleg fertig war, erst recht in ihn versenkte. Aus dem Nachlasse von Eduard Reuß und anderer Straßburger Theologen besaß die Straßburger Universitätsbibliothek die Leben-Jesu-Literatur sozusagen vollständig und dazu noch fast alle polemischen Schriften, die gegen die Leben-Jesu-Arbeiten von Strauß und Renan erschienen waren. Wohl kaum irgendwo auf der Welt wären die Verhältnisse für eine Studie über die Geschichte der Leben-Jesu-Forschung so günstig gewesen.

Während ich an diesem Werke arbeitete, war ich Leiter des theologischen Studienstifts (Collegium Wilhelmitanum)... mit der schönen Amtswohnung auf den sonnigen Thomasstaden und einem jährlichen Gehalt von 2 000 Mark. Zum Arbeiten behielt ich aber mein früheres Studentenzimmer...


Die Geschichte der Leben-Jesu-Forschung erschien schon 1906. In der ersten Auflage führte sie den Titel «Von Reimarus zu Wrede».

Hermann Samuel Reimarus (1694–1768), der als Professor der orientalischen Sprachen zu Hamburg lebte, versuchte in seiner nach seinem Tode von Lessing ohne Nennung des Verfassers herausgegebenen Abhandlung «Vom Zwecke Jesu und seiner Jünger» als erster eine Erklärung des Lebens Jesu von der Annahme aus, daß er die eschatologisch-messianischen Erwartungen seiner Zeitgenossen geteilt habe. William Wrede (1859–1907), Professor der Theologie zu Breslau, machte in seinem Werke «Das Messiasgeheimnis in den Evangelien» (1901) den ersten großzügig durchgeführten Versuch, Jesu alle eschatologischen Vorstellungen abzusprechen, wobei er sich konsequenterweise genötigt sah, zur Behauptung fortzuschreiten, daß er sich auch nicht für den Messias gehalten habe, sondern erst nach seinem Tode von den Jüngern dazu gemacht worden sei. Da diese beiden Namen also die beiden Pole bezeichnen, zwischen denen sich die Leben-Jesu-Forschung bewegt, bildete ich aus ihnen den Titel meines Buches.

Große Schwierigkeiten bereitete es mir, die vielen Leben-Jesu, nachdem ich sie durchgearbeitet hatte, in Kapitel zu gruppieren. Nachdem ich es vergeblich auf dem Papier versucht hatte, schichtete ich alle Leben-Jesu in der Mitte meines Zimmers zu einem großen Haufen auf, gab jedem geplanten Kapitel seinen Platz in einer Ecke oder zwischen den Möbeln und warf dann, nach gründlichem Überlegen, die Bücher in entsprechender Weise zu Haufen zusammen, mich vor mir selber verpflichtend, in dem betreffenden Kapitel alle Bücher jenes Haufens auf irgendeine Weise unterzubringen und jeden Haufen an seiner Stelle zu lassen, bis das entsprechende Kapitel in der Skizze fertig wäre, was ich auch gehalten habe. Während einer Reihe von Monaten mußten die Menschen, die mich besuchten, mein Zimmer auf Pfaden, die sich zwischen Bücherhaufen hindurchwanden, durchschreiten. Schwer hatte ich darum zu kämpfen, daß der Aufräumeeifer von Frau Wölpert, der braven württembergischen Witwe, die meinen Haushalt führte, vor diesen Bücherhaufen haltmachte...

Für das geschichtliche Verständnis des Lebens Jesu ist... erforderlich, daß man die Tatsache, daß er in der eschatologisch-messianischen Vorstellungswelt des Spätjudentums lebte, in allen ihren Konsequenzen ausdenkt und seine Entschlüsse und Handlungen nicht aus Erwägungen gewöhnlicher Psychologie, sondern allein aus Motiven, die in seiner eschatologischen Erwartung gegeben sind, zu begreifen sucht. Diese konsequent-eschatologische Lösung der Probleme des Lebens Jesu führe ich in der «Geschichte der Leben-Jesu-Forschung» im einzelnen durch, nachdem ich sie 1901 im «Leidens- und Messianitätsgeheimnis Jesu» nur skizziert hatte. Weil sie so vieles in dem Denken, Reden und Handeln Jesu, was bisher unbegreiflich war, begreiflich zu machen vermag, erweist sie soundso viele Stellen, die man bisher, weil unverständlich, für unhistorisch hielt, als durchaus echt. So macht die eschatologische Deutung des Lebens Jesu aller Bezweiflung der Glaubhaftigkeit der Evangelien des Markus und Matthäus ein Ende. Sie zeigt, daß sie von der öffentlichen Tätigkeit und dem Tode Jesu nach einer treuen, bis in die Einzelheiten zuverlässigen Überlieferung Bericht geben. Wenn in dieser Überlieferung einiges dunkel oder verworren ist, so geht dies in der Hauptsache darauf zurück, daß schon die Jünger selber in einer Reihe von Fällen den Sinn der Worte und des Handelns Jesu nicht verstanden.

Als meine beiden Werke über das Leben Jesu nach und nach bekannt wurden, bekam ich von allen Seiten die Frage zu hören, was denn der eschatologische, in der Erwartung des Weltendes und des auf übernatürliche Weise kommenden Reiches Gottes lebende Jesus uns noch sein könne. Ich selber war über der Arbeit ständig mit ihr beschäftigt gewesen. Die Genugtuung, die ich darüber empfinden konnte, so manche historische Rätsel der Existenz Jesu gelöst zu haben, war von dem schmerzlichen Bewußtsein begleitet, daß diese geschichtliche Erkenntnis der christlichen Frömmigkeit Unruhe und Schwierigkeiten bereiten würde. Ich tröstete mich aber mit dem mir von Kindheit her vertrauten Worte des Apostels Paulus: «Wir vermögen nichts wider die Wahrheit, sondern nur für die Wahrheit.» Da das Wesen des Geistigen Wahrheit ist, bedeutet jede Wahrheit zuletzt einen Gewinn. Unter allen Umständen ist die Wahrheit wertvoller als die Nichtwahrheit. Dies muß auch von der geschichtlichen Wahrheit gelten. Auch wenn sie der Frömmigkeit befremdlich vorkommt und ihr zunächst Schwierigkeiten schafft, kann das

Endergebnis niemals Schädigung, sondern nur Vertiefung bedeuten. Die Religion hat also keinen Grund, der Auseinandersetzung mit der historischen Wahrheit aus dem Wege gehen zu wollen ...

Nicht mehr wie die, die der Predigt Jesu lauschen durften, erwarten wir, daß das Reich Gottes sich in übernatürlichen Ereignissen verwirklichen werde. Wir halten dafür, daß es allein durch die Kraft des Geistes Jesu in unseren Herzen und in der Welt entsteht. Das einzige aber, worauf es ankommt, ist, daß wir von der Idee des Reiches Gottes so beherrscht sind, wie Jesus es von den Seinen verlangt ...

Wie manche Pfarrer haben mir meine Erfahrung bestätigt, daß der historisch erkannte Jesus, obwohl er aus einer anderen Gedankenwelt als der unsrigen zu uns redet, das Predigen nicht schwerer, sondern leichter macht. Es hat einen tiefen Sinn, daß wir beim Hören der Worte Jesu jedesmal den Boden einer anderen Weltanschauung zu betreten haben. In unserer welt- und lebenbejahenden Weltanschauung ist das Christentum in steter Gefahr zu veräußerlichen. Das aus der Weltenderwartung zu uns redende Evangelium Jesu führt uns von dem breiten Wege der Reich-Gottes-Geschäftigkeit auf den Pfad der Verinnerlichung und hält uns an, in geistiger Losgelöstheit von der Welt die wahre Kraft zum Wirken im Geiste des Reiches Gottes zu suchen. Das Wesen des Christentums ist Weltbejahung, die durch Weltverneinung hindurchgegangen ist. In der eschatologischen Weltanschauung der Weltverneinung stellt Jesus die Ethik tätiger Liebe auf! ...

Wer dem historischen Jesus ins Auge zu blicken wagt und auf das hinhorcht, was er ihm in seinen gewaltigen Worten zu sagen hat, der gibt das Fragen, was dieser fremdartige Jesus ihm noch sein könne, bald auf. Er lernt ihn als denjenigen kennen, der Gewalt über ihn haben will ...

Der Nachweis der eschatologischen Bedingtheit der Lehre Jesu war zunächst ein schwerer Schlag für den freisinnigen Protestantismus. Seit Generationen hatte er sich mit der Erforschung des Lebens Jesu in der Zuversicht beschäftigt, daß aller Fortschritt in der geschichtlichen Erkenntnis den undogmatischen Charakter der Religion Jesu nur immer besser an den Tag bringen würde. Am Ende des 19. Jahrhunderts sah er es als endgültig erwiesen an, daß unser religiöses Denken Jesu Religion von dem auf Erden zu gründenden Reiche Gottes ohne weiteres als die seine übernehmen könne. Bald darauf aber mußte er sich eingestehen, daß dies nur für die von ihm unbewußt modernisierte, nicht aber die wirklich historische Lehre Jesu galt. Ich selber habe darunter gelitten, an der Zerstörung des Christusbildes, auf das sich das freisinnige Christentum berief, mitarbeiten zu müssen. Zugleich aber war ich der Überzeugung, daß dieses nicht darauf angewiesen sei, von einer geschichtlichen Illusion zu leben, sondern sich auch auf den geschichtlichen Jesus berufen könne und zudem sein Recht in sich selber trüge.

Muß das freisinnige Christentum auch darauf verzichten, seinen Glauben in der Art der Lehre Jesu gleichzusetzen, wie es dies tun zu können vermeint hatte, so hat es dennoch den Geist Jesu nicht wider sich, sondern für sich. Wohl stellt Jesus seine Lehre in das spätjüdisch-messianische Dogma hinein. Aber er denkt nicht dogmatisch. Er formuliert keine «Glaubenslehre». Eine Beurteilung des Glaubens auf irgendwelche dogmatische Richtigkeit hin liegt ihm fern. Nirgends verlangt er von seinen Hörern, daß sie ihr Denken dem Glauben opfern. Im Gegenteil. Er heißt sie über Religion nachdenken. In der Bergpredigt läßt er sie sich in das Ethische als das Wesen des Religiösen versenken und die Frömmigkeit nach dem beurteilen, was sie aus dem Menschen in ethischer Hinsicht macht. In dem messianischen Hoffen, das seine Hörer im Herzen tragen, entzündet er das Feuer ethischen Glaubens. So ist die Bergpredigt die unanfechtbare Rechtsurkunde des freisinnigen Christentums. Die Wahrheit, daß das Ethische das Wesen des Religiösen ausmacht, ist durch Jesu Autorität sichergestellt . . .

Während ich mit der Geschichte der Leben-Jesu-Forschung beschäftigt war, vollendete ich ein französisch geschriebenes Werk über J. S. Bach. Widor, mit dem ich jedes Frühjahr und oft auch im Herbst einige Wochen in Paris zusammen war, hatte mir geklagt, daß es auf französisch nur rein erzählende, aber keine in Bachs Kunst einführende Werke gäbe. Ich mußte ihm versprechen, die Herbstferien 1902 darauf zu verwenden, einen Aufsatz über das Wesen der Bachschen Kunst für die Schüler des Pariser Konservatoriums zu schreiben.

Diese Aufgabe lockte mich, weil sie mir Gelegenheit bot, die Gedanken auszusprechen, zu denen ich über der eingehenden theoretischen und praktischen Beschäftigung mit Bach, wie sie mein Amt als Organist des Bachchors zu St. Wilhelm mit sich brachte, gelangt war. Am Ende der Ferien war ich aber trotz angestrengtester Arbeit nicht über die Vorarbeiten der Abhandlung hinausgekommen. Auch war mir klargeworden, daß sie sich zu einem Buch über Bach auswachsen würde. Mutvoll ergab ich mich in mein Schicksal.

In den Jahren 1903 und 1904 verwandte ich alle meine freie Zeit auf Bach. Erleichtert wurde mir die Arbeit dadurch, daß ich in den Besitz der damals im Handel nur ganz selten und nur zu sehr hohem Preise erwerbbaren Gesamtausgabe der Werke Bachs gelangte und also nicht mehr darauf angewiesen war, die Partituren auf der Universitätsbibliothek zu studieren, was mich, da ich für Bach fast nur die Nachtstunden zur Verfügung hatte, sehr behinderte. Durch einen Straßburger Musikalienhändler erfuhr ich nämlich, daß eine Pariser Dame, die seinerzeit auf die Gesamtausgabe der Werke Bachs subskribiert hatte, um das Unternehmen der Bachgesellschaft zu unterstützen, die zahlreichen großen, grauen Bände, die ihr so viel Platz in ihrer Bibliothek wegnähmen, loswerden wollte. Froh, jemand eine Freude damit machen zu können, überließ sie sie mir für den lächerlich geringen Preis von zweihundert Mark. Daß mir dieses Glück widerfuhr, war mir ein gutes Vorzeichen für das Gelingen meines Werkes.

Eigentlich war es ein verwegenes Unternehmen, daß ich mich daranmachte, ein Buch über Bach zu schreiben! Obgleich ich in Musikgeschichte und Musiktheorie auf Grund ausgedehnter Lektüre nicht ohne Kenntnisse war, war ich doch kein Musikwissenschaftler von Fach. Mein Vorhaben ging aber auch gar nicht darauf aus, neues geschichtliches Material über Bach und seine Zeit beizubringen. Als Musiker wollte ich zu Musikern von Bachs Musik reden. Was in den bisherigen Arbeiten viel zu kurz gekommen war, die Deutung des Wesens der Bachschen Musik und die Behandlung der Fragen der sinngemäßen Art der Wiedergabe, sollte das Hauptstück der meinigen werden. Dementsprechend bietet sie das Biographische und Geschichtliche nur mehr einleitungsweise.

Fiel mich über den Schwierigkeiten der Arbeit die Befürchtung an, daß ich etwas über meine Kräfte Gehendes gewagt hätte, so tröstete ich mich damit, daß ich nicht für Deutschland schrieb, wo die Bachgelehrsamkeit zu Hause war, sondern für Frankreich, wo die Kunst des Thomaskantors überhaupt erst bekanntzumachen war.

Daß ich das Werk auf französisch schrieb, während ich gleichzeitig deutsche Vorlesungen und deutsche Predigten hielt, bedeutete eine Anstrengung für mich. Wohl spreche ich von Kindheit auf Französisch gleicherweise wie Deutsch. Französisch aber empfinde ich nicht als Muttersprache, obwohl ich mich von jeher für meine an meine Eltern gerichteten Briefe ausschließlich des Französischen bediente, weil dies so Brauch in der Familie war. Deutsch ist mir Muttersprache, weil der elsässische Dialekt, in dem ich sprachlich wurzle, deutsch ist ...

Den Unterschied zwischen den beiden Sprachen empfinde ich in der Art, als ob ich mich in der französischen auf den wohlgepflegten Wegen eines schönen Parkes erginge, in der deutschen aber mich in einem herrlichen Wald herumtriebe. Aus den Dialekten, mit denen sie Fühlung behalten hat, fließt der deutschen Schriftsprache ständig neues Leben zu. Die französische hat diese Bodenständigkeit verloren. Sie wurzelt in ihrer Literatur. Dadurch ist sie im günstigen wie im ungünstigen Sinne des Wortes etwas Fertiges geworden, während die deutsche in demselben Sinne etwas Unfertiges bleibt. Die Vollkommenheit des Französischen besteht darin, einen Gedanken auf die klarste und kürzeste Weise ausdrücken zu können, die des Deutschen darin, ihn in seiner Vielgestaltigkeit hinzustellen. Als die großartigste sprachliche Schöpfung in französisch gilt mir Rousseaus «Contrat Social». Als das Vollendetste in deutsch sehe ich Luthers Bibelübersetzung und Nietzsches «Jenseits von Gut und Böse» an.

Vom Französischen her gewohnt, auf die rhythmische Gestaltung des Satzes bedacht zu sein und Einfachheit des Ausdrucks zu erstreben, ist mir dies auch im Deutschen zum Bedürfnis geworden. Über der Arbeit an dem französischen Buch kam ich zur Klarheit über die meiner Natur entsprechende Schreibweise. Wie jeder, der über Kunst schreibt, hatte ich mit der Schwierigkeit zu ringen, künstlerischen Urteilen und Eindrücken in Worten Ausdruck zu geben. Alle Äußerungen über Kunst sind ja ein Reden in Gleichnissen.

Im Herbst 1904 konnte ich Widor, der mich fort und fort durch Briefe angetrieben hatte, nach Venedig, wo er seine Ferien verbrachte, die Meldung zukommen lassen, die Sache sei jetzt so weit, daß er sich an die versprochene Vorrede machen müsse, was er auch alsbald tat.

Gewidmet ist das 1905 erschienene Buch Frau Mathilde Schweitzer, der Frau des ältesten Bruders meines Vaters in Paris. Hätte sie mich 1893 nicht mit Widor zusammengebracht und mir durch ihr gastliches Haus die Möglichkeit geboten, immer wieder mit ihm zusammen zu sein, so wäre ich nie dazu gekommen, über Bach zu schreiben.

Daß mein Werk auch in Deutschland als eine Bereicherung der Bachforschung Anerkennung fand, wo ich es doch nur zur Ausfüllung einer Lücke in der französischen Musikliteratur geschrieben hatte, bereitete mir Überraschung und Freude. Im «Kunstwart» regte von Lüpke eine Übersetzung an. Daraufhin wurde, im Herbst 1905, die deutsche Ausgabe mit dem Verlag von Breitkopf & Härtel vereinbart.

Als ich mich im Sommer 1906, nach Fertigstellung der Geschichte der Leben-Jesu-Forschung, an die Arbeit der deutschen Ausgabe des Bach machte, wurde ich bald gewahr, daß ich nicht imstande wäre, mich selber zu übersetzen, sondern mich, um etwas Befriedigendes zustande zu bringen, aufs neue in den Stoff versenken müsse. So klappte ich den französischen Bach zu und entschloß mich, den deutschen neu und besser zu schaffen. Aus dem Buche von 455 Seiten wurde zum Jammer des überraschten Verlegers eines von 844. Die ersten Seiten des neuen Werkes schrieb ich zu Bayreuth im Gasthof zum Schwarzen Roß nach einer wunderbaren Aufführung des Tristan. Wochenlang hatte ich vergebens versucht, es in Angriff zu nehmen. In der gehobenen Stimmung, in der ich vom Festspielhügel heimkehrte, gelang es mir. Während das Stimmengewirr aus der daruntergelegenen Bierhalle in mein dumpfes Zimmer heraufdrang, fing ich zu schreiben an und hörte erst lange nach Sonnenaufgang auf. Von da an war ich mit solcher Freudigkeit bei der Arbeit, daß ich sie in zwei Jahren fertig hatte, obwohl das medizinische Studium, die Vorbereitung der Vorlesungen, die Predigttätigkeit und die Konzertreisen mir nicht erlaubten, mich anhaltend mit ihr zu beschäftigen. Oft mußte ich sie für Wochen beiseite legen. Die deutsche Ausgabe des Bach erschien zu Beginn des Jahres 1908 . . .

In ihrem Kampfe gegen Wagner beriefen sich die Antiwagnerianer auf das Ideal der klassischen Musik, wie sie es sich zurechtgemacht hatten. Sie definierten sie als reine

Musik. Als solche galt ihnen diejenige, von der sie behaupten zu können glaubten, daß sie keinen dichterischen und malerischen Absichten Raum gäbe, sondern nur darauf bedacht sei, schöne Tonlinien sich in der vollendetsten Weise ausleben zu lassen. Bach, dessen Werke durch die Ausgabe der Bachgesellschaft von der Mitte des 19. Jahrhunderts an nach und nach in ihrer Gesamtheit bekannt wurden, nahmen sie in gleicher Weise wie auch Mozart für diese ihre klassische Kunst in Anspruch und spielten ihn gegen Wagner aus. Seine Fugen schienen ihnen der unumstößliche Beweis dafür, daß er ihrem Ideal der reinen Musik diente. Als Klassiker dieser Art stellte ihn Philipp Spitta in seinem großen zweibändigen Werke dar, in dem er als erster das Biographische auf Grund eingehender Erforschung der Quellen bot.

Dem Bach der Gralswächter der reinen Musik setze ich in meinem Buche denjenigen entgegen, der Dichter und Maler in Musik ist. Alles, was in den Worten des Textes liegt, das Gefühlsmäßige wie das Bildliche, will er mit größtmöglicher Lebendigkeit und Deutlichkeit in dem Material der Töne wiedergeben. Vor allem geht er darauf aus, das Bildliche in Tonlinien zu zeichnen. Er ist noch mehr Tonmaler als Tondichter. Seine Kunst steht der von Berlioz näher als der von Wagner. Redet der Text von Nebeln, die auf und nieder wogen, von Winden, die einherbrausen, von Flüssen, die dahinrauschen, von Wellen des Sees, die sich heben und senken, von Blättern, die vom Baume sinken, von Sterbeglocken, die läuten, von dem zuversichtlichen Glauben, der in festen Schritten einherschreitet, und dem schwachen, der in unsicheren einherwankt, von Stolzen, die erniedrigt werden, vom Satan, der sich aufbäumt, und von Engeln, die sich auf den Wolken des Himmels wiegen: so sieht und hört man dies alles in seiner Musik. Bach verfügt geradezu über eine Tonsprache. Es gibt bei ihm stetig wiederkehrende rhythmische Motive der friedvollen Glückseligkeit, der lebhaften Freude, des heftigen Schmerzes, des erhabenen Schmerzes.

Der Drang, dichterische und bildliche Gedanken auszudrücken, gehört zum Wesen der Musik. Sie wendet sich an die schöpferische Phantasie des Hörers und will in ihr die Gefühlserlebnisse und die Visionen lebendig werden lassen, aus denen sie entstanden ist. Dies vermag sie aber nur, wenn der, der in der Sprache der Töne redet, das geheimnisvolle Können besitzt, die Gedanken in einer über ihr eigentliches Ausdrucksvermögen hinausgehenden Deutlichkeit und Bestimmtheit wiedergeben zu lassen. Darin ist Bach der Größte unter den Großen.

Dichterisch und malerisch ist seine Musik, weil ihre Themen dichterischen und malerischen Vorstellungen entsprungen sind. Aus ihnen entfaltet sich dann das Tonstück in vollendeter Tonlinien-Architektur. Was seinem Wesen nach dichterische und bildliche Musik ist, stellt sich als Klang gewordene Gotik dar. Das Größte an dieser urlebendigen, wunderbar plastischen, einzigartig formvollendeten Kunst ist der Geist, der von ihr ausgeht. Eine Seele, die sich aus der Unruhe der Welt nach Frieden sehnt und Frieden schon gekostet hat, läßt darin andere an ihrem Erlebnis teilhaben ...

*Im Herbst 1905 antwortet Schweitzer auf eine Umfrage der deutschen Zeitschrift «Die Musik» («Was ist mir Johann Sebastian Bach und was bedeutet er für unsere Zeit?») unter anderem so:*

Was mir Bach ist? Ein Tröster. Er gibt mir den Glauben, daß in der Kunst wie im Leben das wahrhaft Wahre nicht ignoriert und nicht unterdrückt werden kann, auch keiner Menschenhilfe bedarf, sondern sich durch seine eigene Kraft durchsetzt, wenn seine Zeit gekommen. Dieses Glaubens bedürfen wir, um zu leben. Er hatte ihn. So schuf er in kleinen, engen Verhältnissen, ohne zu ermüden und zu verzagen, ohne die Welt zu rufen, daß sie von seinen Werken Kenntnis nähme, ohne etwas zu tun, sie der Zukunft zu erhalten, einzig bemüht, das Wahre zu schaffen. Darum sind seine Werke so groß, und er so groß als seine Werke. Sie predigen uns: stille sein, gesammelt sein. Und daß der Mensch Bach ein Geheimnis bleibt, daß wir außer seiner Musik nichts von seinem Denken und Fühlen wissen, daß er durch keine Gelehrten- und Psychologenneugierde entweiht werden kann, ist so schön. Was er war und erlebt hat, steht nur in den Tönen ... Um ihn zu verstehen, bedarf es keiner Bildung und keines Wissens, sondern nur des unverbildeten Sinnes für das Wahre; und wer von ihm ergriffen ist, kann in der Kunst nur noch das Wahre verstehen. Er wird hart und ungerecht gegen das, was nur schön ist, worin keine Kraft und Sammlung, kein großes Denken lebt. Aber was in der Kunst aller Zeiten wahr und groß ist, lehrt er uns mit Intensität und Leidenschaft erfassen.

Das ist das gewalttätig Ungerechte dieser einzig großen Geister, daß sie erbarmungslos, ohne es zu ahnen, das Kleine und mittelmäßig Gute zertrümmern und nur das Große bestehen lassen. Aber das ist die Gerechtigkeit des Lebens, des erbarmungslos wahren Lebens.

Als Seitentrieb der Arbeit über Bach entstand eine Studie über Orgelbau, die ich im Herbst 1905, bevor ich mit dem Studium der Medizin begann, fertigstellte. Da mir die Beschäftigung mit dem Orgelbau von meinem Großvater Schillinger her im Blute lag, war ich schon als Knabe darauf aus, das Innere von Orgeln kennenzulernen.

Mit den gegen Ende des 19. Jahrhunderts erbauten Orgeln erging es mir merkwürdig. Obwohl sie als Wunder fortgeschrittener Technik gepriesen wurden, konnte ich keinen Gefallen an ihnen finden. Im Herbst 1896, auf der Heimkehr von meiner ersten Fahrt nach Bayreuth, machte ich den Umweg über Stuttgart, um die neue Orgel in der dortigen «Liederhalle», über die die Zeitungen begeisterte Berichte gebracht hatten, kennenzulernen. Herr Lang, der Organist der Stiftskirche, als Musiker ebenso vortrefflich wie als Mensch, hatte die Güte, sie mir zu zeigen. Als ich den harten Klang des vielgepriesenen Instruments hörte und bei einer Bachschen Fuge, die mir Lang darauf spielte, ein Chaos von Tönen vernahm, in dem ich die einzelnen Stimmen nicht auseinanderhalten konnte, wurde mir mein Ahnen, daß die moderne Orgel in klanglicher Hinsicht keinen Fortschritt, sondern einen Rückschritt bedeute, plötzlich zur Gewißheit. Um über diese Tatsache und ihre Gründe ins klare zu kommen, benutzte ich in den folgenden Jahren meine freie Zeit dazu, alte und neue Orgeln in möglichst großer Zahl kennenzulernen. Auch besprach ich die Frage mit allen Organisten und Orgelbauern, die mir in den Weg kamen. Gewöhnlich wurde ich ob meiner Ansicht, daß die alten Orgeln besser klängen als die neuen, verlacht und verspottet.

Auch die Schrift, in der ich dann das Evangelium der wahren Orgel zu verkünden unternahm, fand anfangs nur bei einigen wenigen Verständnis. Sie erschien 1906, zehn Jahre nach meinem Damaskus zu Stuttgart, und führt den Titel «Deutsche und französische Orgelbaukunst und Orgelkunst». Ich erkenne in ihr dem französischen Orgelbau einen Vorzug vor dem deutschen zu, weil er in vielem noch der alten Bauart treu geblieben ist . . .

Die besten Orgeln wurden etwa zwischen 1850 und 1880 erbaut, als Orgelbauer, die Künstler waren, sich die Errungenschaften der Technik zunutze machten, um das Orgelideal Silbermanns und der anderen großen Orgelbauer des 18. Jahrhunderts in höchstmöglicher Vollendung zu verwirklichen. Der bedeutendste von ihnen ist Aristide Cavaillé-Coll, der Schöpfer der Orgeln zu St-Sulpice und zu Notre-Dame in Paris. Die von St-Sulpice – sie wurde 1862 vollendet –, die ich, von einigen Mängeln abgesehen, für die schönste der mir bekannten Orgeln halte, funktioniert heute noch so gut wie am ersten Tage und wird in zweihundert Jahren, wenn sie weiter gut unterhalten wird, es noch ebenso tun . . .

Nach und nach wurde dem Gedanken einer Reform des Orgelbaus, den ich in meiner Schrift vorgetragen hatte,

Beachtung geschenkt. Auf dem zu Wien im Mai 1909 abgehaltenen Kongreß der Internationalen Musikgesellschaft wurde auf Betreiben Guido Adlers erstmalig eine Sektion für Orgelbau vorgesehen. In dieser arbeiteten Gesinnungsgenossen und ich ein «Internationales Regulativ für Orgelbau» aus, das mit der blinden Bewunderung rein technischer Errungenschaften aufräumte und wieder gediegene, klangschöne Instrumente verlangte. In der Folgezeit setzte sich dann nach und nach die Einsicht durch, daß die wahre Orgel die Tonschönheit der alten mit den technischen Vorzügen der neuen vereinigen müsse. Zweiundzwanzig Jahre nach ihrem Entstehen konnte meine Schrift über Orgelbau als das im Prinzip nun anerkannte Programm der Reform des Orgelbaus in unverändertem Abdruck mit einem Nachwort über den heutigen Stand des Orgelbaus gewissermaßen als Jubiläumsgabe neu erscheinen.

Während mir die monumentale Orgel des 18. Jahrhunderts, wie sie später durch Cavaillé-Coll und andere ihre Vollendung erfuhr, in klanglicher Hinsicht als das Ideal gilt, wollen neuerdings Musikhistoriker in Deutschland auf die Orgel der Zeit von Bach zurückgehen. Diese ist aber nicht die wahre Orgel, sondern nur ihr Vorläufer. Es fehlt ihr das Majestätische, das zum Wesen der Orgel gehört. Die Kunst hat absolute, nicht archaistische Ideale...

Dem Kampf um die wahre Orgel habe ich viel Zeit und viel Arbeit geopfert. Gar manche Nächte verbrachte ich über Orgelplänen, die ich zu begutachten oder zu überarbeiten hatte. Gar manche Fahrten unternahm ich, um die Fragen zu restaurierender oder neu zu erbauender Orgeln an Ort und Stelle zu studieren. In die Hunderte und Hunderte gehen die Briefe, die ich an Bischöfe, Dompröpste, Konsistorialpräsidenten, Bürgermeister, Pfarrer, Kirchenvorstände, Kirchenälteste, Orgelbauer und Organisten schrieb, sei es, um sie zu überzeugen, daß sie ihre schöne alte Orgel restaurieren sollten, statt sie durch eine neue zu ersetzen, sei es, um sie anzuflehen, nicht auf die Zahl, sondern auf die Qualität der Stimmen zu sehen und das Geld, das sie für die Ausstattung des Spieltisches mit soundso viel überflüssigen Vorrichtungen zum Wechsel der Register bestimmt hatten, für bestes Material der Pfeifen zu verwenden. Und wie oft waren soundso viele Briefe, soundso viele Reisen und soundso viele Besprechungen zuletzt umsonst, weil sich die Betreffenden dennoch für die sich auf dem Papier so reich ausnehmende Fabrikorgel entschlossen!

Die schwersten Kämpfe galten der Erhaltung alter Orgeln. Welche Beredsamkeit habe ich aufwenden müssen, um Todesurteile, die über schöne alte Orgeln ergangen waren, rückgängig zu machen! Wie manche Organisten nahmen die Nachricht, daß die von ihnen wegen ihres Alters und ihres baufälligen Zustandes geringgeschätzte Orgel schön sei und erhalten werden müsse, mit demselben ungläubigen Lachen auf wie Sarah die Verkündigung der ihr beschiedenen Nachkommenschaft! Wie viele mir befreundete Organisten habe ich mir dadurch zu Feinden gemacht, daß ich ihrem Plane, die alte Orgel durch eine Fabrikorgel zu ersetzen, im Wege war oder Schuld daran trug, daß sie zugunsten der Qualität der Stimmen von der Zahl derer, die sie sich gewünscht hatten, drei oder vier abstreichen mußten!

Ohnmächtig muß ich es noch heute mit ansehen, daß man vornehme alte Orgeln – weil sie für die heutigen Begriffe nicht stark genug sind – umbaut und vergrößert, bis von der ursprünglichen Schönheit nichts mehr vorhanden ist, oder sie gar abbricht und für teures Geld durch plebejische Fabrikorgeln ersetzt!

Die erste alte Orgel, die ich – mit welcher Mühe! – errettet habe, ist das schöne Werk von Silbermann zu St. Thomas in Straßburg. «In Afrika errettet er alte Neger, in Europa alte Orgeln», sagten meine Freunde von mir...

# BLICK NACH AFRIKA
1904–1913

### Die Entscheidung

Am 13. Oktober 1905, einem Freitag, warf ich in Paris in einen Briefkasten der Avenue de la Grande Armée Briefe ein, in denen ich meinen Eltern und einigen meiner nächsten Bekannten mitteilte, daß ich mit Anfang des Wintersemesters Student der Medizin werden würde, um mich später als Arzt nach Äquatorialafrika zu begeben. In einem der Briefe kündigte ich im Hinblick auf die Inanspruchnahme durch das bevorstehende Studium meine Stellung als Leiter des theologischen Studienstifts zu St. Thomas.

Den Plan, den ich nun zu verwirklichen unternahm, trug ich schon länger mit mir herum. Sein Ursprung reicht in meine Studentenzeit zurück. Es kam mir unfaßlich vor, daß ich, wo ich so viele Menschen um mich herum mit Leid und Sorge ringen sah, ein glückliches Leben führen durfte. Schon auf der Schule hatte es mich bewegt, wenn ich Einblick in traurige Familienverhältnisse von Klassenkameraden gewann und die geradezu idealen, in denen wir Kinder des Pfarrhauses zu Günsbach lebten, damit verglich. Auf der Universität mußte ich in meinem Glücke, studieren zu dürfen und in Wissenschaft und Kunst etwas leisten zu können, immer an die denken, denen materielle Umstände oder die Gesundheit solches nicht erlaubten. An einem strahlenden Sommermorgen, als ich – es war im Jahre 1896 – in Pfingstferien zu Günsbach erwachte, überfiel mich der Gedanke, daß ich dieses Glück nicht als etwas Selbstverständliches hinnehmen dürfe, sondern etwas dafür geben müsse. Indem ich mich mit ihm auseinandersetzte, wurde ich, bevor ich aufstand, in ruhigem Überlegen, während draußen die Vögel sangen, mit mir selber dahin eins, daß ich mich bis zu meinem dreißigsten Lebensjahr für berechtigt halten wollte, der Wissenschaft und der Kunst zu leben, um mich von da an einem unmittelbaren menschlichen Dienen zu weihen. Gar viel hatte mich beschäftigt, welche Bedeutung dem Worte Jesu, «Wer sein Leben will behalten, der wird es verlieren, und wer sein Leben verliert um meinet- und des Evangeliums willen, der wird es behalten», für mich zukomme. Jetzt war sie gefunden. Zu dem äußeren Glücke besaß ich nun das innerliche. – Welcher Art das für später geplante Wirken sein würde, war mir damals noch nicht klar. Ich überließ es den Umständen, mich zu führen. Fest stand mir nur, daß es ein unmittelbar menschliches, wenn auch noch so unscheinbares Dienen sein müsse.

Zunächst dachte ich natürlich an eine Tätigkeit in Europa. Ich plante, verlassene oder verwahrloste Kinder aufzunehmen und zu erziehen und sie daraufhin zu verpflichten, später ihrerseits in derselben Weise solchen Kindern zu helfen. Als ich 1903 meine sonnige, geräumige Amtswohnung als Direktor des theologischen Studienstifts im zweiten Stock des Thomasstifts bezog, war ich in der Lage, einen Versuch damit zu machen. Ich bot mich bald hier, bald dort an, aber immer ohne Erfolg. Die Bestimmungen der Fürsorgeorganisationen für verwahrloste und verlassene Kinder waren auf eine solche Mitarbeit von Freiwilligen nicht eingestellt. Als ich zum Beispiel nach dem Brande des Straßburger Waisenhauses dem Direktor desselben anbot, bis auf weiteres einige Knaben bei mir aufzunehmen, ließ er mich überhaupt nicht ausreden. Auch andere Versuche schlugen fehl.

Eine Zeitlang gedachte ich, mich dereinst Vagabunden und entlassenen Gefangenen zu widmen. Gewissermaßen zur Vorbereitung darauf hin beteiligte ich mich an einem Unternehmen von Pfarrer August Ernst zu St. Thomas, das darin bestand, daß er jeden Tag von ein bis zwei Uhr für jeden, der eine Unterstützung oder ein Nachtlager brauchte, zu sprechen war und dann dem Betreffenden, statt ihm blindlings eine kleine Gabe zu geben oder ihn warten zu lassen, bis er Erkundigungen über ihn eingezogen hätte, das Anerbieten machte, ihn noch im Laufe des Nachmittags in seiner Wohnung oder in seiner Herberge aufzusuchen und mit ihm die Angaben, die er über seine Lage gemacht hatte, zu prüfen und ihm daraufhin Unterstützung zuteil werden zu lassen, soviel und solange er sie brauchte. Wie gar manche Fahrten zu Rade haben wir zu solchen Zwecken in der Stadt und den Vorstädten unternommen, sehr oft mit dem Ergebnis, daß der Bittsteller dort, wo er zu wohnen angegeben hatte, nicht zu finden war. In einer Reihe von Fällen haben wir aber Gelegenheit gehabt, in Kenntnis der Sachlage wohlangebrachte Hilfe zu leisten. Liebe Freunde erlaubten mir, dafür auch über ihre Mittel zu verfügen.

Schon als Student hatte ich mich als Mitglied der im Thomasstift tagenden studentischen Vereinigung «Diaconat Thomana» in der Fürsorge betätigt. Jeder von uns hatte allwöchentlich eine ihm überwiesene Anzahl von armen Familien zu besuchen, ihr die bewilligte Unterstützung zu überbringen und über ihre Lage Bericht zu erstatten. Die Gelder, die wir so verausgabten, sammelten wir bei Gönnern, die das in früheren Generationen entstandene und von uns übernommene Unternehmen in den alten bürgerlichen Familien Straßburgs besaß. Zweimal im Jahr, wenn ich nicht irre, hatte jeder von uns die ihm bestimmte Zahl solcher Bittgänge zu erledigen. Für mich, der ich schüchtern und gesellschaftlich ungewandt war, waren sie eine Pein. Ich glaube, daß ich mich bei diesen Vorstudien für mein späteres Betteln zuweilen sehr ungeschickt benommen habe, aber gelernt habe ich dabei, daß das Bitten mit Takt und Zurückhaltung von den Menschen besser verstanden wird als das forsch auftretende und daß zum rechten Betteln auch das freundliche Ertragen des Zurückgewiesenwerdens gehört.

Sicherlich haben wir in unserer jugendlichen Unerfahrenheit trotz besten Wollens nicht alles uns anvertraute Geld in der zweckmäßigsten Weise verwandt. Aber seine Bestimmung hat es dennoch vollauf dadurch erfüllt, daß es junge Menschen verpflichtete, sich um Arme zu bekümmern. Darum gedenke ich derer, die für unser Streben nach solcher Betätigung Verständnis und offene Hand hatten, in tiefer Dankbarkeit und wünsche, daß es vielen Studenten verliehen sein möge, in solcher Art, als Beauftragte von Gebern, Rekrutendienste im Kampfe gegen die Not zu tun.

Über der Beschäftigung mit Vagabunden und entlassenen Gefangenen war mir klargeworden, daß ihnen in wirksamer Weise nur durch viele sich ihnen widmende Einzelpersönlichkeiten geholfen werden könne. Zugleich aber hatte ich auch eingesehen, daß diese nur in Zusammenarbeit mit Organisationen etwas Ersprießliches leisten könnten. Mein Sinn ging aber auf ein absolut persönliches und unabhängiges Handeln. Obwohl ich entschlossen war, mich, wenn es sein müsse, einer Organisation zur Verfügung zu stellen, gab ich die Hoffnung nicht auf, zuletzt dennoch eine Tätigkeit zu finden, der ich mich als einzelner und als Freier widmen dürfte. Daß sich diese Sehnsucht erfüllte, habe ich immer als eine große, stets aufs neue erlebte Gnade hingenommen.

Eines Morgens, im Herbst 1904, fand ich auf meinem Schreibtisch im Thomasstift eines der grünen Hefte, in denen die Pariser Missionsgesellschaft allmonatlich über ihre Tätigkeit berichtete. Ein Fräulein Scherdlin pflegte sie mir zuzustellen. Sie wußte, daß ich mich in besonderer Weise für die Missionsgesellschaft interessierte, wegen des Eindrucks, den mir die Briefe eines ihrer ersten Missionare, Casalis mit Namen, gemacht hatten, als mein Vater sie, zur Zeit meiner Kindheit, in seinen Missionsgottesdiensten vorgelesen hatte. Mechanisch schlug ich dies am Abend zuvor in meiner Abwesenheit auf meinen Tisch gelegte Heft auf, während ich es, um alsbald an meine

Arbeit zu gehen, beiseite legte. Da fiel mein Blick auf einen Artikel mit der Überschrift «Les besoins de la Mission du Congo» (Was der Kongomission not tut). Er war von Alfred Boegner, dem Leiter der Pariser Missionsgesellschaft, einem Elsässer, und enthielt die Klage, daß es der Mission an Leuten fehle, um ihr Werk in Gabun, der nördlichen Provinz der Kongokolonie, zu betreiben. Zugleich sprach er die Hoffnung aus, daß dieser Appell solche, «auf denen bereits der Blick des Meisters ruhe», zum Entschluß bringe, sich für diese dringende Arbeit anzubieten. Der Schluß lautete: «Menschen, die auf den Wink des Meisters einfach mit: Herr, ich mache mich auf den Weg, antworten, dieser bedarf die Kirche.»

Als ich mit dem Lesen fertig war, nahm ich ruhig meine Arbeit vor. Das Suchen hatte ein Ende.

Meinen dreißigsten Geburtstag, wenige Monate später, verbrachte ich als der Mann aus dem Gleichnis, der einen Turm bauen will und überschlägt, «ob er es habe hinauszuführen». Das Ergebnis war, daß ich den Plan des rein menschlichen Dienens nunmehr in Äquatorialafrika zu verwirklichen beschloß.

*Acht Tage vor diesem 30. Geburtstag predigt Schweitzer zum Missionsfest, unter das Wort Mk. 1,17 gestellt: «Und Jesus sprach zu ihnen: Folget mir nach; ich will euch zu Menschenfischern machen.» Die Predigt ist ein autobiographisches Schlüsseldokument. Sie bestätigt, daß im Innern die Entscheidung längst gefallen war. Daß der Verstand den Entschluß des Herzens kurz danach beglaubigen wird, kann, gemessen an der inneren Leidenschaft dieses Bekenntnisses vor der Gemeinde, nicht zweifelhaft sein.*

... Das erste, was man immer hört, ist: Man solle doch die Leute bei ihrer Religion belassen, ihnen den Glauben, in dem sie bisher glücklich waren, nicht nehmen, wodurch nur Unruhe angestiftet würde. Worauf ich antworte, daß die Mission an sich und für mich gar nicht in erster Linie eine ausschließliche Sache der Religion ist. Weit entfernt. Sie ist zuerst eine Aufgabe der Menschlichkeit, die aber unsere Staaten und Völker nicht erkannt, geschweige denn in Angriff genommen haben, die dann die religiösen Menschen, die einfachen, beschränkten Geister, im Namen Jesu auf sich genommen haben.

An was denken unsere Völker und Staaten, wenn sie den Blick übers Meer richten? An Länder, die sie sogenannt unter ihre «Schutzherrschaft» nehmen, oder die sie sonst auf eine Weise an sich bringen; was sie aus dem Lande ziehen können, immer nur ihren Vorteil: Aber wie sie jene Menschen zu Menschen machen, wie sie sie zur Arbeit und zur Gesittung erziehen, wie sie sie dahin bringen, daß sie unter der Kultur, mit der sie in Berührung kommen, nicht zugrunde gehen, daran denken sie nicht. Unsere Staaten, die vielgerühmten Kulturstaaten sind's draußen nicht, sondern nur Raubstaaten. Und wo sind in diesen Kulturstaaten die Menschen, die diese langwierige, selbstlose Arbeit unternehmen, jene Völker zu erziehen und ihnen die Segnungen unserer Kultur zu bringen? Wo sind die Arbeiter, die Handwerker, die Lehrer, die Gelehrten, die Ärzte, die dort, um an dieser Kulturaufgabe zu arbeiten, in diese Länder ziehen? Wo macht unsere Gesellschaft eine Anstrengung in dieser Hinsicht? Nichts und wieder nichts? Ein paar arme beschränkte St...[2] haben das Werk einst unternommen, um das unsere Gesellschaft als solche sich hätte reißen sollen; sie haben der vornehmen, großsprecherischen Kultur ihren Ruhmeskranz genommen. Sie haben jahrzehntelang dort gewirkt als Menschen, nur an der Hebung der Menschen arbeitend, ohne vorerst auch nur daran denken zu können, ihnen ihre Religion begreiflich zu machen.

Warum? Weil Jünger Jesu zu sein die einzige wahre Kultur ist, für die der Mensch immer als Mensch da ist, als jemand, der ein Recht auf unsere Hilfe und Aufopferung hat. Unsere Kultur aber kennt zwei Menschenklassen: die

Kulturmenschen, die sie sind, und die andern, die nur Menschengestalt haben, aber zugrunde gehen können und vertieren können, ohne daß es darauf ankommt.

Oh, diese vornehme Kultur, die so erbaulich von Menschenwürde und Menschenrechten zu reden weiß und die diese Menschenrechte und Menschenwürde an Millionen und Millionen mißachtet und mit Füßen tritt, nur weil sie über dem Meere wohnen, eine andere Hautfarbe haben, sich nicht helfen können; diese Kultur, die nicht weiß, wie hohl und erbärmlich, wie phrasenhaft und gemein sie vor denjenigen steht, die ihr über die Meere nachgehen und sehen, was sie dort leistet, und die kein Recht hat, von Menschenwürde und Menschenrechten zu reden.

Bis sie selbst ihre Aufgaben erkannt hat, bis sie etwas dafür getan hat, soll aber keiner auch nur ein Wort gegen die Mission reden, die, so gut sie es konnte, weil die wahre Religion zugleich die wahre Menschlichkeit ist, für unsere Kultur, für unsere Kulturstaaten, für unsere Gesellschaft in die Lücke trat, und an den Menschen tat, was sie hätten tun müssen.

Wenn mich jemand fragte, warum ich das Christentum für die höchste und einzige Religion halte, würde ich alles, was man so gelernt hat über das Verhältnis und die Rangordnung der Religionen und wie man die Vorzüge der besten herausfindet, getrost hinter den Ofen werfen und nur das eine sagen: Weil in dem ersten Befehl, den der Herr auf Erden gegeben hat, nur das eine Wort «Mensch» vorkommt. Er redet nicht von der Religion, vom Glauben, von der Seele oder sonst etwas, sondern einzig von Menschen. Ich will euch zu Menschenfischern machen. Da ist's, als sagte er es allen kommenden Jahrhunderten: Aufs erste gebt mir acht, daß mir der Mensch nicht zugrunde geht. Geht ihm nach, wie ich ihm nachgegangen bin, und findet ihn da, wo die andern ihn nicht mehr finden, im Schmutz, in der Vertiertheit, in der Verachtung, und tut euch zu ihm und helft ihm, bis er wieder ein Mensch ist.

Er hat Religion und Menschlichkeit so zusammengeschweißt, daß es keine Religion mehr gibt, daß sie für ihn nicht existiert ohne die wahre Menschlichkeit, und daß die Aufgaben der wahren Menschlichkeit nicht gehört werden können ohne Religion ...

Was aber antworten, wenn sie sagen, die Mission ist ein erfolgloses Werk? Sie verschlingt Geld und Menschen umsonst? Nun könnte man viel von den Erfolgen der Mission reden: Was sie aus dem großen Seengebiet Zentralafrikas gemacht hat, was sie auf den Südseeinseln geschaffen hat, die Hunderte und Aberhunderte von stillen, arbeitsamen Dörfern, die sie geschaffen hat, das Blutvergießen, dem sie ein Ende gesetzt, und noch viel anderes mehr. Aber nein. Denn die Mission arbeitet, ohne sich um den Erfolg zu kümmern. Sie tut es, weil sie muß, aus diesem Muß heraus, welches das Wesen aller Dinge ist, wo Jesu Geist drin ist. Der natürliche Mensch in den natürlichen Dingen berechnet den Erfolg, und wenn er dessen sicher ist, unternimmt er die Sache. In dem, was in Jesu Namen getan wird, berechnet man nur das Muß, jenes geheimnisvolle «Muß», das in seinem Munde immer wiederkehrt, wo er von dem Todeslose des Menschensohnes redet, und je geringer der ausgerechnete Erfolg, desto größer ist das ausgerechnete «Muß».

Darum nur nicht gespart mit Mitteln und Menschenexistenzen, es geht nichts verloren, und wenn es im Meere und in der Wüste begraben ist, denn es ist durch den Tod Jesu geheiligt. Dieser Tod hat dem Wörtlein «umsonst» die Macht genommen. Als er gestorben war, konnten sie sagen: Dieser Mensch hat sich aufgezehrt und umsonst gelebt – und doch kam aus dem Tode die Kraft. Und die heilige tausendfältige Frucht trägt alles, was in seiner Nachfolge «umsonst» getan wird.

Zuletzt ist die Mission nur eine Sühne für die Gewalttaten, die die dem Namen nach christlichen Nationen draußen begehen. Ich will nicht aufzählen, was sie alles draußen begangen haben, wie sie unter dem Vorwand des Rechts den Eingeborenen ihr Land genommen haben, wie sie sie zu Sklaven gemacht haben, wie sie den Abschaum der Menschheit auf sie losgelassen haben, was für Greueltaten begangen worden sind, wie wir sie mit Branntwein und allem andern systematisch ruinieren. Was haben wir, das Deutsche Reich, in Südwestafrika getan, um diese Empörung heraufzubeschwören? Was tun wir jetzt? Nachdem wir sie aufgerieben haben: Mit einem Federstrich nehmen wir ihnen ihr Land, daß sie nichts mehr haben.

Ich will davon nicht reden, denn ich höre dann immer: Ja, das geht nun nicht anders; in der Welt herrscht die Macht. Nun gut, wenn aber diese Vergewaltigung und all die Schuld und Sünde und Schande unter den Augen des deutschen Gottes oder des amerikanischen Gottes oder des englischen Gottes begangen wird und unsere Staaten sich nicht bemüßigt fühlen, zuerst die Bezeichnung «christlich» abzulegen – so ist der Name Jesu geschändet und gelästert, und das Christentum unserer Staaten ist geschändet und gelästert vor jenen armen Menschen; der Name Jesu ist zum Fluche geworden, unser Christentum, dein eigenes, zur Lüge und Schande, wenn das nicht dort, wo es begangen, gesühnt wird, und nicht für jeden Gewalttätigen im Namen Jesu, ein Helfer im Namen Jesu kommt, für jeden, der etwas raubt, einer, der etwas bringt, für jeden, der flucht, einer, der segnet.

An die 15 000 haben wir ausgesandt in zwei Jahren als die Streiter des christlichen deutschen Reiches unter den Schwarzen; gegen 1 500 starben. Wann werden wir, das christliche Deutschland, an die 15 000 Streiter für Jesus den Herrn der Menschlichkeit dort hinaus geschickt haben? Wann werden 1 500 mit derselben Aufopferung für ihn gestorben sein? Dann ist die christliche Bezeichnung unseres Staates ein bißchen gesühnt ...

Und wenn ihr nun auch Mission predigt, dann predigt, daß wir sühnen müssen, alles Grauenhafte, was wir in den Zeitungen lesen, alles Grauenhafte – und das ist noch schlimmer – was wir nicht darin lesen, was der Urwald mit Nacht und Schweigen zudeckt – dann predigt ihr Christentum und Mission zugleich. – Und ich bitte euch, daß ihr's predigt. –

An Pfarrer Alfred Boegner,
Direktor der Pariser Missionsgesellschaft

>Straßburg, Thomasstaden I
>Sonntag, 9. Juli 1905

Lieber Herr Boegner, lieber Amtsbruder.

Ich wende mich heute an Sie mit der Frage, ob Sie jemand für den Congo benötigen. Ich wäre glücklich, mich zu Ihrer Verfügung zu stellen.

Erlauben Sie mir, mich mit Namen und Befähigung vorzustellen. Ich bin Doktor der Philosophie, Lizentiat der Theologie, Prediger an der Kirche St. Nicolai, Studienleiter des Thomasstiftes und Privatdozent an der theologischen Fakultät. Dreißig Jahre alt.

Mein Vorhaben, in die Mission einzutreten, stammt nicht von gestern. Als Kind schon, wenn ich meinen Groschen für die kleinen Negerkinder spendete, träumte ich davon. Nach Abschluß meines theologischen und philosophischen Studiums wollte ich mich der Lehrtätigkeit widmen und Pfarrer ausbilden, hatte dabei aber immer im Hintergrund meiner Überlegungen den Gedanken, daß ich nicht für immer Privatdozent und Studienleiter des Stiftes bleiben würde. Seit zwei Jahren stehe ich jetzt in diesem Amt, mein Vertrag läuft bis 1910. Ich fühle mich sehr glücklich, denn es ist ein Segen, Pfarrer auszubilden, und meine Studenten haben mich gern. Aber von Jahr zu Jahr fühle ich, wie der Wunsch, mich in den Dienst des Missionswerkes zu stellen, in mir wächst und mich sozusagen von meiner Tätigkeit loslöst. Bei meinen Vorlesungen sage ich mir: Andere könnten das an deiner Stelle ebenso gut machen wie du. Hier könnte man dich leicht ersetzen, dort drüben fehlt es an Menschen. Ich kann das Journal des Missions nicht aufschlagen, ohne zu bedauern, daß ich hier so zögere, während ich doch entschlossen bin, in einigen Jahren hier aufzuhören. Nach langen und ernstlichen Überlegungen habe ich vor vier Monaten den Entschluß gefaßt, meine Stellung hier früher aufzugeben, so früh als möglich. Da ich meinen Plan reifen lassen wollte, habe ich vier Monate lang gewartet, ehe ich Ihnen schreibe. Heute abend habe ich noch einmal alles überlegt, ich habe mich bis in die tiefsten Tiefen meines Herzens geprüft: mein Entschluß ist gefaßt, nichts kann ihn mehr ändern.

Ich weiß wohl, daß der Allgemeine Missionsverein Missionare sucht, die ein gründliches Theologiestudium absolviert haben. Sollen sie sie eben suchen. Ich werde mich ihnen erst dann zur Verfügung stellen, wenn Sie mich nicht wollen. Denn von allen Missionsvereinen liebe ich die Pariser Mission. Als Kind, in der Kirche des Vogesentales, wo mein Vater Pfarrer ist, habe ich in den «Missionsstunden» durch ihn die Erinnerungen von Casalis gehört. Dieser Eindruck ist mir geblieben. Ich fühle, daß ich in der Zusammenarbeit mit den Brüdern der Pariser Mission alles hergeben würde, dessen ich fähig bin. Und dann meine ich, daß es unsere Pflicht für uns elsässische Protestanten ist, dem französischen Protestantismus zuzugehören, trotz allem. Deutschland ist reich genug an Protestantismus.

Ich bin vollkommen unabhängig. Meine Eltern leben noch: mein Vater ist Pfarrer in Günsbach bei Münster, im Oberelsaß. Ich habe zwei Schwestern, die sehr gut verheiratet sind, eine andere, die bei meinen Eltern lebt und einen Bruder, der Ingenieur wird. Ich glaube Ihnen schon gesagt zu haben, daß ich dreißig Jahre alt bin. Meine Gesundheit ist sehr gut, ich bin nie krank gewesen. Ich trinke keinen Alkohol.

Ich habe nicht geheiratet, um frei zu bleiben für den Dienst in der Mission und um nicht gezwungen zu sein, meinen Plan gegen meine Überzeugung zu ändern. Wenn ich das Klima ertrage, werde ich heiraten, vorher möchte ich das Los einer Frau nicht an das meine binden, um völlig frei zu sein, unserem Herren zu dienen. Sollte sich herausstellen, daß ich das Klima nicht vertrage, oder würde ich als Folge der Strapazen invalide, so würde ich der Missionsgesellschaft nicht zur Last fallen, denn ich kann immer in den Pfarrberuf im Elsaß zurückkehren, wo ich mit offenen Armen aufgenommen werde. Der Präsident unseres Direktoriums, Herr Curtius, ist ein sehr guter Freund von mir und kommt regelmäßig zu meinen Predigten.

Vielleicht haben Sie in letzter Zeit meinen Namen in einer Zeitung oder einer Zeitschrift gelesen, denn man hat viel von meinem Buch über Bach gesprochen, das im Februar dieses Jahres erschienen ist. Ich vergaß Ihnen zu sagen, daß ich gleichzeitig Künstler bin, ein intimer Freund von Widor, der mich gebeten hat, dieses Buch für ihn zu schreiben. Dieses Werk hat mir einen Reingewinn von 700 Franken eingebracht. Ich habe sie aufgehoben und beiseite gelegt, das soll meine Reise nach dem Congo bezahlen, damit die Missionsgesellschaft, die schon so viele Kosten zu tragen hat, einige weniger hat.

Erschrecken Sie nicht darüber, daß ich mich in der theologischen und philosophischen Wissenschaft bewege und sogar Musikschriftsteller bin. Ja, ich habe alles gekannt: die Wissenschaft, die Kunst, die Freuden der Wissenschaft, die Freuden der Kunst, ich kenne das erhebende Gefühl des Erfolges, und mit wahrem Stolz habe ich meine Antrittsvorlesung mit 27 Jahren gehalten. Aber das alles hat meinen Durst nicht gestillt, ich fühle, daß das nicht alles ist, das es nichts ist. Ich bin immer einfacher, immer mehr Kind geworden, und ich habe immer deutlicher erkannt, daß die einzige Wahrheit und das einzige Glück darin besteht, unserem Herrn Jesus Christus dort zu dienen, wo er uns braucht. Hundert Mal habe ich darüber nachgedacht, ich habe meditiert im Gedanken an Jesus, ich habe mich gefragt, ob ich leben könnte ohne Wissenschaft, ohne Kunst, ohne die intellektuelle Umgebung, in der ich mich befinde – und immer, am Ende aller Überlegungen, ein freudiges Ja.

Ich bitte Sie deshalb, mich anzunehmen. Ich rede vom Congo, weil dieses Werk mich besonders anzieht. Aber wenn Sie mich anderswo brauchen, stehe ich ebenfalls zu Ihrer Verfügung. Ich habe eine geheime Hoffnung, daß ich nicht allein bleiben werde, daß der eine oder der andere meiner Studenten mir früher oder später nachfolgen wird und daß die Zeit wiederkommt, in der das Elsaß der Pariser Mission wieder sein Kontingent an Missionaren stellen wird.

Hier nun mein Plan! Ich kann meine Stelle nicht von heute auf morgen aufgeben. Mein Vertrag verbietet es mir, und ich möchte nicht weggehen, ohne einen jungen Elsässer als Nachfolger vorschlagen zu können, sonst besteht die Gefahr, daß man irgendeinen Deutschen an meine Stelle setzt. Ich bin kein Chauvinist und habe treue Freunde in Deutschland und in der deutschen Welt: Aber ich möchte nicht, daß durch meinen Weggang eine neue Bresche entsteht, durch die Deutschland von unseren elsässischen Einrichtungen Besitz ergreifen könnte. Am ersten März werde ich meine Demission geben und bleibe bis September im Amt. Ich brauche noch einige Monate, um ein Werk über Dogmengeschichte fertigzustellen, für das ich mich meinem Verleger in Leipzig gegenüber verpflichtet habe. Es handelt sich um den zweiten Teil einer Studie, deren ersten er schon veröffentlicht hat.

Anschließend möchte ich noch sechs Monate haben, um mir einige allgemeine Kenntnisse anzueignen, die für die Mission nötig sind, und besonders um etwas Medizin zu treiben. Ich bin in dieser Beziehung sehr begünstigt, denn einige meiner Kollegen an der medizinischen Fakultät, die mir gut Freund sind, werden mich mit Vergnügen in ihre Kliniken zulassen und mir die Elementarkenntnisse beibringen, die ich brauche. Ich werde dieses Studium schon im kommenden Winter anfangen. Finden Sie nicht auch, daß medizinische Kenntnisse unbedingt nötig sind? Coillard sagt das irgendwo.

Das würde uns bis zum Frühjahr 1907 bringen.

Ich schreibe Ihnen dies alles, lieber Herr (Boegner), um von Ihnen zu erfahren, ob die Pariser Mission mich annimmt oder ob ich (gegen meinen Willen) mich einer deutschen Gesellschaft anbieten soll. Aber ich wünsche nicht, daß Sie davon reden oder irgend jemandem meinen Namen nennen vor dem ersten März, dem Tag, an dem ich beim Stift und bei der Universität meine Demission geben werde. Ich will diesen Winter meine Pflichten nicht erfüllen, wie wenn ich im Aufbruch wäre. Man macht dann nichts Richtiges. Das ist also abgemacht. Aber ich will vorher wissen, ob Sie mich verwenden können und wollen; ich will es vor dem Monat August wissen, um mich entsprechend einzurichten.

Nach dem ersten März können Sie, wenn Sie es für gut halten, Erkundigungen über mich einholen, entweder bei meinen Kollegen an der Fakultät oder bei meinen Kollegen an St. Nicolai. Aber vorher bleibt es eine Angelegenheit ausschließlich zwischen Ihnen und mir.

Im Oktober bin ich in Paris. Ich bin ein halber Pariser, ich bin jedes Jahr ein oder zwei Monate dort. Wir können dann ausführlich über das alles reden. Ich schreibe Ihnen diese Zeilen in einer tiefen und freudigen Bewegung und bete, daß unser Herr meinen Entschluß segnen möge und mich würdig mache, in aller Demut für das Kommen seines Reiches zu wirken.

In brüderlicher Freundschaft

Ihr Dr. Albert Schweitzer

... Außer einem treuen Kameraden wußte niemand um mein Vorhaben. Als es durch die von Paris aus versandten Briefe bekannt wurde, hatte ich schwere Kämpfe mit meinen Verwandten und meinen Bekannten zu bestehen. Fast noch mehr als das Beginnen selbst machten sie mir zum Vorwurf, daß ich ihnen nicht das Vertrauen erzeigt habe, es zuvor mit ihnen zu besprechen. Mit diesem

Nebensächlichen quälten sie mich in jenen schweren Wochen über die Maßen. Daß theologische Freunde sich darin besonders hervortaten, kam mir darum so ungereimt vor, weil sie alle wohl schon eine schöne oder sehr schöne Predigt darüber gehalten hatten, daß der Apostel Paulus sich seinem Worte im Galaterbrief zufolge für das, was er für Jesum tun wollte, nicht zuvor mit Fleisch und Blut besprochen habe.

Miteinander hielten mir meine Angehörigen und meine Freunde die Sinnlosigkeit meines Beginnens vor. Ich sei, so sagten sie, ein Mensch, der das ihm anvertraute Pfund vergraben und mit einem falschen wuchern wolle. Das Wirken unter den Wilden solle ich solchen überlassen, die damit nicht Gaben und Kenntnisse in Wissenschaft und Kunst ungenützt liegenließen. Widor, der mich wie einen Sohn liebte, schalt mich einen General, der sich mit der Flinte in die Schützenlinie (damals sprach man noch nicht vom Schützengraben) legen wolle. Eine von modernem Geiste erfüllte Dame bewies mir, daß ich durch Vorträge für die Sache der den Eingeborenen zu bringenden ärztlichen Hilfe viel mehr tun könne als durch die beabsichtigte Tat. Das «Im Anfang war die Tat» aus Goethes Faust gelte in der neuen Zeit nicht mehr. In dieser sei die Propaganda die Mutter des Geschehens.

In den vielen Diskussionen, die ich damals mit als christlich geltenden Leuten als ein müder Partner durchzufechten hatte, berührte es mich merkwürdig, wie fern ihnen der Gedanke lag, daß das Streben, der von Jesu verkündeten Liebe zu dienen, einen Menschen aus seiner Bahn werfen könne, obwohl sie es im Neuen Testament lasen und es dort ganz in der Ordnung fanden ...

Gewöhnlich nützte es auch nichts, daß ich mich dazu überwand, sie Einblick in die Gedanken, aus welchen mein Entschluß entstanden war, nehmen zu lassen. Sie meinten, es müsse etwas anderes dahinterstecken, und rieten auf Enttäuschungen in meinem Fortkommen, obwohl es für solche keine Anhaltspunkte gab, da ich in jungen Jahren bereits Anerkennung gefunden hatte wie andere erst nach einem ganzen Leben voll Kampf und Arbeit. Auch angenommenen traurigen Herzenserlebnissen sollte mein Entschluß entsprungen sein.

Eine wahre Wohltat waren mir die Menschen, die mir nicht mit der Faust ins Herz zu langen suchten, sondern mich für einen ein bißchen um seinen Verstand gekommenen ältlichen Jüngling ansahen und mich dementsprechend mit liebem Spott behandelten.

An sich fand ich es ganz angebracht, daß die Nächsten und die Freunde mir alles vorhielten, was gegen die Vernunftgemäßheit meines Planes sprach. Als einer, der vom Idealismus Nüchternheit verlangt, war ich mir bewußt, daß jedes Begehen eines ungebahnten Weges ein Wagnis ist, das nur unter besonderen Umständen Sinn und Aussicht auf Gelingen hat. In meinem Falle hielt ich das Wagnis für berechtigt, weil ich es mir lange und nach allen Seiten überlegt hatte und mir zutraute, Gesundheit, ruhige Nerven, Energie, praktischen Sinn, Zähigkeit, Besonnenheit, Bedürfnislosigkeit und was sonst noch zur Wanderung auf dem Wege der Idee notwendig sein konnte, zu besitzen und darüber hinaus noch mit der zum Ertragen eines etwaigen Mißlingens des Planes erforderlichen Gemütsart ausgerüstet zu sein.

Als Mann der individuellen Tat bin ich seither von vielen Menschen, die sie ebenfalls wagen wollten, um Meinung und Rat angegangen worden. Nur in verhältnismäßig wenigen Fällen habe ich die Verantwortung, sie ohne weiteres dazu zu ermutigen, auf mich genommen. Oft mußte ich feststellen, daß das Bedürfnis, «etwas Besonderes zu tun», einem unsteten Geiste entsprang. Die Betreffenden wollten sich größeren Aufgaben widmen, weil diejenigen, vor die sie sich gestellt sahen, ihnen nicht genügten. Oft zeigte sich auch, daß sie in ihrem Entschluß durch ganz nebensächliche Erwägungen bestimmt waren. Nur derjenige, der jeder Tätigkeit einen Wert abgewinnen kann und der sich jeder mit vollem Pflichtbewußtsein hingibt, hat das innerliche Recht dazu, sich ein außerordentliches Tun statt des ihm natürlich zufallenden zum Ziel zu setzen. Nur derjenige, der sein Vorhaben als etwas Selbstverständliches, nicht als etwas Außergewöhnliches empfindet und der kein Heldentum, sondern nur in nüchternem Enthusiasmus übernommene Pflicht kennt, besitzt die Fähigkeit, ein geistiger Abenteurer zu sein, wie sie die Welt nötig hat. Es gibt keine Helden der Tat, sondern nur Helden des Verzichtens und des Leidens. Ihrer sind viele ...

Diejenigen, denen es vergönnt ist, freies persönliches Dienen verwirklichen zu dürfen, haben dieses Glück als solche hinzunehmen, die dadurch demütig werden. Immer müssen sie derer gedenken, die zu gleichem Tun willig und fähig gewesen wären, aber es nicht unternehmen durften ... Demütig haben diese Bevorzugten auch darin zu sein, daß sie sich über den Widerstand, den sie erfahren, nicht ereifern, sondern ihn als etwas hinnehmen, das unter das «Es muß also geschehen» fällt. Wer sich vornimmt, Gutes zu wirken, darf nicht erwarten, daß die Menschen ihm deswegen Steine aus dem Wege räumen, sondern muß auf das Schicksalhafte gefaßt sein, daß sie ihm welche daraufrollen. Nur die Kraft, die in dem Erleben dieser Widerstände innerlich lauterer und stärker wird, kann sie überwinden. Die, die sich einfach dagegen auflehnt, verbraucht sich darin.

Von dem in der Menschheit vorhandenen idealen Wollen kann immer nur ein kleiner Teil zu öffentlich auftretender Tat werden. Allem übrigen ist bestimmt, sich in vielem Unscheinbaren zu verwirklichen, das miteinander einen Wert darstellt, der denjenigen des Tuns, das die Aufmerksamkeit auf sich zieht, tausendfach und aber tausendfach übertrifft. Es verhält sich zu ihm wie das tiefe Meer zu den Wellen, die seine Oberfläche bewegen. Die unscheinbar wirkenden Kräfte des Guten sind in denjenigen verkörpert, die das persönliche unmittelbare Dienen, das sie nicht zum Berufe ihres Lebens machen können, im Nebenamt betreiben. Das Los der vielen ist, zur Erhaltung ihrer Existenz und zu ihrer Betätigung in der Gesellschaft eine mehr oder weniger seelenlose Arbeit zum Beruf zu haben, in der sie nicht viel oder fast nichts von ihrem Menschentum verausgaben können, weil sie sich in ihr fast wie Menschenmaschinen zu betätigen haben. Dennoch aber befindet sich keiner in der Lage, daß er nicht Gelegenheit hätte, sich irgendwie als Mensch zu verausgaben ... Die Hauptsache ist, daß die Betroffenen ihr Schicksal nicht einfach über sich ergehen lassen, sondern sich mit aller Energie durch geistige Tat in den ungünstigen Verhältnissen als Menschenpersönlichkeiten zu behaupten suchen. Sein Menschenleben neben dem Berufsleben rettet sich, wer auf die Gelegenheit aus ist, in persönlichem Tun, so unscheinbar es sei, für Menschen, die eines Menschen bedürfen, Mensch zu sein. Dadurch stellt er sich in den Dienst des Geistigen und Guten. Kein Schicksal kann einem Menschen dieses unmittelbare menschliche Dienen im Nebenamt versagen. Wenn so viel davon unverwirklicht bleibt, liegt es daran, daß es versäumt wird. Daß jeder in der Lage, in der er sich befindet, darum ringt, wahres Menschentum an Menschen zu betätigen: davon hängt die Zukunft der Menschheit ab.

Ungeheure Werte bleiben durch Versäumnisse in jedem Augenblick im Zustande des Nichts. Was aber davon Wille und Tat wird, bedeutet einen Reichtum, den man nicht unterschätzen soll. Unsere Menschheit ist gar nicht so materialistisch, wie es in törichtem Gerede immerfort behauptet wird. Nach dem, wie ich die Menschen kennengelernt habe, steht mir fest, daß unter ihnen viel mehr ideales Wollen vorhanden ist, als zum Vorschein kommt. Wie die Wasser der sichtbaren Ströme wenig sind im Vergleich zu denen, die unterirdisch dahinfluten, so auch der sichtbar werdende Idealismus im Vergleich zu dem, den die Menschen unentbunden oder kaum entbunden in sich tragen. Das Unentbundene entbinden, die Wasser der

Tiefe an die Oberfläche leiten: die Menschheit harrt derer, die solches vermögen.

Als das Unvernünftigste an meinem Vorhaben erschien meinen Freunden, daß ich statt als Missionar als Arzt nach Afrika gehen wollte und mir also mit meinen dreißig Jahren vorerst noch ein langes und beschwerliches Studium auflud.[3] Darüber, daß dieses Studium eine ungeheure Anstrengung für mich bedeuten würde, gab ich mich keinem Zweifel hin. Mit Bangen blickte ich auf die kommenden Jahre aus. Aber die Gründe, die mich bestimmten, den vorgenommenen Weg des Dienens als Arzt zu gehen, wogen so schwer, daß andere Erwägungen dagegen nicht aufkommen konnten.

Arzt wollte ich werden, um ohne irgendein Reden wirken zu können. Jahrelang hatte ich mich in Worten ausgegeben. Mit Freudigkeit hatte ich im Beruf des theologischen Lehrers und des Predigers gestanden. Das neue Tun aber konnte ich mir nicht als ein Reden von der Religion der Liebe, sondern nur als ein reines Verwirklichen derselben vorstellen. Ärztliche Kenntnisse ermöglichten mir dieses Vorhaben in der besten und umfassendsten Weise, wohin auch immer der Weg des Dienens mich führen mochte. In Hinsicht auf den Plan mit Äquatorialafrika war ihr Erwerb noch in besonderer Weise angezeigt, weil in der Gegend, wohin ich zu gehen gedachte, ein Arzt, nach den Berichten der Missionare, das Notwendigste des Notwendigen war. Ständig klagten sie in dem Missionsblatt darüber, daß sie den Eingeborenen, die sie in körperlicher Not aufsuchten, nicht die erforderliche Hilfe bringen könnten. Um einmal der Arzt dieser Armen sein zu können, lohnte es sich, so urteilte ich, Student der Medizin zu werden. Wenn mir die dafür zu opfernden Jahre zu lange vorkommen wollten, hielt ich mir vor, daß Hamilkar und Hannibal den Marsch auf Rom durch die langwierige Eroberung Spaniens vorbereitet hatten.

Noch unter einem anderen Gesichtspunkt schien es mir

geboten, Arzt zu werden. Nach dem, was ich von der Pariser Missionsgesellschaft wußte, mußte es mir sehr fraglich erscheinen, ob ich ihr als Missionar genehm wäre ... Der liebe Missionsdirektor Boegner war zwar sehr bewegt, daß sich jemand auf seine Bitte um Arbeiter für die Kongomission gemeldet hatte, eröffnete mir aber alsbald, daß vorerst schwere Bedenken, die von Mitgliedern des Komitees gegen meinen theologischen Standpunkt geltend gemacht wurden, weggeräumt werden müßten. Als ich ihm versicherte, daß ich «nur als Arzt» kommen wollte, fiel ihm ein Stein vom Herzen. Bald darauf mußte er mir aber mitteilen, daß einige Mitglieder des Komitees sich sogar dagegen wehrten, die Dienste eines Missionsarztes anzunehmen, der nur die rechte christliche Liebe, nicht aber auch den rechten Glauben hätte. Doch machten wir uns beide darüber vorerst keine allzu großen Sorgen und vertrauten darauf, daß die Betreffenden noch einige Jahre Zeit hätten, um zur rechten christlichen Vernunft zu kommen.

Wohl hätte mich der freier gerichtete Allgemeine Evangelische Missionsverein in der Schweiz ohne weiteres als Missionar oder Arzt angenommen. Aber da ich mich durch jenen Artikel in dem Pariser Missionsblatt nach Äquatorialafrika berufen fühlte, mußte ich versuchen, bei der dort wirkenden Pariser Mission anzukommen. Auch reizte es mich, die Frage zum Austrag zu bringen, ob eine Missionsgesellschaft angesichts des Evangeliums Jesu sich das Recht zutrauen dürfe, den leidenden Eingeborenen ihres Arbeitsgebietes den Arzt zu versagen, weil er in ihrem Sinn nicht rechtgläubig genug wäre.

Überdies nahmen mich zu Beginn meines Medizinstudiums die tägliche Arbeit und die tagtäglichen Sorgen derart in Anspruch, daß ich weder Zeit noch Kraft hatte, mich mit dem, was nachher werden würde, zu befassen.

«... Ringen mit der Müdigkeit»

Als ich mich bei Professor Fehling, dem damaligen Dekan der medizinischen Fakultät, als Student anmeldete, hätte er mich am liebsten seinem Kollegen von der Psychiatrie überwiesen. An einem der letzten Tage des Oktober machte ich mich in dichtem Nebel zum ersten Kolleg in Anatomie auf... Nun begann Jahre hindurch ein Ringen mit der Müdigkeit. Die theologische Lehrtätigkeit und das Predigtamt alsbald aufzugeben, hatte ich mich nicht entschließen können. So studierte ich Medizin, indem ich daneben theologische Vorlesungen hielt und fast allsonntäglich predigte. Die Vorlesungen machten mir zu Beginn des medizinischen Studiums besonders viel Arbeit, weil ich in ihnen die Probleme der Lehre Pauli zu behandeln anfing. Auch die Orgel nahm mich damals noch mehr in Anspruch als zuvor. Da Gustave Bret, der Dirigent der im Jahre 1905 von ihm, Dukas, Fauré, Widor, Guilmant, d'Indy und mir begründeten Pariser Bachgesellschaft, darauf hielt, daß ich in allen ihren Konzerten den Orgelpart übernahm, mußte ich jahrelang im Winter mehrmals nach Paris reisen. Obwohl ich nur die letzte Probe mitzumachen brauchte und noch in der Nacht nach der Aufführung nach Straßburg zurückfahren konnte, kostete mich jedes Konzert zum mindesten drei Tage. Wie manche Predigt für St. Nicolai habe ich zwischen Paris und Straßburg in der Bahn entworfen! Auch bei Bachaufführungen des Orféo Catalá zu Barcelona hatte ich als Organist zu fungieren. Überhaupt spielte ich jetzt öfters in Konzerten als früher, nicht nur weil ich unterdessen als Orgelspieler bekannt geworden war, sondern auch weil ich nach Wegfall meines Gehaltes als Direktor des theologischen Studienstiftes auf Nebeneinnahmen ausgehen mußte...

Luis Millet, den Dirigenten des Orféo Catalá, gewann ich gleich bei der ersten Begegnung als hervorragenden Künstler und tiefen Menschen lieb. Durch ihn kam ich mit dem berühmten katalanischen Baumeister Gaudi zusammen. Dieser war damals nur noch mit der Arbeit an der eigenartigen Kirche der Sagrada Familia (Heilige Familie) beschäftigt, von der erst ein gewaltiges, von Türmen überragtes Portal fertiggestellt war... Als ich an der in Stein ausgehauenen «Flucht nach Ägypten», am Eingang des fertiggestellten Portals, den unter seiner Last so müde dahinziehenden Esel bewunderte, sagte er mir: «Du verstehst etwas von Kunst, denn du hast ein Empfinden dafür, daß dieser Esel nicht erfunden ist. Keine der Gestalten, die du hier in Stein abgebildet siehst, ist erdacht, sondern alle stehen sie da, wie ich sie in Wirklichkeit erschaut habe. Joseph, Maria, das Jesuskind, die Priester im Tempel: alle habe ich sie unter Gestalten, die mir begegneten, ausgesucht und nach Gipsformen, die ich von ihnen abnahm, in Stein ausgehauen. Mit dem Esel war es eine schwere Sache. Als bekannt wurde, daß ich nach einem Esel für die Flucht nach Ägypten ausschaute, führte man mir die schönsten Esel von Barcelona vor. Aber ich konnte sie nicht gebrauchen. Maria mit dem Jesuskinde ist nicht auf einem schönen und starken, sondern auf einem armen, alten, müden Esel gesessen, und zwar auf einem, der etwas Liebes im Gesicht hatte und verstand, um was es sich handelte. Diesen Esel suchte ich. Endlich fand ich ihn vor dem Wagen einer Frau, die mit Scheuersand handelte. Sein Kopf hing fast bis auf den Boden herunter. Mit großer Mühe überredete ich die Besitzerin, daß sie mit ihm zu mir kam. Als dann der Esel Segment um Segment in Gips abgezogen wurde, weinte sie, weil sie meinte, daß er nicht mit dem Leben davonkäme. Das ist der Esel der Flucht nach Ägypten, der Eindruck auf dich gemacht hat, weil er nicht erfunden, sondern wirklich ist.»...

Erst vom Frühjahr 1906 an, als ich mit der Geschichte der Leben-Jesu-Forschung fertig war und die Leitung des Studienstifts abgegeben hatte, konnte ich dem neuen Studium die erforderliche Zeit widmen. Mit Eifer machte ich mich nun über die Naturwissenschaften her. Endlich war es mir vergönnt, mich mit dem Stoffe zu befassen, dem meine Neigung schon auf dem Gymnasium gegolten hatte! Endlich durfte ich mir die Kenntnisse erwerben, deren ich bedurfte, um in der Philosophie den Boden der Wirklichkeit unter den Füßen zu haben!

Die Beschäftigung mit den Naturwissenschaften brachte mir aber noch mehr als die ersehnte Vervollständigung des Wissens. Sie war mir ein geistiges Erlebnis. Von jeher hatte ich es als eine psychische Gefahr empfunden, daß es in den sogenannten Geisteswissenschaften, mit denen ich es bisher zu tun gehabt hatte, keine Wahrheit gibt, die sich von selbst als solche erweist, sondern daß eine Ansicht durch die Art, in der sie auftritt, Geltung von Wahrheit erlangen kann. Das Ergründen der Wahrheit auf dem Gebiete der Geschichte der Philosophie spielt sich in stets wiederholten, endlosen Zweikämpfen zwischen dem Wirklichkeitssinn der einen und der erfindungsreichen Einbildungskraft der anderen ab. Nie vermag das sachliche Argument einen definitiven Sieg über die geschickt vorgebrachte Meinung davonzutragen. Wie oft besteht das, was als Fortschritt gilt, darin, daß eine mit Virtuosität argumentierende Ansicht die wirkliche Einsicht für lange außer Gefecht setzt!

Fort und fort diesem Schauspiel zusehen zu müssen und es so vielfältig mit Menschen zu tun zu haben, denen der Sinn für das Wirkliche abhanden gekommen war, hatte ich als etwas Deprimierendes erlebt. Nun war ich plötzlich im anderen Lande. Ich gab mich mit Wahrheiten ab, die aus Wirklichkeiten bestanden, und befand mich unter Menschen, denen es selbstverständlich war, daß sie jede Behauptung durch Tatsachen zu erweisen hatten. Dies empfand ich als ein für meine geistige Entwicklung notwendiges Erlebnis.

So berauscht ich von dem Umgang mit dem Feststellbar-Wirklichen war, so lagen mir doch Stimmungen der Geringschätzung der Geisteswissenschaften fern, wie sie andere in der gleichen Lage überkamen. Im Gegenteil.

Durch die Beschäftigung mit Chemie, Physik, Zoologie, Botanik und Physiologie wurde mir noch stärker als vorher bewußt, in welchem Maße die Denk-Wahrheit neben der einfach festgestellten berechtigt und notwendig ist. Wohl haftet der in einem schöpferischen geistigen Akt zustande kommenden Erkenntnis naturgemäß etwas Subjektives an. Zugleich aber ist sie höherer Art als die rein tatsächliche ...

*Auszugsweise wird die Predigt «Zum Totengedächtnis» vom 17. November 1907 wiedergegeben. Sie beleuchtet das unverspannte Verhältnis des elsässischen evangelischen Geistlichen – und demnächst auch Arztes – zum Tode.*

... Jahrhundertelang hat man den Menschen den Schrecken des Todes gepredigt, daß sie ihre Zuflucht zum Glauben an das ewige Leben nähmen. Und das Ergebnis? Abstumpfung, Abstumpfung, dieses merkwürdige Wort für die unbegreifliche und verhängnisvolle Tatsache, die sich hundertmal auf allen Gebieten wiederholt, daß etwas, wiederholt und immer wiederholt, seine Wirkung einbüßt: der Ball hundert und hundertmal auf die Erde geworfen, springt zuletzt nicht mehr in die Höhe, die beste Medizin, tagtäglich genommen, wirkt zuletzt nichts mehr, eine Wahrheit durch mehrere Generationen immer wiederholt, gilt zuletzt nicht mehr. So ist die Menschheit um uns her, weder durch die Furcht vor dem Tode noch durch die Hoffnung auf das ewige Leben bewegt. Sie verlangt nur eins, daß man keine Anspielung auf den Tod macht. Sie hat gewissermaßen ein geheimes Dekret erlassen, daß jedermann seinem Nebenmenschen gegenüber fortgesetzt so tue, als ob die Möglichkeit, daß dieser sterben könne, gar nicht in Betracht käme. Und keines der Gesetze über den Umgang wird so peinlich beobachtet wie dieses. Die letzte Liebe, die die Menschen einem erzeigen, der schon mit dem Tode gezeichnet ist, besteht darin, daß sie tun, als ob die Krankheit selbstverständlich nicht gefährlich sein könne. Und wenn der andere schon selbst fühlt, wie ernst seine Lage ist, will er gewöhnlich doch noch immer gerne das Gegenteil hören. Einige unter euch kennen wohl die ergreifende Geschichte aus der Erzählungssammlung eines zeitgenössischen französischen Schriftstellers. Eine junge Witwe mit ihren Kindern besucht an jedem Donnerstag einen entfernten, alten Verwandten. Er hat ihr in Aussicht gestellt, sie im Testament zu bedenken. Einen Donnerstag hat sie wieder den fünfstündigen Weg mit den Kindern zurückgelegt. Sie findet eine Verschlimmerung in dem Zustand des Kranken. Er selber findet sich elend. Nicht wahr, sagt er ihr, ich sollte doch daran denken, mein Testament aufzusetzen. Meinst du nicht, daß du den Notar holen solltest? – Sie aber fühlt die geheime Angst in der Frage. – Nicht doch, erwiderte sie, das ist nur vorübergehend. Da lächelt er froh auf – am nächsten Tag war er tot – ohne ein Testament gemacht zu haben. Die näheren Verwandten bekamen alles. Sie aber durfte sich damit trösten, daß sie das, was sie für ihre Kinder so notwendig hatte, daran gegeben, um den Gedanken des Sterbens von ihm zu bannen. Sie hatte ihm die letzte Barmherzigkeit erwiesen.

Und nochmals, wenn ein Mensch die Schatten des Todes über sich fühlt und das Bedürfnis fühlt, mit den Seinen darüber zu sprechen, um dadurch zur Klarheit und zur Fassung zu kommen, so lassen sie es nicht zu, sondern spielen die Komödie, daß sie die Möglichkeit eines solchen Ausgangs nicht in Betracht ziehen, bis zu Ende weiter, meinend, ihm dadurch einen Dienst zu leisten, meinend, ihm den Gedanken ausgeredet zu haben, wenn er es zuletzt aufgibt, darauf zurückzukommen – und sie haben ihn nur einsam gemacht und ihm die Hilfe verweigert...

Schon in der natürlichen Betrachtung des Todes liegt etwas Beruhigendes. Habt ihr schon einmal bedacht, wie schrecklich es wäre, wenn unserm Leben kein Ziel gesetzt wäre und es immer fortdauerte? Es braucht ein Mensch im Leben nicht besonders vom Unglück betroffen worden zu sein, um bei dem Gedanken, daß es niemals endigen könnte, zu erbeben. Könnt ihr euch vorstellen, daß wir, so weit unser Blick in die Zukunft reicht, in die Wünsche und Sorgen dieses Daseins verstrickt würden und daß alles, was an Neid, Haß und Schuld von unserer und von anderer Seite damit verknüpft ist, sich ungetilgt immer wieder anhäufen würde? Wenn ihr es schon einmal bedacht habt, wie schwer wir am Leben tragen würden ohne die Gewißheit, daß ihm ein Ziel gesetzt ist, so wißt ihr, daß der Tod für alle, auch die Glücklichsten, nicht ein Feind, sondern eine Erlösung ist.

Wir alle müssen uns mit dem Gedanken an den Tod vertraut machen, wenn wir zum Leben wahrhaft tüchtig werden wollen. Wir brauchen nicht jeden Tag, jede Stunde daran zu denken; aber wenn der Weg unseres Lebens uns auf einen Aussichtspunkt führt, wo das Nahe verschwindet und der Blick in die Ferne bis zum Ende schweift, dann die Augen nicht schließen, sondern innehalten und in die Ferne schauen und dann wieder weiter. Aus diesem Todesgedenken kommt die wahre Liebe zum Leben. Wenn wir in Gedanken mit dem Tode vertraut sind, nehmen wir jede Woche, jeden Tag als ein Geschenk an, und erst wenn man sich das Leben so stückweise schenken läßt, wird es kostbar.

Das Vertrautsein mit dem Gedanken des Todes wirkt allein auch die wahre, innere Freiheit von den Dingen. Der Ehrgeiz, die Erwerbssucht, die Herrschsucht, die wir in uns tragen und die uns in dieses Leben hineinverstricken mit Sklavenfesseln, vermögen den Menschen, der dem Tod ins Antlitz schaut, auf die Dauer nicht zu betören, sondern er fühlt, wie der Gedanke des Endes nach und nach eine Läuterung bewirkt, die ihn von dem schlechteren Ich in sich selbst, von den Dingen und Menschen frei macht, ihn auch frei macht von Menschenfurcht und Menschenhaß. Und wenn wir so schwach und so schlecht sind oft im Leben, und dies so oft an den Menschen auch sehen, so liegt das daran, daß das Todesgedenken uns nicht vom Leben innerlich frei gemacht hat.

Aber auch wenn ein Mensch die gewöhnliche Todesangst, das Nichtdenkenwollen an den Tod abgetan hat und dem Tod ins Auge schaut, wenn er schon zur Todesergebung durchgedrungen und die Todessehnsucht, von der die frommen Dichter so ergreifend reden, kennt und vielleicht schon innerlich wie der Apostel Paulus dagegen ankämpfen muß, daß sie nicht zu stark wird, auch der kennt noch eine Todesangst: Die Angst, den Menschen entrissen zu werden, die ihn brauchen. Diese Angst kann man nicht bannen. Sie kommt manchmal wie ein Blitz. Ein Mann und eine Frau haben noch nicht alles miteinander erlebt, wenn nicht eines beim Anschauen des andern, ohne es gewollt zu haben, vor der Frage stand: Was würde aus ihm werden ohne mich – und eine Mutter hat noch nicht alles mit ihrem Kinde erlebt, wenn sie nicht plötzlich wie von einem namenlosen Entsetzen erfaßt wurde: Was würde aus ihm werden ohne mich. Das ist doch die Erkenntnis, zu der man gelangt, wenn man versucht hat, den Dingen auf den Grund zu gehen, daß, was uns im Leben festhält, nicht das ist, was wir von ihm hoffen und erwünschen, sondern die nahen und fernen Menschen, die uns nötig haben. Und dieselbe Angst hat uns schon befallen, wenn wir Menschen ansahen, die etwas für uns sind, daß wir uns mit Grausen fragten, wie unser Leben aussehen würde ohne sie.

Auch dieser Angst schau ins Auge, stoß sie nicht zurück in den letzten Winkel deines Denkens. Behalte sie nicht einmal immer für dich, sondern wage sie auszusprechen, wenn die Stunde dazu da ist, denn es liegt etwas Tiefes und Heiligendes darin, wenn Menschen, die zusammengehören, es miteinander bedenken, daß jeder Tag, jede kommende Stunde sie auseinanderreißen kann. Ihr werdet dann immer sehen, daß die Sorge, was mit dem, was zurückbleibt, wird, die anfangs voranstand, zurücktritt hinter der andern, tieferen, was aus dem sein wird, was zwischen uns war, ob wir einander alles gegeben, was wir konnten, alles waren, was wir konnten, ob nichts ist, was wir ungeschehen machen möchten. – Daß diese Sorge dann in den Vordergrund tritt und daß wir meinen, daß wir dann die Trennung ertragen können, wenn wir so zueinander waren. Wie viel wäre in der Welt zwischen den Menschen anders, wenn sie sich anzuschauen wagten als solche, die es beieinander bedenken, daß eins von dem andern weggerissen werden kann – und wo eines für das andere durch diesen Tod geheiligt worden ist.

Worin besteht die Überwindung des Todes? Daß wir unser Leben und die Menschen, die dazu gehören, in Augenblicken tiefsten Gesammeltseins so betrachten und bewerten, als hätten wir sie in den Tod hingeben müssen und sie auf Zeit von ihm zurückerhalten.

Das sind aber keine natürlichen Betrachtungen über den Tod mehr, sondern das ist, was der Apostel Paulus in den Briefen immer wieder als das Urgeheimnis der Religion Christi predigt, daß die, welche dem Herrn im Geiste angehören, mit ihm in einem innerlichen Prozeß das Sterben und Eingehen in ein neues Leben erlebt haben und nun auf der Welt wandeln als die, die innerlich frei sind von der Welt, wie man durch Sterben von ihr frei wird.

Und die Unsterblichkeit? Es hat euch vielleicht merkwürdig berührt, daß das Wort Tod so oft vorkam, ohne daß dieses andere, Unsterblichkeit, mit dem man gewöhnlich alsbald seinen Schrecken auslöscht, ausgesprochen wurde. Vielleicht hat man das Wort Unsterblichkeit zu viel und zu oft rein äußerlich gebraucht, um die Menschen über den Tod hinwegzutrösten, und es so unter ihnen entwertet. Die Unsterblichkeit, an die man nur als an einen Trost glaubt, ist nicht die rechte. Sie haftet so wenig in den Gedanken der Menschen als das Bild, das man mit Wasserfarbe auf eine Mauer malt und das der nächste Regen wegwäscht. Sie ist äußerlich an die Menschen herangetragen und beschäftigt ihn nicht mehr, sobald er sich über die Todesangst durch seine Gedankenlosigkeit hinweggetäuscht hat.

Aber wer sein Leben im Angesicht des Todes zu betrachten wagt, wer es von ihm stückweise zurückempfängt und es lebt als etwas, das ihm nicht gehört, sondern geschenkt worden ist, mit der innerlich freien und friedvollen Gesinnung des Menschen, der in seinen Gedanken den Tod überwunden hat, der glaubt an ein ewiges Leben, weil er schon etwas davon hat und erlebt hat und schon zehrt von dem Frieden und der Freude desselben. Wie es gestaltet ist, vermag er nicht zu sagen, er vermag seine Anschauung auch vielleicht nicht ganz mit den überlieferten Vorstellungen in Einklang zu bringen. Aber das weiß er gewiß, daß etwas in uns ist, das nicht vergeht, wenn wir selber vergehen, sondern das fortlebt und fortwirkt, überall wo das Reich des Geistes ist, weil es schon jetzt in uns lebt und wirket, wenn wir innerlich durch den Tod zum Leben gekommen sind. –

Am 13. Mai 1909[4] . . . stieg ich ins Physikum. Der Erwerb der nötigen Examenskenntnisse war mir nicht leichtgefallen. Alles Interesse an dem Stoffe konnte mir nicht über die Tatsache hinweghelfen, daß das Gedächtnis eines Mannes von über dreißig Jahren nicht mehr so leistungsfähig ist wie das eines zwanzigjährigen Studenten. Dummerweise hatte ich mir auch in den Kopf gesetzt, bis zuletzt reine Wissenschaft zu treiben, statt auf das Examen hinzuarbeiten. Erst in den letzten Wochen ließ ich mich auf Zureden von Mitstudenten in einen «Paukverband» aufnehmen und wurde so mit den Fragen bekannt, die die Professoren, den von den Studenten geführten Listen zufolge, zu stellen pflegten, wie auch mit den Antworten, die sie zu hören beliebten.

Es ging über alles Erwarten gut, obgleich ich in jenen Examenstagen die schwerste Müdigkeitskrise, deren ich mich in meinem Leben entsinne, durchzumachen hatte. Die nun folgenden klinischen Semester erwiesen sich als viel weniger anstrengend als die vorklinischen, weil der Stoff einheitlicher war . . .

Brief an den Musikdirektor Gustav von Lüpke, Kattowitz, vom 10. Juni 1908

Lieber Freund!
... ich habe vor drei Wochen mein Physicum bestanden und bin nun noch cand. med.! Neben der Arbeit am Bach habe ich mein Physicum vorbereitet, und manche Capitel sind während dem Sezieren auf der Anatomie ausgedacht! Als stud. med. stehe ich im 6ten Semester. In zwei Jahren mache ich Staatsexamen.

Nun die Erklärung. Ich habe mich vor drei Jahren, in meinem dreißigsten Jahre, entschlossen, Medizin zu studieren, indem ich zugleich Privatdozent der Theologie bleibe – um später als Arzt an den Congo zu gehen. Dort stehen einige meiner Bekannten als Missionare im Dienst der Pariser Mission. Ein Arzt wäre so notwendig, da das Klima grausig ist und die armen Schwarzen wirklich Kinder der Schmerzen sind. Das Elend, das die Schlafkrankheit, Hungertyphus, eiternde Wunden, Augenkrankheiten etc. anrichten, ist schrecklich. Und kein Arzt aufzutreiben. Nun gehe ich also. Ich habe mit dem Gedanken 10 Jahre gekämpft, seit meinem zwanzigsten Jahr, und hatte mir vorgenommen, in meinem dreißigsten mich zu entscheiden; es geschah am 14. Januar 1905, während ich am Reimarus arbeitete. Dann gab ich die Leitung des Stiftes auf, benachrichtigte meine Fakultät, daß ich auf akademische Carriere nicht reflectire und begann im Herbst das Studium bei den Collegen von der anderen Fakultät.

Nun tun Sie mir einen Gefallen und seien Sie tiefblikkender als die gewöhnlichen Leute ... und finden Sie, was ich tue, so selbstverständlich wie ich selbst.

Es handelt sich für mich um Sein und Nichtsein der Religion. Religion heißt für mich «Mensch sein», schlicht Mensch sein im Sinne Jesu. Draußen in den Kolonien geht es trostlos zu. Wir – die christlichen Nationen – schicken den Abschaum unserer Gesellschaft hin; wir denken nur daran, wie wir aus den dortigen Menschen viel herausziehen ... kurz, was draußen vorgeht, ist ein Hohn auf Menschheit und Christentum. Soll die Schuld einigermaßen gesühnt werden, so müssen wir Menschen hinausschicken, die im Namen Jesu Gutes tun, nicht «bekehrende» Missionare, sondern Menschen, die das an den Armen tun, was man tun muß, wenn die Bergpredigt und die Worte Jesu zu Recht bestehen. Bringt das Christentum dies nicht fertig, so ist es gerichtet.

Nun sitzen wir hier, studieren Theologie, streiten uns nachher um die besten Pfarrstellen, schreiben dicke gelehrte Bücher, um gar Professor der Theologie zu werden ... und was draußen vorgeht, dort, wo um die Ehre und den Namen Jesu gekämpft wird, liegt uns nicht an. Und ich sollte mein Leben (lang) nun weiter immer «kritische Entdeckungen» machen, um ein «berühmter» Theologe zu werden und immer wieder Pfarrer ausbilden, die hier sitzen bleiben, nicht das Recht haben, sie in dortige große Arbeit zu senden ...

Ich kann es nicht. Ich habe jahrelang überlegt, hin und her. Zuletzt wurde mir klar, daß dies mein Leben sei, nicht Wissenschaft, nicht Kunst, sondern einfach Mensch werden und im Geiste Jesu irgend etwas Kleines zu tun ... «Was ihr getan habt einem unter diesen Geringsten meiner Brüder, das habt ihr mir getan.» Die Luft strebt nach dem Orte der «Leere» hin; so müssen die Menschen, die die geistigen Gesetze kennen, dahin gehen, wo Menschen notwendig sind.

So bin ich stud. med. und jetzt cand. med. geworden in meinen Mußestunden. Die Leute, die mich anfangs für verrückt hielten, spötteln nicht mehr. Die drei Jahre, die hinter mir liegen, sind grausig. Aber innerlich bin ich ruhig und glücklich. Einfach Mensch sein! Sogar die schweren Stunden, als ich unter den Studentlein saß und Physicum baute, haben mich nicht angefochten. Und es wird mir nun so leicht, zu predigen! Ich predige wie ein Laie, furchtbar einfach. Die meisten Predigten entwerfe ich während der klinischen Stunden. Mein Leben ist schwer, aber schön. Halten Sie mich nicht für einen Schwärmer. Ich bin ein furchtbar nüchterner und kühler Mensch. Aber ich habe es mir in meiner Jugend in den Kopf gesetzt, zu ergründen, was es mit der Religion und dem Christentum sei und ob etwas in dem Worte «Jesu Jünger» liegt; das Endresultat mag sein, wie es will.

Was ich Ihnen schreibe, ist so verworren. Aber ich müßte Stunden mit Ihnen reden, um es Ihnen zu erklären. Sprechen Sie von meinen Plänen mit «Künstlern und Musikschriftstellern» nicht. Ich verhüte so viel wie möglich, daß etwas davon in die Öffentlichkeit dringt. Ihrem Bruder, dem Theologen, können Sie davon sagen. Ich muß abbrechen, da es mich etwas angreift, so viel und immer nur von mir zu erzählen. Denken Sie nach, und Sie finden es ganz selbstverständlich. Es kommt nur darauf an, daß man die elementaren Gedanken als Theologe zu denken wagt. Und ich bin eben nicht Theologe, sondern der Philosophie, dem «Denken» ergeben. Und das ist eine herrliche und zugleich furchtbare Krankheit, wie schon Socrates, der Mensch, den ich neben Jesus am höchsten stelle, andeutete...

Herzliche Grüße... Bin von Samstag abend ab in Straßburg. Muß jetzt noch an meiner Predigt für Sonntag morgen arbeiten. Aber ehe ich fortgehe, müssen wir uns einmal treffen.

Ihr sehr ergebener und dankbarer Albert Schweitzer

Im Oktober 1911[5] ging ich ins medizinische Staatsexamen. Das zu erlegende Examensgeld hatte ich mir im September auf dem französischen Musikfest zu München verdient, wo ich Widors kurz zuvor vollendete Symphonia Sacra für Orgel und Orchester unter seiner Leitung gespielt hatte. Als ich am 17. Dezember, nach der letzten Station bei dem Chirurgen Madelung, aus dem Spital in das Dunkel des Winterabends hinausschritt, konnte ich es nicht fassen, daß die furchtbare Anstrengung des Medizinstudiums nun hinter mir lag. Immer wieder vergewisserte ich mich, daß ich nicht träumte, sondern wach war. Wie aus weiter Ferne hörte ich Madelung, der neben mir ging, einmal über das andere sagen: «Nur weil Sie so eine gute Gesundheit haben, haben Sie so etwas fertigbringen können.» . . .

Während ich mit der Doktorarbeit[6] beschäftigt war, betrieb ich schon die Vorbereitungen zur Ausreise nach Afrika. Im Frühjahr 1912 gab ich meine Lehrtätigkeit an der Universität und mein Amt an St. Nicolai auf. Meine im Wintersemester 1911 auf 1912 gehaltenen Vorlesungen behandelten die Auseinandersetzung der religiösen Weltanschauung mit den Ergebnissen der geschichtlichen Erforschung der Religionen und den Tatsachen der Naturwissenschaften.

Die letzte Predigt vor meiner Gemeinde zu St. Nicolai hielt ich über Pauli Segensspruch im Briefe an die Philipper «Der Friede Gottes, welcher höher ist denn alle Vernunft, bewahre eure Herzen und Sinne in Christo Jesu», mit dem ich all die Jahre hindurch meine Gottesdienste beschlossen hatte.

Nicht mehr zu predigen und nicht mehr Vorlesungen zu halten bedeutete einen schweren Verzicht für mich. Bis zu meiner Abreise nach Afrika vermied ich es dann nach Möglichkeit, an St. Nicolai oder an der Universität vorbeizugehen, weil der Anblick dieser Stätten eines nie wiederkehrenden Wirkens mir zu schmerzlich war. Noch heute kann ich den Blick nicht auf die Fenster des zweiten Hörsaals ostwärts vom Eingang des großen Universitätsgebäudes gerichtet halten, in dem ich gewöhnlich zu lesen pflegte.

Zuletzt verließ ich auch die Wohnung am Thomasstaden, um mit meiner Frau – ich hatte mich am 18. Juni 1912 mit Helene Breßlau, der Tochter des Straßburger Historikers, verheiratet – die letzten Monate, soweit ich nicht auf Reisen sein mußte, im väterlichen Pfarrhaus zu Günsbach zu verleben. Meine Frau, die mir schon vor unserer Verheiratung eine wertvolle Mitarbeiterin bei der Fertigstellung der Manuskripte und der Erledigung der Druckkorrekturen gewesen war, war mir eine große Hilfe bei allen noch vor der Abreise nach Afrika zu erledigenden literarischen Arbeiten.

Das Frühjahr 1912 hatte ich in Paris verbracht, um Tropenmedizin zu studieren und mit den Einkäufen für Afrika zu beginnen. Hatte ich zu Beginn meines medizinischen Studiums wissenschaftlich mit der Materie Bekanntschaft gemacht, so mußte ich mich nun praktisch mit ihr befassen. Auch dies war ein Erlebnis für mich. Bisher war ich ausschließlich mit geistiger Arbeit beschäftigt gewesen. Jetzt hieß es, nach Katalogen Bestellungen ausarbeiten, tagelang Besorgungen machen, in den Geschäften herumstehen und Waren aussuchen, Lieferungen und Rechnungen prüfen, Kisten packen, genaue Listen für die Verzollung aufstellen und dergleichen mehr. Was hatte ich an Zeit und Mühe aufzuwenden, bis ich die Instrumente, die Medikamente, die Verbandstoffe und alles, was zur Ausstattung eines Spitals gehörte, zusammen hatte, von den mit meiner Frau zusammen erledigten Beschaffungen für den Haushalt im Urwald nicht zu reden! Anfangs empfand ich die Beschäftigung mit diesen Dingen als etwas Lästiges. Nach und nach aber kam ich dahinter, daß auch die praktische Auseinandersetzung mit der Materie wert ist, mit Hingebung betrieben zu werden. Heute bin ich so weit, daß mir das schöne Ausarbeiten einer Bestellung künstlerische Genugtuung bereitet...

Um die für mein Unternehmen notwendigen Mittel zusammenzubringen, unternahm ich Bittgänge im Kreise meiner Bekannten. In vollem Maße empfand ich die Schwierigkeit, sie für ein Werk zu gewinnen, das seine Berechtigung noch nicht durch Leistungen erwiesen hatte, sondern nur erst als Absicht bestand. Die meisten meiner Freunde und Bekannten halfen mir über diese Verlegenheit hinweg, indem sie mir sagten, daß sie für einen solchen abenteuerlichen Plan etwas spenden wollten, weil er von mir ausginge. Freilich habe ich auch erlebt, daß die Tonart, in der ich empfangen wurde, eine merklich andere wurde, als es sich herausstellte, daß ich nicht als Besuch, sondern als Bittsteller gekommen war. Aber die Liebe, die ich auf diesen Gängen erfuhr, wog die Demütigungen, die ich hinnehmen mußte, hundertfach auf. Daß die deutsche Professorenschaft der Universität Straßburg für das auf französischem Kolonialgebiet zu gründende Werk so reichlich gab, bewegte mich tief. Einen bedeutenden Teil der Mittel empfing ich von Angehörigen der Gemeinde zu St. Nicolai ...

Als ich gewiß war, die nötigen Mittel zur Gründung eines kleinen Spitals zusammenbringen zu können, machte ich der Pariser Missionsgesellschaft das definitive Angebot, auf meine eigenen Kosten ihr Missionsgebiet am Ogowefluß von der zentral gelegenen Station Lambarene aus als Missionsarzt zu bedienen.

Die Missionsstation Lambarene ist von dem amerikanischen Missionar und Arzt Dr. Nassau im Jahre 1876 gegründet, wie überhaupt die evangelische Mission im Ogowegebiet von den 1874 ins Land gekommenen amerikanischen Missionaren in Angriff genommen wurde. Als dann Gabun französischer Besitz wurde, löste, von 1882 an, die Pariser Missionsgesellschaft die amerikanische ab, da die Amerikaner nicht imstande waren, den Schulunterricht, der Forderung der französischen Regierung entsprechend, in französischer Sprache zu erteilen.

Missionsdirektor Jean Bianquis, der Nachfolger Boegners, dessen phrasenlose Frömmigkeit und kluge Leitung der Geschäfte der Pariser Mission viele Freunde gewann, setzte sich mit seiner ganzen Autorität dafür ein, daß man sich diese Gelegenheit, kostenlos den so heiß ersehnten Missionsarzt für Gabun zu erhalten, nicht entgehen lasse. Aber die Strenggläubigen leisteten Widerstand. Man beschloß, mich vor das Komitee zu laden und ein Glaubensexamen mit mir anzustellen. Darauf ging ich nicht ein, mit der Begründung, daß Jesus bei der Berufung seiner Jünger von ihnen nichts anderes verlangt habe, als daß sie ihm nachfolgen wollten... Hingegen erbot ich mich, jedem Mitglied einen persönlichen Besuch zu machen, damit es sich auf Grund der mit mir geführten Unterhaltung darüber klarwerden könne, ob ich wirklich eine so große Gefahr für die Seelen der Neger und die Reputation der Missionsgesellschaft bedeutete. Dieser Vorschlag wurde angenommen und kostete mich einige Nachmittage. Einige wenige empfingen mich kalt. Die meisten versicherten mir, daß mein theologischer Standpunkt ihnen besonders deswegen Bedenken mache, weil ich in Versuchung kommen könne, drüben mit meiner Wissenschaft die Missionare zu verwirren und mich auch als Prediger betätigen zu wollen. Als ich ihnen versicherte, daß ich nur Arzt sein wolle und mir im übrigen vornähme, «d'être muet comme une carpe» (stumm wie ein Karpfen zu sein), waren sie beruhigt. Mit einer Reihe von Mitgliedern des Komitees kam ich durch diese Besuche sogar in ein wirklich herzliches Verhältnis.

Also wurde unter der Voraussetzung, daß ich alles unterließe, was den Missionaren und schwarzen Christen in ihrem Glauben Anstoß geben könnte, mein Anerbieten angenommen, weswegen allerdings ein Mitglied des Komitees seinen Austritt erklärte.

Nun galt es noch, im Kolonialministerium zu erreichen, daß mir die ärztliche Tätigkeit in Gabun gestattet wurde, obwohl ich nur das deutsche Doktordiplom besaß. Durch Hilfe einflußreicher Bekannter wurde auch diese letzte Schwierigkeit hinweggeräumt. Endlich war die Bahn frei! Im Februar 1913 wurden die siebzig Kisten zugeschraubt und als Fracht nach Bordeaux vorausgesandt. Als wir dann unser Handgepäck zurechtmachten, hielt sich meine Frau darüber auf, daß ich darauf bestand, 2 000 Mark in Gold statt in Scheinen mitzunehmen. Ich antwortete ihr, daß wir mit der Möglichkeit des Krieges rechnen müßten, wo dann irgendwo in der Welt draußen das Gold allenthalben seinen Wert behielte, während das Schicksal des Papiergeldes ungewiß sei und Banknoten gesperrt werden könnten.

Mit der Kriegsgefahr rechnete ich, obwohl mir feststand, daß weder das französische noch das deutsche Volk den Krieg wollten, und obwohl die Parlamentarier beider Länder Gelegenheit suchten, sich kennenzulernen und sich gegenseitig auszusprechen. Als einer, der seit Jahren für die Verständigung zwischen Deutschland und Frankreich arbeitete, wußte ich, wieviel gerade damals für die Erhaltung des Friedens im Werke war, und behielt einige Hoffnung, daß es gelingen könne. Andererseits aber gab ich mich keiner Täuschung darüber hin, daß das Schicksal Europas nicht mehr von dem Verhältnis Deutschland–Frankreich allein abhing.

*Eine Woche vor der Abreise nach Lambarene beendet Schweitzer die erweiterte Neufassung des Buches «Von Reimarus zu Wrede» unter dem veränderten Titel «Geschichte der Leben-Jesu-Forschung». Die folgenden Passagen entstammen der «Schlußbetrachtung»:*

Es ist der Leben-Jesu-Forschung merkwürdig ergangen. Sie zog aus, um den historischen Jesus zu finden, und meinte, sie könnte ihn dann, wie er ist, als Lehrer und Heiland in unsere Zeit hineinstellen. Sie löste die Bande, mit denen er seit Jahrhunderten an den Felsen der Kirchenlehre gefesselt war, und freute sich, als wieder Leben und Bewegung in die Gestalt kam und sie den historischen Menschen Jesus auf sich zukommen sah. Aber er blieb nicht stehen, sondern ging an unserer Zeit vorüber und kehrte in die seinige zurück. Das eben befremdete und erschreckte die Theologie der letzten Jahrzehnte, daß sie ihn mit allem Deuten und aller Gewalttat in unserer Zeit nicht festhalten konnte, sondern ihn ziehen lassen mußte. Er kehrte in die seine zurück mit derselben Notwendigkeit, mit der das befreite Pendel sich in seine ursprüngliche Lage zurückbewegt ...

Man kann es nicht hoch genug anschlagen, was die Leben-Jesu-Forschung geleistet hat. Sie bedeutet eine einzigartig große Wahrhaftigkeitstat, eines der bedeutendsten Ereignisse in dem gesamten Geistesleben der Menschheit. Was die modern-liberale und die popularisierende Forschung trotz aller ihrer Fehler für die jetzige und die kommende Religiosität getan haben, ermißt man erst, wenn man in die romanische Kultur und Literatur hineinschaut, die von dem Wirken dieser Geister kaum oder gar nicht berührt sind.

Und doch muß das Irrewerden kommen. Wir modernen Theologen sind zu stolz auf unsere Geschicklichkeit, zu stolz auf unseren geschichtlichen Jesus, zu zuversichtlich in unserem Glauben an das, was unsere Geschichtstheologie der Welt geistig bringen kann. Der Gedanke, daß wir mit geschichtlicher Erkenntnis ein neues lebenskräftiges Christentum aufbauen und geistige Kräfte in der Welt entbinden können, beherrscht uns wie eine fixe Idee und läßt uns nicht einsehen, daß wir damit nur eine der großen religiösen Aufgabe vorgelagerte Kulturaufgabe in Angriff genommen haben und sie, so gut es geht, lösen wollen. Wir meinten, wir müßten unsere Zeit den Umweg über den historischen Jesus, wie wir ihn verstanden, machen lassen, damit sie zum Jesus käme, der in der Gegenwart geistige Kraft ist. Der Umweg ist nun durch die wahre Geschichte versperrt ...

Was ist uns der geschichtliche Jesus, wenn wir ihn von aller falschen Zurechtlegung der Vergangenheit für die Gegenwart frei halten? Wir haben das unmittelbare Empfinden, daß seine Persönlichkeit, trotz alles Fremdartigen und Rätselhaften, allen Zeiten, solange die Welt steht, mögen sich die Anschauungen und Erkenntnisse noch so sehr wandeln, etwas Großes zu sagen hat und darum eine weitgehende Bereicherung auch unserer Religion bedeutet. Dieses elementare Gefühl gilt es auf einen klaren Ausdruck zu bringen, damit es sich nicht in dogmatische Behauptungen und Phrasen versteige und die historische

Forschung nicht immer aufs neue zu dem aussichtslosen Versuch verleite, Jesum zu modernisieren und das zeitlich Bedingte in seiner Verkündigung abzuschwächen und umzudeuten, als ob er uns dadurch mehr würde ...

Die Tat Jesu besteht darin, daß seine natürliche und tiefe Sittlichkeit von der spätjüdischen Eschatologie Besitz ergreift und so dem Hoffen und Wollen einer ethischen Weltvollendung in dem Vorstellungsmaterial jener Zeit Ausdruck gibt. Alle Versuche, von der Gesamtheit dieser Weltanschauung abzusehen und die Bedeutung Jesu für uns in seiner Offenbarung des «Vatergottes», der Gotteskindschaft der Menschen und dergleichen bestehen zu lassen, mußten daher notwendig zu einer engen und eigentümlich matten Auffassung seiner Religion führen. In Wirklichkeit vermag er für uns nicht eine Autorität der Erkenntnis, sondern nur eine des Willens zu sein. Seine Bestimmung kann nur darin liegen, daß er als ein gewaltiger Geist Motive des Wollens und Hoffens, die wir und unsere Umgebung in uns tragen und bewegen, auf eine Höhe und zu einer Klärung bringt, die sie, wenn wir auf uns allein angewiesen wären und nicht unter dem Eindruck seiner Persönlichkeit ständen, nicht erzielen würden, und daß er so unsere Weltanschauung, trotz aller Verschiedenheit des Vorstellungsmaterials, dem Wesen nach der seinen gleichgestaltet und die Energien wachruft, die in der seinigen wirksam sind ...

In einer Religion ist so viel Verstehen des historischen Jesus, als sie starken und leidenschaftlichen Glauben an das Reich Gottes besitzt. Die Beziehungen, die sie darüber hinaus zwischen ihm und sich herstellen möchte, sind unwirklich und existieren nur in Worten und Formeln. Wir besitzen nur so viel von ihm, als wir ihn uns das Reich Gottes predigen lassen. Die Unterschiede der Metaphysik und des Vorstellungsmaterials können dabei ganz zurücktreten. Nur darauf kommt es an, daß die Bedeutung des Gedankens des Reiches Gottes für die Weltanschauung bei uns dieselbe ist wie für ihn und wir die Wucht und das

Zwingende desselben in der gleichen Stärke erleben wie er. Es handelt sich um ein Verstehen von Wille zu Wille, bei dem das Wesentliche der Weltanschauung unmittelbar gegeben ist ...

Daß er eine übernatürlich sich realisierende Endvollendung erwartet, während wir sie nur als Resultat der sittlichen Arbeit begreifen können, ist mit dem Wandel in dem Vorstellungsmaterial gegeben. Man versuche nicht, durch Künste der Auslegung unseren «Entwicklungsgedanken» in Jesu Worten angedeutet zu finden. Nur darauf kommt es an, daß wir den Gedanken des durch sittliche Arbeit zu schaffenden Reiches mit derselben Vehemenz denken, mit der er den von göttlicher Intervention zu erwartenden in sich bewegte, und miteinander wissen, daß wir imstande sein müssen, alles dafür dahinzugeben ...

Unser Verhältnis zum historischen Jesus muß zugleich ein wahrhaftiges und ein freies sein. Wir geben der Geschichte ihr Recht und machen uns von seinem Vorstellungsmaterial frei. Aber unter den dahinter stehenden gewaltigen Willen beugen wir uns und suchen ihm in unserer Zeit zu dienen, daß er in dem unsrigen zu neuem Leben und Wirken geboren werde und an unserer und der Welt Vollendung arbeite. Darin finden wir das Eins-Sein mit dem unendlichen sittlichen Weltwillen und werden Kinder des Reiches Gottes ...

Diese Auffassung der Religion und der Person Jesu wird gewöhnlich als einseitig moralistisch und rationalistisch abgetan. Darauf ist zu erwidern, daß sie, wenn sie wirklich lebendig und groß ist, die ganze Religion in sich begreift. Denn alles, was man Wirkliches über Erlösung aussagen kann, geht zuletzt darauf zurück, daß wir in der Willensgemeinschaft mit Jesus von der Welt und uns selbst frei werden und Kraft und Frieden und Mut zum Leben finden. Jesus selber ist, man vergesse es nicht, seinem Wesen nach ein Moralist und Rationalist, der in der spätjüdischen Metaphysik lebte.

Im letzten Grunde ist unser Verhältnis zu Jesus mystischer Art. Keine Persönlichkeit der Vergangenheit kann durch geschichtliche Betrachtung oder durch Erwägungen über ihre autoritative Bedeutung lebendig in die Gegenwart hineingestellt werden. Eine Beziehung zu ihr gewinnen wir erst, wenn wir in der Erkenntnis eines gemeinsamen Wollens mit ihr zusammengeführt werden, eine Klärung, Bereicherung und Belebung unseres Willens in dem ihrigen erfahren und uns selbst in ihr wiederfinden. In diesem Sinne ist überhaupt jedes tiefere Verhältnis zwischen Menschen mystischer Art. Unsere Religion, insoweit sie sich als spezifisch christlich erweist, ist also nicht so sehr Jesuskult als Jesusmystik.

Nur so schafft Jesus auch Gemeinschaft unter uns. Er tut es nicht als Symbol oder irgend etwas derartiges. Sofern wir untereinander und mit ihm eines Willens sind, das Reich Gottes über alles zu stellen, um diesem Glauben und Hoffen zu dienen, ist Gemeinschaft zwischen ihm und uns und den Menschen aller Geschlechter, die in demselben Gedanken lebten und leben ...

Die Namen, mit denen man Jesum im spätjüdischen Vorstellungsmaterial als Messias, Menschensohn und Gottessohn bezeichnete, sind für uns zu historischen Gleichnissen geworden. Wenn er selbst diese Titel auf sich bezog, so war dies ein zeitlich bedingter Ausdruck dafür, daß er sich als einen Gebieter und Herrscher erfaßte. Wir finden keine Bezeichnung, die sein Wesen für uns ausdrückte.

Als ein Unbekannter und Namenloser kommt er zu uns, wie er am Gestade des Sees an jene Männer, die nicht wußten, wer er war, herantrat. Er sagt dasselbe Wort: Du aber folge mir nach! und stellt uns vor die Aufgaben, die er in unserer Zeit lösen muß. Er gebietet. Und denjenigen, welche ihm gehorchen, Weisen und Unweisen, wird er sich offenbaren in dem, was sie in seiner Gemeinschaft an Frieden, Wirken, Kämpfen und Leiden erleben dürfen, und als ein unaussprechliches Geheimnis werden sie erfahren, wer er ist ...

# DAS SPITAL IM URWALD
## 1913-1917

### Der weiße Fetischmann

Wasser und Urwald...! Wer vermöchte diese Eindrücke wiederzugeben. Es ist uns, als ob wir träumten. Vorsintflutliche Landschaften, die wir als Phantasiezeichnungen irgendwo gesehen, werden lebendig. Man kann nicht unterscheiden, wo der Strom aufhört und das Land anfängt. Ein gewaltiges Filzwerk von Wurzeln, von blühenden Lianen überkleidet, baut sich in den Fluß hinein. Palmstauden, Palmbäume, dazwischen Laubhölzer mit grünendem Gezweig und mächtigen Blättern, vereinzelte hochragende fichtenartige Bäume dazwischen, weite Felder übermannshoher Papyrusstauden mit großen fächerartigen Blättern, in dem üppigen Grün erstorbene Bäume vermodert zum Himmel emporragend... Aus jeder Lichtung blitzen Wasserspiegel entgegen; an jeder Biegung tun sich neue Flußarme auf. Ein Reiher fliegt schwerfällig auf und läßt sich auf einem erstorbenen Baume nieder; weiße und blaue Vögelchen schweben über dem Wasser; in der Höhe kreist ein Fischadlerpaar. Da, ein Irrtum ist unmöglich! vom Palmbaum hängt's herunter und bewegt sich: zwei Affenschwänze! Nun werden auch die dazugehörigen Besitzer sichtbar. Jetzt ist's wirklich Afrika.

So geht es fort Stunde um Stunde. Jede Ecke, jede Biegung gleicht der anderen. Immer nur derselbe Wald, dasselbe gelbe Wasser. Die Monotonie steigert die Gewalt dieser Natur ins Ungemessene. Man schließt die Augen eine Stunde, und wenn man sie öffnet, erblickt man wieder genau, was vorher schon da war. Der Ogowe ist kein Fluß, sondern ein System von Strömen. Drei oder vier Arme, jeder so gewaltig wie der Rhein, schlingen sich durcheinander. Dazwischen fügen sich große und kleine Seen ein. Wie der schwarze Steuermann sich in diesem Wirrsal von Wasserläufen zurechtfindet, ist mir ein Rätsel. Die Speichen des großen Rades in den Händen, lenkt er das Schiff ohne Karte aus dem großen Strom in den engen Kanal, aus diesem in den See, von hier zurück in einen großen Lauf... und so fort. Er fährt die Strecke seit sechzehn Jahren und findet sich selbst bei Mondschein zurecht...

Lambarene liegt etwas südlich vom Äquator und hat die Jahreszeiten der südlichen Halbkugel. Es ist also dort Winter, wenn in Europa Sommer ist, und Sommer, wenn in Europa Winter ist. Der dortige Winter ist durch die trokkene Jahreszeit, die von Ende Mai bis Anfang Oktober dauert, gekennzeichnet. Der dortige Sommer ist die Regenzeit, die von Anfang Oktober bis Mitte Dezember und von Mitte Januar bis Ende Mai geht. Um Weihnachten herum setzt eine etwa drei bis vier Wochen andauernde trockene Jahreszeit ein, in der die Hitze ihren Höhepunkt erreicht.

Die Durchschnittstemperatur im Schatten in der Regenzeit ist etwa 28–35 Grad Celsius, in der winterlichen trokkenen Jahreszeit 25–30 Grad. Die Nächte sind fast ebenso heiß wie die Tage. Dieser Umstand und die sehr große Feuchtigkeit der Luft sind schuld daran, daß der Europäer das Klima der Ogowéniederung so schwer erträgt. Nach einem Jahr bereits beginnen sich Ermüdung und Anämie bei ihm bemerkbar zu machen. Nach zwei bis drei Jahren ist er zu richtiger Arbeit untauglich und tut am besten daran, auf mindestens acht Monate zur Erholung nach Europa zurückzukehren...

In Lambarene bereiteten uns die Missionare [am 16. April 1913] einen sehr herzlichen Empfang. Leider war es ihnen nicht möglich gewesen, die kleine Wellblechbaracke, in der ich meine ärztliche Tätigkeit beginnen sollte, zu erstellen. Sie hatten die nötigen Arbeiter nicht zusammengebracht. Der damals im Ogowegebiet eben aufblühende Handel mit Okoumeholz bot den Eingeborenen, die einigermaßen anstellig waren, eine besser bezahlte Beschäftigung, als sie auf der Missionsstation zu finden war. So mußte ich als Konsultationsraum vorerst einen alten Hühnerstall neben unserem Wohnhaus benützen. Im Spätherbst konnte ich dann die acht Meter lange und vier Meter breite, mit einem Blätterdach gedeckte Wellblechbaracke unten am Fluß beziehen, die einen kleinen Konsultationsraum, einen ebensolchen Operationssaal und eine noch kleinere Apotheke enthielt. Um diesen Bau herum entstanden dann nach und nach eine Reihe von großen Bambushütten zur Unterbringung der eingeborenen Kranken. Die Weißen fanden bei den Missionaren und im Doktorhäuschen Aufnahme ...

Von der Station aus war schon vor unserer Ankunft bekanntgegeben worden, daß man den Doktor erst drei Wochen nach seiner Ankunft besuchen dürfe, damit er Zeit hätte, sich einzurichten. Natürlich wurde das Gebot nicht genau beachtet. Auch die Wachsamkeit von Herrn [Missionar] Ellenberger, der soundso viele Patienten am Landungsplatze abfing und wieder nach Hause komplimentierte, half nicht viel. Jeden Tag gelang es einer Reihe von ihnen, sich heraufzuschleichen und meine Hilfe in Anspruch zu nehmen.

Das Praktizieren war schwer, da ich immer auf einen zufällig des Wegs kommenden Dolmetscher angewiesen war und überdies nur die wenigen Medikamente besaß, die ich in meinem Reisegepäck mitgeführt hatte. An Instrumenten stand mir nur ein kleines Necessaire zur Verfügung, das mir seinerzeit von Freunden in Straßburg geschenkt worden war und mir lieb und teuer ist, weil es eine der ersten Gaben ist, die ich empfing.

Unsere Fracht ließ lange auf sich warten. Endlich, in der Nacht vom sechsundzwanzigsten auf den siebenundzwanzigsten April, hörte man das Tuten des Flußbootes. Unser Gepäck wurde auf dem Boden der katholischen Mission, die am Hauptstrome liegt, abgeladen, da der Kapitän des Dampfers, aus Angst vor unterirdisch treibenden Baumstämmen, sich weigerte, den Nebenarm zu befahren und bei uns anzulegen. Also mußten wir die siebenzig Kisten eine Stunde weit her in Einbäumen abholen. Zum Glück kamen uns Herr Champel und Herr Pelot mit Mannschaften aus N'gomo zu Hilfe. Eine Faktorei lieh uns freundlich eines ihrer großen Kanus zum Transport der schwersten Kisten und des Klaviers. Die Tragfähigkeit dieses aus einem Baumstamm gehauenen Bootes wird auf dreitausend Kilo angegeben. Es hätte also bequem mehrere Klaviere laden können ...

Zu derselben Zeit fand ich auch einen Dolmetscher und Gehilfen. Unter meinen Patienten war mir ein sehr intelligent aussehender und das Französische ausgezeichnet beherrschender Eingeborener aufgefallen. Er erzählte mir, daß er Koch sei, das Handwerk aber aufgeben müsse, weil es sich mit seiner Gesundheit nicht vertrüge. Ich bat ihn, aushilfsweise bei mir einzutreten, da wir keinen Koch finden konnten, und mir nebenbei als Dolmetscher und Heilgehilfe zu dienen. Er heißt Joseph und ist sehr anstellig. Daß er sich in der Anatomie aus alter Gewohnheit an die Küchensprache hält, ist nicht weiter verwunderlich. «Dieser Mann hat Weh im rechten Gigot.» – «Diese Frau hat Schmerzen in den oberen linken Koteletten und im Filet.» ...

Er erteilte mir sehr wertvolle Ratschläge für den Umgang mit den Eingeborenen. Auf einen, der ihm als der wichtigste erschien, konnte ich allerdings nicht eingehen. Er mutete mir nämlich zu, die Kranken, die voraussichtlich kaum zu retten waren, abzuweisen. Immer wieder hielt er mir das Beispiel der Fetischmänner vor, die sich mit solchen Fällen nicht abgaben, um den Ruf ihrer Heilkunst sowenig wie möglich in Gefahr zu bringen. In einem Punkte dieser Frage kam ich aber dazu, ihm recht zu geben. Bei den Primitiven darf man es nämlich nie unternehmen, dem Kranken und den Seinen noch Hoffnung machen zu wollen, wenn eigentlich keine mehr vorhanden ist. Tritt der Tod ein, ohne gebührend vorausgesagt worden zu sein, so wird daraus geschlossen, daß der Arzt nicht wußte, daß die Krankheit diesen Ausgang nehmen werde, und sie also nicht richtig erkannt habe. Den eingeborenen Kranken muß man schonungslos die Wahrheit sagen. Sie wollen sie erfahren und können sie ertragen. Der Tod ist ihnen etwas Natürliches. Sie fürchten ihn nicht, sondern sehen ihm ruhig entgegen. Kommt dann der Kranke wider Erwarten mit dem Leben davon, so steht es um den Ruf des Arztes nur um so besser. Er gilt dann als einer, der sogar zum Tode führende Krankheiten heilen kann.

Wacker half meine Frau, die als Krankenpflegerin ausgebildet war, im Spitale mit. Sie sah nach den Schwerkranken, verwaltete die Wäsche und die Verbandstoffe, betätigte sich in der Apotheke, hielt die Instrumente in Ordnung und bereitete alles für die Operationen vor, bei denen sie die Narkosen übernahm, während Joseph als Assistent fungierte. Daß sie es fertigbrachte, den komplizierten afrikanischen Haushalt zu führen und daneben täglich noch einige Stunden für das Spital zu erübrigen, war wirklich eine Leistung ...

Glücklicherweise verlor ich keinen meiner ersten Operierten. Nach einigen Monaten hatte das Spital täglich etwa vierzig Kranke zu beherbergen. Aber nicht nur für diese, sondern auch für die Begleiter, die sie von ferne her im Kanu gebracht hatten und bei ihnen blieben, um sie wieder nach Hause zu rudern, mußte ich Unterkunft haben.

An der Arbeit, so groß sie auch war, trug ich nicht so schwer als an der Sorge und Verantwortung, die sie mit sich brachte. Ich gehöre leider zu den Ärzten, die das zu dem Berufe erforderliche robuste Temperament nicht besitzen und sich in ständiger Sorge um das Ergehen ihrer Schwerkranken und Operierten verzehren. Vergebens habe ich mich zu dem Gleichmute zu erziehen versucht, der dem Arzte bei aller Teilnahme mit den Leiden seiner Kranken das erforderliche Haushalten mit seinen seelischen Kräften ermöglicht.

Soweit es sich durchführen ließ, verlangte ich von den schwarzen Patienten, daß sie ihre Dankbarkeit für die empfangene Hilfe durch die Tat bekundeten. Immer wieder gab ich ihnen zu bedenken, daß sie die Wohltat eines Spitals genössen, weil so viele Menschen in Europa Opfer dafür gebracht hätten, und daß sie nun ihrerseits nach Kräften mithelfen müßten, es zu erhalten. So brachte ich es nach und nach dazu, daß ich für die Medikamente Geschenke in Geld, Bananen, Hühnern und Eiern erhielt...

Auch dachte ich, daß die Eingeborenen den Wert des Spitals besser schätzen würden, wenn sie selber nach Kräften zu seinem Unterhalte beitragen müßten, als wenn sie einfach alles umsonst geboten bekämen. In dieser Meinung von der erzieherischen Bedeutung des verlangten Geschenkes bin ich dann durch die Erfahrung nur bestärkt worden. Natürlich wurde von den ganz Armen und den Alten – alt ist bei den Primitiven gleichbedeutend mit arm – keine Gabe verlangt...

Mein Name bei den Eingeborenen in der Galoasprache ist «Oganga», das heißt Fetischmann. Sie haben keine andere Bezeichnung für Arzt, weil die schwarzen Heilkünstler alle zugleich Fetischmänner sind. Meine Patienten nehmen als logisch an, daß der, der Krankheiten heilt, auch Macht besitze, sie hervorzurufen, und zwar auf Entfernung. Der Gedanke, für ein gutes und zugleich so gefährliches Wesen zu gelten, ist mir merkwürdig...

Nach der Meinung meiner Patienten rühren alle Krankheiten, soweit sie nicht durch die bösen Geister verursacht sind, vom «Wurm» her. Werden sie aufgefordert, über ihren Zustand zu berichten, so erzählen sie die Geschichte des Wurmes, wie er zuerst in den Beinen war, dann in den Kopf kam, von hier nach dem Herzen wanderte, aus diesem in die Lunge ging und sich zuletzt im Bauch festsetzte. Alle Medikamente sollen gegen ihn gerichtet sein. Habe ich mit Opiumtinktur das Grimmen gestillt, so kommt der Patient andern Tages freudestrahlend und verkündet, der Wurm wäre aus dem Leibe vertrieben, aber er säße jetzt im Kopf und fräße am Hirn und ich sollte jetzt noch das Mittel gegen den Wurm im Kopfe geben.

Sehr viel Zeit verliere ich, ihnen begreiflich zu machen, wie sie das Medikament nehmen sollen. Immer und immer wiederholt es ihnen der Dolmetscher; sie müssen es aufsagen; es wird auf die Flasche oder Schachtel geschrieben, damit es ihnen ein des Lesens Kundiger in ihrem Dorfe wiederholen kann: aber zuletzt bin ich doch nicht sicher, ob sie nicht die ganze Flasche in einem Male austrinken, oder nicht die Salbe essen und das Pulver in die Haut einreiben...

Am stärksten vertreten sind die Hautgeschwüre verschiedenster Art. Es handelt sich um Zerstörungen, wie man sie in Europa überhaupt nicht mehr zu sehen bekommt, wenn sie auch zum Teil auf Krankheiten zurückgehen, die von den Weißen nach Afrika eingeschleppt wurden. Manche der schlimmsten Geschwüre gehen von Schädigungen aus, die der Sandfloh verursacht hat. Das Weibchen desselben gräbt sich in die Haut der Füße oder Hände ein und legt dort seine Eier; darauf entsteht eine Art von Aushöhlung, die später aufbricht, durch Schmutz verunreinigt wird und zu eitern beginnt. Da sich an einem einzigen Fuß oft über 40 Sandflöhe eingenistet haben, so ist das Geschwür schon von Anfang an sehr umfassend. Als ich in Lambarene ankam, fand ich ein halbes Dutzend Schulknaben, welche an Gangräne der Zehen litten, die auf die Zerstörungen des Sandflohes zurückgingen. Auch Leprageschwüre sind zahlreich vertreten...

An Krankheiten kommt vor allem die Malaria mit ihren Folgeerscheinungen – Leber- und Milzvergrößerung und rheumatische Schmerzen – in Betracht. Es gibt Patienten, die nach einigen Gramm Chinin so zum Besseren verändert zurückkommen, daß sie fast nicht zu erkennen sind. Bei den Kindern kann ich fast ausnahmslos vergrößerte Leber und Milz feststellen.

Die Schlafkrankheit scheint nach dem, was man mir erzählt, starke Fortschritte zu machen. Ich habe schon eine Reihe von Fällen gesehen. Es handelte sich hauptsächlich um Arbeiter, die an den Seen des Ogowe Holz gefällt hatten. Das Verhängnisvolle ist, daß diese nun, wenn man nicht die gehörigen Maßregeln ergreift, die Infektion in die Dörfer tragen.

Von den Schmerzen, die die Schlafkrankheit in dem ersten und zweiten Stadium zu verursachen vermag, kann man sich keinen Begriff machen. «Seit Monaten», klagte mir ein stämmiger Mann, «weine ich jede Nacht.» Manche Schlafkranke geraten in eine Art von Raserei, so daß sie von ihren Angehörigen gefesselt werden müssen. Mit salicylsaurem Natron, Bromsalzen und Schlafmitteln kann man diesen Ärmsten der Armen viele Linderung schaffen. Ich habe schon ergreifende Dankesworte zu hören bekommen.

Leprafälle bekomme ich jeden Tag zu sehen. Sie werden mit Waschungen und einer Lösung von indischem Chaulmoograöl behandelt. Eine wirkliche Heilung wird dadurch nicht erzielt. Jedoch ist die Besserung so stark und anhaltend, daß sie der Genesung fast gleichkommt. Die Eingeborenen haben eine solche Angst vor der Krankheit, daß sie um eines einzelnen roten Fleckes willen oft von ferne herbeifahren; allzuoft erweist sich ihre Furcht als begründet.

Unverhältnismäßig groß ist die Zahl der Herz- und Lungenkrankheiten. Ich fange an, es geradezu als eine Seltenheit zu begrüßen, wenn ich diese beiden Organe in leidlichem Zustand vorfinde. Die Lungen werden dadurch geschädigt, daß fast jeder Eingeborene in der trockenen Jahreszeit, in der die Nächte für hiesige Verhältnisse kalt sind, eine ziemlich schwere Bronchitis durchmacht. Auch Pneumonien sind ungemein häufig. Die meisten der Eingeborenen besitzen keine Decke und frieren empfindlich in ihren luftigen Hütten, obwohl die Nächte, nach europäischen Begriffen, noch heiß zu nennen sind.

Kompliziert sich Pneumonie mit seit langer Zeit bestehender Malaria, so ist der Ausgang fast immer tödlich. Ich bekam mehrere dieser Fälle zu sehen. Immer handelte es sich um Eingeborene, die an den Seen Holz gefällt hatten und seit Wochen an Fieber litten.

Neben der Malaria wirkt der Alkohol sehr ungünstig auf die Widerstandskraft der Ogoweleute ein. Wird dem Schnapshandel nicht bald Einhalt geboten, so ist das Schicksal der Bevölkerung entschieden.

Die Elephantiasis – die entstellende Anschwellungen, besonders der Füße, bewirkt – scheint mir noch verbreiteter zu sein als in den anderen Gegenden Afrikas. Jeden Tag bekomme ich mehrere Fälle dieser Krankheit zu sehen. Manchmal haben die Füße einen solchen Umfang gewonnen, daß der betreffende Eingeborene sie nicht mehr zu heben vermag und sich jammervoll am Stock dahinschleppt.

Bei dem Überblick über die hauptsächlich zur Behandlung kommenden Leiden sei die Krätze nicht vergessen. Sie schafft den Schwarzen sehr viel Not. Ich bekomme Patienten zu sehen, die seit Wochen nicht geschlafen haben, weil sie fortwährend vom Jucken gepeinigt werden. Manche haben sich den ganzen Körper wund gekratzt, so daß zur Krätze noch eiternde Geschwüre hinzutreten. Die Behandlung ist sehr einfach. Am Montag und Donnerstag werden die Betreffenden, nachdem sie im Fluß gebadet haben, so lang sie sind, mit Schwefelsalbe, die ich aus Palmöl und dem Öl der Sardinenbüchsen bereite, angepinselt und erhalten in einer Blechdose, in der die sterilisierte Milch ankam, noch eine Portion, um sich selber damit zweimal anzustreichen. Der Erfolg ist überraschend. Das Jucken läßt schon am zweiten Tag nach.

Die Eingeborenen sind sehr vertrauensvoll. Manchmal wird man durch ihren Glauben an die moderne Medizin ganz beschämt. Sehr viele von ihnen bezeugen auch wirkliche Dankbarkeit ...

Die Not ist groß. «Bei uns ist jedermann krank», sagte mir dieser Tage ein junger Mann. «Dies Land frißt seine Menschen», bemerkte ein alter Häuptling ... Er hätte dazusetzen können: «seitdem die Weißen zu uns kamen.» Denn die Seuchen, die diese eingeschleppt haben, und der Fusel, mit dem sie das Land vergiften, raffen das Volk dahin. Auch Lepra und Sandfloh sind erst eingeführt worden. Vor 1872 war der letztere in ganz Afrika unbekannt ...

Die Geisteskranken sind eine große Sorge für mich, da ich nicht weiß, wo ich sie unterbringen soll. Behalte ich sie auf der Station, so lärmen sie die Nacht hindurch, und ich muß immer wieder aufstehen, um sie durch Einspritzungen unter die Haut zu beruhigen. Ich denke an einige schlimme Nächte zurück, die mich auf längere Zeit hinaus ermüdeten. Während der trockenen Jahreszeit ist eine Lösung der Frage möglich. Ich lasse die Geisteskranken mit ihrer Begleitung auf einer etwa sechshundert Meter entfernten Sandbank kampieren. Aber es ist dann sehr zeitraubend und ermüdend, zweimal im Tage zu ihnen überzusetzen.

Das Los dieser Armen ist hier schrecklich. Die Eingeborenen wissen sich ihrer nicht zu erwehren. Ein Einsperren gibt es nicht, da sie aus einer Bambushütte allzeit ausbrechen können. Darum werden sie mit Bastseilen gefesselt, was die Erregung nur noch steigert. Der Endausgang ist wohl immer der, daß man sich ihrer auf die eine oder die andere Weise entledigt.

Herr [Missionar] Ottmann erzählte mir, daß er eines Sonntags von Samkita aus in einem benachbarten Dorfe großes Geschrei gehört habe. Er machte sich auf den Weg, um zu sehen, was dort vorgehe. Ein Eingeborener, dem er begegnete, sagte ihm, es geschehe nichts weiter, als daß einigen Kindern die Sandflöhe aus den Füßen herausgebohrt würden; er möge nur wieder ruhig nach Hause zurückkehren. Er tat es, erfuhr aber am andern Tage, daß man einen Geisteskranken an Händen und Füßen gefesselt ins Wasser geworfen habe.

Meine Begegnung mit einem dieser Unglücklichen geschah nachts. Man hatte mich gerufen und zu einem Palmbaum geführt, an den eine ältere Frau gefesselt war. Vor ihr um ein Feuer herum saß die ganze Familie. Dahinter stand die dunkle Wand des Urwalds. Es war eine wundervolle afrikanische Nacht. Flimmernder Sternenhimmel beleuchtete die Szene. Ich befahl, die Bande zu lösen, was die Umstehenden nur ängstlich und zögernd taten. Kaum war die Frau frei, so sprang sie auf mich los, um meine Laterne zu ergreifen und fortzuwerfen. Die Eingeborenen flohen unter Geschrei nach allen Seiten und wagten auch nicht näher zu treten, als die Frau, von mir an der Hand gehalten, sich auf mein Zureden ruhig zu Boden ließ, den Arm zur Einspritzung bot und mir nachher in eine Hütte folgte, wo sie nach einiger Zeit ruhig einschlief.

Es handelte sich um einen Fall periodisch wiederkehrender manischer Erregung. Nach vierzehn Tagen war sie für diesmal geheilt. Daraufhin verbreitete sich das Gerücht, der Doktor sei ein großer Zauberer und könne alle Geisteskrankheiten heilen.

Leider mußte ich kurz darauf erfahren, daß es hier manische Erregungen gibt, bei denen unsere Mittel fast nichts ausrichten. Auch hier wurde der Kranke, ein älterer Mann, gefesselt gebracht. Die Bande hatten ihm tief ins Fleisch geschnitten; Hände und Füße waren mit Blut und Geschwüren bedeckt. Ich war erstaunt, mit den stärksten Dosen Morphium, Skopolamin, Chloralhydrat und Bromkali so wenig zu erreichen. Schon am zweiten Tage sagte mir Joseph: «Doktor, glaub mir, der ist verrückt, weil er vergiftet worden ist. Mit dem ist nichts zu machen. Er wird immer schwächer und wilder werden und zuletzt sterben.» Er behielt recht. Nach vierzehn Tagen war der Mann tot. Von einem Pater der katholischen Mission erfuhr ich, daß er seinerzeit Frauen geraubt habe und deshalb mit Gift verfolgt worden sei.

Einen ähnlichen Fall konnte ich von seinem Beginn an verfolgen. An einem Sonntagabend brachte ein Boot eine Frau, die sich in Krämpfen wand. Zunächst glaubte ich, es liege einfach Hysterie vor. Schon am andern Tage aber trat manische Erregung zu den Krämpfen hinzu. In der Nacht fing die Frau an, zu toben und zu schreien. Auch hier richteten die Beruhigungsmittel fast nichts aus; die Kräfte schwanden rasch. Unter den Eingeborenen wird Vergiftung angenommen. Ob dies zutrifft, vermag ich nicht zu entscheiden.

Daß hier viel mit Gift gearbeitet wird, muß nach allem, was ich höre, wohl richtig sein. Weiter südlich ist das noch viel mehr der Fall. Die zwischen dem Ogowe und dem Kongo wohnenden Stämme sind dafür berüchtigt. Freilich werden auch viele plötzliche und unerklärliche Todesfälle von den Eingeborenen zu Unrecht als Vergiftungen angesehen werden.

Jedenfalls muß es hier Pflanzensäfte geben, die eine eigentümlich erregende Wirkung besitzen. Von glaubwürdiger Seite wurde mir versichert, daß Eingeborene nach Genuß gewisser Blätter und Wurzeln einen ganzen Tag lang angestrengt zu rudern vermöchten, ohne Hunger, Durst und Ermüdung zu spüren, und dabei eine sich immer steigernde Lustigkeit und Ausgelassenheit zeigten. Ich hoffe, mit der Zeit etwas Näheres über diese «Medikamente» zu erfahren, obwohl es nicht sehr leicht ist, da alles Geheimnis ist. Wer in den Verdacht kommt, etwas, und dies gar noch einem Weißen, verraten zu haben, darf mit Sicherheit erwarten, daß er dem Gift nicht entgeht...

Rheumatismus ist hier viel allgemeiner verbreitet als in Europa. Alle chronisch an Malaria Erkrankten haben zugleich das Gliederreißen. «Der Wurm beißt in allen Gelenken.» Chinin und salizylsaures Natron setzen seinem Wüten ein Ziel.

Auch schwere Ischias treffe ich nicht selten an. Ich fand

sie besonders bei Arbeitern, die sich aus trockenen, bergigen Gegenden an den Fluß verdungen hatten. Einer dieser Armen ist schon seit zwei Monaten bei mir.

Ganz überrascht war ich von der Häufigkeit der Gicht. Ich glaubte, sie hier nicht erwarten zu dürfen, da die Eingeborenen wirklich kein schlemmerhaftes Dasein führen und den Tafelfreuden nicht allzusehr huldigen können. Auch von einem Übermaß von Fleischnahrung kann bei ihnen nicht die Rede sein, da sie mit Ausnahme der Fischtage im Sommer fast nur von Bananen und Maniokwurzeln leben ...

Sehr viel haben die Eingeborenen unter schweren chronischen Durchfällen zu leiden. Ich bekam Patienten zu Gesicht, die seit Monaten in jeder Nacht an die zehn Mal hatten aufstehen müssen und furchtbar heruntergekommen waren. Bismut, Ipecacuanhapulver, Calomel und Opium tun hier sehr gute Dienste. Freilich wird die Heilung dadurch sehr erschwert, daß man dem Patienten keine Diät vorschreiben kann. Er muß eben Bananen weiter essen. An eine Behandlung mit Milch ist nicht zu denken, da das Liter auf mindestens anderthalb Mark zu stehen kommt.

Daß ich in diesem Lande chronische Nikotinvergiftungen zu behandeln haben würde, hätte ich nicht geglaubt. Zuerst wußte ich gar nicht, was ich von schweren Verstopfungen, die mit nervösen Störungen einhergingen und durch alle Abführmittel nur verschlimmert wurden, zu halten hätte. Bei einem schwer leidenden schwarzen Regierungsbeamten wurde mir durch genaues Beobachten und Erfragen klar, daß Tabakmißbrauch vorliegen müsse. Er genas rasch. Der Fall machte viel von sich reden, da der Patient seit Jahren leidend und fast arbeitsunfähig war. Nun fragte ich bei allen schweren Konstipationen alsbald: «Wieviel Pfeifen rauchst du im Tag?» und erkannte in wenigen Wochen, was Nikotin hier anrichtet.

Der Tabak kommt hier in Blättern an und vertritt gewissermaßen das Kleingeld. Für ein etwa fünf Pfennige wertes

Blatt kauft man z. B. zwei Ananas. Alle kleineren Dienste werden mit Tabakblättern belohnt. Es handelt sich um ein Kraut, das furchtbar gemein und furchtbar stark ist. Am meisten Nikotinvergiftungen finde ich bei den Weibern. Joseph erklärt mir, daß die Eingeborenen viel an Schlaflosigkeit leiden und dann die ganze Nacht hindurch rauchen, um sich zu betäuben. Bei den Bootsfahrten geht die Pfeife von Mund zu Munde. Wer gut fahren will, verspricht seiner Mannschaft zwei Blätter Tabak pro Kopf und ist sicher, dafür eine oder zwei Stunden früher anzukommen.

Hämorrhoiden sind hier viel zahlreicher als in Europa.

Auch die Zähne machen den Eingeborenen viel zu schaffen. Sie leiden an Lockerungen des Zahnfleisches, die mit Eiterung einhergehen. Merkwürdigerweise heilen diese Fälle viel besser als in Europa, wo oft die kompliziertesten Verfahren nicht zum Ziele führen. Meine Patienten bekommen eine alkoholische Lösung von Thymol, von der sie einige Tropfen in ein Glas Wasser nehmen und den Mund tagsüber siebenmal ausspülen. Die Besserung zeigt sich schon nach acht Tagen und hält an.

Unglaublich erscheint es den Eingeborenen, daß ich Zähne zu ziehen vermag, die noch nicht wackeln! Jedoch haben nicht alle Vertrauen zu der blinkenden Zange. Ein von Zahnweh gepeinigter Häuptling wollte sich der Prozedur nicht unterziehen, ohne vorher nach Hause zu fahren und seine Weiber zu befragen. Der Familienrat muß zu einem verneinenden Beschluß gekommen sein, denn er erschien nicht wieder. Andere hingegen verlangen von mir, daß ich ihnen alle Zähne ausziehe, und frische aus Europa kommen lasse. Einige ältere Leute bekamen nämlich durch Vermittlung der Missionare Gebisse «von Weißen gemacht» und bilden nun einen Gegenstand des Neides für die anderen.

Unterleibstumoren bei Frauen sind hier sehr häufig.

Hysterie konnte ich des öfteren beobachten. An einem

Sonntagmorgen wurde mir eine Frau mit schweren Anfällen gebracht. Die Eingeborenen meinten, sie müßte sterben, und waren nicht wenig überrascht, als sie nach gründlicher Behandlung mit kaltem Wasser wieder zu sich kam und darauf ruhig einschlief. «O Doktor», sagte ein Neger zu mir, während wir unter einem Baume im Kreise um sie herumsaßen, «wie gut, daß du da bist. Wir haben uns so nach Hilfe gesehnt, denn wir leiden gar viel. Und nun bist du da.» ...

Am häufigsten habe ich es mit Brüchen (Hernien) zu tun. Die Neger Zentralafrikas sind viel mehr mit Brüchen behaftet als die Weißen. Woher dies kommt, wissen wir nicht. Eingeklemmte Brüche (inkarzerierte Hernien) sind bei ihnen also auch viel häufiger als bei den Weißen. In dem eingeklemmten Bruch wird der Darm undurchgänglich. Er kann sich also nicht mehr entleeren und wird durch die sich bildenden Gase aufgetrieben. Von dieser Auftreibung rühren die furchtbaren Schmerzen her. Nach einer Reihe qualvoller Tage tritt, wenn es nicht gelingt, den Darm aus dem Bruch in den Leib zurückzubringen, der Tod ein. Unsere Voreltern kannten dieses furchtbare Sterben. Heute bekommen wir es in Europa nicht mehr zu sehen, weil bei uns jede inkarzerierte Hernie, kaum daß der Arzt sie festgestellt hat, sogleich operiert wird. «Laßt die Sonne nicht über einer inkarzerierten Hernie untergehen», bekommen die Studenten der Medizin fort und fort eingeschärft. In Afrika ist dieses grausige Sterben aber etwas Gewöhnliches. Schon als Knabe war der Neger dabei, wenn ein Mann sich tagelang heulend im Sande der Hütte wälzte, bis der Tod als Erlöser kam. Kaum fühlt also ein Mann, daß sein Bruch eingeklemmt ist – Hernien bei Frauen sind viel seltener als bei Männern –, so fleht er die Seinen an, ihn ins Kanu zu legen und zu mir zu führen.

Wie meine Gefühle beschreiben, wenn solch ein Armer gebracht wird! Ich bin ja der einzige, der hier helfen kann, auf Hunderte von Kilometern. Weil ich hier bin, weil meine Freunde mir die Mittel geben, ist er wie die, die in demselben Falle vor ihm kamen und nach ihm kommen werden, zu retten, während er anders der Qual verfallen wäre. Ich rede nicht davon, daß ich ihm das Leben retten kann. Sterben müssen wir alle. Aber daß ich die Tage der Qual von ihm nehmen darf, das ist es, was ich als die große, immer neue Gnade empfinde. Der Schmerz ist ein furchtbarerer Herr als der Tod.

So lege ich dem jammernden Menschen die Hand auf die Stirne und sage ihm: «Sei ruhig. In einer Stunde wirst du schlafen, und wenn du wieder erwachst, ist kein Schmerz mehr.» Darauf bekommt er eine subkutane Injektion von Pantopon. Die Frau Doktor wird ins Spital gerufen und bereitet mit Joseph alles zur Operation vor. Bei der Operation übernimmt sie die Narkose. Joseph, mit langen Gummihandschuhen, fungiert als Assistent.

Die Operation ist vorüber. Unter der dunklen Schlafbaracke überwache ich das Aufwachen des Patienten. Kaum ist er bei Besinnung, so schaut er erstaunt umher und wiederholt fort und fort: «Ich habe ja nicht mehr weh, ich habe ja nicht mehr weh!» Seine Hand sucht die meine und will sie nicht mehr loslassen. Dann fange ich an, ihm und denen, die dabeisitzen, zu erzählen, daß es der Herr Jesus ist, der dem Doktor und seiner Frau geboten hat, hier an den Ogowe zu kommen, und daß weiße Menschen in Europa uns die Mittel geben, um hier für die Kranken zu leben. Nun muß ich auf die Fragen, wer jene Menschen sind, wo sie wohnen, woher sie wissen, daß die Eingeborenen so viel unter Krankheiten leiden, Antwort geben. Durch die Kaffeesträucher hindurch scheint die afrikanische Sonne in die dunkle Hütte. Wir aber, Schwarz und Weiß, sitzen untereinander und erleben es: «Ihr aber seid alle Brüder.» Ach, könnten die gebenden Freunde in Europa in einer solchen Stunde dabeisein!...

Letzthin bekam ich eine Rarität zu operieren, um die mich mancher bekannte Chirurg beneiden könnte. Ein älterer Mann, zwischen N'Gomo und Lambarene wohnend, fühlte plötzlich eine faustgroße Geschwulst unter der letzten Rippe gegen den Rücken zu hervorbrechen. Zugleich hatte er große Schmerzen im Leibe. «Das ist eine Hernie», sagte er zu seinen Angehörigen; «bringt mich schnell zum Doktor, sonst bin ich verloren!»

Sie ruderten die ganze Nacht und langten gegen zehn Uhr morgens bei mir an. Ich konnte nur bestätigen, daß er recht hatte, und mußte mich entschließen, die überaus selten unternommene und noch seltener geglückte Operation im Laufe des Nachmittags zu wagen. Wie gerne hätte ich sie einem erfahrenen Chirurgen überlassen! Mit Zagen ging ich ans Werk. Der Fall wies alle nur denkbaren Komplikationen auf. Als der Abend hereinbrach, war ich noch nicht fertig. Für die letzten Nähte mußte Joseph mit der Lampe leuchten.

Am nächsten Tage wagte ich gar nicht, in den Schlafsaal hinunterzugehen. Ich erwartete nichts anderes, als den Operierten sterbend oder tot zu finden. So ging ich zögernden Schrittes auf sein Moskitonetz zu. Aber schon schaute aus demselben ein vergnügt grinsender Wollkopf heraus. «Doktor, nicht mehr Bauchweh! nicht mehr Bauchweh!» Nach vierzehn Tagen kehrte er in sein Dorf zurück.

Großes Aufsehen erregte die Operation eines Knaben, dem seit anderthalb Jahren ein handlanges eiterndes Knochenstück aus dem Unterschenkel hervorragte. Das jauchige Sekret stank so abscheulich, daß es niemand in seiner Nähe aushalten konnte. Der Knabe selbst war zum Skelett abgemagert. Nun ist er rund und gesund und wagt bereits wieder die ersten Schritte.

Bisher verliefen alle Operationen glücklich. Dies steigert das Zutrauen der Eingeborenen in einer für mich erschreckenden Weise. Am meisten imponiert ihnen die Narkose. Sie unterhalten sich viel darüber. Die Mädchen in der Schule stehen mit einer europäischen Sonntagsschule in Korrespondenz. In einem dieser Briefe ist zu lesen: «Seit der Doktor hier ist, erleben wir merkwürdige Sachen. Zuerst tötet er die Kranken, dann heilt er sie; nachher weckt er sie wieder auf.» ...

Daß Joseph sich dazu herabläßt, die blutigen Tupfer nach einer Operation zusammenzulesen und die blutigen Instrumente zu waschen, ist ein Zeichen von höchster Aufgeklärtheit. Ein gewöhnlicher Neger rührt nichts an, was mit Blut oder Eiter besudelt ist, weil er dadurch im religiösen Sinne unrein wird ...

Mit mir sind die Schwarzen etwas unzufrieden, weil ich wenig Gebrauch von meinem Gewehr mache. Als wir auf einer Fahrt an einem Alligator vorbeikamen, der auf einem aus dem Wasser hervorragenden Baumstamm schlief, und ich ihn betrachtete, statt auf ihn zu schießen, war mein Maß voll. «Mit dir ist auch gar nichts los», ließen mir die Ruderer durch ihre Sprecher erklären. «Wären wir mit Herrn [Missionar] Cadier, so hätte er uns schon längst ein oder zwei Affen und einige Vögel geschossen, daß wir Fleisch hätten. Du aber fährst gar am Krokodil vorüber und läßt dein Gewehr ruhig neben dir!»

Ich lasse den Vorwurf auf mir ruhen. Vögel, die über dem Wasser ihre Kreise ziehen, mag ich nicht schießen. Die Affen vollends sind vor meinem Gewehr sicher. Oft kann man drei oder vier nacheinander erlegen oder verwunden, ohne in ihren Besitz zu kommen. Sie bleiben im dichten Geäst des Baumes hängen oder fallen in Buschwerk, das in unbetretbarem Sumpf steht. Und findet man den Leichnam, so findet man oft zugleich ein armes kleines Äffchen, das sich mit Geschrei an die erkaltende Mutter klammert ...

In der Hauptsache habe ich mein Gewehr nur, um Schlangen zu schießen, von denen es in Lambarene im Grase um mein Haus herum eine Unzahl gibt, und um die Raubvögel zu töten, die die Nester der Webervögel in den Palmen vor meinem Hause plündern.

*In diesen Zeitraum gehört die Erzählung von Josephine, dem zahmen Wildschwein, geschrieben aber erst 1923. Sie ist ein Beispiel für die vielen kleinen Arbeiten, die im Laufe der Jahrzehnte neben den Hauptwerken und am Rande der Tagesarbeit entstehen und oft gerade für Schweitzers Humor bezeichnend sind.*

Eines Tages brachte mir eine Negerfrau ein zahmes Wildschwein von etwa 2 Monaten. «Es heißt Josephine und wird dir nachlaufen wie ein Hund», sagte sie. Für 5 Franken wurden wir handelseinig. Meine Frau war gerade etliche Tage fort. Gleich rammte ich mit Joseph und N'kendju, meinem Heilgehilfen, einige Pfähle in die Erde und machte einen Pferch, mit Drahtgitter noch ziemlich tief in der Erde. Meine beiden schwarzen Gehilfen lächelten. «Ein Wildschwein bleibt nicht im Pferch, sondern gräbt sich drunter durch», sagte Joseph. «Das möchte ich doch sehen, daß dieses kleine Wildschwein unter diesem in die Erde versenkten Drahtgitter durchkäme», antwortete ich. «Du wirst es sehen», sagte Joseph. Am andern Morgen war es richtig fort. Ich empfand darüber fast eine Erleichterung, denn ich hatte meiner Frau versprochen, ohne ihre Einwilligung keine neuen Erwerbungen für unsern Tierpark zu machen, und es schwante mir, daß ein Wildschwein vielleicht nicht nach ihrem Geschmack sein könnte.

Als ich aber vom Mittagessen vom Spital heraufkam, siehe, da wartete Josephine vor dem Hause auf mich und schaute mich an, als wollte sie sagen: «Den Spaß mit dem Pferch mußt du aber nicht wiederholen, ich bleibe dir auch so treu.» So geschah es.

Als meine Frau ankam, zuckte sie die Achseln. Ihre Sympathie hat sie nie genossen und auch nie gesucht. Josephine hatte ein feines Empfinden für dergleichen. Mit der Zeit, als sie eingesehen hatte, daß ihr nicht erlaubt sei, auf der Veranda zu erscheinen, gingen die Dinge erträglich.

Nach einigen Wochen aber, an einem Samstag, war Josephine verschwunden. Am Abend traf mich der Missionar vor meinem Hause und teilte meinen Kummer, weil Josephine auch ihm Anhänglichkeit bezeugt hatte.

«Sie hat halt in einem Negertopf geendet», sagte er, «c'était inévitable.» Für die Schwarzen fällt ein Wildschwein, auch wenn es zahm ist, nicht unter den Begriff des Haustieres, sondern es bleibt das Wild, das dem gehört, der es erlegt. Während er noch sprach, erschien aber Josephine und hinter ihr ein Neger mit einer Flinte. «Ich stand», erzählte dieser, «dort oben in der Lichtung, wo noch die Trümmer des früheren Hauses der amerikanischen Missionare sichtbar sind, da sah ich dieses Wildschwein. Schon legte ich auf es an. Aber es kam auf mich zugelaufen und rieb sich an meinen Beinen. Ein merkwürdiges Wildschwein, sagte ich mir. Du willst doch sehen, was es weiter macht. Da trottete es los, ich ihm nach, und nun sind wir hier. Also, es ist dein Wildschwein? Wie gut, daß es nicht einem Jäger begegnete, der nicht so klug nachdenkt wie ich.» Diesen Wink verstand ich, machte ihm ein großartiges Kompliment und gab ihm ein schönes Geschenk.

Aber daß mein Wildschwein nach dem, was mir der Missionar gesagt hatte, in steter Gefahr sein sollte, ging mir doch im Kopf herum, während ich mit ihm zusammen dem wiedergefundenen Tier mit dem Fuß auf dem Rücken herumfuhr, was es sehr liebte. «Hören Sie, Doktor», begann der Missionar plötzlich, «ich habe morgen zu predigen, und, da man ja für unsere Neger bald in jedem Gottesdienst die Sünde des Diebstahls berühren muß, so will ich gleich morgen Josephine als Exempel anführen, daß ein Tier früher wild und jedermanns Eigentum gewesen sein kann, nachher aber dennoch Privateigentum und unantastbar, wenn es von jemand gehegt wird.» Ich dankte ihm im voraus, mir mit der Wahl dieses lehrreichen Beispiels zu Hilfe zu kommen.

Am andern Morgen, schon im zweiten Teil der Predigt, kam Josephine dran. Mit Spannung hörten die Neger zu, wie der Missionar den komplizierten Fall auseinanderlegte und den Horizont ihres Eigentumsbegriffs erweiterte. Im nämlichen Augenblick, mir wurde fast schlecht, stand

Josephine neben dem Prediger! Wir haben nämlich in Lambarene keine Kanzel. Der Gottesdienst findet in der Wellblechbaracke statt, in der auch Schule gehalten wird. Der Prediger steht zu ebener Erde. Die Türen sind immer offen, damit etwas Luft hereinkommt. Daß dann Hühner und Hämmel während des Gottesdienstes kommen und gehen, ist man ganz gewohnt. Die Missionarshunde nehmen regelmäßig daran teil. Mir war es ganz selbstverständlich, daß Garamba mich immer zur Predigt begleitete. Wenn er die Glocke und den Gesang hörte, ließ er sich nicht zu Hause halten. Und hätte man ihn dann angebunden, so hätte er durch sein über die ganze Missionsstation tönendes Geheul die Erbauung viel mehr gestört als durch seine lautlose Gegenwart. Aber daß auch Josephine kirchlich geworden war, war mir schrecklich. Zu alledem mußte ich noch bald bemerken, daß sie sich nicht zu benehmen wußte. Frisch vom Morast her, ganz mit schwarzem Schlamm bedeckt, war sie gekommen. Und jetzt ging sie durch die Bänke der Kinder, die die Knie an den Hals zogen! Jetzt kam sie zu den Weibern! Jetzt zu dem andern Missionar! Jetzt zu Missionsdamen mit ihren weißen Röcken, und versuchte, sich an ihnen anzureiben. Jetzt zur Frau Doktor! Jetzt zu mir! Da hatte sie aber auch schon einen Fußtritt, den ersten, den sie von mir erhielt. Er war aber gründlich ...

Die Freude am Gottesdienst habe ich Josephine nicht austreiben können. Einzusperren war sie nicht, anzubinden war sie auch nicht, denn sie arbeitete sich aus allem Geschirr, das ich für sie erfunden hatte, heraus. Sowie die Glocke ertönte, lief sie zur Kirche. Ich glaube, sie hat keinen Morgen- und Abendsegen der Kinder versäumt. Ich bot dem Missionar, der die Station leitete, an, sie deswegen zu töten. Aber er wehrte es mir. Um eines solchen Instinktes willen solle das Tier nicht sein Leben lassen müssen. Mit der Zeit fing Josephine an, sich in der Kirche manierlich zu benehmen.

Wie soll ich deine Klugheit preisen, Josephine! Um

nachts nicht von Stechmücken belästigt zu werden, nahmst du die Gewohnheit an, in den Schlafsaal der Knaben einzudringen und dich dort unter das erstbeste Moskitonetz zu legen. Wie manche Buße an Tabakblättern habe ich deswegen an die bezahlen müssen, denen du dich als Schlafgenossen aufdrängtest! Und wenn die Sandflöhe in deinen Füßen so herangewachsen waren, daß du nicht mehr gehen konntest, humpeltest du ins Spital herunter, ließest dich auf den Rücken legen, erduldetest das Messer, das dir die Peiniger in die Füße bohrten, ertrugst das Brennen der Jodtinktur, mit der man die Wunden betupfte, und grunztest herzlichen Dank, wenn die Sache für einmal wieder vorüber war!

«Wenn ein Wildschwein über 6 Monate alt ist, fängt es an Hühner zu fressen», sagte N'Kendju. «Josephine wird doch nicht darauf kommen, Hühner zu fressen?» antwortete ich mit unsicherer Stimme. «Sie wird Hühner fressen, denn sie ist ein Wildschwein», kam es mit unerbittlicher Logik zurück. Aber noch wagte ich zu hoffen. – Ein Neger kam und sagte mir, es fehle ihm ein Huhn. Ich wußte, was er damit meinte, gab ihm ein Geschenk und bat ihn zu schweigen. Die Frau Missionar sagte mir, es fehle ihr ein Huhn. Ich wußte, was sie damit meinte. Aber ich ließ mir nichts merken, sondern sagte: «Ja, mit den Schlangen hier herum ist es bald eine üble Sache.» So tat ich mir Gewalt an, um an die Unschuld Josephines zu glauben.

Eines Morgens aber hörte ich, während ich im Spital Blut von Schlafkranken unter dem Mikroskop untersuchte, oben Hühnergegacker und durcheinanderrufende Menschenstimmen. Kurz darauf erschien der Boy Akaja mit einem Zettel von der Frau Doktor. Darauf stand zu lesen: «Josephine ist zu den Küchlein eingedrungen, hat drei gefressen und der Glucke den Schwanz ausgerissen. Ich habe es mit eigenen Augen gesehen. Du weißt, was Du zu tun hast.» Ich wußte es und tat es. Josephine wurde ins Spital gelockt, gefesselt, und von N'Kendju rasch und kunstgerecht getötet. Ehe es Mittag läutete, war ihr Dasein zu Ende. Ich rechne, daß sie es auf etwa acht Monate gebracht hat.

Den Speck, in Stücke geschnitten und auf Stäbchen aufgezogen, räucherte und dörrte ich sorgsam und bewahrte ihn, luftdicht verschlossen, in einer Blechdose auf.

Nicht lange danach kam ein Beamter, mich zu konsultieren, und ich behielt ihn zum Mittagessen. Er bekam von dem Speck. «Was? Geräucherten Speck? Eine Seltenheit in diesem Lande.» – «Herr, es ist von einem zahmen Wildschwein. Ich mußte es töten, weil es Hühner fraß.» – «Sie hatten ein zahmes Wildschwein? Ich hatte auch eines, das ich von klein auf mit der Saugflasche aufgezogen habe. Es hat mich manche Büchse Milch aus der Schweiz gekostet. Aber es lief mir nach wie ein Hund. Leider ist es mir gestohlen worden. Ich habe ihm den Namen Josephine gegeben...»

### Die Vorstellung vom «älteren Bruder»

Die Arbeit ist in den letzten Monaten noch stetig gewachsen. Mein Spital liegt ausgezeichnet. Von stromaufwärts und stromabwärts können die Kranken Hunderte von Kilometern weit her im Kanu auf dem Ogowe und seinen Nebenflüssen zu mir gebracht werden. Daß ihre Begleiter mit ihnen bei mir logieren können, trägt auch viel dazu bei, daß das Spital stark benützt wird. Dazu kommt noch eines: ich bin immer zu Hause, es sei denn, daß ich, was bisher nur zwei- oder dreimal der Fall war, auf eine der anderen Missionsstationen mußte, um einen schwerkranken Missionar oder jemand von seiner Familie zu pflegen. Der Eingeborene, der sich also von ferne her aufmacht, um zu mir zu kommen, und die Mühe und die Kosten der Fahrt aufwendet, ist sicher, mich auch wirklich anzutreffen. Das ist der große Vorteil, den der freie Arzt dem von der Regierung angestellten gegenüber voraus hat. Der letztere wird von der Behörde öfters hierhin und dorthin beordert oder muß sich auf längere Zeit mit Militärkolonnen auf den Weg machen. «Und daß Sie nicht so viele Zeit mit Schreibereien, Berichten und Statistiken verlieren müssen wie die andern, das ist ein Vorteil, den Sie noch gar nicht ermessen», sagte mir letzthin ein Militärarzt, der mich bei der Durchreise begrüßte ...

Einen vom Nilpferd verletzten Jungen traf ich bei der Rückkehr von einem Krankenbesuch in Samkita in schlechtem Zustand an. Er hatte den Fuß eigenmächtig aus dem Streckverband herausgenommen und die Verbände entfernt. Da sehr starke Eiterung vorhanden war und die Kräfte sichtlich abnahmen, mußte ich mich zur Amputation am oberen Ende des Oberschenkels entschließen. Kurz nach Vollendung des Eingriffs verschied er an Herzschwäche.

Sein Bruder und ein Begleiter waren bei der Operation zugegen gewesen. Der letztere war mit dem Verletzten zugleich eingetroffen und die ganze Zeit über bei ihm geblieben. Er war als intelligent und gefällig aufgefallen, und ich hatte ihn zu manchen Dienstleistungen herangezogen. Bei der Operation hatte er ebenfalls mitgewirkt. Während wir mit Einspritzungen von Kampferöl und Infusionen von physiologischer Kochsalzlösung das Letzte versuchten, um das erlahmende Herz bei Kräften zu erhalten, schaute der Bruder des Operierten den Begleiter mit drohendem Blick an und sprach leise auf ihn ein, so daß dieser ganz verwirrt und erschreckt wurde und zu nichts mehr zu gebrauchen war.

Als der Tod eingetreten war, kam es zu erregten Worten zwischen beiden. Joseph nahm mich beiseite und erklärte mir den Auftritt. N'Kendschu, der Begleiter, war mit dem Unglücklichen zusammen auf dem Fischfang gewesen, als sie vom Nilpferd angegriffen wurden, und zwar hatte er ihn an jenem Tage zum gemeinsamen Fischen aufgefordert. Also war er, nach dem Rechte der Eingeborenen, für ihn verantwortlich und haftbar. Darum hatte er die von ihm gefällten Baumstämme im Stiche lassen müssen, um die ganzen Wochen beim Verletzten zu weilen. Und nun, da sie den Toten den Fluß hinunter ins Dorf brachten, sollte er mit, damit der Rechtsfall gleich erledigt würde. Er aber wollte nicht, da er wußte, daß es seinen Tod bedeuten würde. Ich erklärte dem Bruder, daß ich N'Kendschu als in meinem Dienste stehend betrachte und nicht ziehen lasse. Darüber kam es zwischen ihm und mir zu erregten Auseinandersetzungen, während der Tote in das Kanu gebettet wurde und die Mutter und die Tanten die Totenklage anstimmten. Er behauptete, man wolle N'Kendschu nicht töten, sondern ihn nur mit Geldbuße belegen. Joseph aber sagte mir, daß auf solche Versicherungen nichts zu geben sei. Ich mußte bis zur Abfahrt am Strande bleiben, da sie sonst den Mann mit Gewalt heimlich ins Boot gezerrt hätten.

Meine Frau war erschüttert, daß der Neger, während sein Bruder in den letzten Zügen lag, nichts von Schmerz zeigte, sondern nur an den Austrag des Rechtsfalles dachte, und empörte sich über seine Gefühllosigkeit. Damit tat sie ihm wohl unrecht. Er erfüllte nur eine heilige Pflicht, indem er alsbald darauf sann, daß derjenige, der nach seiner Ansicht für das Leben seines Bruders verantwortlich war, sich der Strafe nicht entzöge.

Für den Neger ist es eine undenkbare Vorstellung, daß eine Tat ungesühnt bleiben könne. Er denkt hierin ganz hegelianisch. Die juristische Seite einer Angelegenheit steht für ihn immer im Vordergrund. Darum nimmt die Diskussion der Rechtsfälle einen großen Teil seiner Zeit in Anspruch. Der schlimmste europäische Prozeßhansel ist ein Unschuldsknabe dem Neger gegenüber. Aber bei dem letzteren ist es eben nicht die Prozessiersucht, die ihn treibt, sondern nur der ganz ungebrochene Gerechtigkeitssinn, wie ihn der Europäer überhaupt nicht mehr besitzt...

Natürlich stellte ich dem Bruder des Gestorbenen frei, gegen N'Kendschu vor dem Bezirksgericht in Lambarene

Klage zu führen. Ich wollte nur einen Mord verhindern, nicht aber einheimische Rechtsanschauungen, so unbegreiflich sie uns auch sein mögen, bekämpfen. Daß N'Kendschu der Familie des Genossen auf dem Fischzuge eine Entschädigung zahlen muß, obwohl er an seinem Tode nur ganz mittelbar schuldig ist, gilt hier als selbstverständlich ...

Mit Joseph bin ich fortgesetzt zufrieden. Er ist sehr intelligent, zeigt großen Eifer für die Sache und ist immer guten Mutes ... Der «erste Heilgehilfe des Doktors von Lambarene», wie er sich titulieren läßt, ist etwa fünfunddreißig Jahre alt. Seine Eltern sind evangelisch. Er selber wurde katholisch. Als er auf der Schule war, holte ihn der Vater heim, aus Angst, er könnte einmal Bekanntschaft mit dem Stock des Lehrers machen. Darum kann er weder lesen noch schreiben. Trotzdem irrt er sich nicht, wenn er eine Arznei vom Schafte der Apotheke herunterlangen soll. Er erinnert sich des Wortbildes der Inschrift und liest diese, ohne die Buchstaben zu kennen. Sein Gedächtnis ist großartig, seine Begabung für Sprachen hervorragend. Er beherrscht acht Negerdialekte und spricht nicht übel französisch und englisch.

Als Boy, Koch und Kaufmann ist er fast in ganz Gabun herumgekommen. In Libreville verließ ihn seine Frau, um mit einem Weißen zu leben. Nun möchte er sich wieder verheiraten. Er hat auch zwei oder drei Partien in Aussicht. Aber der Kaufpreis ist zu hoch. In den letzten Jahren sind die Frauen stark im Werte gestiegen. Joseph meint, für eine passende Gefährtin immerhin etwa sechshundert Mark aufwenden zu müssen. Er verdient deren aber nur vierzig im Monat. Von diesen gibt er noch mehr als die Hälfte für Keider, Schuhe, Krawatten, Reis und Zucker aus, von den obligaten Spenden an die Familie gar nicht zu reden. Da ich daran halte, daß er sich wieder verheiratet, riet ich ihm, eine auf Ratenzahlung zu nehmen. Er will aber nicht, da dies «eine üble Sache» sei. «Wenn einer von uns», sagt er mir, «seine Frau nicht ganz bezahlt hat, hat er ein böses Leben. Sie gehorcht ihm nicht und wirft ihm bei jedem Anlaß vor, daß er ihr nichts zu sagen habe, weil sie noch nicht bezahlt sei.»

Da Joseph nicht besser zu sparen versteht als die anderen Eingeborenen, habe ich ihm eine Sparbüchse zum Kaufe einer Frau angelegt. In diese fließen alle Gratifikationen für Nachtwachen und für außerordentliche Dienstleistungen und die Trinkgelder der weißen Patienten. Ich hoffe noch immer, daß wir in der Preislage von drei- oder vierhundert Mark etwas Passendes finden werden ...

Man braucht nur zehn Minuten lang die Unterhaltung zweier Weißer hier anzuhören, und schon ist sicher das ... Arbeiterproblem berührt. In Europa stellt man sich gerne vor, daß unter den Wilden für sehr mäßigen Lohn sich so viele Arbeiter anbieten, als gewünscht werden. Das Gegenteil ist der Fall. Arbeiter sind nirgends schwerer zu finden als unter den primitiven Völkern und werden im Verhältnis zur Arbeitsleistung nirgends so teuer bezahlt wie hier.

Dies kommt von der Faulheit der Neger, sagt man. Aber ist der Neger wirklich so faul? Liegt das Problem nicht tiefer? Wer einmal die Leute eines Negerdorfes gesehen hat, wenn sie ein Stück Urwald ausroden, um eine neue Pflanzung anzulegen, der weiß, daß sie imstande sind, wochenlang mit Eifer und unter Anspannung aller Kräfte zu arbeiten. Zu dieser härtesten aller Arbeiten – um dies nebenbei zu sagen – ist jedes Dorf alle drei Jahre genötigt. Die hohen Stauden, an denen die Bananen wachsen, verbrauchen den Boden außerordentlich schnell. Darum muß alle drei Jahre eine neue, durch die Asche des abgehauenen und verbrannten Urwaldes gedüngte Pflanzung angelegt werden.

Was mich angeht, so wage ich nicht mehr, unbefangen von der Faulheit der Neger zu reden, seitdem mir fünfzehn Schwarze in fast ununterbrochenem, sechsunddreißigstündigem Rudern einen schwerkranken Weißen den Strom heraufbrachten. Der Neger arbeitet unter Umständen also sehr gut ... aber er arbeitet nur so viel, als die Umstände von ihm verlangen. Das Naturkind, und dies ist des Rätsels Lösung, ist immer nur Gelegenheitsarbeiter.

Bei geringer Arbeit liefert die Natur dem Eingeborenen so ziemlich alles, was er zu seinem Unterhalt im Dorfe braucht. Der Wald bietet ihm Holz, Bambus, Raphia und Bast zum Herstellen einer Hütte, die ihn gegen Sonne und Regen schützt. Er braucht nur noch etwas Bananen und Maniok zu pflanzen, zu fischen und auf die Jagd zu gehen, so hat er das Notwendige beisammen, ohne sich als Arbeiter verdingen und regelmäßig verdienen zu müssen. Tritt er eine Stelle an, so ist es, weil er zu einem bestimmten Zweck Geld braucht. Er will eine Frau kaufen; sein Weib oder seine Weiber haben Lust auf schöne Stoffe, auf Zucker, auf Tabak; er selber braucht eine neue Axt, möchte gern Schnaps trinken, einen Khakianzug und Schuhe tragen.

Es sind also mehr oder weniger Bedürfnisse, die außerhalb des eigentlichen Kampfes ums Dasein liegen, die das Naturkind dazu bringen, sich zur Arbeit zu verdingen. Liegt ein bestimmter Zweck zum Gelderwerb nicht vor, so bleibt es in seinem Dorfe. Steht es irgendwo in Arbeit und hat es so viel verdient, daß es sich leisten kann, wonach ihm das Herz stand, so hat es keine Ursache, sich weiter zu mühen, und kehrt in sein Dorf zurück, wo es immer Wohnung und Nahrung findet.

Der Neger ist nicht faul, sondern er ist ein Freier. Darum ist er immer nur ein Gelegenheitsarbeiter, mit dem kein geordneter Betrieb möglich ist. Dies erlebt der Missionar auf der Station und in seinem Hause im kleinen und der Pflanzer oder der Kaufmann im großen. Wenn mein Koch Geld genug beisammen hat, um die Wünsche seiner Frau und seiner Schwiegermutter zu befriedigen, geht er davon, ohne Rücksicht darauf, ob wir ihn notwendig brauchen. Der Plantagenbesitzer wird von seinen Arbeitern gerade in der kritischen Zeit verlassen, wo es gilt, die dem Kakao schädlichen Insekten zu bekämpfen. Wenn gerade aus

Europa Depesche auf Depesche um Holz kommt, findet der Holzhändler keine Leute zum Holzhauen, weil das Dorf sich zur Zeit auf den Fischfang begibt oder eine neue Pflanzung anlegt. Alle werden wir von Ingrimm gegen die faulen Schwarzen erfüllt. In Wirklichkeit liegt aber nur vor, daß wir sie nicht in der Hand haben, weil sie nicht auf den Verdienst bei uns angewiesen sind.

Es besteht also ein furchtbarer Konflikt zwischen den Bedürfnissen des Handels und der Tatsache, daß das Naturkind ein Freier ist. Der Reichtum des Landes kann nicht ausgebeutet werden, weil der Neger nur ein geringes Interesse daran hat. Wie ihn zur Arbeit erziehen? Wie ihn zur Arbeit zwingen? . . .

Letzthin hatte ich Tagelöhner, um eine neue Hütte beim Spital zu bauen. Kam ich am Abend, so war nichts geschafft. Als ich mich am dritten oder vierten Tag erzürnte, sagte mir einer der Schwarzen, der nicht einmal einer der schlechtesten war: «Doktor, schrei nicht so mit uns. Du bist ja selber schuld daran. Bleib bei uns, dann schaffen wir. Aber wenn du im Spital bei den Kranken bist, sind wir allein und tun nichts.» Jetzt komme ich zu dem System, daß ich mich an dem Tage, wo ich Tagelöhner habe, für zwei bis drei Stunden frei mache. Während dieser Zeit stehe ich neben ihnen und mache sie schaffen, daß ihnen der Schweiß auf der braunen Haut steht. Dann ist doch wenigstens soviel geleistet . . .

Neben dem Arbeiterproblem gibt es noch das Problem der Emanzipation. An sich wäre es nach meiner Meinung unnötig, daß Eingeborene aus den primitiven Völkern eine weitgehende Schulbildung erhalten. Der Anfang der Kultur ist hier nicht das Wissen, sondern das Handwerk und der Landbau, durch die erst die wirtschaftlichen Bedingungen für die höhere Kultur geschaffen werden können. Aber die Regierung und der Handel brauchen auch Eingeborene mit ausgedehnten Kenntnissen, um sie in der Verwaltung und den Faktoreien zu verwenden. Also müssen die Schulen ihre Ziele viel höher stecken, als normal ist, und Leute heranbilden, die das kompliziertere Rechnen verstehen und tadellos in der Sprache der Weißen schreiben können. Bei der hervorragenden Intelligenz mancher Eingeborenen sind die Resultate, was die Kenntnisse angeht, hervorragend. Letzthin kam ein schwarzer Schreiber von der Regierung zu mir, während gerade ein Missionar bei mir war. Nach seinem Weggang sagten der Missionar und ich zueinander: «Mit dem möchten wir im Aufsatzschreiben nicht konkurrieren.» Sein Vorgesetzter gibt ihm die schwersten Schriftstücke zu redigieren und komplizierte Statistiken auszuarbeiten und erhält immer tadellose Arbeiten abgeliefert.

Aber was wird aus diesen Menschen? Sie sind aus dem Dorfe entwurzelt, genau wie die andern, die in die Fremde in Arbeit gehen. Sie leben auf den Faktoreien, fortgesetzt der für Eingeborene so naheliegenden Gefahr des Betrügens und des Alkoholtrinkens ausgesetzt. Wohl verdienen sie viel. Aber da sie alle Lebensmittel um teures Geld kaufen müssen und zudem noch mit der gewöhnlichen Verschwendungssucht der Schwarzen behaftet sind, so befinden sie sich immer in Geldverlegenheit und oft in Not. Sie gehören nicht mehr zu den gewöhnlichen Negern und doch nicht zu den Weißen, sondern bilden ein Mittelding zwischen beiden. Letzthin sagte der eben erwähnte schwarze Schreiber der Regierung zu einer Missionarsfrau: «Ach, wir Intellektuellen unter den Eingeborenen sind doch übel dran. Die Frauen von hier sind zu ungebildet, um Lebensgefährtinnen für uns abzugeben. Man sollte für uns Frauen aus den vornehmen Ständen von Madagaskar importieren.» Die Deklassierung nach aufwärts ist das Unglück vieler von den besten der Eingeborenen.

Soziale Probleme werden auch durch die europäische Einfuhr geschaffen. Früher übten die Neger eine Reihe von Handwerken aus: sie schnitzten gediegene Hausgeräte aus Holz, sie verfertigten vorzügliche Schnüre aus Rindenfasern und was dergleichen mehr ist. Am Meer gewannen sie Salz. Diese und andere primitive Handwerke sind durch die Waren, die der europäische Handel in den Urwald einführt, vernichtet. Der billige Emailtopf hat den gediegenen, selbstverfertigten Holzeimer verdrängt. Um jedes Negerdorf herum liegen Haufen solchen verrosteten Geschirrs im Gras. Viele Fertigkeiten sind schon halb in Vergessenheit geraten. Nur die alten Negerfrauen verstehen noch Schnüre aus Rindenfasern und Nähzwirn aus den Fibern des Blattes der Ananasstaude zu bereiten. Selbst die Kunst, Kanus zu verfertigen, kommt in Abgang. So geht das einheimische Handwerk zurück, wo doch das Aufkommen eines tüchtigen Handwerkerstandes der eigentliche Weg zur Kultur wäre ...

Die Meinung, daß wir die vorgefundenen Rechte und Sitten veredeln und an dem Bestehenden ohne Not nichts ändern sollen, habe ich mir in Unterhaltungen mit den tüchtigsten und erfahrensten Weißen dieser Gegend gebildet.

Ein Wort ... über die Beziehungen von Weiß und Farbig. In welcher Art mit dem Farbigen verkehren? Soll ich ihn als gleich, soll ich ihn als unter mir stehend behandeln?

Ich soll ihm zeigen, daß ich die Menschenwürde in jedem Menschen achte. Diese Gesinnung soll er an mir spüren. Aber die Hauptsache ist, daß die Brüderlichkeit geistig vorhanden ist. Wieviel sich davon in den Formeln des täglichen Verkehrs auszudrücken hat, ist eine Frage der Zweckmäßigkeit. Der Neger ist ein Kind. Ohne Autorität ist bei einem Kinde nichts auszurichten. Also muß ich die Verkehrsformel so aufstellen, daß darin meine natürliche Autorität zum Ausdruck kommt. Den Negern gegenüber habe ich dafür das Wort geprägt: «Ich bin dein Bruder; aber dein älterer Bruder.»

Freundlichkeit mit Autorität zu paaren ist das große Geheimnis des richtigen Verkehrs mit den Eingeborenen. Einer der Missionare, Herr Robert, schied vor einigen Jahren aus dem Verbande der Mission aus, um unter den

Negern ganz als Bruder zu leben. Er baute sich ein kleines Haus bei einem Negerdorfe zwischen Lambarene und N'Gômô und wollte als zum Dorf gehörig betrachtet sein. Von jenem Tage an war sein Leben ein Martyrium. Mit der Aufgabe der Distanz zwischen Weiß und Farbig hatte er den Einfluß verloren. Sein Wort galt nicht mehr als «Wort des Weißen», sondern er mußte mit den Negern über alles lange diskutieren, als wäre er ihresgleichen.

Wenn mir Missionare und Kaufleute, ehe ich nach Afrika kam, davon sprachen, daß man hier sehr auf die äußerliche Aufrechterhaltung der Autoritätsstellung des Weißen bedacht sein müsse, kam mir dies kalt und unnatürlich vor wie jedem, der in Europa davon hört und liest. Hier aber habe ich eingesehen, daß die größte Herzlichkeit sich mit dieser Wertlegung auf Formen verbinden könne, ja mit ihr erst möglich wird . . .

Die Abwehr unzweckmäßiger Vertraulichkeit ist aber nur das Technische an der Lösung des Autoritätsproblems. Wirkliche Autorität hat der Weiße erst, wenn der Eingeborene ihn respektiert. Man bilde sich nicht ein, daß das Naturkind Achtung vor uns hat, weil wir mehr wissen oder können als es selber. Diese Überlegenheit ist ihm so selbstverständlich, daß sie weiter nicht in Betracht kommt. Es ist nicht so, daß der einzelne Weiße draußen den Negern schon deswegen imponiert, weil die Weißen Eisenbahnen und Dampfschiffe haben und sogar in der Luft herumfliegen und unter dem Wasser fahren können. «Die Weißen sind schlau, sie können alles», sagt Joseph. Was diese technischen Errungenschaften für eine geistige Leistung bedeuten, kann der Neger nicht ermessen.

Für eines aber hat er ein untrügliches Empfinden, ob nämlich der Weiße, mit dem er es zu tun hat, Persönlichkeit, sittliche Persönlichkeit ist. Fühlt er diese, so ist die geistige Autorität möglich, fühlt er sie nicht, so ist sie auf keine Weise zu schaffen. Das Naturkind, weil es nicht verbildet ist wie wir, kennt nur elementare Maßstäbe und mißt mit dem elementarsten von allen, dem moralischen.

Wo es Güte, Gerechtigkeit und Wahrhaftigkeit, die innere Würde hinter der äußerlich gewahrten antrifft, beugt es sich und erkennt den Meister an; wo es sie nicht findet, bleibt es in aller äußeren Unterwürfigkeit trotzig; es sagt sich: «Dieser Weiße ist nicht mehr als ich, denn er ist nicht besser als ich.»

Ich rede nicht davon, daß in die Kolonien aller Völker viele untaugliche und auch nicht wenige unwürdige Menschen hinausgehen, sondern komme auf die Tatsache zu sprechen, daß auch die sittlich Tüchtigen und die Idealisten Mühe haben, hier das zu sein, was sie sein wollen. Wir alle verbrauchen uns hier in dem furchtbaren Konflikte zwischen dem europäischen Arbeitsmenschen, der Verantwortungen trägt und nie Zeit hat, und dem Naturkinde, das Verantwortlichkeit nicht kennt und immer Zeit hat. Der Regierungsbeamte soll am Ende des Jahres mit den Eingeborenen soundso viel Leistung an Bau und Unterhaltung von Wegen, an Träger- und Ruderdiensten und an abgelieferten Steuern erzielt haben. Der Kaufmann und der Pflanzer müssen der Gesellschaft soundso viel Gewinn für das in den Unternehmen steckende Kapital herauswirtschaften. Dabei haben sie es immer und immer mit Menschen zu tun, die an der auf ihnen lastenden Verantwortung nicht teilnehmen, sondern nur gerade so viel leisten, als der andere aus ihnen herauszuholen vermag, und beim geringsten Nachlassen seiner Aufmerksamkeit nach ihrer Laune handeln, ohne Rücksicht auf den Schaden, der ihm erwachsen kann. In diesem täglichen, stündlichen Konflikt mit dem Naturkind läuft jeder Weiße Gefahr, nach und nach geistig zugrunde zu gehen . . .

Daß es hier so schwer ist, sich die reine, humane Persönlichkeit und damit das Vermögen, Kulturträger zu sein, zu wahren, ist die große Tragik des Problems von Weiß und Farbig, wie es sich im Urwalde stellt . . .

Wie ich erwartet hatte, spielten die dogmatischen Fragen, auf die der Vorstand der Missionsgesellschaft in Paris ein so großes Gewicht legte, in den Predigten der Missionare eigentlich keine Rolle. Wollten sie von ihren Zuhörern verstanden werden, so konnten sie nicht anders, als ihnen das einfache Evangelium vom Freiwerden von der Welt durch den Geist Jesu verkünden, wie es aus der Bergpredigt und den herrlichsten Sprüchen Pauli an uns ergeht. Mit Notwendigkeit trugen sie ihnen das Christentum in erster Linie als ethische Religion vor. Trafen sie sich auf den zweimal im Jahr bald auf dieser, bald auf jener Station stattfindenden Missionstagungen, so galten ihre Besprechungen den Fragen des in den Gemeinden zu verwirklichenden praktischen Christentums, nicht dogmatischen Problemen. Daß die einen in Dingen des Glaubens strenger, die anderen weniger streng dachten, spielte in der gemeinsam betriebenen missionarischen Arbeit keine Rolle. Da ich nicht den geringsten Versuch machte, sie mit meinen theologischen Anschauungen zu belästigen, legten sie bald alles Mißtrauen gegen mich ab und freuten sich, wie ich meinerseits, daß wir in der Frömmigkeit des Gehorsams gegen Jesus und in dem Willen zu schlichter christlicher Tat eins waren. Schon wenige Monate nach meiner Ankunft forderten sie mich auf, auch Predigten zu übernehmen, und entbanden mich damit von meinem in Paris gegebenen Versprechen, «d'être muet comme une carpe»...

Am Predigen hatte ich eine große Freude. Die Worte Jesu und Pauli denen verkünden zu dürfen, denen sie etwas Neues waren, erschien mir als etwas Herrliches. Als Übersetzer dienten mir die schwarzen Schullehrer der Missionsstation, die jeden meiner Sätze alsbald in der Sprache der Galoas und der Pahuins oder gar in beiden nacheinander wiedergaben.

Die wenige freie Zeit, über die ich im ersten Jahre zu Lambarene verfügte, verwandte ich auf die Ausarbeitung der drei letzten Bände der amerikanischen Ausgabe der Bachschen Orgelwerke.

Zur Pflege des Orgelspiels stand mir das herrliche, eigens für die Tropen gebaute Klavier mit Orgelpedal zur

Verfügung, das die Pariser Bachgesellschaft mir als ihrem langjährigen Organisten geschenkt hatte. Anfangs fehlte es mir aber an Mut zum Üben. Ich hatte mich mit dem Gedanken vertraut gemacht, daß das Wirken in Afrika das Ende meiner Künstlerlaufbahn bedeute, und glaubte, daß mir der Verzicht leichter würde, wenn ich meine Finger und Füße einrosten ließe. Eines Abends aber, als ich wehmütig eine Bachsche Orgelfuge durchspielte, überkam mich plötzlich der Gedanke, daß ich die freien Stunden in Afrika gerade dazu benutzen könnte, mein Spiel zu vervollkommnen und zu vertiefen. Alsbald faßte ich den Plan, Kompositionen von Bach, Mendelssohn, Widor, César Franck und Max Reger nacheinander vorzunehmen, sie bis in die letzten Einzelheiten durchzuarbeiten und auswendig zu lernen, gleichviel ob ich Wochen und Monate auf ein einziges Stück verwenden müßte.

Wie genoß ich es nun, so ohne zeitliche Gebundenheit durch fällige Konzerte, in Muße und Ruhe zu üben, wenn ich zeitweise auch nur eine halbe Stunde im Tage dafür aufbringen konnte!

So hatten meine Frau und ich schon die zweite trockene Jahreszeit in Afrika zugebracht und fingen bereits an, Pläne für die Heimkehr zu Beginn der dritten zu schmieden, als am 5. August 1914 bekannt wurde, daß in Europa Krieg ausgebrochen sei. Bereits am Abend jenes Tages empfingen wir Weisung, daß wir uns als Gefangene zu betrachten hätten, bis auf weiteres zwar in unserer Wohnung verbleiben dürften, jeglichen Verkehr mit den Weißen und Eingeborenen aber aufgeben müßten und den Anordnungen der schwarzen Soldaten, die wir als Wächter bekämen, unbedingten Gehorsam schuldig wären. Wie wir wurden ein Missionar und seine Frau, die ebenfalls Elsässer waren, auf der Missionsstation Lambarene interniert...

Daß die Weißen Weiße zu Gefangenen machten und sie schwarzen Soldaten unterstellten, war den Eingeborenen etwas Unfaßliches. Wie viele Beschimpfungen bekamen meine schwarzen Wächter von den Leuten aus den umliegenden Dörfern dafür zu hören, daß sie meinten, «Herr für den Doktor» zu sein ...

Daß viele Eingeborene die Frage in sich bewegen, wie es möglich sei, daß die Weißen, die ihnen das Evangelium der Liebe bringen, sich jetzt gegenseitig morden und sich damit über die Gebote des Herrn Jesu hinwegsetzen, fühlen wir alle. Wenn sie uns die Frage stellen, sind wir hilflos. Wo ich von denkenden Negern daraufhin angeredet werde, versuche ich nichts zu erklären, nichts zu beschönigen, sondern sage, daß wir vor etwas Unbegreiflichem und Furchtbarem stehen. Wieviel die ethische und religiöse Autorität der Weißen bei den Naturkindern durch diesen Krieg leidet, wird man erst später ermessen können. Ich fürchte, daß der Schaden gewaltig sein wird ...

Als mir die Arbeit im Spital verboten wurde, wollte ich zuerst an die Fertigstellung des Werkes über Paulus gehen. Aber alsbald drängte sich mir ein anderer Stoff auf, den ich seit Jahren mit mir herumgetragen hatte und der nun durch die Tatsache des Krieges aktuell geworden war: das Problem unserer Kultur. Am zweiten Tage meiner Internierung, noch ganz erstaunt darüber, mich, wie in meiner vormedizinischen Zeit, bereits morgens an den Schreibtisch setzen zu können, nahm ich die Kulturphilosophie in Angriff.

Die Anregung zur Beschäftigung mit diesem Gegenstand hatte ich im Sommer 1899 in Berlin im Hause Curtius erhalten. Eines Abends unterhielten sich dort Herman Grimm und andere über eine Sitzung der Akademie, von der sie eben kamen. Plötzlich sprach einer ... das Wort aus: «Ach was! Wir sind ja doch alle nur Epigonen.» Es schlug wie ein Blitz neben mir ein, weil es dem Ausdruck gab, was ich selber empfand ...

Als man gegen Ende des Jahrhunderts auf allen Gebieten Rückschau und Umschau hielt, um seine Errungenschaften festzustellen und zu bewerten, geschah dies mit einem mir unfaßlichen Optimismus. Überall schien man anzunehmen, daß wir nicht nur in Erfindungen und im Wissen vorangekommen seien, sondern uns auch im Geistigen und im Ethischen auf einer nie zuvor erreichten und nie mehr verlierbaren Höhe bewegten. Mir aber wollte es vorkommen, als ob wir im geistigen Leben vergangene Generationen nicht nur nicht überholt hätten, sondern vielfach nur von ihren Errungenschaften zehrten ... und daß gar mancherlei von diesem Besitz uns unter den Händen zu zerrinnen begönne.

Und nun sprach einer aus, was ich der Zeit stumm und halb unbewußt entgegengehalten hatte! Von jenem Abend im Hause Curtius an war ich neben allen anderen Arbeiten innerlich mit einem Werke beschäftigt, das ich «Wir Epigonen» betitelte. Manchmal gab ich Gedanken desselben vor Freunden preis, die sie in der Regel nur als interessante Paradoxien und Manifestationen eines Fin-de-siècle-Pessimismus auffaßten. Daraufhin verschloß ich mich vollständig. Nur in den Predigten ließ ich meinen Zweifeln an unserer Kultur und unserer Geistigkeit ihren Lauf.

Jetzt wütete der Krieg als das Ergebnis des Niedergangs der Kultur.

Eigentlich hatte «Wir Epigonen» nun keinen Sinn mehr. Das Werk war als eine Kritik der Kultur gedacht. Es wollte den Kulturniedergang feststellen und auf seine Gefahren aufmerksam machen. War die Katastrophe aber bereits eingetreten, wozu noch Betrachtungen über die zutage liegenden Gründe?

Das unzeitgemäß gewordene Werk wollte ich für mich selber schreiben. Wußte ich, ob man dem Gefangenen die Blätter nicht wegnehmen würde? War überhaupt Aussicht, daß ich Europa je wiedersehen würde?

In dieser Losgelöstheit von allem begann ich die Arbeit und setzte sie auch fort, als ich wieder umhergehen und mich den Kranken widmen durfte. Ende November wurde nämlich unsere Internierung – auf Betreiben Widors, wie ich später erfuhr – aufgehoben. Schon vorher hatte sich das

Verbot, das mich von den Kranken fernhielt, als nicht durchführbar erwiesen. Weiße und Schwarze hatten sich miteinander darüber beschwert, daß sie des einzigen Arztes auf weit und breit ohne ersichtlichen Grund beraubt sein sollten. Daraufhin hatte der Bezirkshauptmann sich genötigt gesehen, bald diesem, bald jenem eine Anweisung an meine Wache mitzugeben, daß sie ihn als meiner Hilfe bedürftig zu mir ließen ...

Zu Beginn des Sommers 1915 erwachte ich wie aus einer Betäubung. Warum nur Kritik an der Kultur? Warum sich damit begnügen, uns als Epigonen zu analysieren? Warum nicht auch aufbauende Arbeit? Nun begann ich nach den Erkenntnissen und Überzeugungen zu suchen, auf die der Wille zur Kultur und das Vermögen, sie zu verwirklichen, zurückgehen. «Wir Epigonen» erweiterte sich zu einem mit dem Wiederaufbau der Kultur beschäftigten Werke ...
Wie ... konnte es kommen, daß uns das Geistige der Kultur so abhanden kam?
Um dies zu verstehen, müssen wir bis in die Zeit zurückgehen, wo es noch in unmittelbarer und lebendiger Weise vorhanden ist. Der Weg führt bis ins 18. Jahrhundert hinauf. Bei den Rationalisten, die alles aus der Vernunft begreifen und alles nach Vernunftüberlegungen regeln wollen, finden wir in elementarer Stärke die Überzeugung ausgeprägt, daß die Gesinnung das Wesentliche der Kultur ausmacht. Wohl stehen auch sie schon unter dem Eindruck der neuzeitlichen Errungenschaften des Wissens und Könnens und messen dem Materiellen der Kultur eine dementsprechende Bedeutung bei. Noch aber gilt ihnen als selbstverständlich, daß das Wesentliche und Wertvolle der Kultur das Geistige sei. In erster Linie geht ihr Interesse auf den geistigen Fortschritt des Menschen und der Menschheit. An ihn glauben sie mit kraftvollem Optimismus.
Die Größe der Menschen des Aufklärungszeitalters liegt

darin, daß sie die Ideale der Vervollkommnung des einzelnen und der Gesellschaft und der Menschheit aufstellen und sich ihnen mit Enthusiasmus hingeben. Die Kraft, auf die sie für die Verwirklichung derselben zählen, ist die Gesinnung der Menschen. Sie verlangen vom Geiste, daß er die Menschen und die Verhältnisse umgestalte, und vertrauen darauf, daß er stärker sei als die Tatsachen.

Woher aber kommt ihnen der Trieb, solch hohe Kulturideale aufzustellen, und die Zuversicht, sie verwirklichen zu können? Aus ihrer Weltanschauung.

Die Weltanschauung des Rationalismus ist optimistisch und ethisch. Ihr Optimismus besteht darin, daß eine allgemeine, in der Welt waltende, auf Vervollkommnung gerichtete Zweckmäßigkeit angenommen wird, in der die auf geistigen und materiellen Fortschritt gehende Anstrengung des Menschen und der Menschheit Sinn und Bedeutung und zugleich Gewähr des Erfolges erhält.

Ethisch ist diese Weltanschauung, weil sie das Ethische als etwas vernunftgemäß Gegebenes ansieht und daraufhin von dem Menschen verlangt, daß er sich, mit Hintansetzung egoistischer Interessen, allen zu verwirklichenden Idealen hingebe und das Ethische als den in allem entscheidenden Maßstab ansehe. Humanitätsgesinnung ist für die Rationalisten ein Ideal, von dem sie sich durch keine Erwägung abbringen lassen wollen.

Als um die Wende des 18. zum 19. Jahrhundert die Reaktion gegen den Rationalismus einsetzt und Kritik an ihm geübt wird, wirft man seinem Optimismus Flachheit und seiner Ethik Sentimentalität vor. Aber was er in seiner mannigfachen Unvollkommenheit leistete, Menschen zu in der Vernunft begründeten Kulturidealen zu begeistern, können die geistigen Bewegungen, die ihn kritisieren und ablösen, in dieser Art nicht weiterführen. Unmerklich, aber stetig nimmt die Energie der Kulturgesinnung ab. In dem Maße, als die Weltanschauung des Rationalismus überholt wird, kommt der Wirklichkeitssinn zur Geltung, bis zuletzt, von der Mitte des 19. Jahrhunderts ab, die

Ideale nicht mehr der Vernunft, sondern der Wirklichkeit entnommen werden und wir damit immer weiter in Kulturlosigkeit und Humanitätslosigkeit hineingelangen. Dies ist die klarste und wichtigste in der Geschichte unserer Kultur feststellbare Tatsache ...

Seit Jahrzehnten gewöhnen wir uns in steigendem Maße daran, mit relativen ethischen Maßstäben zu messen und Ethik nicht mehr in alle Fragen mit hineinreden zu lassen. Den Verzicht auf die konsequente ethische Beurteilung der Dinge empfinden wir als einen Fortschritt in Sachlichkeit.

Aber auch unsere Welt- und Lebensbejahung ist ins Wanken gekommen. Der moderne Mensch steht nicht mehr unter der Nötigung, alle Ideale des Fortschritts zu denken und zu wollen. In weitgehendem Maße hat er sich mit der Wirklichkeit abgefunden. Er ist viel resignierter, als er sich eingesteht. In einer Hinsicht ist er sogar ausgesprochen pessimistisch. Er glaubt eigentlich nicht mehr an den geistigen und ethischen Fortschritt der Menschen und der Menschheit, der doch das Wesentliche der Kultur ausmacht ...

Wie aber konnte es geschehen, daß die neuzeitliche Weltanschauung der Welt- und Lebensbejahung sich aus einer ursprünglich ethischen in eine nicht-ethische verwandelte? Dies ist nur so erklärlich, daß sie nicht wirklich im Denken begründet war. Das Denken, in dem sie entstand, war edel und enthusiastisch, aber nicht tief. Es empfand und erlebte die Zusammengehörigkeit des Ethischen und der Welt- und Lebensbejahung mehr, als daß es sie erwies. Es bekannte sich zu Welt- und Lebensbejahung und zu Ethik, ohne sie wirklich an sich und in ihrer innerlichen Verbundenheit ergründet zu haben.

Weil diese edle und wertvolle Weltanschauung mehr in einem Glauben als in einem auf das Wesen der Dinge gehenden Denken wurzelte, mußte sie mit der Zeit welk werden und die Macht über die Geister verlieren. Alles in der Folge aufkommende Denken über die Probleme der

Ethik und des Verhältnisses des Menschen zur Welt konnte nicht anders, als die Schwächen dieser Weltanschauung an den Tag bringen und damit zu ihrem Zerfall beitragen . . .

### Die Ehrfurcht vor dem Leben

So weit war ich im Laufe des Sommers 1915 gekommen. Wie nun aber weiter? War lösbar, was sich bisher als unlösbar erwiesen hatte? . . . Im Grunde blieb ich überzeugt, daß die in jener bisher undurchführbar gebliebenen Kulturweltanschauung behauptete Zusammengehörigkeit der Welt- und Lebensbejahung mit dem Ethischen aus einem Ahnen der Wahrheit kam. Also galt es, den Versuch zu unternehmen, die bisher nur geahnte und geglaubte, wenn auch soundso oft als erwiesen ausgegebene Wahrheit in neuem, ungekünsteltem und wahrhaftigem Denken als denknotwendig zu begreifen.

Bei diesem Unternehmen kam ich mir vor wie einer, der an Stelle des morschen Bootes, mit dem er sich nicht mehr aufs Meer hinauswagen kann, ein neues, besseres zimmern muß und nicht weiß, wie dies anfangen.

Monatelang lebte ich in einer stetigen inneren Aufregung dahin. Ohne jeglichen Erfolg ließ ich mein Denken in einer Konzentration, die auch durch die täglich im Spital getane Arbeit nicht aufgehoben wurde, mit dem Wesen der Welt- und Lebensbejahung und der Ethik und mit dem, was sie miteinander gemeinsam haben, beschäftigt sein. Ich irrte in einem Dickicht umher, in dem kein Weg zu finden war. Ich stemmte mich gegen eine eiserne Tür, die nicht nachgab.

Alles, was ich aus der Philosophie über Ethik wußte, ließ mich im Stich. Die Vorstellungen vom Guten, die sie ausgebildet hatte, waren alle so unlebendig, so unelementar, so eng und so inhaltlos, daß sie mit Welt-und Lebensbejahung gar nicht zusammenzubringen waren. Überhaupt hatte sie sich so gut wie gar nicht mit dem Problem des Zusammenhangs zwischen Kultur und Weltanschauung beschäftigt. Die neuzeitliche Welt- und Lebensbejahung war ihr etwas so Selbstverständliches gewesen, daß sie kein Bedürfnis empfunden hatte, über sie ins klare zu kommen.

Zu meiner Überraschung mußte ich also feststellen, daß die Zentralprovinz der Philosophie, in die mich das Nachdenken über Kultur und Weltanschauung geführt hatte, eigentlich unerforschtes Land war. Bald von diesem, bald von jenem Punkte aus versuchte ich, ins Innere vorzudringen. Immer wieder mußte ich es aufgeben. Schon war ich erschöpft und mutlos. Wohl sah ich die Erkenntnis, um die es sich handelte, vor mir. Aber ich konnte sie nicht fassen und aussprechen.

In diesem Zustande mußte ich eine längere Fahrt auf dem Fluß unternehmen. Als ich – es war im September 1915 – mit meiner Frau ihrer Gesundheit wegen in Kap Lopez am Meere weilte, wurde ich zu Frau Pelot, einer kranken Missionsdame, nach N'Gômô, an die zweihundert Kilometer stromaufwärts, gerufen. Als einzige Fahrgelegenheit fand ich einen gerade im Abfahren begriffenen kleinen Dampfer, der einen überladenen Schleppkahn mit sich führte. Außer mir waren nur Schwarze, unter ihnen Emil Ogouma, mein Freund aus Lambarene, an Bord. Da ich mich in der Eile nicht hatte genügend verproviantieren können, ließen sie mich aus ihrem Kochtopf mitessen.

Langsam krochen wir den Strom hinauf, uns mühsam zwischen den Sandbänken – es war trockene Jahreszeit – hindurchtastend. Geistesabwesend saß ich auf dem Deck des Schleppkahnes, um den elementaren und universellen Begriff des Ethischen ringend, den ich in keiner Philosophie gefunden hatte. Blatt um Blatt beschrieb ich mit unzusammenhängenden Sätzen, nur um auf das Problem konzentriert zu bleiben. Am Abend des dritten Tages, als wir bei Sonnenuntergang gerade durch eine Herde Nilpferde hindurchfuhren, stand urplötzlich, von mir nicht geahnt und nicht gesucht, das Wort «Ehrfurcht vor dem Leben» vor mir.[7] Das eiserne Tor hatte nachgegeben; der Pfad im Dickicht war sichtbar geworden. Nun war ich zu der Idee vorgedrungen, in der Welt- und Lebensbejahung und Ethik miteinander enthalten sind! Nun wußte ich, daß die Weltanschauung ethischer Welt- und Lebensbejahung samt ihren Kulturidealen im Denken begründet ist...

Die unmittelbarste Tatsache des Bewußtseins des Menschen lautet: «Ich bin Leben, das leben will, inmitten von Leben, das leben will.»[8] Als Wille zum Leben inmitten von Willen zum Leben erfaßt sich der Mensch in jedem Augenblick, in dem er über sich selbst und über die Welt um sich herum nachdenkt. Wie in meinem Willen zum Leben Sehnsucht ist nach dem Weiterleben und nach der geheimnisvollen Gehobenheit des Willens zum Leben, die man Lust nennt, und Angst vor der Vernichtung und der geheimnisvollen Beeinträchtigung des Willens zum Leben, die man Schmerz nennt: also auch in dem Willen zum Leben um mich herum, ob er sich mir gegenüber äußern kann oder stumm bleibt...

Zugleich erlebt der denkend gewordene Mensch die Nötigung, allem Willen zum Leben die gleiche Ehrfurcht vor dem Leben entgegenzubringen wie dem eigenen. Er erlebt das andere Leben in dem seinen. Als gut gilt ihm: Leben erhalten, Leben fördern, entwickelbares Leben auf seinen höchsten Wert bringen; als böse: Leben vernichten, Leben schädigen, entwickelbares Leben niederhalten. Dies ist das denknotwendige, absolute Grundprinzip des Sittlichen.

Der große Fehler aller bisherigen Ethik ist, daß sie es nur mit dem Verhalten des Menschen zum Menschen zu tun zu haben glaubte. In Wirklichkeit aber handelt es sich darum, wie er sich zur Welt und allem Leben, das in seinen Bereich tritt, verhält. Ethisch ist er nur, wenn ihm das Leben als solches, das der Pflanze und des Tieres wie das des Menschen, heilig ist und er sich dem Leben, das in Not ist, helfend hingibt. Nur die universelle Ethik des Erlebens der ins Grenzenlose erweiterten Verantwortung gegen alles, was lebt, läßt sich im Denken begründen. Die Ethik des Verhaltens von Mensch zu Mensch ist nicht etwas für sich, sondern nur ein Besonderes, das sich aus jenem Allgemeinen ergibt. Die Ethik der Ehrfurcht vor dem Leben begreift also alles in sich, was als Liebe, Hingabe, Mitleiden, Mitfreude und Mitstreben bezeichnet werden kann.

Nun bietet die Welt aber das grausige Schauspiel der Selbstentzweiung des Willens zum Leben. Ein Dasein setzt sich auf Kosten des anderen durch, eines zerstört das andere. Nur in den denkenden Menschen ist der Wille zum Leben um anderen Willen zum Leben wissend geworden und will mit ihm solidarisch sein. Dies kann er aber nicht vollständig durchführen, weil auch der Mensch unter das rätselhafte und grausige Gesetz gestellt ist, auf Kosten anderen Lebens leben zu müssen und durch Vernichtung und Schädigung von Leben fort und fort schuldig zu werden. Als ethisches Wesen ringt er aber darum, dieser Notwendigkeit, wo er nur immer kann, zu entrinnen und als einer, der wissend und barmherzig geworden ist, die Selbstentzweiung des Willens zum Leben aufzuheben, soweit der Einfluß seines Daseins reicht. Er dürstet danach, Humanität bewähren zu dürfen und Erlösung von Leiden bringen zu müssen.

Die in dem denkend gewordenen Willen zum Leben entstandene Ehrfurcht vor dem Leben enthält also Welt- und Lebensbejahung und Ethik ineinander und miteinander. Sie geht darauf aus, Werte zu schaffen und Fortschritte zu verwirklichen, die der materiellen, geistigen und ethischen Höherentwicklung des Menschen und der Menschheit dienen. Während die gedankenlose moderne Welt- und Lebensbejahung in Wissens- und Könnens- und Machtidealen umhertaumelt, stellt die denkende die geistig-ethische Vollendung des Menschen als das höchste Ideal auf, von dem alle anderen Fortschrittsideale erst ihren wirklichen Wert empfangen ...

Es war ein schweres Jahr [1915]. Zu der gewöhnlichen Arbeit kam in den ersten Monaten noch außergewöhnliche. Starke Gewitterregen hatten den Platz, auf dem die größte Baracke für die Kranken steht, unterspült. Ich mußte mich entschließen, ihn rings zu ummauern und durch das ganze Spital ausgepflasterte Abzugsgräben für das Wasser, das von dem darüberliegenden Hügel herabströmt, zu führen. Dies erforderte viele und große Steine. Zum Teil wurden sie im Boot geholt, zum Teil vom Hügel heruntergewälzt. Immer mußte ich dabeisein, immer mit anfassen. Dann ging es ans Mauern, wobei mir ein etwas vom Mauern verstehender Eingeborener half. Zum Glück fand sich auf der Station noch ein Faß halbverdorbenen Zements. Nach vier Monaten war die Arbeit fertig.

Ich dachte, nun etwas ruhen zu können. Da entdeckte ich, daß trotz aller Vorsichtsmaßregeln die Termiten in die Kisten mit den Reserven der Medikamente und der Verbandstoffe eingedrungen waren. Nun hieß es die vielen Kisten aufmachen und umpacken. Dies nahm wieder die ganze freie Zeit von Wochen in Anspruch. Zum Glück hatte ich die Sache rechtzeitig gemerkt, sonst wäre der Schaden noch viel größer gewesen. Der eigentümlich feine, brenzliche Geruch, den die Termiten verbreiten, hatte mich aufmerksam gemacht. Äußerlich war an den Kisten nichts zu sehen. Die Invasion hatte durch ein feines Loch vom Boden aus stattgefunden. Aus der einen Kiste hatten sie sich dann in die, die darüber und daneben standen, hindurchgefressen. Angelockt hatte sie wahrscheinlich eine Flasche mit medizinischen Sirup, deren Korkpfropfen undicht geworden war.

Oh, der Kampf mit dem kriechenden Getier in Afrika! Wieviel Zeit verliert man mit den zu ergreifenden Vorsichtsmaßregeln! Und mit welch ohnmächtiger Wut muß man immer wieder konstatieren, daß man dennoch überlistet wird. Meine Frau hat das Löten gelernt, um Mehl und Mais in Büchsen einlöten zu können. Aber es kommt vor, daß sogar in den verlöteten Büchsen die gefürchteten kleinen Rüsselkäfer (Calandra granaria) zu Tausenden wimmeln. Den Mais für die Hühner machen sie in kurzer Zeit zu Staub.

Sehr gefürchtet sind hier gewisse kleine Skorpione und andere stechende Insekten. Man wird so vorsichtig, daß man nie mit der Hand blindlings in eine Schublade oder in eine Kiste greift wie in Europa. Nur unter Aufsicht des Auges wagt sich der Finger voran.

Böse Feinde sind die berühmten Wanderameisen, die der Gattung Dorylus angehören. Von ihnen haben wir viel zu leiden. Auf ihren großen Wanderungen marschieren sie in Kolonnen zu fünf oder sechs nebeneinander, in musterhafter Ordnung. Ich habe einmal in der Nähe meines Hauses eine Kolonne beobachtet, deren Defilee sechsunddreißig Stunden dauerte! Geht der Marsch über freies Gelände oder kreuzt er einen Pfad, so bilden die Krieger mit den gewaltigen Kiefern in mehreren Reihen zu beiden Seiten Spalier und schützen den Zug, in dem die gewöhnlichen Wanderameisen die Brut einhertragen. Beim Spalierbilden drehen sie dem Zug den Rücken, wie die Kosaken, die den Zaren schützen. In dieser Stellung verharren sie stundenlang. Gewöhnlich marschieren drei oder vier Kolonnen selbständig nebeneinander, fünf bis fünfzig Meter auseinander. In einem bestimmten Moment schwärmen sie aus. Wie das Kommando vermittelt wird, wissen wir nicht. Aber im Nu ist ein großer Platz von schwarzem Gewimmel bedeckt. Was sich an Getier darauf befindet, ist verloren. Auch die großen Spinnen auf den Bäumen können sich nicht retten, denn die furchtbaren Räuber kriechen ihnen in Scharen bis in das höchste Gezweig nach. Und springen sie verzweifelt vom Baum herunter, so fallen sie den Ameisen auf dem Boden zum Opfer. Das Schauspiel ist grausig. Der Militarismus im Urwald hält fast den Vergleich mit dem in Europa aus.

Unser Haus liegt an einer großen Heerstraße der Wanderameisen. Gewöhnlich schwärmen sie nachts aus. Ein Scharren und ein eigentümliches Glucksen der Hühner macht uns auf die Gefahr aufmerksam. Jetzt gilt es, keine Zeit zu verlieren. Ich springe aus dem Bett, laufe zum Hühnerstall und schließe auf. Kaum öffne ich die Tür, so stürzen die Hühner heraus; eingeschlossen, würden sie die Beute der Ameisen. Diese kriechen den Tieren in Nase und Mund hinein und bringen sie zum Ersticken. Dann fressen sie sie auf, daß in kurzer Zeit nur die weißen Knochen bleiben. Gewöhnlich fallen die Küchlein den Räubern zum Opfer, die Hühner können sich wehren, bis Hilfe kommt.

Unterdessen hat meine Frau das Horn von der Wand genommen und dreimal geblasen. Dies ist das Zeichen, daß N'Kendju mit den rüstigen Männern aus dem Spital Eimer voll Wasser aus dem Fluß heraniftragen soll. Oben wird das Wasser mit Lysol vermischt und die Erde um das Haus herum und unter dem Haus damit begossen. Über diesem Tun werden wir von den «Kriegern» tüchtig mißhandelt. Sie kriechen an uns hinauf und beißen sich in uns ein. Ich zählte einmal fast ein halbes Hundert an meinem Körper. Die Tiere beißen sich mit den Kiefern so fest ein, daß man sie nicht herausbringen kann. Zieht man an ihnen, so reißt der Leib ab, und die Kiefer bleiben im Fleisch und müssen besonders gelöst werden. Das ganze Drama spielt sich im Dunkel der Nacht beim Schein der von meiner Frau gehaltenen Laterne ab. Endlich ziehen die Ameisen weiter. Sie können den Geruch des Lysols nicht ertragen. Tausende von Leichnamen liegen in den Lachen. Einmal wurden wir in einer Woche dreimal überfallen ...

Joseph hat mich verlassen. Da ich von meinen Geldmitteln in Straßburg abgeschnitten bin und Schulden machen muß, sah ich mich genötigt, sein Gehalt von siebzig Franken auf fünfunddreißig herabzusetzen. Ich erklärte ihm, daß ich mich zu dieser Maßnahme nur in der letzten Not entschlossen habe. Trotzdem kündigte er mir, und zwar «weil seine Würde ihm nicht erlaube, für so wenig Geld zu dienen». Nun wurde auch die Sparbüchse mit dem Geld für den Kauf einer Frau geleert. Sie enthielt an die zweihundert Franken. In wenigen Wochen hatte er die Summe vertrödelt. Er wohnt bei seinen Eltern auf dem gegenüberliegenden Ufer ...

Unsere Gesundheit ist nicht glänzend, ohne gerade schlecht zu sein. Die Tropenanämie ist freilich schon da. Sie zeigt sich in einer großen Ermüdbarkeit. Bin ich vom Spital den Hügel zu meiner Wohnung heraufgestiegen, so bin ich wirklich erschöpft; dabei beträgt der Weg nur vier Minuten. Auch die merkwürdige Nervosität, die die Tropenanämie begleitet, verspüren wir an uns. Dazu kommt, daß die Zähne in schlechtem Zustand sind. Meine Frau und ich legen uns gegenseitig provisorische Füllungen ein. Ihr kann ich einigermaßen helfen. Aber mir kann niemand tun, was eigentlich getan werden müßte, denn es würde sich um die Entfernung zweier unrettbar kariöser Zähne handeln. Urwald und Zahnweh! Welche Geschichten ließen sich davon erzählen ...

Die geistige Frische habe ich trotz aller Müdigkeit und aller Anämie merkwürdigerweise fast ganz bewahrt. War der Tag nicht gar zu anstrengend, so vermag ich nach dem Abendessen zwei Stunden an meiner Arbeit über Ethik und Kultur in der Geschichte des Denkens der Menschheit zu schaffen. Die notwendigen Bücher, soweit ich sie nicht mitgebracht habe, besorgt mir Professor Strohl von der Züricher Universität. Es ist ein merkwürdiges Arbeiten. Mein Tisch steht an der auf die Veranda hinausführenden Gittertür, damit ich möglichst viel von der leichten Abendbrise erhasche. Die Palmen rauschen leise zu der lauten Musik, die die Grillen und Unken aufführen. Aus dem Urwald tönen häßliche und unheimliche Schreie herüber. Caramba, der treue Hund auf der Veranda, knurrt leise, um mir seine Gegenwart bemerkbar zu machen. Zu meinen Füßen unter dem Tisch liegt eine kleine Zwergantilope ... Urwaldeinsamkeit, wie kann ich dir jemals danken für das, was du mir warst! ...

Die Stunde zwischen dem Mittagessen und der Wiederaufnahme der Arbeit im Spital ist der Musik gewidmet, der auch die Sonntagnachmittage gehören. Auch hier merke ich den Segen des weltfernen Arbeitens. Viele Bachsche Orgelstücke lerne ich einfacher und innerlicher auffassen als früher.

Geistige Arbeit muß man haben, um sich in Afrika aufrecht zu erhalten. Der Gebildete, so merkwürdig es klingen mag, erträgt das Leben im Urwald besser als der Ungebildete, weil er eine Erholung hat, die dieser nicht kennt. Beim Lesen eines ernsten Buches hört man auf, das Ding zu sein, das sich den ganzen Tag in dem Kampf gegen die Unzuverlässigkeit der Eingeborenen und die Zudringlichkeit des Getiers aufreibt, und wird wieder Mensch. Wehe dem, der hier nicht immer wieder zu sich selbst kommt und neue Kräfte sammelt! Er geht an der furchtbaren Afrikaprosa zugrunde ...

Zeitungen kann man hier fast nicht ertragen. Das nur auf den vorüberrauschenden Tag berechnete, gedruckte Gerede nimmt sich hier, wo die Zeit gewissermaßen stillesteht, grotesk aus. Ob wir es wollen oder nicht: alle stehen wir hier unter dem Eindruck des täglich wiederkehrenden Erlebnisses, daß die Natur alles und der Mensch nichts ist. Damit kommt etwas in die Weltanschauung – auch in die des weniger Gebildeten – hinein, das gegen die Aufgeregtheit und Eitelkeit des europäischen Treibens empfindlich macht. Man erfaßt es als etwas Abnormes, daß an einer Stelle der Erde die Natur nichts mehr und der Mensch alles ist ...

In diesen Tagen wurde hier bekannt, daß von den Weißen, die vom Ogowe nach Europa gegangen waren, um ihrer Soldatenpflicht zu genügen, bereits zehn gefallen seien. Dies macht einen großen Eindruck auf die Eingeborenen. «Schon zehn Menschen sind in diesem Kriege gefallen!» sagte ein alter Pahuin. «Ja, warum kommen dann diese Stämme nicht zusammen, um das Palaver zu besprechen? Wie können sie denn diese Toten alle bezahlen?»

Bei den Eingeborenen müssen nämlich die im Kriege Gefallenen, bei den Besiegten sowohl wie bei den Siegern, von der anderen Partei bezahlt werden.

Ist Post angekommen, so hält mich unser Koch Aloys an. «Doktor, ist immer noch Krieg?» – «Ja, Aloys, es ist immer noch Krieg.» Dann schüttelt er traurig den Kopf und sagt einige Male hintereinander: «O lala, o lala.» Er gehört zu den Negern, die seelisch unter dem Gedanken des Krieges leiden ...

Seit über drei Jahren lebe ich auf einer Missionsstation. Was denke ich nach den gemachten Erfahrungen über Mission? Was erfaßt der Urwaldmensch vom Christentum, und wie erfaßt es ihn? In Europa wurde mir immer eingeworfen, daß das Christentum für die Primitiven zu hoch sei. Die Frage hatte mich früher selber unruhig gemacht. Nun darf ich aus der Erfahrung mit «Nein» antworten.

Zunächst bemerke ich, daß das Naturkind viel «denkender» ist, als man gewöhnlich annimmt. Wenn es auch nicht lesen und schreiben kann, so hat es doch über viel mehr Dinge Überlegungen angestellt, als wir meinen. Gespräche, die ich mit alten Eingeborenen in meinem Spital über die letzten Fragen des Lebens geführt habe, haben mich tief ergriffen. Der Unterschied zwischen Weiß und Farbig, Gebildet und Ungebildet verschwindet, wenn man mit dem Urwaldmenschen auf die Fragen zu reden kommt, die unser Verhältnis zu uns selbst, zu den Menschen, zur Welt und zum Ewigen betreffen. «Die Neger sind tiefer als wir, denn sie lesen keine Zeitungen», sagte mir letzthin ein Weißer. In dieser Paradoxie liegt etwas Wahres.

Es besteht also eine große natürliche Aufnahmefähigkeit für das Elementare der Religion. Das Historische an dem Christentum liegt dem Eingeborenen naturgemäß fern. Er lebt ja in einer geschichtslosen Weltanschauung. Die Zeit zwischen Jesus und uns kann er nicht ermessen.

Auch die Glaubenssätze, in denen ausgesprochen ist, auf welche Weise die Erlösung nach dem göttlichen Weltplan vorbereitet und verwirklicht worden sein soll, sind ihm nicht leicht begreiflich zu machen. Dafür aber hat er ein elementares Bewußtsein von der Erlösung als solcher. Das Christentum ist für ihn das Licht, das in die Finsternis der Angst scheint. Es versichert ihm, daß er nicht der Gewalt von Naturgeistern, Ahnengeistern und Fetischen ausgeliefert ist und daß kein Mensch unheimliche Macht über den andern besitzt, sondern daß in allem Geschehen nur der Wille Gottes waltet.

> «Ich lag in schweren Banden,
> Du kommst und machst mich los.»

Dieses Wort aus Paul Gerhardts Adventslied spricht wie kein anderes aus, was das Christentum für den primitiven Menschen ist. Immer und immer wieder muß ich daran denken, wenn ich auf einer Missionsstation am Gottesdienst teilnehme...

Im Naturmenschen schlummert ein ethischer Rationalist. Er hat eine natürliche Empfänglichkeit für den Begriff des Guten und was in der Religion damit zusammenklingt. Sicherlich haben Rousseau und die Menschen der Aufklärungszeit das Naturkind idealisiert. Aber etwas Wahres ist doch an ihrer Anschauung von dem guten und vernünftigen Vermögen in demselben...

Nie habe ich das Sieghaft-Elementare in den Gedanken Jesu so empfunden, als wenn ich in der großen Schulbaracke zu Lambarene, die als Kirche dient, den Eingeborenen die Bergpredigt und die Gleichnisse des Herrn und die Sprüche des Apostels Paulus von dem neuen Dasein, in dem wir wandeln, auslegen durfte.

Inwieweit wird der Neger nun aber als Christ wirklich ein anderer Mensch? In der Taufe hat er allen Aberglauben abgeschworen. Aber der Aberglaube ist so mit seinem Leben und mit dem gesellschaftlichen Leben verwachsen, daß er nicht von heute auf morgen damit fertig wird. Fortgesetzt hat er im kleinen wie im großen Rückfälle ... Aber es gibt auch eingeborene Christen, die in jeder Hinsicht sittliche Persönlichkeiten geworden sind. Ich komme jeden Tag mit einem solchen zusammen. Es ist Ojembo, der schwarze Lehrer an unserer Knabenschule. Ich zähle ihn zu den feinsten Menschen, die ich überhaupt kenne. Ojembo heißt «das Lied».

Nie hat wohl jemand einen so schönen Namen besser getragen als dieser schwarze Lehrer. Gleich fühlte ich mich zu dem klugen, gütigen und bescheidenen Menschen hingezogen. Er hatte etwas so Feines an sich, daß man sich in seiner Gegenwart fast eingeschüchtert fühlte. Seine Frau war ebenfalls lieb und tüchtig. Und wie wohlerzogen waren die drei kleinen Negerlein, die die Bambushütte, die als Amtswohnung des Lehrers diente, bevölkerten.

Ojembo war der Übersetzer meiner Predigten im Gottesdienst. Am Samstagabend kam er, um mit mir zu proben. Da mußte ich ihm Satz für Satz die ganze Predigt hersagen, ob keine ihm unbekannten oder in die Negersprache nicht übertragbaren Worte darin vorkämen. Wie hat man sich zu hüten, dort in der Predigt von Dingen zu reden, unter denen die Schwarzen sich nichts vorstellen können! Eine Reihe von Gleichnissen Jesu muß man außer Betracht lassen oder umschreiben, weil die Schwarzen des Ogowe nicht wissen, was ein Weinstock oder ein Getreidefeld ist.

Gegen Ende des Krieges, als die Mission in Geldnöte kam und die Gehälter der Angestellten draußen kürzen mußte, gab Ojembo seine Lehrerstelle auf, um in sein an einem abgelegenen See im Urwald liegendes Dorf zu ziehen. Mit seiner mageren Bezahlung hatte er schon vorher Mühe gehabt, sich und die Seinen durchzubringen. Nun galt es zu verdienen, um die Familie zu erhalten. Er gedachte eine Pflanzung anzulegen.

Als ich 1924 wieder nach Afrika kam, traf ich an der Küste mit Ojembo zusammen. Er hatte mit Männern aus seinem Dorfe eben ein mächtiges Floß den Ogowe heruntergebracht und strich von der holländischen Firma, der er es verkaufte, ein schönes Geld dafür ein. «Ojembo, du hast dich gemacht», sagte ich. «Jetzt bist du im Holzhandel und auf dem besten Wege, ein reicher Mann zu werden.» – «Es geht mir nicht schlecht», antwortete er in seiner schlichten Art.

Kaum, daß ich ihn noch nach Frau und Kinder fragen konnte, mußte er wieder fort, um bei der Ablieferung und der Nachmessung des Floßes dabeizusein. Ich selber mußte zur Verzollung meiner Kisten gehen. Eigentlich war es mir ganz recht, daß wir nicht viel miteinander reden konnten. Ojembo, der Holzhändler, war mir ja nicht mehr derselbe wie Ojembo, der Lehrer. Gerade auf ihn hatten wir alle so große Hoffnungen für die Erziehung der schwarzen Jugend gesetzt. Von ihm hatten wir erwartet, daß er seinen Altersgenossen, die alle so aufs Geldverdienen aus waren, zeigen würde, daß es noch etwas Höheres gäbe: ein wertvolles Wirken. Die andern, die mit ihm auf der höheren Schule der Mission gewesen waren und in jenem Jahre das Examen gemacht hatten, hatten es verschmäht, Schulmeister zu werden. Sich mit einem armseligen Gehalt durchs Leben zu schlagen und von morgens bis abends mit widerspenstigen Negerbuben zu tun zu haben war ihnen nicht verlockend erschienen. Wohl wußten sie, welcher Mangel an eingeborenen Lehrern war; wohl baten die Missionare, sie möchten doch das, was sie an ihren heranwachsenden Landsleuten Gutes tun könnten, höher stellen als Geldverdienen. Jeder hatte eine andere Ausrede, warum er jetzt vor allem daran denken müsse, sich mit den auf der höheren Schule der Mission erworbenen Kenntnissen als Schreiber bei der Regierung oder im Holzhandel eine einträglichere Stellung zu erwerben. Der eine mußte die Schulden seines Bruders bezahlen; der andere hatte selber Schulden; ein dritter wollte sich eine Frau kaufen; ein vierter brauchte Geld zur Anlage einer Pflanzung.

Nur Ojembo hatte das schlechtbezahlte und schwere Wirken als Erzieher statt des Geldverdienens gewählt. Und nun war – durch die Schuld des Krieges – auch Ojembo zuletzt in den Holzhandel gekommen und darin geblieben. Ich machte ihm keine Vorwürfe, aber ich trauerte um ihn.

Längere Zeit trug ich die Sache mit mir herum. Den Missionaren in Lambarene mochte ich nicht von Ojembo anfangen, um Näheres über ihn zu hören. Aber jedesmal, wenn ich an der Hütte bei der Knabenschule vorbeiging, aus der er so manchmal auf mich zugekommen war und mit mir geplaudert hatte, gab es mir einen Stich durchs Herz.

Eines Tages aber kam unter den Missionaren, während ich dabei war, die Rede auf Ojembo. «Ach», sagte ich, «auch einer, der an den Holzhandel verlorengegangen ist! Um den ist es mir mehr leid als um alle anderen zusammen.»

«An den Holzhandel verlorengegangen?» sagte ein Missionar. «Wie meinen Sie das?»

«Nun ja», sagte ich; «ich habe ihn doch in Kap Lopez angetroffen, wie er ein großes Floß, das er mit den Leuten seines Dorfes geschlagen hatte, ablieferte. Und er hat mir selbst gesagt, er sei jetzt im Holzhandel.»

«Ja», sagte der Missionar, «er ist im Holzhandel; aber dem Lehrerberuf ist er damit nicht verlorengegangen. Er entfaltet jetzt eine viel größere erzieherische Tätigkeit, als da Sie ihn in Lambarene kannten.»

Nun erfuhr ich folgendes. Als Ojembo in sein Dorf ging, brachte er die Leute des Dorfes dazu, daß sie miteinander ein großes Stück Wald ausrodeten, um eine große Pflanzung von Bananen und Maniok anzulegen. Das Fällen des Urwaldes ist eine so beschwerliche Arbeit, daß die Schwarzen gewöhnlich nur gerade so viel Land urbar machen, als sie brauchen, um nicht ganz zu verhungern. Darum ist in jenen Gegenden fast ständig Hungersnot. Oft muß die Regierung schwarze Soldaten ins Dorf legen, um die Leute zu zwingen, genügend Wald zu Pflanzungen umzuhauen.

In seinem Dorfe brachte es Ojembo also dahin, daß die Leute bei der schweren Arbeit des Fällens der Riesenbäume aushielten und Platz für eine große Pflanzung schufen. Die Pflanzung fing an zu tragen, als der Krieg zu Ende war und der Holzhandel wieder in Gang kam. Da hatte das Dorf nicht nur reichlich Lebensmittel für sich selbst, sondern es konnte den Holzhändlern für ihre zahlreichen Arbeiter Bananen und Maniok liefern. So wurden die Leute durch Ojembo zur zielvollen Arbeit angehalten und kamen zu Wohlstand.

Als so für des Lebens Unterhalt gesorgt war, gründete Ojembo in dem Dorfe eine Schule. Er dachte nicht daran, die Regierung oder die Mission um einen Zuschuß zur Schule anzugehen. Er selber hatte ja jetzt zu leben. Die Kinder aber, die in die Schule kamen, konnten sich ihre Nahrung und das Geld für die Bücher verdienen, indem sie in der freien Zeit in der großen Pflanzung arbeiteten. Denn die Pflanzung wurde stetig unterhalten und stetig vergrößert. Neben den Bananen und dem Maniok wurde auch Kaffee und Kakao gepflanzt. So entstand in jener abgelegenen Gegend eine blühende Schule. Daneben war Ojembo Evangelist. Am Sonntag hielt er Gottesdienst.

Ojembo war aber nicht nur der Erzieher der Kleinen, sondern auch der Großen. Er brachte sie dazu, daß sie das Dorf neu aufbauten. Gewöhnlich wohnen die Neger in ihren Bambushütten, bis diese ihnen verfault über dem Kopfe zusammenbrechen. Dann sammeln sie in der Eile die nötigsten Materialien, um schnell wieder eine Hütte zu errichten. Um möglichst wenig Arbeit zu haben, machen sie sie möglichst klein. Ojembo aber brachte sie dazu, auch hierin richtige Arbeit zu tun. Im Laufe der Monate entstand ein Dorf aus gediegenen und geräumigen Hütten.

Schon von weitem, so erfuhr ich, unterscheidet sich dieses Dorf von den andern. Ein gewöhnliches Negerdorf im Urwald sieht man erst, wenn man darin steht. Das

Dickicht reicht bis an die Hütten. Es ist ja schon eine große Arbeit, den Wald um das Dorf herum freizulegen. Da begnügen sich die Leute dann gewöhnlich damit, die Bäume im Umkreis von einigen Metern abzuhauen, statt einen weiten freien Platz zu schaffen.

Nachher kommt aber die noch viel größere Arbeit, das Gebüsch und das Elefantengras, die nun ständig an der Stelle des niedergelegten Waldes wieder emporwachsen, regelmäßig abzuhauen. Jeden Monat muß die Arbeit unternommen werden. Wie bald bekommen die Leute diese uneinträgliche Mühe satt! Sie lassen um das Dorf herum wuchern, was da wuchern will, unbekümmert darum, daß diese dichte Wildnis jeden Luftzug von den Wohnungen abhält und daß die im Gebüsch und dem hohen Gras hausenden Schnaken den Bewohnern des Dorfes das gefährliche Sumpffieber bringen.

Durch die Autorität, die er nach und nach über die Leute bekommen hatte, brachte Ojembo es fertig, daß um das Dorf am See ein großer freier Platz entstand. An Widersachern hat es diesem Oberlin im Urwalde natürlich nicht gefehlt. Die trägen Menschen lehnten sich gegen ihn auf. Selbst die Verleumdung ging um, daß er das Dorf zur Arbeit anhielte, um sich selber damit zu bereichern. Aber Ojembo wurde seiner Widersacher Herr. Nicht daß er sie machtvoll bei den Dorfversammlungen niedergeredet hätte. Die Rednergabe ist ihm nicht verliehen. Er siegte durch die Lauterkeit und Gütigkeit seines Wesens.

Als der Holzhandel wieder in Blüte kam, regte Ojembo an, daß die Männer des Dorfes sich unter seiner Leitung zur Betätigung im Holzhandel zusammentun sollten. Schon in früheren Zeiten hatten sie miteinander Holz gemacht. Aber es war immer ein unordentlicher Betrieb gewesen. Niemand hatte gehorcht. Wenn es galt, die Bäume zu fällen und zu zerlegen, ins Wasser zu rollen und in Flöße zu binden, war gar mancher unter den mannigfachsten Vorwänden von der Arbeit gewichen. Vielen war es nur darauf angekommen, an dem Vorschuß beteiligt zu sein, den der weiße Holzhändler für die versprochenen Flöße zahlen mußte. Ob die Lieferung nachher auch richtig erfolgte, kümmerte sie nicht. So blieb das Holz manchmal im Walde liegen und verdarb, weil es nicht rechtzeitig in den Fluß geschafft worden war. Wurden aber Flöße abgeliefert, so entstanden immer Händel, wie das erlöste Geld zu verteilen sei.

Unter Ojembos Leitung wurde alles anders. Die Arbeit wurde organisiert. Es wurde Buch geführt über die geleisteten Arbeitstage und über die Ausgaben und Einnahmen. Jeder war sicher, daß er im Verhältnis zu seiner Leistung bezahlt würde. An Stelle der Unordnung trat Ordnung. Es wurde viel mehr geleistet und viel mehr verdient.

Kurze Zeit, nachdem ich so von der erzieherischen Tätigkeit Ojembos gehört hatte, kam er, mich im Spital zu begrüßen. Nun war er wieder der alte Ojembo für mich. Ich drückte ihm meine Freude über sein Wirken aus und hätte gerne mehr darüber aus seinem Munde erfahren. Aber es war nichts aus ihm herauszubringen. Er scheute sich, von sich selbst zu reden. Meinen Plan, ihn in seinem an die 150 Kilometer von Lambarene entfernten Dorfe aufzusuchen, konnte ich nicht ausführen, weil ich durch die Verlegung des Spitals auf einen größeren Platz zu sehr in Anspruch genommen war.

Daß aber die Stadt, die auf dem Berge liegt, nach dem Worte unseres Herrn nicht verborgen bleiben kann, erfuhr ich auf dem Schiffe während der Heimfahrt. Saßen wir da, einige Holzhändler, ein Missionar und ich, zusammen und sprachen von dem, was wir am Ogowe erlebt hatten. Die Holzhändler waren unerschöpflich in Geschichten von Vorschüssen, die sie an Schwarze gegeben hatten, ohne das versprochene Holz geliefert zu bekommen, von Flößen, die sie gekauft hatten, um nachher zu erfahren, daß man sie gleichzeitig an den Konkurrenten verkauft und von beiden das Geld eingesteckt hatte, von schlechtem Holz, das sie an Stelle des ausgemachten guten erhalten hatten. «Aber», unterbrach einer von ihnen diese Ergüsse, «sie sind doch nicht alle so. Einen wenigstens habe ich kennengelernt, auf den absolut Verlaß ist. Er wohnt in der Gegend der N'Komi. Wenn Sie zu dem kommen und einen Lieferungsvertrag abschließen, sind Sie sicher, daß Sie das Holz in der bedungenen Qualität und zur rechten Zeit bekommen. Und während die Schwarzen sonst Vorschüsse über Vorschüsse von einem erpressen wollen, weist dieser die angebotenen Vorschüsse sogar zurück. Ich habe gemeint, nicht recht gehört zu haben, wie er mir sagte, daß ich vor erfolgter Lieferung nichts zu zahlen habe.»

«Und dieser Schwarze heißt Ojembo», sagte der Missionar. «Ja, so heißt er», antwortete der Weiße.

«Von diesem Ojembo kann auch ich eine Geschichte erzählen», fiel da ein anderer Holzhändler ein. «Auf jenem See wurde ich in einem Flachboote angesichts eines Dorfes plötzlich von einem Sturme überfallen. Der Wind war gegen uns. Wir mußten die Hoffnung, den Strand zu erreichen, aufgeben. Es war nur noch eine Frage der Zeit, wann unser flaches Fahrzeug, das sich schon mit Wasser füllte, von den Wellen zum Kentern gebracht werden würde. Von den Eingeborenen, die bei uns waren, konnten die meisten nicht schwimmen, weil sie aus dem Innern stammten. Auf das Dorf setzte ich gar keine Hoffnung. Die Schwarzen sind ja nicht leicht gewillt, ihr Leben für andere aufs Spiel zu setzen. Und wie sollten sie uns auch helfen? Nur mit einem großen Kielboote hätte man sich auf den wilden See wagen dürfen. Heute besitzen die Schwarzen ja keine solchen Boote mehr. Sie wenden die Mühe nicht auf, sie zu zimmern. Da sehe ich durch den sintflutartigen Regen hindurch, wie ein mächtiges Boot vom Lande abstößt und auf uns zuhält. Es erreicht uns, als wir gerade zu sinken beginnen. Die Leute begnügen sich nicht damit, uns zu retten, sondern sie fischen auch meine Kisten auf. Im Dorfe bekommen wir trockene Sachen, werden gut untergebracht und gut genährt. Der Anführer, in dessen Hütte ich mich befinde, läßt die Kisten herbeischaffen und öffnet sie, um die darin befindlichen Sachen zu trocknen.

Habt ihr schon so etwas in Afrika erlebt? Am andern Morgen, wie ich meine Sachen zusammensuche, fehlt auch nicht ein Stück. Auch das habt ihr in Afrika noch nicht erlebt. Jetzt aber kommt das Beste! Wie ich mich verabschiede und bedanke, um in meinem Boote, das die Schwarzen nach dem Sturme geborgen hatten, weiterzufahren, frage ich den Anführer, wieviel ich den Leuten des Dorfes für ihre Mühe schulde. Darauf sagt dieser, sie hätten nur ihre Menschen- und Christenpflicht getan und wollten kein Geschenk dafür. Dies ist mein Erlebnis mit Ojembo.» – So ist Ojembo der Erzieher seines Dorfes geworden. Sein Einfluß reicht weit darüber hinaus ...

In Europa stellt man sich eine Missionsstation wie eine Dorfpfarrei im Urwald vor. Sie ist aber etwas viel Umfassenderes und Komplizierteres: ein Bischofssitz, ein Schulzentrum, ein landwirtschaftliches Unternehmen und ein Markt!

Zu einer normalen Missionsstation gehören: ein Missionar als Stationsleiter, ein Missionar für die Evangelisationsreisen, ein Missionar als Lehrer an der Knabenschule, eine Lehrerin für die Mädchenschule, ein oder zwei Handwerkermissionare und womöglich ein Arzt. Nur eine solche Station leistet etwas. Eine unvollständige verbraucht Menschen und Geld, ohne daß dabei Entsprechendes herauskommt ...

In den Tropen leistet der Mensch höchstens die Hälfte von dem, was er in einem gemäßigten Klima ausführen kann. Wird er von einer Arbeit in die andere gezerrt, so verbraucht er sich so schnell, daß er nach einiger Zeit wohl noch da ist, aber keine wirkende Kraft mehr repräsentiert. Darum tut strenge Arbeitsteilung not, obwohl andererseits, wenn die Umstände es erfordern, jeder wieder alle Arbeiten tun können muß. Ein Missionar, der nicht zugleich etwas von den Handwerken, von der Pflanzung und von der Behandlung der Kranken versteht, ist ein Unglück für die Station ...

Dem Stationsleiter fallen die Gottesdienste auf der Station und den nächsten Dörfern und zugleich die Aufsicht über die Schulen und die Pflanzungen der Station zu. Er darf die Station eigentlich keinen Tag verlassen. Er muß seine Augen überall haben und für jeden jederzeit zu sprechen sein. Seine prosaischste Beschäftigung ist, den Markt abzuhalten. Die Lebensmittel, die wir für die Schulen, für die Arbeiter und Ruderer der Station und für uns selber brauchen, bekommen wir nicht für Geld. Nur wenn die Eingeborenen wissen, daß sie bei uns gute Waren finden, bringen sie uns regelmäßig Maniok, Bananen und gedörrte Fische. Also muß die Missionsstation einen Laden haben. Zwei- oder dreimal in der Woche kommen die Eingeborenen mit den Früchten ihrer Pflanzungen und mit Fischen und tauschen das Mitgebrachte gegen Salz, Petroleum, Nägel, Fischgeräte, Tabak, Sägen, Messer, Beile und Tücher ein. Schnaps gibt es bei uns nicht. Der ganze Morgen des Stationsleiters geht drauf. Und welche Zeit kostet es ihn, die Bestellungen in Europa richtig und rechtzeitig zu machen, die Rechnungen genau zu führen, die Ablöhnung der Ruderer und Arbeiter vorzunehmen, die Pflanzungen der Station zu beaufsichtigen! Welche Verluste entstehen, wenn er das Nötige nicht rechtzeitig beschafft hat! Man soll ein Dach eindecken, und es sind keine getrockneten und gehefteten Raphiablätter da! Es soll gebaut werden, und es sind keine Balken und Bretter vorhanden, oder er hat die gute Jahreszeit zum Bereiten von Ziegeln vorbeigehen lassen! Oder er hat versäumt, den Vorrat an gedörrten Fischen für die Schulkinder zur rechten Zeit wieder nachzuräuchern, und entdeckt eines Morgens, daß er von Würmern wimmelt und verloren ist. Vom Stationsleiter hängt es ab, ob die Station zweckmäßig und billig oder unzweckmäßig und teuer arbeitet...

Welch furchtbare Prosa für einen Menschen, der gekommen ist, um die Religion Jesu zu verkünden! Hätte er nicht die Abend- und Morgenandacht in der Schule zu halten und am Sonntag zu predigen, so könnte der Stationsleiter fast vergessen, daß er eigentlich Missionar ist. Aber den größten Einfluß übt er gerade dadurch, daß er in diesem alltäglichen Getriebe christliche Freundlichkeit und christliche Sanftmut erweist. Durch seine Predigt ohne Worte wird die Station das, was sie geistig sein soll.

Ein Wort über die Schulen. Eine Schule, bei der die Kinder zum Unterricht kommen und bei ihren Eltern wohnen, ist hier unmöglich der Entfernungen wegen. Dörfer, die zur Station Lambarene gehören, liegen bis zu hundert Kilometer weit, wenn nicht mehr, von ihr ab. Also müssen die Kinder auf der Station wohnen. Die Eltern bringen sie im Oktober und holen sie im Juli, wenn die Zeit der großen Fischzüge beginnt, wieder ab. Dafür, daß sie beherbergt und genährt werden, müssen die Kinder, Knaben wie Mädchen, auf der Station Arbeit leisten.

Ihr Tag verläuft folgendermaßen: Morgens von sieben bis neun Uhr schneiden sie das Gras und das Gebüsch ab. Der Kampf, um die Station gegen den Urwald zu erhalten, wird in der Hauptsache von ihnen geführt. Sind sie an einem Ende des Geländes mit dem Abmähen fertig, so können sie am andern, wo unterdes wieder alles emporgeschossen ist, gerade wieder anfangen. Von neun bis zehn Uhr ist Ruhestunde. Unter einem großen Dache kochen sich die Kinder ihre Bananen nach Negerart. Je fünf oder sechs gehören zu einem Kochtopf und zu einem Feuerloch. Nach dem Essen, von zehn bis zwölf, ist Schule. Die Erholungszeit von zwölf bis eins wird zum größten Teil mit Baden und Fischen verbracht. Ist die von zwei bis vier dauernde Nachmittagsschule vorüber, so haben die Kinder wieder eine Arbeitszeit von anderthalb Stunden vor sich. Sie helfen in der Kakaopflanzung mit; oft auch gehen dann die Buben dem Handwerkermissionar zur Hand, bereiten Ziegel, transportieren Baumaterialien oder vollführen Erdarbeiten. Dann werden die Lebensmittel für den folgenden Tag in Empfang genommen. Nach sechs Uhr findet die Abendandacht statt. Hierauf wird das Abendessen gekocht und eingenommen. Um neun Uhr geht es ins Bett, das heißt auf die Holzpritsche unter das Moskitonetz. An den Sonntagnachmittagen werden Kanufahrten unternommen, wobei die Lehrerin die Schulmädchen als Rudermannschaft hat. In der trockenen Jahreszeit wird auf den Sandbänken gespielt ...

Das schwerste Problem wird der christlichen Mission dadurch geschaffen, daß sie draußen in zwei Gestalten, als katholische und protestantische, auftreten muß. Wieviel schöner wäre das Wirken im Namen Jesu, wenn dieser Unterschied nicht wäre und die beiden Kirchen nicht in Konkurrenz miteinander ständen. Am Ogowe unterhalten die Missionare beider Konfessionen korrekte, manchmal auch freundliche Beziehungen zueinander. Aber der Wettstreit, der die Eingeborenen verwirrt und die Sache des Evangeliums schädigt, ist darum nicht aus der Welt geschafft.

Ich komme als Arzt öfters auf die katholischen Missionsstationen und kann mir daher von der Art, wie dort die Evangelisation und der Unterricht betrieben werden, ein ziemlich klares Bild machen. Was die Organisation anbetrifft, so scheint mir die katholische Mission der protestantischen in manchen Dingen überlegen. Sollte ich den Unterschied in den von beiden verfolgten Zielen definieren, so würde ich sagen, daß die protestantische Mission hauptsächlich auf die Heranbildung christlicher Persönlichkeiten ausgeht, während die katholische vor allem die solide Gründung einer Kirche im Auge hat. Das Ziel, das sich die protestantische Mission steckt, ist das höhere; aber es trägt der Wirklichkeit weniger Rechnung als das der katholischen. Um das Erziehungswerk auf die Dauer durchzuführen, bedarf es einer festgegründeten Kirche, die sich in natürlicher Weise aus den Nachkommen der christlichen Familien vermehrt. Dies lehrt die Kirchengeschichte aller Zeiten. Aber besteht nicht die Größe wie auch die Schwäche des Protestantismus darin, daß er zu sehr persönliche Religion und zuwenig Kirche ist? ...

# RESIGNATION UND ERMUTIGUNG
## 1917–1923

### Heimkehr ins Tal

Im September 1917, als ich meine Arbeit in Lambarene eben wiederaufgenommen hatte, erging Befehl, daß wir sofort, mit dem gerade fälligen Schiff, nach Europa in ein Gefangenenlager zu verbringen seien. Glücklicherweise hatte das Schiff einige Tage Verspätung, so daß wir Zeit hatten, mit Hilfe der Missionare und einiger Eingeborenen unsere Sachen sowie die Medikamente und Instrumente in Kisten zu verpacken und in einer kleinen Wellblechbaracke unterzustellen.

An ein Mitnehmen der Skizzen der Kulturphilosophie war nicht zu denken. Bei irgendeiner Visitation wären sie mir abgenommen worden. Also vertraute ich sie dem amerikanischen Missionar Ford an, der damals in Lambarene wirkte. Dieser hätte – wie er mir gestand – das schwere Paket am liebsten in den Fluß geworfen, weil er Philosophie für unnötig und schädlich hielt. Aber aus christlicher Liebe wollte er es aufbewahren und es mir nach Ende des Krieges zukommen lassen. Um auf alle Fälle etwas von der getanen Arbeit zu retten, machte ich mir in zwei Nächten einen Auszug auf französisch, der die Hauptgedanken des Ganzen und die Disposition der bereits ausgearbeiteten Teile enthielt. Damit er den Zensoren, die sich damit befassen würden, inaktuell und damit unanstößig erschiene, gab ich ihm durch entsprechende Kapitelüberschriften das Aussehen einer geschichtlichen Studie über die Renaissance. Tatsächlich erreichte ich damit, daß er der ihm mehrmals drohenden Konfiskation entging. Zwei Tage vor der Abreise mußte ich inmitten gepackter und halbgepackter Kisten noch schnell eine eingeklemmte Hernie operieren.

Als wir auf den Flußdampfer verbracht worden waren und die Eingeborenen uns vom Ufer aus liebe Worte zum Abschied zuriefen, kam der Pater Superior der katholischen Mission an Bord, wies mit hoheitsvoller Gebärde die schwarzen Soldaten ab, die ihm den Zutritt zu uns verwehren wollten, und drückte uns die Hand. «Sie sollen», sagte er, «nicht von diesem Lande scheiden, ohne daß ich Ihnen beiden für alles Gute, das Sie ihm erwiesen, Dank gesagt habe.» Wir sollten uns nicht wiedersehen. Kurz nach dem Kriege ging er mit der «Afrique», demselben Schiff, das uns nach Europa brachte, im Golf von Biskaya unter...

Was ist das Endergebnis der Erfahrungen dieser viereinhalb Jahre?

In allem hat sich mir bestätigt, daß die Überlegungen, die mich aus der Wissenschaft und aus der Kunst in den Urwald hinaustrieben, richtig waren. «Die Eingeborenen, die am Busen der Natur leben, sind nicht so viel krank wie wir und spüren den Schmerz nicht wie wir», hatten mir meine Freunde gesagt, um mich zurückzuhalten. Ich aber habe gesehen, daß dem nicht so ist. Draußen herrschen die meisten Krankheiten, die wir in Europa haben, und manche, die häßlichen, die wir dorthin getragen haben, schaffen dort womöglich noch mehr Elend als bei uns. Den Schmerz aber fühlt das Naturkind wie wir, denn Mensch sein heißt der Gewalt des furchtbaren Herrn, dessen Name Weh ist, unterworfen sein.

Das körperliche Elend ist draußen überall groß. Haben wir ein Recht, die Augen davor zu schließen und es zu ignorieren, weil die europäischen Zeitungen nicht davon sprechen? Wir sind verwöhnt. Wenn bei uns jemand krank ist, ist der Arzt sogleich zur Hand. Muß operiert werden, so tun sich alsbald die Türen einer Klinik auf. Aber man stelle sich vor, was es heißt, daß draußen Millionen und Millionen ohne Hoffnung auf Hilfe leiden. Täglich erdulden Tausende und Tausende Grausiges an Schmerz, was ärztliche Kunst von ihnen wenden könnte. Täglich herrscht in vielen, vielen fernen Hütten Verzweiflung, die wir bannen könnten. Es wage doch jeder, nur die letzten zehn Jahre in seiner Familie auszudenken, wenn sie ohne Ärzte hätten verlebt werden sollen! Wir müssen aus dem Schlafe aufwachen und unsere Verantwortung sehen.

Wenn ich es als meine Lebensaufgabe betrachte, die Sache der Kranken unter fernen Sternen zu verfechten, berufe ich mich auf die Barmherzigkeit, die Jesus und die Religion befehlen. Zugleich aber wende ich mich an das elementare Denken und Vorstellen. Nicht als ein «gutes Werk», sondern als eine unabweisliche Pflicht soll uns das, was unter den Farbigen zu tun ist, erscheinen.

Was haben die Weißen aller Nationen, seitdem die fernen Länder entdeckt sind, mit den Farbigen getan? Was bedeutet es allein, daß soundso viele Völker da, wo die sich mit dem Namen Jesu zierende europäische Menschheit hinkam, schon ausgestorben sind und andere im Aussterben begriffen sind oder stetig zurückgehen! Wer beschreibt die Ungerechtigkeiten und Grausamkeiten, die sie im Laufe der Jahrhunderte von den Völkern Europas erduldet? Wer wagt zu ermessen, was der Schnaps und die häßlichen Krankheiten, die wir ihnen brachten, unter ihnen an Elend geschaffen haben!

Würde die Geschichte alles dessen, was zwischen den Weißen und den farbigen Völkern vorging, in einem Buche aufgezeichnet werden, es wären, aus älterer wie aus neuerer Zeit, massenhaft Seiten darin, die man, weil zu grausigen Inhalts, ungelesen umwenden müßte.

Eine große Schuld lastet auf uns und unserer Kultur. Wir sind gar nicht frei, ob wir an den Menschen draußen Gutes tun wollen oder nicht, sondern wir müssen es. Was wir ihnen Gutes erweisen, ist nicht Wohltat, sondern Sühne. Für jeden, der Leid verbreitete, muß einer hinausgehen, der Hilfe bringt. Und wenn wir alles leisten, was in unseren Kräften steht, so haben wir nicht ein Tausendstel der Schuld gesühnt. Dies ist das Fundament, auf dem sich die Erwägungen aller «Liebeswerke» draußen erbauen müssen...

Wir müssen Ärzte haben, die freiwillig unter die Farbigen gehen und auf verlorenen Posten das schwere Leben unter dem gefährlichen Klima und alles, was mit dem Fernsein von Heimat und Zivilisation gegeben ist, auf sich nehmen. Aus Erfahrung kann ich ihnen sagen, daß sie für alles, was sie aufgegeben haben, reichen Lohn in dem Guten, was sie tun können, finden werden. Unter den Armen draußen können sie aber die Kosten ihrer Tätigkeit und ihres Lebensunterhaltes gewöhnlich nicht oder nicht vollständig aufbringen. In der Heimat müssen also Menschen sein, die ihnen das Notwendige geben. Uns allen fällt dies zu...

In Bordeaux kamen wir auf drei Wochen in die sogenannte «Caserne de passage» der Rue de Belleville, in der während des Krieges gefangene Ausländer untergebracht wurden. Dort zog ich mir alsbald eine Dysenterie zu. Zum Glück hatte ich Emetin in meinem Gepäck, um sie zu bekämpfen. Doch sollte ich mit ihren Folgen noch lange zu tun haben.

Hernach wurden wir in das große Interniertenlager von Garaison in den Pyrenäen verbracht. Den Befehl, uns in der Nacht für die Abfahrt bereit zu halten, bezogen wir irrtümlicherweise nicht auf die, die auf seine Bekanntgabe unmittelbar folgte, und hatten also nichts gepackt, als um Mitternacht zwei Gendarmen mit einem Wagen eintrafen, um uns abzuholen. Da sie über unseren vermeintlichen Ungehorsam ungehalten waren und das Einpacken beim Scheine einer armseligen Kerze gar langsam vonstatten ging, wurden sie ungeduldig und wollten uns unter Zurücklassung unseres Gepäcks mitnehmen. Schließlich aber hatten sie Mitleid mit uns und halfen selber mit, unsere Habe zusammenzulesen und in die Koffer zu stopfen. Wie oft hat das Gedenken an diese zwei Gendarmen mich dann gezwungen, mit Menschen geduldig zu verfahren, wo ich mich zur Ungeduld berechtigt fühlte!

Als wir in Garaison eingeliefert wurden und der wachhabende Unteroffizier das Gepäck visitierte, fiel ihm eine französische Übersetzung der «Politik» des Aristoteles, die ich im Hinblick auf die Arbeit an der Kulturphilosophie mit mir führte, in die Hände. «'s ist doch unglaublich», wetterte er, «jetzt bringen sie gar politische Bücher mit ins Gefangenenlager!» Schüchtern bemerkte ich ihm, daß das Buch lange vor Christi Geburt geschrieben sei. «Ist das wahr, du Studierter?» frug er einen dabeistehenden Soldaten. Dieser bestätigte meine Angabe. «Ja, hat man denn damals schon Politik gemacht?» frug er zurück. Auf unser Ja hin entschied er: «Da man aber heute sicherlich andere macht als damals, könnt ihr euer Buch meinetwegen behalten.»

Garaison (provenzalisch für guérison) war früher ein großes Kloster, zu dem die Kranken von weit her wallfahrteten. Seit der Trennung von Kirche und Staat hatte es leer gestanden und war im Verfall begriffen, als bei Kriegsausbruch Hunderte von Angehörigen feindlicher Staaten, Männer, Frauen und Kinder, darin untergebracht wurden. Im Laufe eines Jahres wurde es durch die Handwerker, die sich unter diesen Internierten befanden, wieder einigermaßen instand gesetzt. Der Direktor, der zu unserer Zeit dort war, ein pensionierter Kolonialbeamter namens Vecchi, war Theosoph und waltete seines Amtes nicht nur mit Gerechtigkeit, sondern auch mit Güte, was um so mehr anerkannt wurde, als sein Vorgänger streng und hart gewesen war ...

Nicht lange nach unserer Ankunft wurden Internierte aus einem kleinen Lager, das aufgelöst worden war, in das unsere verbracht. Alsbald fingen sie an, sich über die schlechte Zubereitung des Essens zu beschweren und ihren Mitgefangenen, die die vielbeneideten Posten in der Küche innehatten, vorzuwerfen, daß sie sie nicht gut ausfüllten. Darob große Enttäuschung bei diesen, die Köche von Beruf waren und aus den Küchen der feinsten Hotels und Restaurants von Paris den Weg nach Garaison angetreten hatten. Die Sache kam vor den Direktor. Als er die Rebellen fragte, wer von ihnen Koch wäre, stellte sich heraus, daß es einen solchen unter ihnen nicht gab. Ihr Anführer war Schuster und die anderen Schneider, Hutmacher, Korbmacher, Bürstenbinder und dergleichen. In ihrem früheren Lager aber hatten sie sich auf das Kochen verlegt und behaupteten, die Kunst ergründet zu haben, Speise in Massen auf ebenso schmackhafte Weise zuzubereiten wie in kleinen Mengen. In salomonischer Weisheit bestimmte der Direktor, daß sie während vierzehn Tagen probeweise die Küche übernehmen sollten. Würden sie es besser machen als die anderen, so behielten sie sie. Andernfalls aber würden sie als Ruhestörer eingesperrt. Gleich am ersten Tage bewiesen sie mit Kartoffeln und Kraut, daß sie nicht zuviel behauptet hatten. Jeder folgende war ein neuer Triumph. Also wurden die Nichtköche zu Köchen ernannt und die Berufsköche aus der Küche verwiesen. Als ich den Schuster fragte, worin ihr Geheimnis bestünde, antwortete er mir: «Man muß mancherlei wissen. Aber die Hauptsache ist, daß man mit Liebe und Sorgfalt kocht.» Wenn ich seitdem höre, daß wieder einer zum Minister von etwas ernannt ist, wovon er nichts gelernt hat, rege ich mich darüber nicht mehr so sehr auf wie früher, sondern suche mich zur Hoffnung emporzureißen, daß er vielleicht ebenso dazu taugt wie der Schuster in Garaison zum Koch.

Merkwürdigerweise war ich der einzige Arzt unter den Internierten. Zuerst hatte mir der Direktor strengstens verboten, mich mit Kranken abzugeben, da dies die Sache des amtlich bestellten Lagerarztes, eines alten Landarztes aus der Gegend, wäre. Später aber hielt er es für billig, daß ich meinen Beruf dem Lager in derselben Weise zugute kommen lassen dürfe wie die Zahnärzte, von denen es unter uns mehrere gab, den ihren. Er stellte mir sogar ein Zimmer für die Ausübung meiner Tätigkeit zur Verfügung. Da mein Gepäck hauptsächlich aus Medikamenten und Instrumenten bestand und der Sergeant sie mir bei der Visitation gelassen hatte, verfügte ich so ziemlich über alles, was ich zur Pflege der Kranken brauchte. Insbesondere konnte ich denen unter ihnen, die aus den Kolonien eingeliefert worden waren, und auch den vielen mit tropischen Leiden behafteten Seeleuten gute Dienste leisten ...

Wer einigermaßen gesund und frisch blieb, dem bot das Gefangenenlager mancherlei Interessantes dadurch, daß in ihm Menschen aus vielen Völkern und fast allen Berufen anzutreffen waren. Es beherbergte: Gelehrte und Künstler, besonders Maler, die vom Kriege in Paris überrascht worden waren; deutsche und österreichische Schuster und Damenschneider, die in den großen Pariser Firmen gearbeitet hatten; Bankdirektoren, Hoteldirektoren, Kellner, Ingenieure, Architekten, Handwerker und Kaufleute, die in Frankreich und seinen Kolonien ansässig gewesen waren; katholische Missionare und Ordensleute aus der Sahara, die zu weißer Tracht den roten Fez trugen; Kaufleute aus Liberia und anderen Gebieten der afrikanischen Westküste; Kaufleute und Reisende aus Nordamerika, Südamerika, China und Indien, die auf dem Meere gefangengenommen waren; Mannschaften deutscher und österreichischer Handelsdampfer, die dasselbe Schicksal gehabt hatten; Türken, Araber, Griechen und Angehörige der Balkanstaaten, die aus irgendeinem Grunde im Verlaufe des Krieges im Orient deportiert worden waren, unter ihnen Türken mit verschleiert gehenden Frauen. Welch buntes Bild bot der im Hofe täglich zweimal abgehaltene Appell!

Um sich zu bilden, brauchte man im Lager keine Bücher zu lesen. Für alles, was man wissen wollte, standen einem sachkundige Menschen zur Verfügung. Von dieser einzigartigen Gelegenheit zu lernen habe ich reichlich Gebrauch gemacht. Über Bankwesen, Architektur, Mühlenbau und Mühlenwesen, Getreidebau, Ofenbau und so vieles andere eignete ich mir Kenntnisse an, die ich sonst wohl nie erlangt hätte.

Fast am meisten litten die Handwerker darunter, zur Untätigkeit verurteilt zu sein. Als meine Frau sich Stoff für ein warmes Kleid verschafft hatte, boten ihr soundso viele Schneider an, es umsonst zu machen, nur um wieder Tuch zwischen den Händen und Nadel und Faden zwischen den Fingern zu haben ...

Als nach langem, schwerem Winter endlich der Frühling anbrach, kam Befehl, daß meine Frau und ich in das ausschließlich für Elsässer bestimmte Lager von St-Rémy de Provence zu bringen seien. Vergebens hatte der Direktor, um dem Lager den Arzt zu erhalten, und wir, um in dem Lager zu verbleiben, in das wir uns eingelebt hatten, um Rückgängigmachung dieser Versetzung gebeten.

Ende März wurden wir nach St-Rémy transportiert. Das dortige Lager war nicht so kosmopolitisch wie das von Garaison. Es beherbergte hauptsächlich Lehrer, Förster und Bahnbeamte. Ich traf dort manche Bekannte, darunter den jungen Lehrer von Günsbach, Johann Iltis, und einen jungen Pfarrer namens Liebrich, der mein Schüler gewesen war. Pfarrer Liebrich hatte die Erlaubnis, am Sonntag Gottesdienst zu halten. Als sein Vikar kam ich so mehrmals zum Predigen.

Der Direktor, ein pensionierter Polizeikommissar aus Marseille, namens Bagnaud, führte ein ziemlich mildes Regiment. Bezeichnend für seine joviale Art war die Antwort, die man auf die Frage zu hören bekam, ob dies und jenes erlaubt sei. Sie lautete: «Rien n'est permis! Mais il y a des choses qui sont tolérées, si vous vous montrez raisonnables!» (Nichts ist erlaubt! Aber es gibt Dinge, die geduldet werden, wenn ihr euch vernünftig betragt!) Da er meinen Namen nicht aussprechen konnte, nannte er mich Monsieur Albert.

Als ich zum ersten Mal den großen Raum im Erdgeschoß betrat, in dem wir uns tagsüber aufhalten durften, kam er mir in seiner Kahlheit und Häßlichkeit merkwürdig bekannt vor. Wo hatte ich denn diesen eisernen Ofen und das lange, durch den ganzen Raum geleitete Ofenrohr schon gesehen? Zuletzt stellte sich heraus, daß ich sie aus einer Zeichnung van Goghs kannte. Das ehemalige, in einem hochummauerten Garten gelegene Kloster, in dem wir untergebracht waren, hatte bis vor kurzem Nerven- und Geisteskranke beherbergt. Unter diesen befand sich seinerzeit van Gogh, der dann den öden Raum, in dem nun auch wir herumsaßen, mit seinem Stifte verewigte. Wie wir hatte er auf diesem steinernen Fußboden gefroren, wenn der Mistral wehte! Wie wir war er zwischen den hohen Gartenmauern im Kreise herumgegangen! ...

Da einer der Internierten Arzt war, hatte ich mit den Kranken vorerst nichts zu tun und konnte den ganzen Tag an den Skizzen über den Kulturstaat sitzen. Als der Kollege später ausgetauscht wurde und nach Hause durfte, wurde ich Lagerarzt. Nur war die Arbeit hier nicht so groß wie in Garaison. Meiner Frau, die sich in der Höhenluft Garaisons ziemlich erholt hatte, bekamen die rauhen Winde der Provence nicht gut. Auch konnte sie sich nicht an die steinernen Fußböden gewöhnen. Ich selber fühlte mich nicht wohl. Seit der Dysenterie in Bordeaux spürte ich eine stetig zunehmende Mattigkeit, deren ich vergebens Herr zu werden suchte. Ich ermüdete leicht und war, wie auch meine Frau, nicht imstande, die Spaziergänge mitzumachen, die die Internierten an bestimmten Tagen unter der Aufsicht der Soldaten unternehmen durften. Diese fanden im Eilschritt statt, weil die Internierten sich möglichst viel Bewegung geben und in der zur Verfügung stehenden Zeit möglichst weit kommen wollten. Dankbar nahmen wir es an, daß der Direktor selber an jenen Tagen mit uns und einigen anderen Schwächlingen ausging.

Um meiner Frau willen, die unter dem Gefangensein und an Heimweh litt, freute ich mich sehr, als uns gegen Mitte

Juli zu eröffnet wurde, daß wir alle oder fast alle ausgetauscht würden und in den nächsten Tagen schon über die Schweiz heimkehren dürften... Auf dem Bahnhof in Tarascon mußten wir uns für die Zeit bis zur Ankunft unseres Zuges in einen entlegenen Schuppen begeben. Schwer mit Gepäck beladen, kamen meine Frau und ich in dem Kies zwischen den Gleisen nur mit Mühe vorwärts. Da bot sich ein armer Krüppel, den ich im Lager gepflegt hatte, zum Mittragen an. Er hatte kein Gepäck, weil er nichts besaß. Ergriffen nahm ich seine Hilfe an. Während wir in der brennenden Sonne nebeneinander hergingen, gelobte ich mir, im Andenken an ihn, hinfort auf allen Bahnhöfen nach beladenen Menschen Ausschau zu halten und ihnen Hilfe zu leisten, was ich auch gehalten habe. Einmal aber bin ich durch solches Anerbieten in Verdacht gekommen, diebische Absichten zu haben.

Zwischen Tarascon und Lyon wurden wir auf einem Bahnhof von einem Komitee von Damen und Herren lieb empfangen und zu reichlich gedeckten Tischen geleitet. Während wir uns an dem Mahle gütlich taten, wurden unsere Gastgeber aber merkwürdig verlegen und traten nach kurzer Beratung untereinander abseits. Sie waren sich nämlich darüber klargeworden, daß wir gar nicht die Gäste waren, denen der Empfang und das Essen gelten sollte. Sie erwarteten Leute aus den besetzten Gebieten in Nordfrankreich, die von den Deutschen nach einer zeitweiligen Internierung über die Schweiz nach Frankreich abgeschoben wurden und nun in Südfrankreich untergebracht werden sollten. Als der Station die Ankunft und der Aufenthalt eines «Train d'internés» gemeldet wurde, meinte das Komitee, das sich zur Fürsorge für jene durchreisenden Vertriebenen gebildet hatte, es handle sich um diese, und wurde seines Irrtums erst gewahr, als die Essenden statt französisch elsässisch sprachen. Die Situation war so komisch, daß auch das getäuschte Komitee zu guter Letzt ins Lachen kam. Das Schönste an der Sache war aber, daß die meisten von uns, da alles so schnell vor sich ging und sie vollauf mit Essen beschäftigt waren, von dem Vorgang nichts bemerkt hatten und in der guten Meinung davonfuhren, einem ihnen zugedachten guten Essen die gebührende Ehre angetan zu haben ...

Grausig war der Eindruck, den wir in Konstanz empfingen. Hier hatten wir zum erstenmal das Hungerelend vor Augen, von dem wir bisher nur vom Hörensagen wußten. Lauter blasse, abgemagerte Menschen auf den Straßen! Wie müde sie umhergingen! Daß sie sich überhaupt noch aufrecht hielten!

Meine Frau erhielt die Erlaubnis, alsbald mit ihren Eltern, die uns hierher entgegengekommen waren, nach Straßburg zu fahren. Ich selber mußte mit den anderen Ausgetauschten noch einen Tag in Konstanz verbringen und warten, bis alle uns betreffenden Formalitäten erledigt waren. In der Nacht kam ich in Straßburg an. Kein Licht brannte in den Straßen! Keine Helligkeit schien aus den Wohnungen heraus! Der Fliegerangriffe wegen mußte die Stadt in vollständigem Dunkel liegen. In die entlegene Gartenvorstadt, wo die Eltern meiner Frau wohnten, konnte ich nicht gelangen. Nur mit Mühe fand ich den Weg zum Hause von Frau Fischer bei St. Thomas.

Da Günsbach im militärischen Operationsgebiet lag, bedurfte es vieler Gänge und vieler Gesuche, bis ich die Erlaubnis erhielt, meinen Vater aufzusuchen[9]. Die Bahn ging nur noch bis Colmar. Die fünfzehn Kilometer von dort gegen die Vogesen mußten zu Fuß zurückgelegt werden.

Dies also war das friedliche Tal, von dem ich am Karfreitag 1913 Abschied genommen hatte! Dumpf dröhnten Kanonenschüsse von den Bergen. Auf den Straßen wandelte man zwischen mit Stroh belegten Drahtgittern wie zwischen hohen Mauern einher. Sie sollten den feindlichen Batterien auf dem Kamme der Vogesen den im Tale stattfindenden Verkehr verbergen. Überall ausgemauerte Stellungen für Maschinengewehre! Zerschossene Häuser!

Berge, die ich als bewaldet in Erinnerung hatte, standen kahl da. Nur einige Stämme hier und da hatte das Granatfeuer übriggelassen. In den Dörfern war der Befehl angeschlagen, daß jedermann stets die Gasmaske mit sich tragen müsse.

Günsbach, der letzte bewohnte Ort vor den Schützengräben, verdankte es den Bergen, zwischen denen es versteckt lag, daß es von der Artillerie auf dem Vogesenkamme nicht schon längst vernichtet worden war. Inmitten der vielen Soldaten und zwischen zerschossenen Häusern gingen die Bewohner ihrer Beschäftigung nach, als gäbe es keinen Krieg. Daß sie das Ohmt von den Wiesen nicht am Tage, sondern nur nachts heimfahren durften, war ihnen so selbstverständlich geworden, wie daß sie beim Alarm in die Keller sollten und jeden Augenblick den Befehl erhalten konnten, das Dorf, eines drohenden feindlichen Angriffes wegen, unter Zurücklassung ihrer Habe alsbald zu verlassen. Mein Vater war gegen alle Gefahren so gleichgültig geworden, daß er bei Beschießungen, statt mit den andern den Keller aufzusuchen, in seinem Studierzimmer verblieb. Daß es eine Zeit gegeben hatte, wo er das Pfarrhaus nicht mit Offizieren und Soldaten geteilt hatte, konnte er sich nicht mehr vorstellen. Schwer aber lastete auf den gegen den Krieg abgestumpften Menschen die Sorge um die Ernte. Es herrschte eine furchtbare Trockenheit. Das Getreide vertrocknete; die Kartoffeln standen ab. Auf vielen Wiesen war das Gras so dünn, daß sich das Mähen nicht lohnte. Aus den Ställen erscholl das Gebrüll des hungernden Viehs. Zog ein Wetter am Horizont auf, so gab es keinen Regen, sondern nur Wind, der der Erde die letzte Feuchtigkeit entzog, und Staubwolken, in denen das Gespenst des Hungers einherfuhr.

Unterdessen hatte auch meine Frau die Erlaubnis erhalten, nach Günsbach zu kommen. Vergebens hatte ich gehofft, in den heimatlichen Bergen die Mattigkeit samt dem bald leichter, bald schwerer auftretenden Fieber, an dem ich schon in der letzten Zeit zu St-Rémy gelitten hatte, loszuwerden. Es ging mir von Tag zu Tag schlechter. Gegen Ende August führten mich das hohe Fieber und quälende Schmerzen darauf, daß es sich um eine Spätfolge der in Bordeaux überstandenen Dysenterie handelte, die einen alsbaldigen chirurgischen Eingriff erforderte. Sechs Kilometer weit schleppte ich mich, von meiner Frau begleitet, gegen Colmar zu, bis wir eine Fahrgelegenheit fanden. Am 1. September wurde ich in Straßburg von Professor Stoltz operiert.

Als ich wieder einigermaßen arbeitsfähig war, bot mir der Straßburger Bürgermeister Schwander die Stelle eines Assistenten am Bürgerspitale an, die ich mit Freuden annahm, da ich nicht wußte, wovon ich leben sollte. Ich erhielt zwei Frauensäle in der Dermatologischen Klinik zugewiesen. Zugleich wurde ich wieder Vikar zu St. Nicolai... Nach dem Waffenstillstand, durch den das Elsaß aus deutscher in französische Verwaltung überging, hatte ich den Dienst zu St. Nicolai einige Zeit lang allein zu versehen. Pfarrer Gerold, der wegen antideutscher Äußerungen von der deutschen Regierung seines Amtes enthoben worden war, war von der französischen noch nicht wieder eingesetzt, und Pfarrer Ernst, der Nachfolger von Pfarrer Knittel, hatte seine Stelle wegen nicht genügend französischer Gesinnung aufgeben müssen.

In der Zeit des Waffenstillstandes und in den beiden auf ihn folgenden Jahren war ich eine den Zollbeamten der Rheinbrücke wohlbekannte Persönlichkeit, weil ich gar manchmal mit einem Rucksack voll Lebensmittel nach Kehl wanderte, um von dort aus hungernden Freunden in Deutschland etwas zukommen zu lassen. Insbesondere ließ ich es mir angelegen sein, Frau Cosima Wagner und den greisen Maler Hans Thoma samt seiner Schwester Agathe zu versorgen. Hans Thoma kannte ich seit Jahren durch Frau Charlotte Schumm, die Witwe seines Jugendfreundes.

## Das große Bekenntnis

*Im Februar 1919 predigt der Heimkehrer aus Afrika an zwei Sonntagen hintereinander vor seiner alten Gemeinde über die Ehrfurcht vor dem Leben. Es ist seine erste öffentliche Äußerung über das weltanschauliche Grundthema seiner zweiten Lebenshälfte, welches 1923 in der Kulturphilosophie ausgebreitet und später in Vorträgen und Essays immer wieder variiert werden wird.*

... Über diese Frage, was denn das Grundgebot aller Sittlichkeit sei und was die sittliche Grundgesinnung, möchte ich in dieser Stunde mit euch nachdenken, um dann mehrere Andachten den Fragen der christlichen Sittlichkeit zu widmen, die ich in der Ferne, in der Einsamkeit des Urwaldes überdacht habe, in dem Gedenken an diese Gottesdienste zu St. Nicolai und in der Hoffnung, euch einmal davon reden zu dürfen.

Die Frage nach dem Grundwesen des Sittlichen drängt sich uns in dieser Zeit auf. Wir werden zu einer Erkenntnis gedrängt, vor der sich die Generationen vor uns und wir selber bisher immer gesträubt haben, der wir aber doch nicht entgehen können, wenn wir wahrhaft sein wollen: Die christliche Sittlichkeit ist zu keiner Macht in der Welt geworden. Sie ist nicht tief in die Menschengemüter eingedrungen, sondern nur mehr äußerlich angenommen worden, mehr in Worten anerkannt als in der Tat geübt. Die Menschheit steht so vor uns da, als ob die Worte Jesu für sie nicht existierten, als ob es für sie überhaupt keine Sittlichkeit gäbe.

Darum nützt es gar nichts, die sittlichen Gebote Jesu einfach immer wieder zu wiederholen und auszulegen, als müßten sie sich zuletzt so dennoch allgemeine Anerkennung verschaffen. Dies wäre, als wenn man mit schönen Farben auf eine nasse Mauer malen wollte. Wir müssen erst die Voraussetzungen für das Verständnis derselben schaffen und unsere Welt zur Gesinnung führen, in der sie etwas für sie bedeuten, und es ist gar nicht so einfach, die Worte Jesu so auszulegen, daß sie praktisch im Leben verwendbar sind ...

Das ist's also, warum wir miteinander über das Gute an sich nachdenken müssen: Wir wollen verstehen, wie die hochgespannten Forderungen Jesu im täglichen Leben als erfüllbar sich ausnehmen, und wir wollen sie, obwohl so hochgespannt, als selbstverständliche Pflicht der Menschen als solche begreifen können. Wir wollen das Grundwesen des Sittlichen begreifen und aus diesem wie aus einem obersten Gesetz alles sittliche Handeln ableiten. Ja, aber ist an der Sittlichkeit überhaupt etwas zu begreifen? Ist sie nicht Herzenssache? Beruht sie nicht in der Liebe? Das hat man uns zweitausend Jahre wiederholt – und was ist das Resultat?

Betrachten wir die Gesamtheit der Menschen um uns herum und die einzelnen, warum sind sie in vielem so haltlos? Warum sind sie fähig, auch die frömmsten unter ihnen und oft gerade diese, sich durch Vorurteile und Volksleidenschaften zu einem Urteilen und Handeln hinreißen zu lassen, das gar nichts Sittliches mehr hat? Weil es ihnen an einer auf Vernunft gegründeten, in der Vernunft logisch begründeten Sittlichkeit fehlt; weil ihnen Sittlichkeit nicht etwas mit dem Vernunftwesen als selbstverständlich Gegebenes ist.

Vernunft und Herz müssen miteinander wirken, wenn eine wahre Sittlichkeit zustande kommen soll. Darin liegt das Problem für alle allgemeinen Fragen der Sittlichkeit und für die Entscheide in den Dingen des täglichen Lebens ...

Das Herz sagt, das Sittliche beruht in der Liebe. Ergründen wir dieses Wort. Liebe bedeutet Wesensharmonie, Wesensgemeinschaft und gilt ursprünglich in dem Bereich von Personen, die sich in irgendeiner Weise natürlich angehören, daß ihre Existenzen in einem inneren Zusammenhange miteinander stehen: Kinder und Eltern, Gatten und Menschen, die sich in enger Freundschaft nahegekommen. Und nun sollen wir, verlangt die Sittlichkeit, auch den Menschen, die wir nicht kennen, gegenüber nicht das Gefühl der Fremdheit haben dürfen, auch denen gegenüber, die uns mehr sind als fremd, weil wir Abneigung gegen sie haben oder sie uns Feindschaft beweisen, sondern uns zu ihnen verhalten müssen, als stünden sie uns nahe. Das Gebot der Liebe heißt also im letzten Grunde: Es gibt für dich keine Fremden, sondern nur Menschen, deren Wohl und Wehe dir angelegen sein muß. Es ist uns etwas so Natürliches, daß uns die einen nahe angehen und die andern indifferent sind, und dieses Natürliche will die Sittlichkeit nicht gelten lassen? Und Jesus hebt dieses Fremdsein so weit auf, daß er sagt: Der andere Mensch muß dir so nahestehen wie du dir selber; du mußt, was ihn angeht, so unmittelbar erleben wie das, was dich betrifft ...

Nun rede die Vernunft. Sie suche, als wäre uns nichts über Sittlichkeit überliefert, wie weit sie im Nachdenken über die Dinge zu etwas gelangt, das unser Handeln bestimmt. Wird auch sie uns nötigen, aus uns selbst herauszutreten?

In der Vernunft, hört man gewöhnlich sagen, ist nur der Egoismus begründet. Wie mache ich es, daß ich es gut habe? Das ist ihre Weisheit, weiter nichts. Bestenfalls kann sie uns eine gewisse Ehrbarkeit und Gerechtigkeit lehren, weil diese mehr oder weniger zum Gefühl des Glückes gehören: Vernunft ist Bedürfnis nach Erkennen und Bedürfnis nach Glück, beide innerlich geheimnisvoll zusammenhängend.

Bedürfnis nach Erkennen! Suche zu ergründen alles, was um dich herum ist, gehe bis an die äußersten Grenzen des menschlichen Wissens, und immer stößt du zuletzt auf etwas Unergründliches – und dies Unergründliche heißt: Leben! Und dies Unergründliche ist so unergründlich, daß der Unterschied zwischen Wissend und Unwissend ein ganz relativer ist.

Welches ist der Unterschied zwischen einem Gelehrten,

der die kleinsten und ungeahntesten Lebenserscheinungen im Mikroskop beobachtet, und dem alten Landmann, der kaum lesen und schreiben kann, wenn er im Frühling sinnend in seinem Garten steht und die Blüte betrachtet, die am Zweige des Baumes aufbricht? Beide stehen vor dem Rätsel des Lebens, und einer kann es weitgehender beschreiben wie der andere, aber für beide ist es gleich unergründlich. Alles Wissen ist zuletzt Wissen vom Leben und alles Erkennen Staunen über das Rätsel des Lebens – Ehrfurcht vor dem Leben in seinen unendlichen, immer neuen Gestaltungen. Was ist denn das, daß etwas entsteht, ist, vergeht? In andern Existenzen sich erneut, wieder vergeht, wieder entsteht und so fort und fort, von Unendlichkeit zu Unendlichkeit? Wir können alles und wir können nichts, denn wir vermögen in unserer Weisheit nicht zu schaffen, was lebt, sondern was wir hervorbringen, ist tot!

Leben heißt: Kraft, Wille aus dem Urgrund kommend, in ihm wiederaufgehend, heißt Fühlen, Empfinden, Leiden –. Und vertiefst du dich ins Leben, schaust du mit sehenden Augen in das gewaltige belebte Chaos dieses Seins, dann ergreift es dich plötzlich wie ein Schwindel. In allem findest du dich wieder. Der Käfer, der tot am Wege liegt – er war etwas, das lebte, um sein Dasein rang wie du, an der Sonne sich erfreute wie du, Angst und Schmerzen kannte wie du, und nun nichts mehr ist als verwesende Materie – wie du über kurz oder lang sein wirst.

Du gehst draußen, und es schneit. Achtlos schüttelst du den Schnee von den Ärmeln. Das mußt du schauen: Eine Flocke glänzt auf deiner Hand. Du mußt sie schauen, ob du willst oder nicht, sie glänzt in wundervoller Zeichnung; dann kommt ein Zucken in sie: Die feinen Nadeln, aus denen sie besteht, ziehen sich zusammen, sie ist nicht mehr – geschmolzen, gestorben auf deiner Hand. Die Flocke, die aus dem unendlichen Raum auf deine Hand fiel, dort glänzte, zuckte und starb – das bist du. Überall, wo du Leben siehst – das bist du!

Was ist also das Erkennen, das gelehrteste wie das kindlichste: Ehrfurcht vor dem Leben, vor dem Unbegreiflichen, das uns im All entgegentritt und das ist wie wir selbst, verschieden in der äußeren Erscheinung und doch innerlich gleichen Wesens mit uns, uns furchtbar ähnlich, furchtbar verwandt. Aufhebung des Fremdseins zwischen uns und den andern Wesen.

Ehrfurcht vor der Unendlichkeit des Lebens – Aufhebung des Fremdseins – Miterleben, Mitleiden –. Das letzte Ergebnis des Erkennens ist also dasselbe im Grunde, was das Gebot der Liebe uns gebeut. Herz und Vernunft stimmen zusammen, wenn wir wollen und wagen, Menschen zu sein, die die Tiefe der Dinge zu erfassen suchen! Und die Vernunft entdeckt das Mittelstück zwischen der Liebe zu Gott und der Liebe zu den Menschen – die Liebe zur Kreatur, die Ehrfurcht vor allem Sein, das Miterleben allen Lebens, mag es dem unseren äußerlich noch so unähnlich sein.

Ich kann nicht anders als Ehrfurcht haben vor allem, was Leben heißt, ich kann nicht anders als mitempfinden mit allem, was Leben heißt: Das ist der Anfang und das Fundament aller Sittlichkeit. Wer dieses einmal erlebt hat und weitererlebt – und wer es einmal erlebt hat, erlebt es immer weiter –, der ist sittlich. Er trägt seine Sittlichkeit in sich unverlierbar, und sie entwickelt sich in ihm. Wer es nicht erlebt hat, der hat nur eine angelernte Sittlichkeit, die nicht in sich gegründet ist, ihm nicht gehört, sondern von ihm abfallen kann. Und das Furchtbare ist, daß unser Geschlecht nur die angelernte Sittlichkeit hatte, die in der Zeit, wo es Sittlichkeit bewähren sollte, von ihm abgefallen ist. Seit Jahrhunderten wurde es nur mit der angelernten Sittlichkeit erzogen. Es war roh, unwissend, herzlos, ohne es zu ahnen, weil es den Maßstab für das Sittliche noch nicht besaß, da es keine allgemeine Ehrfurcht vor dem Leben besaß.

Du sollst Leben miterleben und Leben erhalten – das ist das größte Gebot in seiner elementarsten Form. Anders negativ ausgedrückt: Du sollst nicht töten. Das Verbot, mit dem wir es so leicht nehmen, indem wir geistlos die Blumen brechen, geistlos das arme Insekt zertreten und dann geistlos, in furchtbarer Verblendung, weil alles sich rächt, das Leiden und das Leben der Menschen mißachten und es kleinen irdischen Zielen opfern.

Man redet viel in unserer Zeit vom Aufbau einer neuen Menschheit. Was ist der Aufbau der neuen Menschheit? Nichts anderes, als die Menschen zur wahren, eigenen, unverlierbaren, entwickelbaren Sittlichkeit führen. Aber sie kommt nicht dazu, wenn die vielen einzelnen nicht in sich gehen, aus Blinden Sehende werden und anfangen, das große Gebot zu buchstabieren, das große einfache Gebot, das da heißt: Ehrfurcht vor dem Leben, in dem mehr hängt als das Gesetz und die Propheten, in dem hängt die ganze Sittlichkeit der Liebe, in ihrem tiefsten und höchsten Sinn, und aus dem sie sich für den einzelnen und die Menschen immer wieder erneuert.

... Das wahre Herz überlegt, und die wahre Vernunft empfindet. Wir fanden, daß beide, Herz und Vernunft, darin übereinstimmen, daß das Gute im letzten Grunde in der elementaren Ehrfurcht vor dem Rätselhaften, das wir Leben nennen, besteht, in der Ehrfurcht vor allen seinen Erscheinungen, den kleinsten wie den größten besteht. Gut ist: Leben erhalten und fördern; schlecht ist: Leben hemmen und zerstören. Sittlich sind wir, wenn wir aus unserem Eigensinn heraustreten, die Fremdheit den anderen Wesen gegenüber ablegen und alles, was sich von ihrem Erleben um uns abspielt, miterleben und miterleiden. In dieser Eigenschaft erst sind wir wahrhaft Menschen; in ihr besitzen wir eine eigene, unverlierbare, fort und fort entwickelbare, sich orientierende Sittlichkeit.

Diese allgemeinen Ausdrücke «Ehrfurcht vor dem Leben», «Aufgeben des Fremdseins», «Drang nach Erhaltung des Lebens» um uns herum klingen kalt und nüchtern. Aber wenn es auch unscheinbare Worte sind, können sie doch reich sein. Das Samenkorn ist auch unscheinbar, und doch trägt es das Gebilde, das aus ihm herauswächst, in sich. So liegt in diesen unscheinbaren Worten die Grundanschauung beschlossen, aus der sich die ganze Sittlichkeit entwickelt, ob dies den einzelnen bewußt ist oder nicht. Voraussetzung der Sittlichkeit ist also, daß wir alles, was nicht nur die Menschen, sondern überhaupt alle Wesen um uns herum erleben, miterleben und dadurch gezwungen werden, alles, was wir zur Erhaltung und Förderung des Lebens tun können, zu tun.

Der große Feind der Sittlichkeit ist die Abstumpfung. Als Kinder hatten wir, soweit unser Verständnis für die Dinge ging, eine elementare Fähigkeit des Mitleidens. Aber diese Fähigkeit ist mit den Jahren und mit dem zunehmenden Verständnis nicht gewachsen. Sie war uns etwas Unbequemes, Verwirrendes. Wir sahen so viele Menschen, die sie nicht mehr besaßen. Dann drängten auch wir die Empfindsamkeit zurück, um zu werden wie die anderen, um nicht anders zu sein als sie und weil wir uns nicht Rat wußten. So werden die vielen Menschen wie Häuser, bei denen sich ein Laden nach dem andern schließt und die dann kalt und fremd in die Straße hineinschauen.

Gut bleiben heißt wach bleiben! Wir gleichen alle dem Menschen, der draußen in der Kälte und im Schnee geht. Wehe ihm, wenn er sich hinsetzt, um der Ermattung nachzugeben und zu schlafen: Er wird nicht mehr erwachen. So erstirbt der sittliche Mensch in uns, wenn wir müde werden, was die andern Wesen um uns herum erleben, mitzuerleben, mit ihnen zu leiden. Wehe uns, wenn unsere Empfindsamkeit sich abstumpft: Unser Gewissen im weitesten Sinne, das heißt das Bewußtsein von dem, was wir sollen, geht damit zugrunde.

Die Ehrfurcht vor dem Leben und das Miterleben des andern Lebens ist das große Ereignis für die Welt. Die Natur kennt keine Ehrfurcht vor dem Leben. Sie bringt tausendfältig Leben hervor in der sinnvollsten Weise und zerstört es tausendfältig in der sinnlosesten Weise. Durch alle Stufen des Lebens hindurch bis in die Sphäre des Menschen hinan ist furchtbare Unwissenheit über die Wesen ausgegossen. Sie haben nur den Willen zum Leben, aber nicht die Fähigkeit des Miterlebens, was in andern Wesen vorgeht; sie leiden, aber sie können nicht mitleiden. Der große Wille zum Leben, der die Natur erhält, ist in rätselhafter Selbstentzweiung mit sich selbst. Die Wesen leben auf Kosten des Lebens anderer Wesen. Die Natur läßt sie die furchtbarsten Grausamkeiten begehen. Sie leitet Insekten durch Instinkt an, mit ihrem Stachel Insekten anzubohren und ihre Eier in sie hineinzulegen, daß das, was sich aus dem Ei entwickelt, von der Raupe leben und sie damit zu Tode quälen soll. Sie leitet die Ameisen an, sich zusammenzutun und ein armes kleines Wesen anzufallen, um es zu Tode zu hetzen. Schaue der Spinne zu! Wie grauenvoll ist das Handwerk, das sie die Natur gelehrt!

Die Natur ist schön und großartig, von außen betrachtet, aber in ihrem Buche zu lesen ist schaurig. Und ihre Grausamkeit ist sinnlos! Das kostbarste Leben wird dem niedersten geopfert. Einmal atmet ein Kind Tuberkelbazillen ein. Es wächst heran, gedeiht, aber Leiden und früher Tod sitzen in ihm, weil diese niedersten Wesen sich in seinen edelsten Organen vermehren. Wie oft packte mich in Afrika das Entsetzen, wenn ich das Blut eines Schlafkranken untersuchte. Warum saß der Mann mit leidenverzerrtem Gesicht da und stöhnte: Oh, mein Kopf, mein Kopf! Warum mußte er Nächte hindurch weinen und elend sterben? Weil da, unter dem Mikroskop, feine, kleine, blasse Körperchen, zehn bis vierzehntausendstel Millimeter lang, vorhanden waren – oh, nicht viele, oft nur ganz wenige, so daß man zuweilen Stunden suchen mußte, um nur eines zu entdecken!

So steht auch durch die rätselhafte Entzweiung in dem Willen zum Leben Leben gegen Leben und schafft dem andern Leid und Tod, schuldlos schuldig. Die Natur lehrt grausigen Egoismus, nur dadurch auf kurze Zeit unterbrochen, daß sie in die Wesen den Trieb gelegt hat, dem Leben, das von ihnen abstammt, solange es ihrer bedarf, Liebe und Helfen entgegenzubringen. Aber daß das Tier seine Jungen mit Selbstaufopferung bis zum Tode liebt, also hier mitfühlen kann, macht es nur noch schrecklicher, daß ihm das Mitleiden für die Wesen, die nicht in dieser Weise mit ihm zusammengehören, versagt ist.

Die Welt, dem unwissenden Egoismus überantwortet, ist wie ein Tal, das im Finstern liegt; nur oben auf den Höhen liegt Helligkeit. Alle müssen in dem Dunkel leben, nur eines darf hinaus, das Licht schauen: das höchste, der Mensch. Er darf zur Erkenntnis der Ehrfurcht vor dem Leben gelangen, er darf zu der Erkenntnis des Miterlebens und Mitleidens gelangen, aus der Unwissenheit heraustreten, in der die übrige Kreatur schmachtet.

Und diese Erkenntnis ist das große Ereignis in der Entwicklung des Seins. Hier erscheinen die Wahrheit und das Gute in der Welt; das Licht glänzt über dem Dunkel; der tiefste Begriff des Lebens ist erreicht, das Leben, das zugleich Miterleben ist, wo in einer Existenz der Wellenschlag der ganzen Welt gefühlt wird, in einer Existenz das Leben als solches zum Bewußtsein seiner selbst kommt ... das Einzeldasein aufhört, das Dasein außer uns in das unsrige hereinflutet.

Wir leben in der Welt, und die Welt lebt in uns. Um diese Erkenntnis selbst türmen sich die Rätsel. Warum gehen Naturgesetz und Sittengesetz so auseinander? Warum kann unsere Vernunft nicht einfach übernehmen und fortbilden, was ihr als Äußerung des Lebens in der Natur entgegentritt, sondern muß mit ihrem Erkennen in einen so ungeheuren Gegensatz zu allem, was sie sieht, kommen? Warum muß sie ganz andere Gesetze in sich entdecken als die, die die Welt regieren? Warum muß sie mit der Welt zerfallen, wo sie den Begriff des Guten erreicht? Warum müssen wir diesen Widerstreit erleben, ohne Hoffnung, ihn jemals ausgleichen zu können? Warum statt der Harmonie die Zerrissenheit? Und weiter.

Gott ist die Kraft, die alles erhält. Warum ist der Gott, der sich in der Natur offenbart, die Verneinung von allem, was wir als sittlich empfinden, nämlich zugleich sinnvoll Leben aufbauende und sinnlos Leben zerstörende Kraft? Wie bringen wir Gott, die Naturkraft, in eins mit Gott, dem sittlichen Willen, dem Gott der Liebe, wie wir ihn uns vorstellen müssen, wenn wir uns zu höherem Wissen vom Leben, zur Ehrfurcht vor dem Leben, zum Miterleben und Mitleiden erhoben haben? ...

Unser Wissen ist Stückwerk, sagt der Apostel Paulus. Damit ist viel zuwenig gesagt. Noch schwerer ist, daß unser Wissen eine Einsicht in unlösbare Gegensätze bedeutet ... alle zurückgehend auf den einen, daß das Gesetz, nach dem sich das Geschehen vollzieht, nichts von dem an sich hat, was wir als sittlich erkennen und empfinden. Statt unsere Sittlichkeit in einer geschlossenen Weltanschauung und in einem einheitlichen Gottesbegriff festigen zu können, müssen wir sie immer gegen die Widersprüche aus der Weltanschauung schützen, die wie eine vernichtende Brandung gegen sie heranströmen. Wir müssen einen Damm aufführen – und wird er halten?

Das andere, was uns die Fähigkeit und den Willen zum Miterleben bedroht, ist die sich immer wieder aufdrängende Überlegung: Es nützt ja nichts! Was du tust und kannst, um Leiden zu verhüten, um Leiden zu mildern, um Leben zu erhalten, ist ja doch nichts im Vergleich mit dem, was geschieht auf der Welt, um dich herum, ohne daß du etwas dazu tun kannst. Gewiß, es ist furchtbar, sich vorstellen zu müssen, in wie vielem wir ohnmächtig sind, ja, wieviel Leid wir selbst andern Wesen schaffen, ohne es verhindern zu können.

Du gehst auf einem Waldpfad; die Sonne scheint in hellen Flecken durch die Wipfel hindurch; die Vögel singen; tausend Insekten summen froh in der Luft. Aber dein Weg, ohne daß du etwas dafür kannst, ist Tod. Da quält sich eine Ameise, die du zertreten, dort ein Käferchen, das du zerquetscht, dort windet sich ein Wurm, über den dein Fuß gegangen. In das herrliche Lied vom Leben klingt die Melodie von dem Weh und Tod, die von dir, dem unschuldig Schuldigen, kommen, hinein. Und so fühlst du in allem, was du Gutes tun willst, die furchtbare Ohnmacht, zu helfen, wie du wolltest. Dann kommt die Stimme des Versuchers und sagt dir: Warum dich denn quälen? Es hilft nichts. Gib es auf, werde gleichgültig, werde gedankenlos und gefühllos wie die andern.

Noch eine andere Versuchung tritt auf. Mitleiden heißt Leiden. Wer einmal das Weh der Welt in sich erlebt, der kann nicht mehr glücklich werden in dem Sinne, wie der Mensch es möchte. In den Stunden, die ihm Zufriedenheit und Freude bringen, ist er nicht imstande, sich unbefangen dem Behagen hinzugeben, sondern das Weh, das er miterlebt, ist da. Er hat gegenwärtig, was er geschaut. Er gedenkt des Armen, den er angetroffen, des Kranken, den er geschaut, des Menschen, von dessen schwerem Schicksal er gelesen – und Dunkel fällt in die Helligkeit seiner Freude. Und so fort und fort. In der fröhlichen Gesellschaft ist er plötzlich geistesabwesend. Und da sagt der Versucher wieder: So kann man nicht leben. Man muß absehen können von dem, was um einen vorgeht. Nur keine so große Empfindsamkeit. Erziehe dich zur notwendigen Gefühllosigkeit, leg einen Panzer an, werde gedankenlos wie die andern, wenn du vernünftig leben willst. Zuletzt kommen wir dann so weit, daß wir uns schämen, das große Miterleben und das große Mitleiden zu kennen. Wir verheimlichen es voreinander und tun, als wäre es uns etwas Törichtes, so etwas, das man ablegt, wenn man anfängt, ein vernünftiger Mensch zu werden.

Dies sind die drei großen Versuchungen, die uns unversehens die Voraussetzung, aus der das Gute kommt, zugrunde richten. Seid wachsam gegen sie. Der ersten begegne, indem du dir sagst, das Mitleiden und Mithelfen ist für dich eine innere Notwendigkeit. Alles, was du tun kannst, wird in Anschauung dessen, was getan werden sollte, immer nur ein Tropfen statt eines Stromes sein;

aber es gibt deinem Leben den einzigen Sinn, den es haben kann, und macht es wertvoll. Wo du bist, soll, soviel an dir ist, Erlösung sein, Erlösung von dem Elend, das der in sich selbst entzweite Wille zum Leben in die Welt gebracht hat. Erlösung, wie sie nur der wissende Mensch bringen kann. Das wenige, das du tun kannst, ist viel – wenn du nur irgendwo Schmerz und Weh und Angst von einem Wesen nimmst, sei es Mensch, sei es irgendeine Kreatur. Leben erhalten ist das einzige Glück.

Der andern Versuchung, daß das Miterleben dessen, was um dich vorgeht, Leiden für dich ist, begegne dadurch, daß du dir bewußt wirst, daß mit dem Mitleiden zugleich die Fähigkeit des Mitfreuens gegeben ist. Mit der Abstumpfung gegen das Mitleiden verlierst du zugleich das Miterleben des Glücks der andern. Und so wenig das Glück ist, das wir in der Welt erschauen, so ist doch das Miterleben des Glückes um uns herum mit dem Guten, das wir selbst schaffen können, das einzige Glück, welches uns das Leben erträglich macht. Und zuletzt hast du gar nicht das Recht zu sagen: Ich will so sein oder so, weil du meinst, daß du so glücklicher bist als anders, sondern du mußt sein, wie du sein mußt, wahrer, wissender Mensch, Mensch, der mit der Welt lebt, Mensch, der die Welt in sich erlebt; ob du damit nach der gewöhnlichen Auffassung glücklicher bist oder nicht, ist gleichgültig. Nicht das Glücklichsein verlangt die geheimnisvolle Stunde in uns – ihr zu gehorchen ist das einzige, was befriedigen kann.

So sage ich euch, laßt euch nicht abstumpfen, bleibt wach! Es gilt um eure Seele. Wenn ich in diesen Worten, in denen ich das Innerste meiner Gedanken preisgebe, euch, die ihr jetzt hier seid, zwingen könnte, daß ihr den Trug, mit dem uns die Welt einschläfern will, zerreißt, daß keiner von euch mehr gedankenlos sein kann, daß ihr nicht mehr davor erschauert, die Ehrfurcht vor dem Leben und das große Miterleben kennenlernen zu müssen, euch darin zu verlieren, dann wäre ich zufrieden und würde meine Tätigkeit als gesegnet ansehen, auch wenn ich wüßte, daß mir morgen das Predigen verboten wird oder daß ich mit meinem Predigen bisher nichts ausgerichtet und hinfort nichts anderes mehr ausrichten könnte.

Ich, der ich sonst eine Angst habe, Einfluß auf Menschen auszuüben, wegen der Verantwortung, die man dabei übernimmt, möchte Gewalt besitzen, euch zu verzaubern, daß ihr mitfühlend werdet, bis jeder von euch den großen Schmerz erlebt, von dem man nicht mehr loskommt, wissend werdet im Mitleiden; denn ich dürfte mir dann sagen, daß ihr auf dem Wege zum Guten seid und ihn nicht mehr verlieren könnt. Unser keiner lebt sich selber: Möge uns das Wort verfolgen und nicht zur Ruhe kommen lassen, bis man uns ins Grab bettet.

In Erwartung des afrikanischen Manuskripts der Kulturphilosophie beschäftigte ich mich mit den Weltreligionen und den in ihnen vorliegenden Weltanschauungen. Wie ich die bisherige Philosophie daraufhin untersucht hatte, inwieweit sie ethische Welt- und Lebensbejahung als Antrieb zur Kultur enthält, so suchte ich nun festzustellen, was das Judentum, das Christentum, der Islam, die Zarathustra-Religion, der Brahmanismus, der Buddhismus, der Hinduismus und die Religiosität des chinesischen Denkens an Welt- und Lebensbejahung, Welt- und Lebensverneinung und Ethik enthalten. Dabei fand ich meine Ansicht, daß Kultur auf ethische Welt- und Lebensbejahung zurückgehe, vollauf bestätigt.

*Die Ergebnisse dieser Untersuchungen trägt der Theologe und Kulturphilosoph einige Jahre danach, 1922, vor angehenden Missionaren in Birmingham vor. Daraus wird 1924 die kleine Schrift «Das Christentum und die Weltreligionen».*

... Von Jugend an habe ich die Überzeugung gehabt, daß alle religiöse Wahrheit sich zuletzt auch als denknotwendige Wahrheit begreifen lassen müsse. Darum, meine ich, soll das Christentum in der Auseinandersetzung mit dem

Denken und mit anderen Religionen kein Privileg für sich in Anspruch nehmen, sondern mitten in dem Kampfe der Ideen stehen und einzig auf die Macht der in ihm enthaltenen Wahrheit vertrauen...

Wie aber setzt sich das Christentum mit dem Brahmanismus, dem Buddhismus, dem Hinduismus und der chinesischen Religiosität auseinander, in denen tiefes und eigenartiges Nachdenken über Gott und die Welt vorliegt?

Suchen wir Ordnung in die Diskussion zu bringen. Es kann sich nur darum handeln, die charakteristischen Grundgedanken der verschiedenen Religiositäten miteinander zu vergleichen. An ihrem Ideale wollen wir die Weltreligionen messen. Wieviel jede in Wirklichkeit hinter ihrem Ideale zurückbleibt, möge außer Betracht bleiben. Das Christentum selber, als historische Erscheinung, ist ja auch weit hinter seinem Ideale zurück und muß darum ringen, ihm näherzukommen, als es es bisher tat.

In den Grundgedanken der höheren Religionen tun sich drei Unterschiede auf, die für das Wesen der Religion bestimmend sind. Der eine ist der von optimistisch und pessimistisch; der andere der von monistisch und dualistisch; der dritte liegt in der Stärke begründet, in der die ethischen Motive vorhanden sind.

Optimistisch ist eine Religiosität, wenn sie der Überzeugung ist, daß die in der natürlichen Welt waltenden Kräfte auf eine vollkommene, gute Urkraft zurückgehen, die alle Dinge in natürlicher Entwicklung der Vollendung entgegenführt.

Die pessimistische Betrachtungsweise besteht darin, daß das religiöse Denken die in der Sinnenwelt waltenden Kräfte nicht als den Ausfluß göttlicher Güte und Vollkommenheit begreifen kann. Darum setzt es seine Hoffnungen nicht auf die in ihr gegebenen Entwicklungsmöglichkeiten, sondern verlegt sie aus ihr hinaus in die Welt des reinen geistigen Seins.

Monistisch ist eine Religiosität, wenn sie Gott als den

Inbegriff aller im Universum waltenden Kräfte auffaßt und also meint, daß wir in der Erkenntnis des Universums zur vollständigen Erkenntnis Gottes kommen. Seinem Wesen nach ist der Monismus also pantheistisch.

Dualistisch ist eine Religiosität, wenn sie von vornherein darauf verzichtet, das Wesen Gottes ganz aus den in der natürlichen Welt waltenden Kräften erkennen zu wollen, sondern sich ihn nach idealen Vorstellungen von ihm, die wir in uns tragen, denken will. Dabei kommt sie dann notwendig dazu, sich diesen Gott mit den in der Natur waltenden Kräften in einem gewissen Widerspruch vorzustellen, so große Schwierigkeiten dies für das Denken auch in sich schließt. Der Gott, den wir als Ideal in uns tragen, ist ja eine ethische Persönlichkeit. Das Geschehen, das aus den in der Welt wirkenden Kräften kommt, hat aber keinen ethischen Charakter. Die dualistische Religiosität denkt also theistisch.

Die beiden bisher berührten Unterschiede betreffen mehr die Formen der Vorstellungen, in denen eine Religion denkt. Der ethische Gehalt aber entscheidet über ihr innerliches Wesen. Darum ist die große Frage, die an jede Religion zu richten ist, inwieweit in ihr stetige und tiefe Antriebe zur innerlichen Vervollkommnung und zu ethischem Handeln gegeben sind ... Jede denkende Religion hat zu wählen, ob sie ethische Religion sein will oder Religion, die die Welt erklärt. Wir Christen wählen das erstere als das Wertvollere. Die logische, in sich geschlossene Religiosität geben wir preis. Auf die Frage: Wie kann ich zugleich in der Welt und zugleich in Gott sein? antwortet das Evangelium Jesu: Indem du in der Welt lebst und wirkest als einer, der anders ist als die Welt ...

Damit sind die Brücken des gewöhnlichen logischen Denkens abgebrochen. Der Weg führt in das Land der Naivität, der Paradoxie. Aber wir gehen ihn entschlossen und zuversichtlich. Wir halten an der absolut und tief lebendig ethischen Religion fest, als an dem einen, was not tut, mag die Welterklärung darüber auch in Trümmer gehen. In dem, was an dem Christentum als naiv erscheint, liegt seine Tiefe.

Es gibt zwei Arten von Naivität: eine, die noch nicht alle Probleme überblickt und noch nicht an alle Pforten des Wissens angeklopft hat, und eine andere, höhere, die so entsteht, daß das Denken in alle Probleme hineingeschaut, bei allem Wissen und Erkennen Rat geholt hat und dann einsieht, daß wir nichts erklären können, sondern Überzeugungen folgen müssen, die sich uns durch ihren inneren Wert aufdrängen.

Mit den logischen Religionen des Ostens verglichen ist das Evangelium Jesu unlogisch. Es setzt einen Gott voraus, der als ethische Persönlichkeit gewissermaßen außerhalb der Welt steht. In der Beantwortung der Fragen, wie sich diese ethische Persönlichkeit zu den in der Welt wirkenden Kräften verhält, kommt es aus den Unklarheiten nicht heraus. Es muß daran festhalten, daß Gott der Inbegriff aller in der Welt wirkenden Kräfte ist, das heißt, daß alles, was ist, in Gott ist. Im letzten Grunde also kann auch es nicht anders als monistisch und pantheistisch denken. Zugleich aber ergibt es sich nicht darein, daß Gott nur der Inbegriff der in der Welt wirkenden Kräfte sein soll. Denn der Gott des Monismus und des Pantheismus – der Gott des natürlichen Denkens über die Welt – ist unpersönlich und hat keinen ethischen Charakter. Darum nimmt das Christentum alle Schwierigkeiten des Dualismus auf sich, ist ethischer Theismus und erfaßt Gott als einen Willen, der anders ist als die Welt und der mich zwingt, anders zu sein als die Welt.

Immer wieder, in den Jahrhunderten seines Bestehens, sucht es die aus dem natürlichen Denken kommende und die ethische Vorstellung von Gott miteinander in Einklang zu bringen. Nie gelingt es ihm. Ungelöst trägt es den Zwiespalt von Monismus und Dualismus, von logischer und ethischer Religion in sich.

Auch in der Frage pessimistisch oder optimistisch

gelangt es zu keiner Entscheidung. Pessimistisch ist es nicht nur, weil es sich, wie der Brahmanismus und der Buddhismus, davon Rechenschaft gibt, daß Unvollkommenheit, Weh und Leid zum Wesen der natürlichen Welt gehören, sondern auch noch, und noch viel mehr, weil es in dem Menschen ein Wollen findet, das dem Wollen des ethischen Gottes nicht entspricht und darum böse ist.

Optimistisch wiederum ist es, weil es diese Welt nicht preisgibt, sich nicht, wie der Brahmanismus und der Buddhismus, in Welt- und Lebensverneinung von ihr zurückzieht, sondern den Menschen in die Welt hineinstellt und ihm befiehlt, darin im Geiste des ethischen Gottes zu leben und zu wirken, und ihm die Gewißheit gibt, daß sich darin die Bestimmung erfüllt, die Gott der Welt und dem Menschen gesetzt hat. Wie dies vorzustellen sei, kann es freilich nicht erklären. Denn was bedeutet in dem unendlichen Weltgeschehen das ethische Sein und das ethische Tun des frommen Menschen? Was richtet es darin aus? Gestehen wir, daß wir darauf keine Antwort wissen als nur die, daß der Wille Gottes damit erfüllt wird.

Alle Probleme der Religion gehen zuletzt auf eines zurück: daß ich Gott in mir anders erlebe, als ich ihn in der Welt erkenne. In der Welt tritt er mir als rätselhafte, wunderbare Schöpferkraft entgegen; in mir offenbart er sich als ethischer Wille. In der Welt ist er unpersönliche Kraft, in mir offenbart er sich als Persönlichkeit. Der Gott, der in dem Denken über die Welt erkannt wird, und der, den ich als ethischen Willen erlebe, lassen sich nicht zusammenbringen. Beide sind eins; aber wie sie es sind, verstehe ich nicht. Welches aber ist die entscheidende Erkenntnis Gottes? Die, die ich als ethischen Willen erfahre. Unsere Erkenntnis Gottes aus der Natur ist immer unvollkommen und inadäquat, weil wir die Dinge in der Welt nur von außen erschauen. Ich sehe den Baum wachsen, grünen und blühen. Aber die Kräfte, die dies bewirken, verstehe ich nicht. Ihre formende Fähigkeit bleibt mir rätselhaft.

In mir aber erkenne ich die Dinge von innen. In mir offenbart sich die schöpferische Kraft, die alles, was ist, hervorbringt und erhält, in einer Art, wie ich sie sonst nicht erkenne, als ethischer Wille, als etwas, das in mir schöpferisch sein will. Dieses erlebte Geheimnis ist für mein Denken, Wollen und Verstehen entscheidend. Daraufhin darf ich alle Geheimnisse der Erkenntnis der Welt und meines Seins in ihr zuletzt als ungelöst und unlösbar dahingestellt sein lassen. Mein Leben ist vollständig und sicher durch das eine, in mir erlebte Geheimnis bestimmt, daß Gott als ethischer Wille sich in mir offenbart und von meinem Leben Besitz ergreifen will . . .

Es gibt einen Ozean. Kaltes Wasser, unbewegt. In dem Ozean aber ist der Golfstrom, heißes Wasser, das vom Äquator zum Pole fließt. Fragen Sie alle Gelehrten, wie es physikalisch vorstellbar ist, daß zwischen den Wassern des Ozeans, wie zwischen zwei Ufern, ein Strom heißen Wassers fließt, bewegt in dem Unbewegten, heiß in dem Kalten. Sie können es nicht erklären. So ist der Gott der Liebe in dem Gott der Weltkräfte eins mit ihm und doch so ganz anders als er. Von diesem Strome lassen wir uns ergreifen und dahintragen.

Gewiß, auch das Christentum sucht immer noch möglichst viel zu erklären. Für die ersten Christen bestand die Lösung darin, daß Gott diese natürliche Welt bald in die Vollkommene des Reiches Gottes verwandeln würde. Mit brennender Sehnsucht warteten sie darauf, in dieser Art Gott und Welt in Harmonie miteinander zu sehen und in der Welt seiend zugleich vollkommen in Gott zu sein. Ihre Hoffnung ging nicht in Erfüllung. In den Ereignissen, in denen die Welt ihren gewöhnlichen Gang weiterging, sprach Gott zu ihnen: «Meine Gedanken sind nicht eure Gedanken.»

Seither haben die Christen immer wieder versucht, das Christentum zu einer Lehre zu machen, in der das Walten des ethischen Gottes und der natürliche Weltverlauf miteinander in Einklang gebracht werden. Nie gelang es.

Immer aufs neue untergrub die Wirklichkeit die vom Glauben aufgestellten Theorien, wie eine unheimliche Flut den Damm bespült, bis nichts mehr von ihm da ist.

So hat das Christentum ein Stück nach dem andern von der Welterklärung, die es noch zu besitzen glaubte, drangeben müssen. Damit wird es immer mehr, was es seinem Wesen nach ist. In einem gewaltigen Vergeistigungsprozeß geht es aus der naiven Naivität immer weiter in die tiefe Naivität hinein. Je mehr Erklärungen seinen Händen entfallen, desto mehr erfüllt sich an ihm die erste Seligpreisung: «Selig sind, die da geistig arm sind.» Sie ist prophetisch für es.

Wenn das Christentum sich auf sein innerstes Wesen besinnt, erfaßt es sich als Frömmigkeit aus innerer Nötigung. Die höchste Erkenntnis ist, daß alles, was uns umgibt, Geheimnis ist. Kein Wissen und kein Hoffen kann unserem Leben Halt und Richtung geben. Nur in der Tatsache, daß wir uns von dem ethischen, sich in uns offenbarenden Gott ergreifen lassen und unser Wollen in seines dahingeben, empfängt es seine Bestimmtheit.

Alle tiefe Religion ist Mystik. Durch Sein in Gott aus der Welt erlöst sein: dies ist das Sehnen, das in uns ist, solange wir uns nicht in Gedankenlosigkeit betäuben. Aber das Sein in Gott, das in einem intellektuellen Erkenntnisakt zustande kommt, wie in den östlichen Religionen, bleibt immer eine tote Geistigkeit. Es wirkt nicht Wiedergeburt in Gott zu lebendiger Geistigkeit. Lebendige Geistigkeit, wahre Erlösung aus der Welt, kommt nur aus dem ethisch bestimmten Sein in Gott. Die Religionen des Ostens sind logische Mystik, das Christentum allein ethische Mystik...

Die ersten Christen erwarteten das Reich Gottes in Bälde, als eine totale Umgestaltung der natürlichen Welt in eine vollkommene. Wir sind bescheidener geworden. Nicht mehr dehnen wir das Reich Gottes aus auf die Welt. Wir beschränken es auf die Menschheit und erwarten es als das Wunder, in dem der Geist Gottes sich alle menschliche Gesinnung unterwirft. Die Generationen vor uns wollten und konnten glauben, daß sich dieses Wunder in einer stetigen, langsamen Entwicklung auswirke. Wir aber, in all dem grausigen und sinnlosen Geschehen, das wir erlebt haben und noch erleben, fühlen uns, wie durch eine furchtbare Welle, weit von dem Hafen des Reiches Gottes zurückgeworfen und müssen gegen Sturm und Flut darauf zurudern, ohne die Gewißheit zu haben, voranzukommen. So nimmt Gott auch uns, wie die ersten Christen, in die furchtbare Schule des Wortes: «Meine Gedanken sind nicht eure Gedanken.» Er verlangt von uns das Schwere, daß wir dem Reiche Gottes treu sind als solche, die nicht sehen und doch glauben. Wir vermögen es, wenn wir von ihm ergriffen sind ...

Zehn Jahre lang habe ich, vor meinem Weggang nach Afrika, den Knaben der Kirche zu St. Nicolai in Straßburg Konfirmandenunterricht erteilt. Nach dem Kriege kamen welche zu mir und dankten mir, daß ich sie so bestimmt gelehrt hätte, daß Religion nicht etwas sei, das alles erkläre. Dadurch seien sie davor bewahrt worden, im Schützengraben, wie so viele, die auf das Unerklärliche nicht vorbereitet waren, das Christentum von sich zu werfen ...

Um sich mit den Weltreligionen auseinanderzusetzen, muß das Christentum denselben in der ganzen Tiefe seiner Schlichtheit entgegentreten. Jenem logisch-religiösen Denken gegenüber darf es sich nicht einfach als historische Offenbarung geben. Dies ist eine gefährliche Verschanzung. Gegen logisch-religiöses Denken vermag es nur etwas, wenn es sich als das tiefere und religiösere Denken, das es ist, erweist. Nicht nur auf die historische, sondern zugleich auf die ihr entsprechende und sie fortwährend bestätigende innerliche Offenbarung muß es sich berufen. Es hat zu zeigen, daß sein Verzicht, logisch geschlossene Erkenntnis zu sein, denknotwendig ist, daß die Widersprüche und die Unfertigkeit, in denen es verharrt, nicht

Denkfehler sind, sondern unvermeidliche Unvollendetheit des Denkens, das in die Tiefe der Dinge geht. Die Alternative: logische oder ethische Religion muß es mit klarer Entschiedenheit stellen und darauf bestehen, daß das Ethische die höchste und einzig lebendige Geistigkeit ist. So sich als die Religion gebend, die durch alle Erkenntnisse hindurchgeht und über alle Erkenntnisse hinausgeht und damit zu dem lebendigen ethischen Gott gelangt, der aus der Welt nicht erkennbar ist, sondern sich nur im Menschen offenbart, redet das Christentum in der ganzen Macht der Wahrheit, die in ihm ist ...

Tiefe Wahrheit tritt nicht anspruchsvoll auf. Zudem: Schwere Demütigung wartet unser aller, die wir draußen das Evangelium predigen. «Wo ist denn eure ethische Religion?» fragen sie uns, ob es Primitive des Urwaldes sind oder Gebildete des fernen Ostens. Was das Christentum als Religion der Liebe geleistet hat, gilt als ausgelöscht dadurch, daß es nicht stark genug war, die christlichen Nationen zur Friedfertigkeit zu erziehen, und daß es im Kriege selber sich noch mit so viel weltlicher und häßlicher Gesinnung vergesellschaftete, ja heute noch sich noch nicht von ihr losgerissen hat. In grausiger Weise ist es dem Geiste Jesu untreu geworden. Wo wir draußen das Evangelium predigen, streiten wir von dieser traurigen Tatsache nichts ab und beschönigen nichts. Wir sind so tief gefallen, weil wir es uns zu leicht vorstellten, den Geist Jesu zu besitzen. Nun soll ein ernsteres Ringen um denselben angehen.

Heute draußen das Evangelium verkündend, sind wir Vorposten einer Armee, die eine Niederlage durchgemacht hat und erst wieder tüchtig werden muß. Aber wir wollen mutige Vorposten sein. Kein Irren und keine Untreue von Menschen kann dem Evangelium Jesu die Wahrheit nehmen, die es in sich trägt. Und wenn nur an uns selber, in wahrhaftigem Anders-Sein als die Welt, etwas von dem Ergriffensein durch den lebendigen ethischen Gott offenbar wird, dann geht Wahrheit Jesu von uns aus ...

## Der Ruf aus Schweden

Während ich mit solchen Arbeiten beschäftigt war, erhielt ich, einige Tage vor Weihnachten 1919, durch Erzbischof Nathan Söderblom eine Einladung, nach Ostern 1920 für die Olaus-Petri-Stiftung Vorlesungen an der Universität Upsala zu halten. Diese Aufforderung kam mir ganz unerwartet. Die ganze Zeit nach dem Kriege hindurch hatte ich in meiner Straßburger Abgeschlossenheit das Gefühl eines unter ein Möbel gerollten und dort verlorenen Groschens gehabt. Nur einmal war ich seither wieder mit der Welt draußen in Berührung gekommen: als ich im Oktober 1919, mit vieler Mühe glücklich in den Besitz eines Passes gelangt, alle mir verfügbaren Mittel zusammenraffte und nach Barcelona fuhr, um mich dort vor den Freunden des Orféo Catalá wieder auf der Orgel hören zu lassen. Bei diesem ersten Wiederhinauskommen in die Welt erfuhr ich, daß ich als Künstler noch etwas galt...

Als Gegenstand meiner Vorlesungen von Upsala wählte ich das Problem von Welt- und Lebensbejahung und Ethik der Philosophie und in den Weltreligionen. Als ich an die Ausarbeitung ging, waren die in Afrika zurückgelassenen Kapitel der «Kulturphilosophie» noch immer nicht in meinem Besitz. Ich mußte sie also neu schreiben. Zuerst war ich darüber sehr unglücklich. Später aber bemerkte ich, daß diese zweimalige Ausarbeitung der Arbeit von Nutzen sei, und söhnte mich mit meinem Schicksal aus. Erst im Sommer 1920, nach meiner Rückkehr aus Upsala, gelangte das Afrikamanuskript endlich in meine Hände.

In Upsala fand ich nun zum ersten Male ein Echo auf die Gedanken, die ich fünf Jahre lang mit mir herumgetragen hatte. In der letzten Vorlesung, in der ich die Grundgedanken der Ethik der Ehrfurcht vor dem Leben entwickelte, war ich so bewegt, daß ich nur mit Mühe sprechen konnte.

Als müder, gedrückter, noch kränkelnder Mann – im Sommer 1919 hatte ich mich einer zweiten Operation unterziehen müssen – war ich nach Schweden gekommen. In der herrlichen Luft Upsalas und in der guten Atmosphäre des erzbischöflichen Hauses, in dem meine Frau und ich zu Gast waren, genas ich und wurde wieder ein arbeitsfroher Mensch.

Aber noch lasteten auf mir die Schulden, die ich während des Krieges für den Weiterbetrieb des Spitals bei der Pariser Missionsgesellschaft und Pariser Bekannten gemacht hatte. Als der Erzbischof auf einem Spaziergang von dieser Sorge erfuhr, riet er mir, es mit Orgelkonzerten und Vorträgen in Schweden – wo damals vom Kriege her noch viel Geld im Lande war – zu versuchen, und versah mich mit Empfehlungen nach verschiedenen Städten. Ein Student der Theologie, Elias Söderstrom (er starb als Missionar einige Jahre danach), bot sich mir als Reisebegleiter an. Neben mir auf dem Podium oder auf der Kanzel stehend, übersetzte er meine Vorträge über das Urwaldspital Satz für Satz so lebendig, daß die Leute nach wenigen Augenblicken vergaßen, daß sie einen übersetzten Vortrag hörten. Wie kam es mir jetzt zustatten, daß ich mir in den Gottesdiensten zu Lambarene die Technik, durch den Mund eines Dolmetschers zu reden, angeeignet hatte!...

An den nicht großen, aber im Klang wundervollen alten schwedischen Orgeln hatte ich viel Freude. Auf das beste kamen sie meiner Art, Bach wiederzugeben, entgegen.

Im Laufe von wenigen Wochen brachte ich durch Konzerte und Vorträge so viel zusammen, daß ich alsbald die drückendsten Schulden abtragen konnte. Als ich Mitte Juli den schwedischen Boden verließ, auf dem ich so viel Gutes erfahren hatte, stand mir der Entschluß fest, mein Werk in Lambarene wiederaufzunehmen. Vorher hatte ich gar nicht daran zu denken gewagt, sondern mich mit der Idee vertraut gemacht, einmal wieder in den akademischen Lehrberuf zurückzukehren, wobei ich nach Andeutungen, die mir vor der Abreise nach Schweden gemacht worden waren, meine Hoffnungen auf die Schweiz setzen durfte. Im Jahre 1920 wurde ich von der theologischen Fakultät zu Zürich zum Ehrendoktor ernannt.

*In der Zuversicht, das Werk in Lambarene wiederaufnehmen zu können, entsteht nach der Schwedenreise das Buch der Afrika-Erinnerungen («Zwischen Wasser und Urwald», 1921). Am Schluß schreibt Schweitzer:*

... Ich selber, nachdem meine seit 1918 schwankende Gesundheit durch zwei Operationen wiederhergestellt ist und nachdem ich durch Orgelkonzerte und Vorträge die Mittel fand, um die während des Krieges für mein Werk gemachten Schulden abzutragen, darf den Entschluß fassen, meine Tätigkeit unter den Elenden in der Ferne fortzusetzen. Zwar ist mein Werk, wie ich es gegründet hatte, im Krieg zusammengebrochen. Die Freunde, die sich aus verschiedenen Nationen zusammengetan, um es zu erhalten, sind durch das, was sich in der Welt ereignet hat, auf lange hinaus entzweit worden. Von denen, die noch weiter helfen könnten, sind manche durch den Krieg verarmt. Es wird schwer sein, die Mittel zusammenzubitten. Und sie müssen viel größer sein als vorher, denn die Kosten werden jetzt das Dreifache der früheren betragen, so bescheiden ich das Unternehmen auch in Aussicht nehme.

Dennoch bleibe ich mutig. Das Elend, das ich gesehen, gibt mir die Kraft dazu, und der Glaube an die Menschen hält meine Zuversicht aufrecht. Ich will glauben, daß ich genug Menschen finden werde, die, weil sie selber aus leiblicher Not gerettet worden sind, sich zu Dankbarkeitsopfern für die, die in gleicher Not sind, erbitten lassen werden ...

Am Sonntag vor Palmsonntag 1921 hatte ich die Freude, bei der ersten Aufführung der Bachschen Matthäuspassion im Orféo Català zu Barcelona – es war die Uraufführung dieses Werkes in Spanien – die Orgel zu spielen. Im April 1921 gab ich meine beiden Stellungen in Straßburg auf, für den Unterhalt meines Lebens hinfort auf die Feder und die Orgel zählend. Um in Ruhe an der «Kulturphilosophie» arbeiten zu können, zog ich mit meiner Frau und dem Kinde – einer 1919 am 14. Januar, meinem Geburtstage, geborenen Tochter – zu meinem Vater in das trauliche Pfarrhaus zu Günsbach. Als Absteigequartier in Straßburg, wo ich mich der Bibliothek wegen oft längere Zeit aufhalten mußte, hatte ich ein Mansardenzimmer bei Frau Pfarrer Dietz-Härter in einem alten Hause der Knoblochgasse.

Freilich wurde die Arbeit durch viele Reisen unterbrochen. Von verschiedenen Universitäten erhielt ich Aufforderungen, Vorlesungen über die Kulturphilosophie oder über Probleme des Urchristentums zu halten. Auch galt es, durch Vorträge über das Spital zu Lambarene die Mittel für die Fortführung des Werkes zusammenzubringen. Durch Orgelkonzerte mußte ich meine und meiner Familie Existenz für die Jahre, wo ich wieder in Afrika sein würde, sicherstellen...

Wie Wunderbares durfte ich in diesen Jahren erleben! Als ich nach Afrika ging, schickte ich mich an, drei Opfer zu bringen: die Orgelkunst aufzugeben; auf die akademische Lehrtätigkeit, an der mein Herz hing, zu verzichten; meine materielle Unabhängigkeit zu verlieren und für mein weiteres Leben auf die Hilfe von Freunden angewiesen zu sein. Diese drei Opfer hatte ich zu bringen begonnen. Nur meine Vertrauten wußten, wie schwer sie mir fielen.

Nun aber erging es mir wie Abraham, als er sich anschickte, einen Sohn zu opfern. Wie ihm wurde mir das Opfer erlassen. Das mir von der Pariser Bachgesellschaft geschenkte Tropenklavier mit Orgelpedal und meine über das tropische Klima triumphierende Gesundheit hatten mir erlaubt, meine Orgeltechnik zu unterhalten. In den vielen stillen Stunden, die ich in den viereinhalb Jahren

Urwaldeinsamkeit mit Bach verbringen durfte, war ich tiefer in den Geist seiner Werke eingedrungen. So kehrte ich nicht als ein zum Amateur gewordener Künstler, sondern im Vollbesitze meiner Orgeltechnik nach Europa zurück und durfte es erleben, als Künstler jetzt mehr zu gelten als vordem.

Für die Lehrtätigkeit an der Universität Straßburg, die ich aufgegeben hatte, wurde ich dadurch entschädigt, daß ich in den Hörsälen so mancher Universitäten Vorlesungen zu halten hatte. Nachdem ich zeitweise meine materielle Unabhängigkeit verloren hatte, durfte ich sie mir nun durch die Orgel und die Feder neu erwerben.

Daß mir das schon gebrachte dreifache Opfer erlassen wurde, ist für mich das erhebende Erlebnis gewesen, das mich in allem Schweren, das die schicksalsvolle Nachkriegszeit für mich wie für so viele andere mit sich brachte, aufrecht erhielt und zu allen Anstrengungen und zu allem Verzichten willig machte.

Im Frühjahr 1923 wurden die beiden ersten Bücher der «Kulturphilosophie» fertig und erschienen noch in demselben Jahre. Das erste führt den Titel «Verfall und Wiederaufbau der Kultur», das zweite heißt «Kultur und Ethik» ... In «Kultur und Ethik» lasse ich das tragische Ringen des europäischen Denkens und die Weltanschauung ethischer Welt- und Lebensbejahung sich entrollen ... Mit Absicht vermeide ich philosophische Fachausdrücke. Ich wende mich an denkende Menschen und will wieder elementares Denken über die in jedem Menschenwesen aufsteigenden Fragen des Daseins wecken.

*Im XXI. (vorletzten) Kapitel von «Kultur und Ethik» legt Schweitzer die Ethik der «Ehrfurcht vor dem Leben» dar. Die Ausführungen sind der Doppelpredigt von 1919 verwandt, ohne den Tonfall des Intimen, der Zwiesprache zwischen Pfarrer und Gemeinde.*

Kompliziert und beschwerlich sind die Wege, auf denen

das verirrte und verstiegene ethische Denken zurückgeholt werden muß. Einfach aber gestaltet sich seine Wanderung, wenn es, statt auf scheinbar bequeme und kurze Wege abzubiegen, von vornherein die rechte Richtung einhält. Dazu gehört dreierlei: daß es sich in keiner Weise auf ethische Deutung der Welt einläßt; daß es kosmisch und mystisch wird, das heißt, daß es alle in der Ethik waltende Hingebung als Erscheinung eines innerlichen, geistigen Verhältnisses zur Welt zu begreifen sucht; daß es nicht in abstraktes Denken verfällt, sondern elementar bleibt, indem es Hingebung an die Welt auffaßt als Hingebung des menschlichen Lebens an alles lebendige Sein, zu dem es in Beziehung treten kann.

Ethik entsteht dadurch, daß ich die Weltbejahung, die mit der Lebensbejahung in meinem Willen zum Leben natürlich gegeben ist, zu Ende denke und zu verwirklichen versuche. Ethisch-Werden heißt wahrhaft denkend werden. Denken ist die Auseinandersetzung zwischen Wollen und Erkennen, die in mir stattfindet... Alles wahre Erkennen geht in Erleben über. Das Wesen der Erscheinungen erkenne ich nicht, sondern ich erfasse es in Analogie zu dem Willen zum Leben, der in mir ist. So wird mir das Wissen von der Welt zum Erleben der Welt. Das zum Erleben werdende Erkennen läßt mich der Welt gegenüber nicht als rein erkennendes Subjekt verharren, sondern drängt mir ein innerliches Verhalten zu ihr auf. Es erfüllt mich mit Ehrfurcht vor dem geheimnisvollen Willen zum Leben, der in allem ist. Indem es mich denkend und staunend macht, führt es mich immer höher hinan auf die Höhen der Ehrfurcht vor dem Leben. Hier läßt es meine Hand los. Weiter kann es mich nicht geleiten. Nun muß mein Wille zum Leben seinen Weg in der Welt allein suchen.

Nicht dadurch, daß es mir kundtut, was diese und jene Erscheinungen von Leben in dem Weltganzen bedeuten, bringt mich das Erkennen in ein Verhältnis zur Welt. In inneren, nicht in äußeren Kreisen wandelt es mit mir. Von innen heraus setzt es mich zur Welt in Beziehung, indem es meinen Willen zum Leben alles, was ihn umgibt, als Willen zum Leben miterleben läßt... Wahrhaft ethisch ist der Mensch nur, wenn er der Nötigung gehorcht, allem Leben, dem er beistehen kann, zu helfen, und sich scheut, irgend etwas Lebendigem Schaden zu tun. Er fragt nicht, inwiefern dieses oder jenes Leben als wertvoll Anteilnahme verdient, und auch nicht, ob und inwieweit es noch empfindungsfähig ist. Das Leben als solches ist ihm heilig. Er reißt kein Blatt vom Baume ab, bricht keine Blume und hat acht, daß er kein Insekt zertritt. Wenn er im Sommer nachts bei der Lampe arbeitet, hält er lieber das Fenster geschlossen und atmet dumpfe Luft, als daß er Insekt um Insekt mit versengten Flügeln auf seinen Tisch fallen sieht.

Geht er nach dem Regen auf der Straße und erblickt den Regenwurm, der sich darauf verirrt hat, so bedenkt er, daß er in der Sonne vertrocknen muß, wenn er nicht rechtzeitig auf Erde kommt, in der er sich verkriechen kann, und befördert ihn von dem todbringenden Steinigen hinunter ins Gras. Kommt er an einem Insekt vorbei, das in einen Tümpel gefallen ist, so nimmt er sich die Zeit, ihm ein Blatt oder einen Halm zur Rettung hinzuhalten.

Er fürchtet sich nicht, als sentimental belächelt zu werden. Es ist das Schicksal jeder Wahrheit, vor ihrer Anerkennung ein Gegenstand des Lächelns zu sein. Einst galt es als eine Torheit, anzunehmen, daß die farbigen Menschen wahrhaft Menschen seien und menschlich behandelt werden müßten. Die Torheit ist zur Wahrheit geworden. Heute gilt es als übertrieben, die stete Rücksichtnahme auf alles Lebendige bis zu seinen niedersten Erscheinungen herab als Forderung einer vernunftgemäßen Ethik auszugeben. Es kommt aber die Zeit, wo man staunen wird, daß die Menschheit so lange brauchte, um gedankenlose Schädigung von Leben als mit Ethik unvereinbar einzusehen.

Ethik ist ins Grenzenlose erweiterte Verantwortung

gegen alles, was lebt. In ihrer Allgemeinheit mutet die
Bestimmung der Ethik als Verhalten in der Gesinnung der
Ehrfurcht vor dem Leben kalt an. Aber sie ist die einzig
vollständige. Mitleid ist zu eng, um als Inbegriff des
Ethischen zu gelten. Es bezeichnet ja nur die Teilnahme
mit dem leidenden Willen zum Leben. Zur Ethik gehört
aber das Miterleben aller Zustände und aller Aspirationen
des Willens zum Leben, auch seiner Lust, auch seiner
Sehnsucht, sich auszuleben, auch seines Dranges nach
Vervollkommnung.

Mehr schon sagt Liebe, weil sie Mitleiden, Mitfreude
und Mitstreben in sich faßt. Aber sie bezeichnet das
Ethische nur in einem Gleichnisse, wenn auch einem
natürlichen und tiefen Gleichnis. Sie setzt die durch Ethik
geschaffene Solidarität in Analogie zu derjenigen, die die
Natur auf physische Art mehr oder weniger vorübergehend zwischen zwei sich geschlechtlich ergänzenden
Wesen oder zwischen diesen und ihrer Nachkommenschaft eintreten läßt.

Das Denken muß danach streben, das Wesen des
Ethischen an sich zum Ausdruck zu bringen. Dabei
kommt es dazu, Ethik als Hingebung an Leben zu bestimmen, die durch Ehrfurcht vor dem Leben motiviert ist.
Mag das Wort Ehrfurcht vor dem Leben als sehr allgemein
etwas unlebendig klingen, so ist doch das, was damit
bezeichnet wird, etwas, das den Menschen, in dessen
Gedanken es einmal aufgetreten ist, nicht mehr losläßt.
Mitleid, Liebe und überhaupt alles wertvoll Enthusia-
stische sind in ihm gegeben. Mit rastloser Lebendigkeit
arbeitet die Ehrfurcht vor dem Leben an der Gesinnung, in
die sie hineingekommen ist, und wirft sie in die Unruhe
einer niemals und nirgends aufhörenden Verantwortlichkeit hinein. Wie die sich durch die Wasser wühlende
Schraube das Schiff, so treibt die Ehrfurcht vor dem Leben
den Menschen an.

Aus innerer Nötigung entstehend, ist die Ethik der Ehrfurcht vor dem Leben nicht davon abhängig, inwieweit

und inwiewenig sie sich zu einer befriedigenden Lebensanschauung auszudenken vermag. Sie braucht nicht auf die Frage Antwort zu geben, was das auf Erhaltung, Förderung und Steigerung von Leben gehende Wirken ethischer Menschen im Gesamtverlaufe des Weltgeschehens bedeuten kann. Sie läßt sich nicht irremachen durch die Erwägung, daß die von ihr geübte Erhaltung und Vollendung von Leben neben der gewaltigen, in jedem Augenblick durch Naturgewalten erfolgenden Vernichtung von Leben fast nicht in Betracht kommt. Wirken wollend, darf sie doch alle Probleme des Erfolges ihres Wirkens dahingestellt sein lassen. Bedeutungsvoll für die Welt ist die Tatsache an sich, daß in dem ethisch gewordenen Menschen ein von Ehrfurcht vor dem Leben und Hingebung an Leben erfüllter Wille zum Leben in der Welt auftritt.

In meinem Willen zum Leben erlebt sich der universale Wille zum Leben anders als in den andern Erscheinungen. In diesen tritt er in einer Individualisierung auf, die, soviel ich von außen bemerke, nur ein Sich-selbst-Ausleben, kein Einswerden mit anderem Willen zum Leben erstrebt. Die Welt ist das grausige Schauspiel der Selbstentzweiung des Willens zum Leben. Ein Dasein setzt sich auf Kosten des anderen durch, eines zerstört das andere. Ein Wille zum Leben ist nur wollend gegen den andern, nicht wissend von ihm. In mir aber ist der Wille zum Leben wissend von anderm Willen zum Leben geworden. Sehnen, zur Einheit mit sich selbst einzugehen, universal zu werden, ist in ihm.

Warum erlebt sich der Wille zum Leben so nur in mir? Liegt es daran, daß ich die Fähigkeit erlangt habe, über die Gesamtheit des Seins denkend zu werden? Wohin führt die in mir begonnene Evolution? Auf diese Fragen gibt es keine Antwort. Schmerzvolles Rätsel bleibt es für mich, mit Ehrfurcht vor dem Leben in einer Welt zu leben, in der Schöpferwille zugleich als Zerstörungswille und Zerstörungswille zugleich als Schöpferwille waltet.

Ich kann nicht anders, als mich an die Tatsache halten,

daß der Wille zum Leben in mir als Wille zum Leben auftritt, der mit anderm Willen zum Leben eins werden will. Sie ist mir das Licht, das in der Finsternis scheint. Die Unwissenheit, unter die die Welt getan ist, ist von mir genommen. Ich bin aus der Welt erlöst. In Unruhe, wie sie die Welt nicht kennt, bin ich durch die Ehrfurcht vor dem Leben geworfen. Seligkeit, die die Welt nicht geben kann, empfange ich aus ihr. Wenn in der Sanftmut des Andersseins als die Welt ein anderer und ich uns in Verstehen und Verzeihen helfen, wo sonst Wille andern Willen quälen würde, ist die Selbstentzweiung des Willens zum Leben aufgehoben. Wenn ich ein Insekt aus dem Tümpel rette, so hat sich Leben an Leben hingegeben, und die Selbstentzweiung des Lebens ist aufgehoben. Wo in irgendeiner Weise mein Leben sich an Leben hingibt, erlebt mein endlicher Wille zum Leben das Einswerden mit dem unendlichen, in dem alles Leben eins ist. Labung wird mir zuteil, die mich vor dem Verschmachten in der Wüste des Lebens bewahrt.

Darum erkenne ich es als die Bestimmung meines Daseins, der höheren Offenbarung des Willens zum Leben in mir gehorsam zu sein. Als Wirken wähle ich, die Selbstentzweiung des Willens zum Leben aufzuheben, soweit der Einfluß meines Daseins reicht. Das eine, was not ist, wissend, lasse ich die Rätsel der Welt und meines Daseins in ihr dahingestellt.

Das Ahnen und das Sehnen aller tiefen Religiosität ist in der Ethik der Ehrfurcht vor dem Leben enthalten. Aber diese baut es nicht zu einer geschlossenen Weltanschauung aus, sondern ergibt sich darein, den Dom unvollendet lassen zu müssen. Nur den Chor bringt sie fertig. In diesem aber feiert die Frömmigkeit lebendigen und unaufhörlichen Gottesdienst...

Ihre Wahrheit erweist die Ethik der Ehrfurcht vor dem Leben auch darin, daß sie das verschiedenartig Ethische in seinem Zusammenhang begreift. Keine Ethik hat noch das

Streben nach Selbstvervollkommnung, in dem der Mensch ohne Taten nach außen an sich selbst arbeitet, und die tätige Ethik in ihrem Nebeneinander und Ineinander darstellen können. Die Ethik der Ehrfurcht vor dem Leben vermag es, und zwar so, daß sie nicht nur Schulfragen löst, sondern auch Vertiefung der ethischen Einsicht bringt...

Daß Kant Wahrhaftigkeit gegen sich selbst so in den Mittelpunkt der Ethik rückt, zeugt für die Tiefe seines ethischen Empfindens. Aber weil er in dem Suchen nach dem Wesen des Ethischen nicht bis zur Ehrfurcht vor dem Leben vordringt, kann er den Zusammenhang von Wahrhaftigkeit gegen sich selbst und tätiger Ethik nicht erfassen.

Tatsächlich geht die Ethik der Wahrhaftigkeit gegen sich selbst unmerklich in die der Hingebung an andere über. Die Wahrhaftigkeit gegen mich selbst zwingt mich zu Akten, die sich derart als Hingebung bekunden, daß die gewöhnliche Ethik sie aus Hingebung ableitet.

Warum verzeihe ich einem Menschen? Die gewöhnliche Ethik sagt, weil ich Mitleid mit ihm habe. Sie läßt die Menschen sich im Verzeihen furchtbar gut vorkommen und erlaubt ihnen, Verzeihen zu üben, das von Demütigung des andern nicht frei ist. So macht sie Verzeihen zu einem versüßten Triumph der Hingebung.

Mit dieser ungeläuterten Ansicht räumt die Ethik der Ehrfurcht vor dem Leben auf. Alle Nachsicht und alles Verzeihen ist ihr eine durch die Wahrhaftigkeit gegen sich selbst erzwungene Tat. Ich muß grenzenloses Verzeihen üben, weil ich im Nichtverzeihen unwahrhaftig gegen mich selbst würde, indem ich damit täte, als wäre ich nicht in derselben Weise schuldig, wie der andere mir gegenüber schuldig geworden ist. Weil mein Leben so vielfach mit Lüge befleckt ist, muß ich Lüge, die gegen mich begangen wird, verzeihen; weil ich selber so vielfach lieblos, gehässig, verleumderisch, hinterlistig, hoffärtig bin, muß ich alle gegen mich gerichtete Lieblosigkeit, Gehässigkeit, Verleumdung, Hinterlist und Hoffart verzeihen. Lautlos und unauffällig muß ich verzeihen. Ich verzeihe überhaupt nicht, ich lasse es schon gar nicht zum Richten kommen. Auch dies ist keine Verstiegenheit, sondern eine notwendige Erweiterung und Verfeinerung gewöhnlicher Ethik.

Den Kampf gegen das Böse, das in dem Menschen ist, haben wir nicht mit Richten anderer, sondern nur in dem Richten unserer selbst zu führen. Kämpfen mit uns selbst und Wahrhaftigkeit gegen uns selbst sind die Mittel, mit denen wir auf andere einwirken. Lautlos ziehen wir sie in das Ringen um die tiefe, aus der Ehrfurcht gegen das eigene Leben kommende geistige Selbstbehauptung hinein. Kraft macht keinen Lärm. Sie ist da und wirkt. Wahre Ethik fängt an, wo der Gebrauch der Worte aufhört.

Das Intimste tätiger Ethik, wenn es auch als Hingebung erscheint, kommt also aus der Nötigung der Wahrhaftigkeit gegen sich selbst und erhält in ihr seinen wahren Wert. Die ganze Ethik des Andersseins als die Welt fließt rein nur dann, wenn sie aus dieser Quelle kommt. Nicht aus Gütigkeit gegen andere bin ich sanftmütig, friedfertig, langmütig und freundlich, sondern weil ich in diesem Verhalten die tiefste Selbstbehauptung bewähre. Ehrfurcht vor dem Leben, die ich meinem Dasein entgegenbringe, und Ehrfurcht vor dem Leben, in der ich mich hingebend zu anderm Dasein verhalte, greifen ineinander über ...

Wie aber verhält sich die Ethik der Ehrfurcht vor dem Leben in den Konflikten, die zwischen innerer Nötigung zur Hingabe und notwendiger Selbstbehauptung entstehen?

Auch ich bin der Selbstentzweiung des Willens zum Leben unterworfen. Auf tausend Arten steht meine Existenz mit anderen in Konflikt. Die Notwendigkeit, Leben zu vernichten und Leben zu schädigen, ist mir auferlegt. Wenn ich auf einsamem Pfade wandle, bringt mein Fuß Vernichtung und Weh über die kleinen Lebewesen, die ihn bevölkern. Um mein Dasein zu erhalten, muß ich mich des Daseins, das es schädigt, erwehren. Ich werde zum Verfolger des Mäuschens, das in meinem Hause wohnt, zum Mörder des Insekts, das darin nisten will, zum Massenmörder der Bakterien, die mein Leben gefährden können. Meine Nahrung gewinne ich durch Vernichtung von Pflanzen und Tieren. Mein Glück erbaut sich aus der Schädigung der Nebenmenschen.

Wie behauptet sich die Ethik in der grausigen Notwendigkeit, der ich durch die Selbstentzweiung des Willens zum Leben unterworfen bin?

Die gewöhnliche Ethik sucht Kompromisse. Sie will festlegen, wieviel ich von meinem Dasein und von meinem Glück dahingeben muß und wieviel ich auf Kosten des Daseins und Glücks anderen Lebens davon behalten darf. Mit diesen Entscheiden schafft sie eine angewandte, relative Ethik. Was in Wirklichkeit nicht ethisch, sondern ein Gemisch von nichtethischer Notwendigkeit und von Ethik ist, gibt sie als ethisch aus. Damit stiftet sie eine ungeheure Verwirrung an. Sie läßt eine immer zunehmende Verdunkelung des Begriffes des Ethischen aufkommen.

Die Ethik der Ehrfurcht vor dem Leben erkennt keine relative Ethik an. Als gut läßt sie nur Erhaltung und Förderung von Leben gelten. Alles Vernichten und Schädigen von Leben, unter welchen Umständen es auch erfolgen mag, bezeichnet sie als böse. Gebrauchsfertig zu beziehende Ausgleiche von Ethik und Notwendigkeit hält sie nicht auf Lager. Immer von neuem und in immer originaler Weise setzt die absolute Ethik der Ehrfurcht vor dem Leben sich im Menschen mit der Wirklichkeit auseinander. Sie tut die Konflikte nicht für ihn ab, sondern zwingt ihn, sich in jedem Falle selber zu entscheiden, inwieweit er ethisch bleiben kann und inwieweit er sich der Notwendigkeit von Vernichtung und Schädigung von Leben unterwerfen und damit Schuld auf sich nehmen muß. Nicht durch empfangene Anleitung zu Ausgleichen zwischen ethisch und notwendig kommt der Mensch in der Ethik voran, sondern nur dadurch, daß er die Stimme des Ethischen immer lauter vernimmt, daß er immer mehr von Sehnsucht beherrscht wird, Leben zu erhalten und zu fördern, und daß er in dem Widerstande gegen die Notwendigkeit des Vernichtens und Schädigens von Leben immer hartnäckiger wird.

Nur subjektive Entscheide kann der Mensch in den ethischen Konflikten treffen. Niemand kann für ihn bestimmen, wo jedesmal die äußerste Grenze der Möglichkeit des Verharrens in der Erhaltung und Förderung von Leben liegt. Er allein hat es zu beurteilen, indem er sich dabei von der aufs höchste gesteigerten Verantwortung gegen das andere Leben leiten läßt. Nie dürfen wir abgestumpft werden. In der Wahrheit sind wir, wenn wir die Konflikte immer tiefer erleben. Das gute Gewissen ist eine Erfindung des Teufels.

Was sagt die Ehrfurcht vor dem Leben über die Beziehungen zwischen Mensch und Kreatur?

Wo ich irgendwelches Leben schädige, muß ich mir darüber klar sein, ob es notwendig ist. Über das Unvermeidliche darf ich in nichts hinausgehen, auch nicht in scheinbar Unbedeutendem. Der Landmann, der auf seiner Wiese tausend Blumen zur Nahrung für seine Kühe hingemäht hat, soll sich hüten, auf dem Heimweg in geistlosem Zeitvertreib eine Blume am Rande der Landstraße zu köpfen, denn damit vergeht er sich an Leben, ohne unter der Gewalt der Notwendigkeit zu stehen.

Diejenigen, die an Tieren Operationen oder Medikamente versuchen oder ihnen Krankheiten einimpfen, um mit den gewonnenen Resultaten Menschen Hilfe bringen zu können, dürfen sich nie allgemein dabei beruhigen, daß ihr grausames Tun einen wertvollen Zweck verfolge. In jedem einzelnen Falle müssen sie erwogen haben, ob wirklich Notwendigkeit vorliegt, einem Tiere dieses Opfer für die Menschheit aufzuerlegen. Und ängstlich müssen sie darum besorgt sein, das Weh, soviel sie nur können, zu mildern. Wieviel wird in wissenschaftlichen Instituten durch versäumte Narkosen, die man der Zeit und Müheersparnis halber unterläßt, gefrevelt! Wieviel auch dadurch, daß Tiere der Qual unterworfen werden, nur um Studenten allgemein bekannte Phänomene zu demonstrieren! Gerade dadurch, daß das Tier als Versuchstier in seinem Schmerze so Wertvolles für den leidenden Menschen erworben hat, ist ein neues, einzigartiges Solidaritätsverhältnis zwischen ihm und uns geschaffen worden. Ein Zwang, aller Kreatur alles irgend mögliche Gute anzutun, ergibt sich daraus für jeden von uns. Indem ich einem Insekt aus seiner Not helfe, tue ich nichts anderes, als daß ich versuche, etwas von der immer neuen Schuld der Menschen an die Kreatur abzutragen. Wo irgendwie das Tier zum Dienst des Menschen gezwungen wird, muß jeder von uns mit den Leiden beschäftigt sein, die es um dessentwillen zu tragen hat. Keiner von uns darf ein Weh, für das die Verantwortung nicht zu tragen ist, geschehen lassen, soweit er es nur hindern kann. Keiner darf sich dabei beruhigen, daß er sich damit in Sachen mischen würde, die ihn nichts angehen. Keiner darf die Augen schließen und das Leiden, dessen Anblick er sich erspart, als nicht geschehen ansehen. Keiner mache sich die Last seiner Verantwortung leicht. Wenn so viel Mißhandlung der Kreatur vorkommt, wenn der Schrei der auf dem Eisenbahntransport verdurstenden Tiere ungehört verhallt, wenn in unsern Schlachthäusern so viel Roheit waltet, wenn in unsern Küchen Tiere von ungeübten Händen qualvollen Tod empfangen, wenn Tiere durch unbarmherzige Menschen Unmögliches erdulden oder dem grausamen Spiele von Kindern ausgeliefert sind, tragen wir alle Schuld daran.

Wir fürchten aufzufallen, indem wir uns anmerken lassen, wie sehr wir von dem Leiden, das der Mensch über die Kreatur bringt, bewegt werden. Dabei meinen wir, andere seien «vernünftiger» geworden als wir und nähmen das, worüber wir uns aufregen, als gewohnt und selbstverständlich hin. Plötzlich aber entgleitet ihnen dann einmal ein Wort, das uns zeigt, daß auch sie sich noch nicht damit abgefunden haben. Bisher fremd, stehen sie uns nun ganz nahe. Die Maske, in der wir einander täuschten, fällt ab. Wir wissen nun voneinander, daß wir miteinander von dem Grausigen, das sich unaufhörlich um uns abspielt, nicht loskommen können. Oh, dieses Bekanntwerden!

Die Ethik der Ehrfurcht vor dem Leben wehrt uns, durch Stillschweigen uns gegenseitig glauben zu lassen, daß wir nicht mehr erleben, was wir als denkende Menschen erleben müssen. Sie gibt uns ein, uns in diesem Erleiden gegenseitig wachzuhalten und miteinander unerschrocken nach der Verantwortung, wie wir sie empfinden, zu reden und zu tun. Sie läßt uns miteinander nach Gelegenheit spähen, für so viel Elend, das Menschen den Tieren zufügen, Tieren in irgend etwas Hilfe zu bringen und damit für einen Augenblick aus dem unbegreiflichen Grauen des Daseins herauszutreten.

Auch hinsichtlich des Verhaltens zu Menschen wirft uns die Ethik der Ehrfurcht vor dem Leben in erschreckend unbegrenzte Verantwortung. Wieder bietet sich keine Lehre über den Umfang der erlaubten Selbsterhaltung; wieder heißt sie uns, uns in jedem Falle mit der absoluten Ethik der Hingebung auseinanderzusetzen. Nach der Verantwortung, die ich in mir erlebe, muß ich entscheiden, was ich von meinem Leben, meinem Besitze, meinem Rechte, meinem Glück, meiner Zeit, meiner Ruhe hingeben muß und was ich davon behalten darf... Sie heißt mich an den andern denken und läßt mich erwägen, ob ich mir das innerliche Recht zugestehen darf, alle Früchte zu pflücken, die meine Hand erreichen kann. Dann kann es vorkommen, daß ich, der Rücksicht auf die Existenz des anderen gehorchend, tue, was dem gewöhnlichen Überlegen als eine Torheit erscheint. Ja, vielleicht erweist es sich als Torheit sogar darin, daß mein Verzicht dem andern nicht einmal etwas genützt hat. Und dennoch war ich in der Wahrheit. Die Ehrfurcht vor dem Leben ist die höchste Instanz. Was sie gebietet, hat seine Bedeutung auch dann, wenn es töricht oder vergeblich scheint. Wir alle suchen aneinander ja die Torheit, die bekundet, daß wir höhere Verantwortungen in uns bewegen. Nur in dem Maße, als wir alle im Sinne des gewöhnlichen Rechnens weniger vernünftig werden, wirkt sich ethische Gesinnung unter uns aus und läßt Probleme lösbar werden, die bisher unlösbar waren.

Auch mein Glück gönnt mir die Ehrfurcht vor dem Leben nicht. In den Augenblicken, wo ich mich unbefangen freuen möchte, weckt sie Gedanken an gesehenes und geahntes Elend in mir. Sie erlaubt mir nicht, die Störung zu verscheuchen. Wie die Welle nicht für sich sein kann, sondern stetig an dem Wogen des Ozeans teilhat, also soll ich mein Leben nie für sich erleben, sondern immer in dem Erleben, das um mich her stattfindet. Eine unheimliche Lehre raunt mir die wahre Ethik zu. Du bist glücklich, sagt sie. Darum bist du berufen, viel dahinzugeben. Was du an Gesundheit, an Gaben, an Leistungsfähigkeit, an Erfolg, an schöner Kindheit, an harmonischen häuslichen Verhältnissen mehr empfangen hast als andere, darfst du nicht als selbstverständlich hinnehmen. Du mußt einen Preis dafür entrichten. Außergewöhnliche Hingabe von Leben an Leben mußt du leisten.

Gefährlich wird die Stimme der wahren Ethik den Glücklichen, wenn sie sie zu hören wagen. Ihnen gegenüber dämpft sie das Irrationale nicht, das in ihr lodert. Sie fällt sie damit an, ob sie sie aus ihrer Bahn werfen und Abenteurer der Hingebung aus ihnen machen kann, deren die Welt zuwenig hat ...

Ein unerbittlicher Gläubiger ist die Ehrfurcht vor dem Leben! Findet sie bei einem Menschen nichts anderes zu pfänden, als ein bißchen Zeit und ein bißchen Muße, so legt sie auf dieses Beschlag. Aber ihre Hartherzigkeit ist gut und sieht klar. Die vielen modernen Menschen, die als Arbeitsmaschinen in Berufen stehen, in denen sie sich in keiner Weise als Menschen an Menschen betätigen können, kommen in die Gefahr des vegetierenden, egoistischen Dahinlebens. Manche unter ihnen empfinden diese Gefahr. Sie leiden darunter, daß ihre tägliche Arbeit so gar nichts mit geistigen und idealen Zielen zu tun hat und ihnen nicht erlaubt, etwas von ihrem Menschentum hineinzulegen. Andere beruhigen sich dabei. Der Gedanke, keine Verpflichtungen außerhalb des Berufes zu haben, ist ihnen bequem.

Aber daß Menschen verurteilt oder begünstigt sein sollten, von Verantwortungen der Hingabe als Menschen an Menschen frei zu sein, läßt die Ethik der Ehrfurcht vor dem Leben nicht gelten. Sie verlangt, daß wir alle irgendwie und in irgend etwas für Menschen Mensch sind. Denen, die sich im Beruf nicht als Menschen an Menschen ausgeben können und sonst nichts haben, um es dahinzugeben, mutet sie zu, etwas von ihrer Zeit und Muße, auch wenn sie ihnen kärglich zugemessen sind, zu opfern. Schafft euch ein Nebenamt, sagt sie zu ihnen, ein unscheinbares, vielleicht ein geheimes Nebenamt. Tut die Augen auf und suchet, wo ein Mensch oder ein Menschen gewidmetes Werk ein bißchen Zeit, ein bißchen Freundlichkeit, ein bißchen Teilnahme, ein bißchen Gesellschaft, ein bißchen Arbeit eines Menschen braucht. Vielleicht ist es ein Einsamer oder ein Verbitterter oder ein Kranker oder ein Ungeschickter, dem du etwas sein kannst. Vielleicht ist es ein Greis oder ein Kind. Oder ein gutes Werk braucht Freiwillige, die einen freien Abend opfern oder Gänge tun können. Wer kann die Verwendungen alle aufzählen, die das kostbare Betriebskapital, Mensch genannt, haben kann! An ihm fehlt es an allen Ecken und Enden! Darum suche, ob sich nicht eine Anlage für dein Menschentum findet. Laß dich nicht abschrecken, wenn du warten oder experimentieren mußt. Auch auf Enttäuschungen sei gefaßt. Aber laß dir ein Nebenamt, in dem du dich als Mensch an Menschen ausgibst, nicht entgehen. Es ist dir eines bestimmt, wenn du es nur richtig willst ...

So redet die wahre Ethik von denen, die nur etwas Zeit und etwas Menschentum herzugeben haben. Wohl ihnen, wenn sie auf sie hören und davor bewahrt bleiben, wegen versäumter Hingabe verkümmerte Menschen zu werden.

Allen aber, in welcher Lebenslage sie sich auch befinden mögen, tut die Ethik der Ehrfurcht vor dem Leben dies an, daß sie sie zwingt, fort und fort mit allen Menschenschicksalen und Lebensschicksalen, die sich um sie herum abspielen, innerlich beschäftigt zu sein und dem Menschen, der einen Menschen braucht, sich als Mensch zu geben. Dem Gelehrten erlaubt sie nicht, nur seiner Wissenschaft zu leben, auch wenn er darin sehr nützlich ist. Dem Künstler erlaubt sie nicht, nur seiner Kunst zu leben, auch wenn er damit vielen etwas gibt. Dem Vielbeschäftigten erlaubt sie nicht, zu meinen, daß er mit seiner beruflichen Tätigkeit alle Leistungen erfüllt habe. Von allen verlangt sie, daß sie ein Stück ihres Lebens an Menschen hingeben. In welcher Art und in welchem Maße ihm dies bestimmt ist, soll der einzelne den Gedanken entnehmen, die in ihm entstehen, und den Schicksalen, in denen sich sein Leben bewegt. Des einen Opfer ist nach außen unscheinbar. Er vollbringt es, indem er dabei in einem normalen Leben verbleibt. Der andere ist zu auffälliger Hingabe berufen und muß daher die Rücksicht auf eigenes Fortkommen beiseite setzen. Keiner maße sich ein Urteil über den andern an. In tausend Arten hat sich die Bestimmung der Menschen zu erfüllen, damit sich das Gute verwirkliche. Was er als Opfer zu bringen hat, ist das Geheimnis jedes einzelnen. Miteinander aber müssen wir alle wissen, daß unser Dasein seinen wahren Wert erst bekommt, wenn wir etwas von der Wahrheit des Wortes «Wer sein Leben verliert, der wird es finden» in uns erleben ...

# NEUBEGINN IN LAMBARENE
## 1924–1927

### Die ersten Gehilfen kommen

Am 14. Februar 1924 verließ ich Straßburg. Meine Frau konnte mich, ihrer angegriffenen Gesundheit wegen, diesmal nicht begleiten. Daß sie das Opfer brachte, unter diesen Umständen mit der Wiederaufnahme des Wirkens in Lambarene einverstanden zu sein, habe ich nicht aufgehört, ihr zu danken. In meiner Begleitung befand sich ein junger Oxforder Student der Chemie, Noël Gillespie, den seine Mutter mir für einige Monate anvertraute, damit er mir eine Hilfe wäre.

Bei der Einschiffung in Bordeaux kam ich dem Zollbeamten, der das Gepäck der Ausreisenden prüfte, verdächtig vor. Ich führte nämlich vier Kartoffelsäcke voll unerledigter Briefe mit mir, die ich im Verlaufe der Seefahrt beantworten wollte. Da ihm noch kein Reisender mit so viel Briefen vorgekommen war und da damals die Geldausfuhr aus Frankreich strengstens verboten war – jeder Reisende durfte nur 5 000 Franken mit außer Land nehmen –, dachte er nicht anders, als daß in den Briefen Geldscheine versteckt seien. Also untersuchte er anderthalb Stunden lang Brief um Brief, bis er am Ende des zweiten Sackes die Sache kopfschüttelnd aufgab ...

Am Ostersamstag, dem 19. April, bei Sonnenaufgang, sind wir in Lambarene ... Während Noël das Ausladen überwacht, gehe ich wie ein Träumender zum Spital. Dornröschenhaft sieht es hier aus. Gras und Gestrüpp wächst, wo einst Baracken standen, die ich mit so großer Mühe errichtet hatte. Über das, was noch steht, breiten große Bäume, die ich noch als kleine Bäumchen in Erinnerung habe, ihre Äste aus. Aufrecht stehen noch die Wellblechbaracke, in der sich der Operationssaal, das Untersuchungszimmer und die Apotheke befinden, und eine der Baracken zur Unterbringung der Kranken. Diese Gebäude sind noch ziemlich gut erhalten. Nur ihre Blätterdächer sind in einem trostlosen Zustande ...

Missionar Herrmann und Missionar Pelot, beide Schweizer, Frau Herrmann und die Lehrerin, Fräulein Arnoux, die zur Zeit das Personal der Station ausmachen, sind mir liebe Bekannte von meinem ersten Aufenthalt her. Kaum sitzen wir zu Tische, fühle ich mich in Lambarene wieder ganz zu Hause ...

Gleich am Ostermontag fahren die ersten Kranken an, fast lauter alte Herzkranke in schlimmer Verfassung, denen kaum mehr zu helfen ist. So kommen schon in den ersten Wochen einige Todesfälle vor. Daß ich bei einem dieser Herzkranken die ganze Nacht wache, um mit Koffein-, Äther- und Kampferinjektionen das Letzte zu seiner Rettung zu versuchen, bringt mich bei einem kleinen Negermädchen auf der Station in den Geruch eines Leopardenmenschen. Erschreckt läuft sie fort, sooft sie mich kommen sieht. Die Lehrerin will ihr die Angst ausreden. Aber sie bleibt dabei. «Ich habe gesehen», sagt sie, «wie man den Mann abends ins Spital trug. Er war lebendig. Dann kam der Doktor und war die ganze Nacht allein mit ihm. Und am Morgen trug man ihn tot heraus. Also hat ihn der Doktor getötet. Er ist ein weißer Leopardenmensch, den man frei herumlaufen läßt, während man die schwarzen Leopardenmenschen ins Gefängnis sperrt.» ...

Zum Glück hat sich unterdessen der Heilgehilfe eingefunden, den mir Frau Missionar Morel in Samkita besorgt hat. Sein Name ist G'Mba. Er kann gut lesen und schreiben, ist gewillig und genießt den Ruf, nicht zu stehlen. Von Medizin versteht er noch gar nichts, obwohl er aus wirklicher Neigung Heilgehilfe werden will. Da muß ich mit Noël noch alles selber machen. Nicht einmal das Reinigen der täglich gebrauchten Instrumente kann ich ihm anvertrauen. Aber in der Beschaffung von Baumaterialien und als Aufseher beim Bauen ist er sehr anstellig.

Joseph, mein ehemaliger Heilgehilfe, ist noch immer im Regierungsspital zu Libreville. Er kann dort nicht fort, weil er beim Schneider und bei der Wäscherin mit Schulden hängt. Ich muß ihm Geld vorstrecken, damit er frei wird und kommen kann ...

Schlafkranke und Aussätzige bekomme ich so viel zu sehen, daß ich den Eindruck habe, diese beiden Übel seien seit meinem letzten Aufenthalt im Zunehmen. In der Woche nach Pfingsten habe ich schon fünfundzwanzig Schlafkranke und wohl ebenso viele Aussätzige in Behandlung. Die Schlafkranken behalte ich sechs Wochen hier. Dann wird mit der Kur acht Wochen ausgesetzt. Sie gehen nach Hause und kommen nachher wieder. Leider habe ich viele Fälle im letzten Stadium, die sehr viel Arbeit machen und doch wohl kaum mehr zu retten sind ...

Zwei Drittel der Insassen des Spitals sind, wie auch früher, der Geschwüre wegen da. Die durch Lues und Frambösia (Himbeerkrankheit) verursachten Geschwüre behandle ich jetzt alle mit Neosalvarsan, wozu ich früher die Mittel nicht hatte. Die Kur besteht in fünf intravenösen Einspritzungen und erfordert etwa einen Monat. Auch neue Bismuthpräparate erprobe ich, und mit gutem Erfolge, wie mir scheint.

Für die Frambösiakinder, die oft ganz mit Geschwüren bedeckt sind, sehe ich in der Regel von den intravenösen Einspritzungen mit Neosalvarsan ab. Ich brauche sie dieser bei ihren kleinen Venen am Arm oft langwierigen Quälerei nicht zu unterwerfen. Das neue Mittel Stovarsol befreit mich davon. Es besteht in leicht zu schluckenden Pastillen. Schon nach vier Tagen fangen die Krusten über den Geschwüren an einzutrocknen. Nach acht oder zehn Tagen fallen sie ab, und das Kind ist von seiner Krankheit auf immer geheilt. Leider ist dieses Mittel sehr teuer.

Ich lasse überall verbreiten, daß ich Stovarsol grundsätzlich nur gegen Blätterziegel abgebe. Durchzuführen vermag ich diese Bestimmung nicht. Gar manche arme Mutter ist nicht in der Lage, sich Blätterziegel zu verschaffen, um sie dem Doktor für die Behandlung ihres Kindes zu bringen. Dennoch aber habe ich mit dem Stovarsol schon einige Quadratmeter Dach decken können. Auch Chaulmoograöl gebe ich grundsätzlich nur gegen Blätterziegel oder Bananen ab, wenigstens für die Leute der Nachbarschaft von Lambarene. Diejenigen, die von weit her kommen, können ihre Boote nicht damit belasten. Sie müssen froh sein, wenn sie Schlafmatten, ihren Kochtopf, ihre Lebensmittelvorräte und was sie sonst noch auf die Reise und zum Kampieren im Spital brauchen, mitführen können ...

Mit einem dieser Patienten habe ich viel Ärger gehabt, nicht seines Geschwüres, sondern seiner Frau wegen. Gegen den Willen seiner Frau kam er zum Arzte, statt sich im Dorf behandeln zu lassen. Vom ersten Tage an ist also ein geheimer Kampf zwischen ihr und mir. Als die erste Auskratzung vorgenommen werden soll, rauft sie sich das Haar, wälzt sich im Staube und schreit im Spital herum, der Doktor wolle ihrem Manne das Bein abhauen. Der Patient selber, der vorher ganz einverstanden war und dem man erklärt hatte, er würde eingeschläfert und würde nichts spüren, wird von der Angst angesteckt und versucht fortzukriechen, da er mit seinem schrecklich angefressenen Fuße nicht zu laufen vermag. Nachdem die Prozedur überstanden ist, ist er ganz glücklich, weil er tatsächlich nichts gespürt hat und weil er sieht, wie sich das Geschwür zu reinigen beginnt. Er gibt seine Zustimmung zu den folgenden Auskratzungen, die dann unangekündigt, im Anschluß an den Verbandwechsel vor sich gehen, damit die Frau nichts davon weiß. Endlich hat sich das Geschwür in eine rosige, appetitliche Fläche verwandelt und beginnt sich an den Rändern zu überhäuten. Aber die Gattin ist mit dem Aufenthalt im Spital noch nicht ausgesöhnt. Sie nimmt es auch übel, daß sie für die viele Arbeit, die ich mit ihrem Manne habe, etwas leisten soll, nämlich jeden Tag vier Eimer Wasser von der Quelle den Hügel hinauf in meine Küche und Waschküche tragen. Um der Sache ein Ende zu machen, bestellt sie die Lebensmittel ab, die ihnen von ihrem Dorfe – sie sind von oberhalb Samkita – regelmäßig zugeführt werden. Lächelnd verkündet sie mir, sie müßten jetzt fort, denn sie hätten nichts mehr zu essen. Will ich den Mann dabehalten, um ihn nicht seinem üblen Schicksal zu überlassen, so muß ich ihn von jetzt an ernähren. Die Frau bekommt nichts. Ich nehme an, daß sie heimlicherweise von zu Hause Lebensmittel bezieht. Um die Überhäutung der Wundfläche, die den ganzen Fußrücken und einen Teil der Wade ausmacht, zu beschleunigen – und um viele Reisrationen zu sparen –, will ich durch eine Hauttransplantation Haut auf die Wundfläche bringen. Leider begehe ich die Unklugheit, dem Manne davon zum voraus zu reden. Nun habe ich die Partie verloren. Zwar erklärt er sich voll Vertrauen einverstanden, aber in der Nacht macht sie ihm wieder Angst mit dem Fußabschneiden und bringt ihn herum. In strömendem Regen fährt sie heimlich mit ihm fort. Dem Missionar Cadier von Samkita, der ihnen am anderen Tage auf dem Strom begegnet, erzählt sie harmlos, der Doktor hätte ihren Mann jetzt entlassen, weil die Heilung so weit fortgeschritten sei, daß sie alles besorgen könne. Alle Mühe und alle Ausgaben mit diesem Fall waren also umsonst! Was hat mich dieser Mann allein an Verbandstoffen und an Äther für die Narkose gekostet! Und die geflochtenen Blätter, die ich für den Fall der Heilung hatte versprechen lassen, werde ich nun auch nicht sehen ...

Der Häuptling eines kleinen Dorfes aus der Gegend von Samkita ist bei mir mit einer zerschmetterten Hand in Behandlung. Das Unglück geschah dadurch, daß ihm die Flinte zersprang, als er auf ein Wildschwein schoß. Diese Art von Unfall kommt jetzt viel häufiger vor als früher. Bis vor zehn Jahren verkaufte man an die Neger solide Steinschloßflinten, die noch aus den Armeebeständen der guten alten Zeit stammten. Jetzt, wo diese gediegene Ware aufgebraucht ist, kommen Steinschloßflinten übelster Fabrikware nach Afrika, die mehr aus Blech als aus Stahl sind. In diese schwache Flinten tun nun die Neger die starken Ladungen, die sie den alten Steinschloßflinten zumuten konnten. Ein schwarzer Jäger meint nämlich, er könne nie genug Pulver in den Lauf stopfen. Und als Geschoß verwendet er mit Vorliebe Stücke von gußeisernen Kochtöpfen. Solche Ladungen hält die moderne Fabrikware nicht aus. Daher die so häufigen Verletzungen durch zersprungene Flinten ...

Mein kleiner Häuptling läßt, bei aller Dankbarkeit, die er für uns hat, Noël und mich vom ersten Tage an fühlen, daß er ein Häuptling ist, wir aber nur gewöhnliche Menschen. Als ich anfange, ihn nur noch einmal im Tage zu verbinden, statt morgens und abends nach seiner Verletzung zu sehen, muß ich mich demütig vor ihm verantworten. Aber seine Häuptlingsmacht reicht nicht so weit, daß er seine Verwandten, die tagelang im Spital zu Besuch bei ihm sind, dazu bringt, aus Dankbarkeit ein bißchen bei mir zu fronen ...

Daß die Schlafkranken und die Leute mit Geschwüren mit intravenösen Einspritzungen behandelt werden müssen, bedeutet eine große Arbeit. Oft sind über zwanzig solcher Einspritzungen an einem Tage vorzunehmen. Und intravenöse Einspritzungen sind bei Schwarzen viel schwerer zu machen denn bei Weißen. Der bläuliche Schimmer, der beim Weißen durch die Haut hindurch den Lauf der Venen an den Armen anzeigt, ist hier nicht vorhanden. Dazu kommt, daß in vielen Fällen durch Krätze und Hautausschläge die Haut unserer Patienten ein harter Panzer geworden ist, durch den auch der geübteste Finger kein Blutgefäß mehr zu fühlen vermag. Und so manche Schlafkranke sind Skelette, deren armselige Venen der intravenösen Einspritzung die größten Schwierigkeiten bereiten. Es kann also vorkommen, daß es wiederholter

Versuche bedarf, bis die Nadel endlich den richtigen Weg findet. Diese schwierigen Fälle, von denen einer unter Umständen eine Stunde Arbeit macht, kommen erst an die Reihe, wenn die «guten Venen» erledigt sind.. Ein kleines Schlafkrankheitsmädchen, Zitombo, ist unsere gefürchtetste Patientin. Gar manches Stückchen Zucker muß ihr in den Mund gesteckt werden, um ihre Tränen zu stillen, wenn die Nadel immer wieder in dem dünnen Ärmchen herumsucht. Wenn dann alles vorüber ist, wird sie auf dem Arm des Doktors aus dem Spital herausgetragen. Am Samstag, dem Haupttage der Einspritzungen für die Schlafkranken, weiß Frau Missionar Herrmann, daß wir mit ein oder zwei Stunden Verspätung zu Tisch erscheinen werden. Aber sie ist sehr nachsichtig mit uns.

Zum Glück hat sich Noël die Technik der intravenösen Injektionen schnell angeeignet und erspart mir so viel Arbeit. Bei den Eingeborenen heißt Noël «der Leutnant». Von der Zeit der militärischen Verwaltung des Landes her sind sie es nämlich gewohnt, daß neben dem Bezirkshauptmann ein Leutnant amtiert. Da sie nur Militärärzte kennen, habe auch ich für sie etwas militärischen Charakter. Darum liegt es ihnen nahe, den Weißen, der neben mir ist, als den Leutnant des Doktors anzusehen. Noël hat sich an diesen Namen schon ganz gewöhnt. Auf der Station nennt ihn niemand mehr anders.

Die gute Gewohnheit, Kranke bei mir abzusetzen und sich davonzumachen, haben die Leute vom Ogowe beibehalten... Dadurch wird mein Spital stark belastet. Unter Umständen fällt mir ein solcher Kranker monatelang zur Last. Auch häufen sich die Sterbefälle dadurch in abnormer Weise. Manche Spitalinsassen lassen sich dadurch deprimieren, besonders da das Sterben vor den Augen der andern vor sich geht. Ich habe nämlich noch keinen gesonderten Raum für die hoffnungslos Kranken.

Den Fetischmännern, meinen Kollegen, kommt es nicht vor, daß ihnen Patienten sterben. Aussichtslose Fälle weisen sie von vornherein ab. Sie handeln wie manche Professoren in europäischen Kliniken, die sich ihre Statistiken nicht verderben lassen wollen. Und stirbt dem Fetischmann unvorhergesehenerweise ein Patient, so wahrt er seinen Ruf dadurch, daß er alsbald herausfindet, wer dem Kranken einen solchen Zauber bereitet hat, daß er sterben mußte. Nach der Ansicht der Schwarzen nämlich zeigt sich die Kenntnis der Medizin in erster Linie darin, daß der Arzt weiß, ob der Kranke sterben wird oder nicht, und seine Kunst nicht an jemand wendet, der eigentlich schon tot ist. Behandelt er einen, der ihm nachher wegstirbt, so bekundet er damit nur, daß er noch nicht einmal weiß, ob eine Krankheit zum Tode führt oder behoben werden kann. Schon bei meinem ersten Wirken drang Joseph immer in mich, die Todeskandidaten ja abzuweisen, um meinen Ruf nicht zu schädigen. Jetzt handelt es sich wieder um dieselbe Frage.

Drei solcher bei mir abgesetzten Wesen sind nacheinander gestorben. Darob Murren im Spital. Ein Mann mit einem üblen Geschwür, an den ich viel Zeit und Mühe gewandt habe, läßt sich von den Seinen heimholen. Zwei andere folgen seinem Beispiel. Es ist nicht das erste Mal, daß ich hier solches erlebe; aber ich lasse mich nicht irremachen. Mein Spital ist für alle Elenden da. Kann ich sie nicht vom Tode erretten, so kann ich ihnen doch Liebe erzeigen und ihnen vielleicht das Ende leicht machen. Also möge man weiter in der Nacht bei mir solche armen Menschen absetzen. Gelingt es mir je, einen derselben durchzubringen, so brauche ich mich gar nicht darum zu sorgen, wie ich ihn heimbefördere. Die Kunde, daß er wieder arbeitsfähig und ausnützungsfähig ist, wird schon zu seinem Dorfe dringen, und in einer Nacht wird man ihn dann still und heimlich wegholen, wie man ihn gebracht hat.

An dem Grabe der armen Frau, der man sogar das Holz zum Wärmen versagte, redet Missionar Herrmann in ergreifenden Worten davon, daß sie verstoßen wurde von denen, zu denen sie gehörte, und Barmherzigkeit fand bei Fremden, weil durch Jesus die Liebe in die Welt gekommen ist. Wunderbar leuchtet die Sonne durch die Palmen auf dieses arme Grab, während die Schulkinder den Trauerchoral singen.

Ein Begräbnis macht uns viel zu schaffen. Es geht nämlich nicht an, daß ich einfach drei oder vier Männern, die als Begleiter meiner Patienten im Spital sind, Hacken und Spaten gebe, ihnen ein Geschenk verspreche und sie das Grab graben lasse. Ist jemand gestorben, so sind gewöhnlich alle Männer, die ein Werkzeug rühren können, verschwunden, angeblich auf der Fischerei oder auf der Fahrt nach Lebensmitteln. Mit einem fremden Toten will der Eingeborene nichts zu tun haben. Da spielen noch primitive religiöse Vorstellungen von «Unrein-Werden» mit. Wird zum Beispiel in einer Familie ein Kind erwartet, so darf kein Mitglied derselben etwas mit einem Toten zu tun haben. Manchmal auch haben die Eltern bei der Geburt eines Kindes für es das Gelübde getan, daß es niemals mit einem Toten in Berührung kommt. Dieses Gelübde muß es halten.

Einmal gelingt es mir, einen in der Nacht eingetretenen Todesfall zu verheimlichen und zwei junge Männer, deren Geschwüre in guter Heilung begriffen sind, mit dem Ansinnen, das Grab zu graben, so zu überraschen, daß sie sich nicht davonmachen können. Wie ich ihnen die Geräte mit dem Versprechen eines schönen Geschenks in die Hand geben will, fallen sie mit Tränen in den Augen vor mir nieder und flehen mich an, sie nicht zu etwas zu zwingen, was sie nicht tun dürfen. Ich bringe es nicht über mich, ihnen die Arbeit aufzunötigen. Im vierzehnten Kapitel des Briefs an die Römer gebietet Sankt Paulus, daß man die schwachen Gewissen nicht verwirren soll. Das gilt noch für heute und auch für Afrika...

Die Mittagsstunde ist die übelste Stunde am Tage. Da kommt alles, was kriechen kann, vor die Tür des Untersuchungszimmers und verlangt die «Ration». Die Ration besteht aus siebenhundert Gramm Reis mit etwas Salz oder zehn großen Bananen oder sechs Maniokstangen. Die Zubereitung des Essens besorgen die Leute selber.

Im Prinzip gebe ich die Ration nur denen, die von weit her gekommen sind, zu den Unbemittelten gehören und auf längere Zeit hierbleiben müssen. Ebenso verköstige ich diejenigen, die an dem betreffenden Tag für mich arbeiten. Aber diese bekommen um zwölf nur die halbe Ration. Die andere Hälfte wird ihnen am Abend verabreicht. Bekämen sie um zwölf Uhr alles, so wären sie imstande, nachmittags nicht mehr zu arbeiten . . .

Statt weiter an der Wiederaufrichtung der zweiten Baracke für die Kranken arbeiten zu können, müssen wir in Eile die Zelle für die Geisteskranken in Angriff nehmen. Einer der Schlafkranken, ein junger Holzhauer mit Namen N'Gonde, hat nämlich, wie es bei dieser Krankheit manchmal vorkommt, Aufregungszustände und wird gefährlich. Zur Verfügung habe ich nur ein halbes Dutzend Bretter. Diese werden auf Pfosten genagelt, die in der Erde stehen, und geben so das Gerippe der Zelle ab. Die Zwischenräume werden mit armdicken Rundhölzern aus dem Wald ausgefüllt, die auf die Bretter genagelt werden. Baumeister dieser provisorischen Zelle ist Noël. Für mehr denn zehn Tage machen ihm die Rundhölzer und N'Gonde das Leben sauer; die Rundhölzer, die aus herrlichem afrikanischem Hartholz bestehen, dadurch, daß alle Nägel sich in ihnen verbiegen; N'Gonde, indem er immer wieder die verwundbare Stelle von Noëls Arbeit ausfindig macht und dann bei Nacht oder über dem Mittagessen ausbricht. Damit Noël arbeiten kann, muß ich den Patienten auf Stunden mit Skopolamin und Morphium betäuben. Wir haben keinen andern Raum für ihn als die im Bau begriffene Zelle. Alle Unterkunftsräume des Spitals sind ja nur aus Bambus und Blätterziegeln hergestellt. – Kaum ist die Zelle fertig, so bricht der Boden unseres morschen Hühnerstalles unter der Last Noëls, der abends die Hühner zählt, durch, was auch die Seitenwände in Mitleidenschaft zieht. An eine Reparatur ist nicht zu denken, denn kein Nagel hält mehr in dem verfaulten Holz. Also muß nochmals alle andere Arbeit liegenbleiben und in Eile ein neuer Hühnerstall gebaut werden... in Eile, weil der alte nicht mehr die geringste Sicherheit gegen Schlangen und Leoparden bietet.

Ein afrikanischer Hühnerstall hat ganz anderen Anforderungen zu genügen als ein europäischer. Der Heerameisen wegen muß er ein Pfahlbau sein und auf möglichst wenigen Pfosten ruhen; des Leoparden wegen muß er sehr solid sein und auch ein Dach haben, in das die stärksten Leopardenpfoten kein Loch zum Durchschlüpfen reißen können; der Schlangen wegen muß er absolut dicht sein. Da mein Hühnerstall nur auf einem provisorischen Platze steht und vielleicht einmal an eine andere Stelle versetzt werden muß, heißt es überdies noch, ihn so bauen, daß er ohne große Mühe zerlegt und wieder zusammengesetzt werden kann.

Für solch ein Kunstwerk reichen Noëls Baukenntnisse nicht aus. Also muß ich im Tag zwei oder drei Stunden, die ich so notwendig für die Kranken brauchte, auf die Leitung des Baues des Hühnerstalles verwenden.

Zum Glück habe ich unterdes entdeckt, daß der Mann einer Schlafkranken etwas von Zimmermannsarbeit versteht. Da seine Frau schöne Fortschritte macht, willigt Monenzali, so heißt der Mann, ein, bis auf weiteres gegen Essen und Geschenke regelmäßig für mich zu arbeiten. Leider kann er das Metermaß nicht lesen. Ich muß ihm also alle Maße als Bambusstücke in die Hand geben und die Arbeit ständig überwachen. Im übrigen ist er aber nicht ungeschickt. Wie ich in diesen Wochen ohne ihn fertig werden sollte, wage ich mir nicht auszumalen...

Am 18. Juli trifft Fräulein Mathilde Kottmann, die Pflegerin aus Straßburg, ein. Das Dunkel beginnt sich zu lichten. Nun kann es nicht mehr vorkommen, daß unsere weißen Kranken die Betten mit Tischtüchern statt mit Leintüchern bezogen bekommen. Noël hat nichts mehr mit dem Füllen der Lampen, dem Abkochen des Trinkwassers und der wöchentlichen Wäsche zu tun. Auch braucht er abends nicht mehr die Hühner zu zählen und die Suche nach etwa gelegten Eiern zu leiten. Ich selber werde der Aufsicht über die Küche und das Geschirr enthoben ...

Vergebens suche ich einen Eingeborenen zu finden, der das Herstellen der Backsteine übernehmen will ... Also mache ich mich selbst ans Werk, obwohl ich von Ziegelbrennen nicht viel mehr weiß, als was davon in der Bibel steht, da Pharao das Volk bedrückte. Und daß man das Volk bedrücken muß, um Backsteine zu bekommen, erfahre ich zur Genüge, wo ich selber zum Pharao werde. Zuerst heißt es, die Tenne zum Trocknen der Backsteine freilegen. Was im Spital auf Füßen stehen kann, wird morgens aufgeboten und mit Beil oder Buschmesser an den Sumpf geschickt, Männer wie Weiber. Die Arbeit eilt, denn eigentlich stehen wir schon im Beginn der trockenen Jahreszeit, obwohl noch fast jeden Abend Gewitter niedergehen. Viele suchen sich der Arbeit zu entziehen, indem sie morgens angeblich auf der Fischerei sind. Daß ich Backsteine machen will, läßt einen Eifer zum Fischen entbrennen, als sollte der ganze Ogowe ausgefischt werden. Nun muß ich gegen die Widerspenstigen vorgehen. Sie bekommen die Essensration gekürzt, oder ihre in Heilung befindlichen Geschwüre werden nicht mehr verbunden. Jeden Abend halte ich eine Ansprache und lege ihnen vor, wie wenig Arbeit ich eigentlich von ihnen verlange und daß alles für das Spital ist. Auch Geschenke werden versprochen. Aber was an täglicher Arbeit geleistet wird, ist wenig. Ein Monat vergeht, bis nur die Tenne einigermaßen freigelegt ist. Dafür aber beginnt sich mein Ruf als guter Mann zu verflüchtigen. Ein Engländer hört zu, wie eine Negerfrau in Igendja, unterhalb N'Gômô, zu einer andern sagt: «Nein, geh nicht zum Doktor nach Lambarene hinauf. Er ist böse geworden und zwingt die Menschen zur Arbeit.» Überall redet sich's herum: «Der

Doktor bedrückt das Volk, um Backsteine zu bekommen.» ...

In der vorletzten Augustwoche, gleichzeitig mit Herrn Morel, fährt Noël ab. Ich weiß nicht, wie ich diesem lieben Gefährten für alle Güte und alle Hilfe, die er mir angedeihen ließ, danken soll. Seine virtuos gehandhabte Schreibmaschine wird meiner vom Schreibkrampf ermüdeten Hand sehr fehlen. Ihm selber aber wird es in den Vorlesungen zu Oxford wie ein Traum vorkommen, daß er in Afrika Doktorsgehilfe, Zimmermann, Aufseher, Totengräber und noch etliches mehr war ...

Soeben, abends über dem Schreiben, werde ich in ein auf dem andern Ufer gelegenes Negerdorf gerufen, um Belebungsversuche mit einem neugeborenen Kinde anzustellen. Ich finde es nackt und eiskalt, mit allerlei Kräutern bedeckt, in den Händen der alten Weiber. Nach anderthalb Stunden habe ich es so weit, daß es anfängt, richtig zu atmen. Und gleich lasse ich mir von dem Vater fünfhundert Blätterziegel, lieferbar in vierzehn Tagen, als Geschenk versprechen. Meine Moralität beginnt wirklich zu sinken. Wie ich als Knabe jede auf Besuch kommende Tante fragte, ob sie mir auch etwas mitgebracht habe, so heische ich jetzt von jedem, der mit mir zu tun bekommt, Blätterziegel und dergleichen. Mein Traum ist, einmal ausgebaut zu haben und wieder nur Arzt sein zu dürfen, nicht mehr Blätterziegel erpressen zu brauchen, nicht mehr Fronvogt zu sein, der die Leute von den Kochtöpfen zur Arbeit aufjagt und alle ihre Schliche, sich dem Fronen zu entziehen, kennen und zunichte machen muß. Aber bis dahin ist es noch lange ...

Das große Ereignis ... ist, daß ich jetzt einen zweiten Arzt als Helfer neben mir habe. Schneller, als ich zu hoffen wagte, hat sich dieser Traum erfüllt. Seit dem 19. Oktober teilt der elsässische Landsmann Viktor Neßmann meine Arbeit. Er ist der Sohn eines elsässischen Pfarrers, der seinerzeit mein Studiengenosse in Straßburg war.

Die Hilfe kam zur rechten Zeit. Keinen Tag weiter hätte ich mehr die doppelte Last des Baumeisters und des Arztes tragen können. Wie habe ich darunter gelitten, daß so viele Untersuchungen von Kranken, die hätten vertieft werden sollen, nicht durchgeführt wurden, weil Zeit und Kraft auch bei der höchsten Anspannung der Energie nicht reichen wollten! Und welche Unruhe bereitete es mir, daß ich bei den so energischen und gefährlichen Kuren, wie sie manche tropischen Krankheiten erheischen, den Kranken nicht genug nachgehen konnte. Wie oft hätte das Mikroskop und das Reagenzglas befragt werden sollen und blieben unbefragt! In Chirurgie wurde auch nur das Allernotwendigste unternommen...

Der neue Doktor ist für Afrika wie geschaffen. Er ist praktisch veranlagt, versteht zu organisieren und weiß die Eingeborenen zu nehmen. Auch besitzt er Humor, ohne welchen man hier nicht auskommt. Bei den Schwarzen heißt er, trotz seiner stämmigen Gestalt, der «kleine Doktor». «Klein» bedeutet nämlich nach dem hiesigen Sprachgebrauch «jung»...

Die Anwesenheit des neuen Doktors erlaubt mir, wenn es sein muß, fast den ganzen Tag den Bauarbeiten zu widmen. Zuerst werden die beiden schon vorhandenen Baracken mit Betten ausgestattet... Einmal schickte ich, unter Aufwendung bedeutender Geschenke, die Rudermannschaft eines bei mir zur Pflege befindlichen Europäers nach Hölzern für die Betten aus. Die Leute, die mir für drei Tage zur Verfügung gestellt sind, scheinen eifrig. Sie kommen spät in der Nacht zurück und bringen jedesmal ein Kanu voll Holz heim. Da wir gerade sehr viel zu tun haben, komme ich nicht dazu, ihre Lieferungen auch auf Qualität zu prüfen. Nachdem sie mit ihrem Herrn fort sind, stellt sich heraus, daß sie lauter ganz unbrauchbares Weichholz gebracht haben, wie man davon am Ufer des Flusses, hundert Meter unterhalb des Spitals, in einer halben Stunde ein ganzes Kanu voll schlagen kann. Nur wußten sie nicht, daß in einigen Wochen ihr Herr zu einer

Nachkur zurückkehren würde. Als sie mir dann wieder in die Hände kamen, bezahlten sie es mit manchem Schweißtropfen, daß sie es mit dem Unterschiede zwischen Weichholz und Hartholz in Ansehung meiner Person zu leicht genommen hatten ...

Der Zustrom von schwarzen Kranken ist viel stärker als bei meinem ersten Aufenthalt. Aber es sind ganz andere Kranke. Zu meinem Leidwesen muß ich mir gestehen, daß mein Spital nicht mehr dasselbe ist wie früher. Dies hängt mit Veränderungen des wirtschaftlichen Lebens in der Ogowegegend zusammen.

Bei meinem ersten Aufenthalt gehörten die Leute, die meine Hilfe in Anspruch nahmen, der weitaus größten Zahl nach der alteingesessenen Bevölkerung des Landes an. Heute besteht ein großer Teil meiner Kranken aus Wilden, die aus dem Innern zugezogen sind und in Trupps zu fünfzig und zu hundert auf den Holzplätzen der Weißen im Urwald arbeiten ...

Diese Verschiebung der Bevölkerung aus dem Innern nach der Gegend des untern Ogowe schafft schwere soziale und wirtschaftliche Probleme. An sich ist sie natürlich und wohl nicht aufzuhalten. Die hiesige Bevölkerung ist im Abnehmen begriffen und reicht bei weitem nicht aus, um dem Holzhandel die Arbeitskräfte zu liefern, die zur Ausbeutung der Wälder notwendig sind. Also muß Zuzug aus dem Innern einsetzen, wenn Gewerbe und Handel hier nicht lahmgelegt werden sollen. In der hiesigen Gegend machen, nach meiner Schätzung, die eingewanderten Proletarier zur Zeit etwa ein Fünftel der Gesamtbevölkerung aus.

Bis zu welchem Grade aber ist es zulässig, daß das Innenland zugunsten der Ogowewälder entvölkert und unser Gebiet durch Proletariat belastet wird? Infolge der zu Ende des Krieges wütenden spanischen Grippe und der ebenfalls im Gefolge des Krieges einhergehenden Hungersnöte – von den durch die Schlafkrankheit verursachten

Verheerungen gar nicht zu reden – setzt nämlich von sich aus bereits eine Entvölkerung des Innenlandes ein. Der nun noch hinzukommende Weggang der vielen arbeitsfähigen Männer bedeutet für jene Gegenden nicht nur eine weitere Abnahme der Bevölkerung, sondern auch eine Besiegelung der Hungersnot. Wer soll den Wald ausroden und die Pflanzungen anlegen, wenn nur Weiber, Greise und Kinder in den Dörfern zurückbleiben? Für unsere Gegend bedeutet der Zuzug derselben Männer ebenfalls Hungersnot. Nur mit der Gewinnung des Holzes beschäftigt, können sie keine Pflanzungen anlegen und zehren mit von den Nahrungsmitteln, die hier ohnehin schon in unzureichender Menge angebaut werden ...

Neben der Dysenterie lauert die Malaria auf sie. Im Innern, auf dem Hochland und in den Steppen, gibt es weder Moskitos noch Malaria. Auf dem Holzplatz aber setzen ihnen diese beiden Übel schlimm zu. Dazu kommen die Erkältungen. Die Wilden sind gegen die feuchte Luft des Urwaldes sehr empfindlich. Aber warum kaufen sie sich aus dem verdienten Gelde keine Moskitonetze und Decken? Weil Moskitonetze teuer sind und sie als echte Wilde viel lieber Tabak und Tand erstehen als nützliche Dinge. Da sollten aber ihre Herren gehalten sein, ihnen Moskitonetze und Decken zu geben! Ganz recht. Aber sie würden Decken und Moskitonetze alsbald gegen Bananen, Tabak oder irgendeine Lappalie hingeben, die sie von einem Schwarzen aus der Umgebung dafür angeboten bekämen, wie sie die Äxte und Buschmesser ihres Herrn um ein Nichts in dieser Weise verhandeln und sie dann als verloren melden.

Gar schlimm setzen diesen Arbeitern aus dem Innern auch die Fußgeschwüre zu. Wenige Wochen nach ihrer Ankunft ist manchmal ein gut Teil von ihnen aus diesem Grunde schon arbeitsunfähig. In der Regel handelt es sich bei ihnen um das übelste, das phagedänische, tropische Geschwür. Anfangs achten sie nicht auf den kleinen eiternden Punkt. Nach Tagen und Wochen aber hat sich daraus ein handgroßes Geschwür entwickelt, das arge Schmerzen verursacht. In unreinen Hütten beieinander hausend und aller Hygiene bar, stecken sie sich natürlich gegenseitig an. Es kommt vor, daß mir von einem Holzplatz auf einmal ein Dutzend Leute zugehen, bei denen phagedänische Geschwüre im Anschluß an einen einzigen Fall ausgebrochen sind.

So erklärt es sich, daß mein Spital, obwohl die Bevölkerung des Ogowegebietes bedeutend abgenommen hat, dennoch einen viel größeren Zustrom von Kranken aufweist als früher ... Ein unsägliches Mitleid mit den armen Fremdlingen erfaßt einen. Und wie oft ist es hoffnungsloses Mitleid, da beim ersten Blick deutlich ist, daß der Ankömmling hier seinen letzten Atemzug tun wird, fern von den Seinen, die auf seine Rückkehr und auf das Geld, das er mitbringen soll, warten.

Diese ärmsten und zahlreichsten unserer Gäste nennen wir «Bendjabis», weil ein großer Teil von ihnen dem Stamm der Bendjabis angehört. Aber die Bendjabis erschweren uns durch ihre Undiszipliniertheit den Betrieb in einem Maße, daß bei ihrem Anblick Mitleid und Verzweiflung in unseren Herzen einen wirren Knäuel bilden. Darum sage ich, ich müsse mir zu meinem Leidwesen gestehen, daß mein Spital nicht mehr dasselbe ist wie früher.

An Ordnung und Unterordnung verlangen wir im Spital nur das Allernötigste. Wenn einer sich morgens zum Verbinden und zum Empfang seines Medikaments oder seiner Einspritzung von selber einstellt, nicht wieder wegläuft, wenn er nicht gleich an die Reihe kommt, beim Tuten des Horns, das zum Fassen der Essensration ruft, nicht länger als eine halbe Stunde wartet, um endlich mit seinem Teller zu erscheinen, jeglichen Abfall da hintut, wo er hingehört, dem Missionar keine Hühner stiehlt, sich von diesem nicht beim Plündern der Fruchtbäume und der Bananenpflanzung der Missionsstation ertappen läßt, beim Reinemachen im Spital am Samstagnachmittag ohne zu lautes

Gezeter mittut, als Ruderer einspringt, wenn ihn dies Los trifft und sein Zustand es zuläßt, beim Ausladen von Kisten und Reissäcken Hand mit anlegt, wenn es das Schicksal will, daß er als dazu tauglich hinter seinem Kochtopf aufgestöbert wird: wer solches und noch ein klein wenig mehr dergleichen tut, der gilt uns als ein tugendhaftes Vernunftwesen, dem wir im übrigen gerne vieles nachsehen.

Hinter diesem sicher bescheidenen Ideal bleiben die Bendjabis aber gar weit zurück. Als echte Wilde sind sie noch arg weit jenseits von Gut und Böse. Die Gesetze, die das Leben der Spitalinsassen regieren, sind ihnen Worte, die sie nichts angehen ... Früher kam man im Spital mit der Galoa- und der Pahuinsprache aus. Jetzt werden in meinen Baracken mindestens zehn Sprachen gesprochen. Dominik, der Nachfolger G'Mbas, der einige Zeit im Innern weilte, kann sich in mehreren Sprachen unserer Wilden ausdrücken, aber nicht in allen. Es sind also Kranke hier, mit denen wir uns nicht verständlich machen können ...

Daß wir sie nur wenig mit Reden belästigen können, ist unsern Bendjabis eine Ermunterung, sich über alles, was einem Gaste des Spitals ansteht, hinwegzusetzen ... Eines Morgens finde ich, daß zwei Wilde, die in einer fernen Ecke einer Baracke hausen, sich Feuer unter ihren kaum einen Meter über der Erde liegenden Pritschen gemacht haben. Daß jeder Kranke ein Feuerchen im Gang neben seinem Lager hat, ist erlaubt. Ohne dieses kann der Schwarze, ob gesund oder krank, nicht leben. Tagsüber kocht er darauf. Nachts ist die Flamme ein Schutz gegen die feuchte Luft und der Rauch gegen die Moskitos. Wir selber können es vor dem Qualm in den Baracken nicht aushalten. Die Insassen aber fühlen sich wohl dabei. So brennen ständig ein halb Hundert Feuer und Feuerchen in meinen Baracken. Daß das Spital dabei nicht schon längst in Flammen aufgegangen ist, ist ein Wunder, über das mich zu verwundern ich aufgehört habe. Unter der

Pritsche aber sind mir die Feuer doch zu gefährlich. Also verbiete ich es mittelst Dolmetscher und Gesten, reiße die Feuer heraus und lasse sie an ihren Platz im Gang legen. Nach einer liebevollen Vermahnung verabschiede ich mich. Zwei Stunden später finde ich beide Feuer wieder unter den Pritschen. Es wiederholt sich dieselbe Szene in etwas lebhafteren Gesten und lauteren Tönen. Nun können sie es wirklich begriffen haben. Am Nachmittag sind die Feuer wieder unter den Pritschen. Jetzt werde ich pathetisch. Aber die beiden schauen ruhig an mir vorüber ins Weite, als trüge ich einen Hymnus an die Sonne vor. In der Nacht muß ich zufällig ins Spital herunter. Beide Feuer brennen wieder unter den Pritschen...

Wie oft wir aber auch über die Bendjabis stöhnen mögen – «Wie schön wäre Afrika ohne die Wilden» ist bei uns ein geflügeltes Wort –, so fühlen wir doch, wie ein Band sich zwischen ihnen und uns schlingt. Wenn der neue Doktor sich in wiederholter Entrüstung über sie ergeht, halte ich ihm vor, mit welchem Heimweh und welcher Liebe er in Europa an sie zurückdenken wird... Wie mancher Wilde, dem wir ein übles Andenken bewahrten und dem wir zutrauten, daß er, der reichlich empfangenen Schelte wegen, auch kein zu gutes an uns mitgenommen habe, kommt freudestrahlend auf uns zugelaufen, wenn uns eine Fahrt in die Gegend bringt, wo sein Holzplatz ist! Wie oft klingt beim Vorbeifahren eines Kanus ein lieber Gruß aus den Reihen der rudernden Bendjabis zu uns herüber!

Vielleicht hätten wir im Spital weniger Schwierigkeiten mit unseren Wilden, wenn wir uns zuweilen zu ihnen um das Feuer setzen könnten und uns ihnen gegenüber auch als Menschen, nicht nur als Medizinmänner und Wächter der Spitalordnung geben könnten. Aber dazu fehlt die Zeit. Alle drei, wir Ärzte und Fräulein Kottmann, leiden ja überhaupt darunter, von der Arbeit so verschlungen zu werden, daß der Mensch in uns sich so gar nicht recht ausgeben kann. Aber wir vermögen nichts dawider. Vorläufig sind wir dazu verurteilt, den Kampf gegen Krankheit und Schmerz als ein aufreibendes Handwerk zu betreiben, bei dem alles andere zu kurz kommt...

Ich selber bin seit Wochen Patient. Gut vernarbte Fußgeschwüre von meinem ersten Aufenthalt her sind infolge wiederholter Verletzungen, die ich mir beim Bauen zuzog, wieder aufgebrochen und machen mir viel zu schaffen. Ich humple herum, so gut ich kann. An den Tagen, wo es ganz schlimm ist, lasse ich mich ins Spital hinuntertragen. Ich muß ja den ganzen Tag unten sein, denn sonst geht es mit dem Bauen nicht voran. Das Schlimmste bei den Fußgeschwüren ist die Nervosität, die sich infolge des anhaltenden brennenden Schmerzes einstellt...

## Hungersnot

Das neue Jahr [1925] fangen wir nicht gut an. Alle drei sind wir leidend. Der zweite Doktor liegt mit Furunkulose zu Bett. Fräulein Kottmann fühlt sich auch elend. Ich selber leide mehr denn je unter meinen Fußgeschwüren, die sich weiterhin ausdehnen. Schuhe kann ich nicht anziehen. Also schleppe ich mich in Holzschuhen herum. Kaum daß der Dienst notdürftig durchgeführt werden kann...

Eine freudige Nachricht kommt und belebt unseren Mut: der dritte Arzt, Dr. Marc Lauterburg aus Bern, wird in einigen Wochen hier sein. Herr Neßmann und ich sind uns darüber klargeworden, daß wir auch zu zweit die Arbeit nicht bewältigen können. Die Chirurgie kommt nach wie vor zu kurz. Um darin zu tun, was nötig wäre, müßte regelmäßig an drei Vormittagen operiert werden. Dazu sind wir nicht imstande. Der laufende Betrieb beschäftigt uns schon so sehr, daß wir nicht wüßten, wo drei Vormittage für Chirurgie hernehmen. Und dann handelt es sich ja nicht nur um das Operieren. Alles Drum und Dran einer Operation, das in Europa den Schwestern und den Heilgehilfen überlassen werden kann, fällt hier den Ärzten zu. Am Tage vor der Operation müssen wir die Tupfer, die Verbandstoffe und das Operationsgetüch sterilisieren. Auch das Reinigen und Auskochen der Instrumente kann nicht ohne unser Beisein vor sich gehen. Nach der Operation heißt es, das Reinigen und Einfetten der Instrumente besorgen und das Waschen und Kochen, Trocknen und Einräumen der Operationswäsche leiten und dabei gut achthaben, daß nichts abhanden kommt. Dazu reichen unsere Kräfte und unsere Zeit bei weitem nicht aus. Auch muß man zum Operieren frisch sein, was bei unserer aufreibenden Tätigkeit nicht möglich ist. Der neue Doktor weiß leider auch schon, wie eng Afrika und Müdigkeit und Nervosität zusammengehören.

Andererseits ist es meine Überzeugung mehr denn je, daß ein Urwaldspital seinen Zweck nur dann voll erfüllt, wenn darin die Chirurgie gebührend betrieben wird. In einem Lande, wo es so viele Hernien und Elephantiasistumoren gibt, darf die Hilfe, die das Messer leisten kann, nicht fehlen. Eine gelungene Operation spricht sich bis in die entferntesten Gegenden herum und gibt den Kranken Vertrauen in das Können des weißen Arztes. Also, beschlossen wir, muß ein Arzt her, der hauptsächlich für Chirurgie da ist. Nun ist er im Begriff, sich einzuschiffen ...

Am 17. Januar wird die Frau des schwarzen Zimmermanns durch den Tod von ihren langen Leiden erlöst. Durch sorgfältige Pflege haben wir wenigstens dies erreicht, daß sie sich nicht wundgelegen hat. Das Wundliegen ist das, was das Siechtum der Schlafkranken so überaus traurig gestaltet. Alle geben wir der Dulderin das letzte Geleite. Auf lange Zeit wird der schwarze Zimmermann jetzt keine Arbeit tun. Trauer ist Feier. Daran ist nicht zu rütteln. Wochenlang muß der Witwer nun in zerrissenem Gewand in der Hütte sitzen, ohne etwas anzurühren. Dies ist eine heilige Pflicht. Die Primitiven ehren ihre Toten mehr denn wir, zum mindesten in ihren Gebräuchen ...

Wie schön dagegen sind die Fälle, in denen man mit wenig Mühe viel tun kann! Kommt da eines Abends, während wir zu Tische sitzen, ein Holzhändler mit verzweifelten Gesten und mit dem Rufe: «Ich verliere den Verstand!» ins Zimmer gestürzt. Erschreckt springen wir auf, ihn allenfalls zu bändigen. Aber das Leiden sitzt nicht im Gehirn, sondern, wie sich gleich herausstellt, in einem Zahn. Unter einer Plombe ist die Wurzel erkrankt. Tagelang hat der Arme im Urwald die sich stetig steigernden Schmerzen ausgehalten, die die unter Druck stehenden Fäulnisgase hervorriefen. Um zu mir zu gelangen, mußte er zwei Tage lang im Kanu den Fluß herauffahren. Am andern Tage sitzt er, um einen Zahn ärmer, fröhlich mit uns am Mittagstisch. Er hat mir auch Balken versprochen...

Am 27. Januar entgehen Fräulein Kottmann und ich miteinander dem Tode durch Ertrinken. Mit einer guten Rudermannschaft kehren wir, nach Einburch der Nacht, schwer beladen, von einer Faktorei heim, auf der wir Einkäufe gemacht haben. Ich gebe Befehl, sich nicht zu nah am Ufer zu halten, da ich auf der Herfahrt einen umgestürzten Baum mit mächtigem Geäst im Wasser liegen sah. Nach einiger Zeit kommt es mir vor, als wären wir doch zu nah am Ufer. Die Ruderer widersprechen, und ich beruhige mich damit, daß die Augen der Naturkinder in dem dichten Dunkel sicherlich mehr sehen als die meinen. Plötzlich aber werde ich von unerklärlicher Unruhe erfaßt. Ich springe auf und erzwinge eine Wendung gegen den Fluß zu. In demselben Augenblick taucht das Geäst des großen Baumes aus dem Wasser auf. Knapp kommen wir daran vorbei. Ohne die Wendung wären wir mit voller Wucht in dasselbe hineingefahren und durch den Anschlag betäubt und aus dem Kanu geworfen worden. Auf hiesige Schwarze kann man sich nie verlassen, auch nicht in Dingen, die sie berufsmäßig verstehen. In ihrem Leichtsinn sind sie unberechenbar.

Am Tage nach diesem Abenteuer kommt das schon

lange sehnlichst erwartete Motorboot des Spitals an. Es ist von lieben schwedischen Freunden gestiftet, die zu diesem Zweck seit 1922 Geld zusammengelegt haben. Wie dankbar wir ihnen dafür sind, können wir ihnen nicht ausdrücken.

Das Motorboot bedeutet für uns vor allem ein sicheres, schnelleres und bequemeres Verkehren auf dem Strome. Ganz mit einem Segeltuchdach überspannt, bietet es Schutz gegen Sonne und gegen Regen, wenn dieser nicht zu stark fällt. Auch auf unserem Ruderkanu habe ich ein Dach. Aber dies ist, um die Stabilität des Einbaums nicht zu sehr zu gefährden, so niedrig und eng, daß man fast darunter erstickt. Sodann sind wir jetzt der Aufregung ledig, die man mit dem Zusammenbringen, dem Zusammenhalten, der Beköstigung und der Entlohnung von Rudermannschaften hat. Auch können wir in dem Motorboot viel größere Lasten befördern als im Ruderkanu. Das schönste aber ist, daß die Fahrt mit dem Motorboot nicht, wie man meinen sollte, teurer, sondern billiger zu stehen kommt als mit dem Ruderkanu. Eine Reise, für die wir bisher fünf Tage brauchten, führen wir jetzt in zweien aus. Was wir den Ruderern an Nahrung und Löhnung und Geschenken bieten mußten, ist bedeutend mehr als die Ausgaben für Benzin und Öl! Das Motorboot erlaubt uns auch, uns Bananen aus entlegenen Ortschaften zu holen, die sonst für die Belieferung des Spitals nicht in Betracht kommen könnten. Dies ist, wie alles, was eine Erleichterung in der Beschaffung von Lebensmitteln bedeutet, im Urwalde von großer Wichtigkeit... Diese Art von Motorboot wird von fast allen Holzhändlern hier gebraucht und hat sich sehr gut bewährt. Unseres führt einen schwedischen Namen. Es heißt «Tack så mycket», was bedeutet «Danke schön»...

Am 16. März, bei der Heimkehr von einer zweitägigen Fahrt mit dem Motorboot, sehe ich eine schlanke Gestalt in der vornehm nachlässigen Haltung des Kavallerieoffiziers neben Herrn Neßmann auf dem Landungsfloß stehen. Es ist der neue Arzt, Doktor Marc Lauterburg...

In den ersten Stunden des 19. März stirbt ganz plötzlich Herr Rupin, der Patient mit Sonnenstich. Am Tage vorher hatte er mit uns noch Pläne für die Heimreise gemacht. Er wird auf der katholischen Mission beerdigt, an demselben Nachmittage wie die Mutter Josephs, die eine feine alte Frau war. Wie schwer sind die Briefe zu schreiben, in denen ich den Angehörigen eines bei uns gestorbenen Europäers Nachricht von seinen letzten Tagen und seinem Ende geben muß!

Aus Liebe zu mir erscheint Joseph nach drei Wochen Trauerruhe bereits wieder zum Dienst, was ich ihm hoch anrechne. «Der Doktor ist ein Sklave der Arbeit, und der arme Joseph ist der Sklave des Doktors», sagt er. Gleichzeitig findet sich der schwarze Zimmermann Monenzali, der Witwer der schlafkranken Frau, wieder ein. Es hat Mühe gekostet, ihn zur Rückkehr zu überreden. Er hat mir auch Bedingungen gestellt. Schlag zwölf Uhr müsse die zweistündige Essenspause beginnen und um halb sechs Uhr Feierabend gemacht werden. Überstunden und Drängen in der Arbeit seien ausgeschlossen. Die Höhe des Lohnes wage ich nicht niederzuschreiben. Bei alledem muß ich noch froh sein, daß er es wieder mit mir versuchen will. Er gehört zu den besten Zimmerleuten der ganzen Gegend und könnte zu jeder Stunde eine noch besser bezahlte und viel bequemere Stelle finden. Wenn er sich für mich entscheidet, ist es aus Anhänglichkeit...

Doktor Lauterburg kommt es... merkwürdig vor, in einer Person Operateur und Operationsschwester zu sein. Aber er findet sich mutig in das doppelte Amt. Bei den Eingeborenen heißt er «N'Tschinda-N'Tschinda», was bedeutet «Der Mann, der mutig schneidet». Herrn Neßmann nennen sie Ogula, das ist «Sohn des Häuptlings». Mit dem Häuptling bin ich gemeint.

Zur Zeit wird viel operiert. In der Unfallchirurgie hat

N'Tschinda-N'Tschinda einige Mühe, sich zu dem von mir geübten Prinzip des Nichtamputierens zu bekehren. Wir müssen uns nämlich hier die Amputation selbst da versagen, wo sie in Europa, mit Rücksicht auf das bedrohte Leben des Patienten, als ganz selbstverständlich vorgenommen wird. Sonst heißt es bis in die fernsten Gegenden, der Doktor zu Lambarene schneide den Leuten Arme und Beine ab, was gar viele abschrecken würde, hier Hilfe zu suchen.

Bisher habe ich es nicht zu bereuen gehabt, nach dem Rufe des Doktors, der die Arme und Füße an ihrer Stelle läßt, zu trachten. Dies verdanke ich dem Methylviolett. Jede Unfallverletzung an den Gliedmaßen, so schwer sie auch aussehen möge – wie überhaupt alle Unfallverletzungen –, wird bei uns mit Methylviolett behandelt ... Methylviolett hat den großen Vorzug, daß es nicht reizt. Im Gegenteil, es wirkt ausgesprochen schmerzstillend. Beobachtet habe ich dies oft, besonders auch bei Verbrennungen, die ich ebenfalls mit feuchten Methylviolettverbänden behandle. Wie die Wirkung zu erklären ist und ob darüber schon Versuche angestellt sind, weiß ich nicht.

Doktor Lauterburg ist von den Resultaten unseres Verfahrens in Fällen, wo die Amputation geboten schien, ganz überrascht. Am überzeugendsten treten sie ihm bei einem offenen, infizierten Unterschenkelbruch entgegen, der uns mit beginnender Gasphlegmone eingeliefert wird.

Durch die im Spital zu Lambarene von jeher geübte Zurückhaltung im Amputieren ist es nun so gekommen, daß unser Ruf durch vorgenommene unvermeidliche Amputationen nicht mehr gefährdet werden kann. Es geschieht jetzt, daß Schwarze von selber um die Amputation bitten. Auf einem Holzplatz ist ein Bendjabi mit dem Arm unter einen rollenden Stamm geraten und hat sich eine schwere Verletzung des Vorderarms und der Hand zugezogen. Seine Stammesgenossen dulden nicht, daß er zu uns gebracht wird, sondern behandeln ihn auf ihre Art mit gepulverter Baumrinde. Dies hat den Erfolg, daß zuletzt der ganze Arm nur eine jauchige Fläche bildet und das Allgemeinbefinden des Mannes besorgniserregend wird. Wir legen ihm seinen Fall vor, worauf er, auf den Rat von Spitalinsassen, um die Amputation bittet. Nachdem wir Zeugen genommen, daß er selber es so will, wird die Operation vollzogen. Gesund und dankbar, wenn auch nur mit einem Arme, kehrt er auf den Holzplatz zurück, den Wilden daselbst zu verkünden, daß die Ärzte in Lambarene nur denjenigen, die sie darum bitten, Arm oder Bein abschneiden.

An Hernien werden in den Wochen nach der Ankunft Herrn Lauterburgs eine ganze Reihe operiert, ein Teil durch ihn, ein Teil durch Herrn Neßmann. Auch Elephantiasistumoren kommen an die Reihe. Am 1. April wird eine solche Geschwulst von dreißig Kilo in Angriff genommen. Es handelt sich um einen Mann aus der Gegend von Samkita. Die schwere Geschwulst verurteilt ihn seit langem zur Bewegungslosigkeit. Sie ist so groß, daß er sie als Schemel benutzt und darauf sitzt. Obwohl noch ziemlich jung, sieht er wie ein alter Mann aus. Die Operation dauert von zehn Uhr morgens bis drei Uhr nachmittags. Das Hantieren mit dieser Masse stellt große physische Anforderungen an uns drei ...

Ein trauriger Fall ereignet sich dieser Tage. Ein Dysenteriekranker, der sich nicht auf seinen Füßen halten kann, erschlägt seinen Nachbar, der ein ebenso armes Gerippe ist wie er. Er meinte, er wolle ihm Essen wegnehmen. Manche Dysenteriekranke nämlich haben bis zum letzten Tage guten Appetit. Wir lassen den Mörder, der keinerlei Reue über seine Tat zeigt, unbehelligt, weil vorauszusehen ist, daß er seinem Opfer in einigen Tagen in den Tod folgen wird, was auch geschieht ...

Der Arbeit am Hause mit den zehn Zimmern droht Stillstand, weil wir keine Bretter mehr haben. Wohl liegen Balken da seit Wochen. Herr Matthieu, ein Holzhändler von Samkita, hat mir dreißig schöne Hartholzbalken geschenkt aus Erkenntlichkeit darüber, daß ich einen seiner schwer erkrankten europäischen Angestellten längere Zeit bei mir in Pflege hatte. Aber sie sind achtzehn Zentimeter dick, während ich solche von acht Zentimetern brauche. Nun wäre es ein Kleines, jeden dieser Balken der Länge nach in vier von etwa acht Zentimetern zu zersägen. Das gäbe hundertundzwanzig Balken von dem gewünschten Maße, womit mir vorerst geholfen wäre. Aber ich finde keine Säger, obwohl ich seit Wochen danach suche. Brauchte ich fünfundzwanzig schwarze Schreiber, so würden sich morgen fünfzig melden. Aber Säger gibt es nicht.

Wie wahr ist es doch, daß die Kultur nicht mit Lesen und Schreiben, sondern mit dem Handwerk beginnt! Weil es hier keine Handwerker gibt, ist kein wirklicher Fortschritt möglich. Die Schwarzen lernen Lesen und Schreiben, ohne sich zugleich Handfertigkeit anzueignen. Mit diesen Kenntnissen bekommen sie Anstellungen als Verkäufer und Schreiber und sitzen in weißen Kleidern umher. Das Handwerk aber wird geringgeachtet.

Hätte ich etwas zu sagen, so dürfte mir kein Schwarzer Lesen und Schreiben lernen, ohne zugleich Lehrling in einem Handwerk zu sein. Keine Ausbildung des Intellekts ohne gleichzeitige Ausbildung der Handfertigkeit! Nur so wird eine gesunde Basis für den Aufstieg geschaffen. Wie lächerlich kommt es mir vor, wenn ich lese, daß Afrika der Kultur erschlossen wird, weil eine Eisenbahn jetzt bis dahin geht, das Automobil bis dorthin vordringt und ein Flugzeugdienst von da nach da eingerichtet werden soll. Damit ist gar nichts erreicht. «Inwieweit werden die Schwarzen tüchtige Menschen?» Dies ist das einzige, worauf es ankommt. Tüchtig werden sie durch religiöse und sittliche Unterweisung und durch das Handwerk. Alles andere hat erst einen Sinn, wenn dieser Grund gelegt ist...

Am 3. Mai fahre ich mit Herrn Neßmann auf einen nördlich von hier liegenden Holzplatz, wo schwere Dysenterie ausgebrochen ist und eine Reihe von Opfern gefordert hat. Zuerst geht es siebzig Kilometer weit, bis an das äußerste Ende des Sees Azingo. Dann wird das Motorboot verlassen. In zwei kleinen Kanus fahren wir an die fünfundzwanzig Kilometer einen reißenden kleinen Bach hinauf, wobei wir von Tsetsefliegen gepeinigt werden. Auf dem Holzplatz untersuchen wir die sämtlichen Arbeiter, geben Anweisung zur Pflege der Leichtkranken und nehmen die Schwerkranken mit uns. Es ist zum ersten Male, daß Herr Neßmann auf einen Holzplatz kommt.

Am 5. Mai sind wir wieder in Lambarene, dank dem Motorboot, das die siebzig Kilometer stromaufwärts in einem knappen Tage bewältigte. Auf dieser Fahrt schreibe ich den letzten Brief an meinen Vater. Er kommt nicht mehr in seine Hände. Der Tod ruft ihn an diesem 5. Mai heim...

Aus immer neuen Erlebnissen wird N'Tschinda-N'Tschinda gewahr, daß Chirurgie in Afrika etwas anderes ist als in Europa. Beim Streit mit einem anderen – eines Weibes wegen – hat ein Mann einen Hieb mit dem Buschmesser auf den Vorderarm empfangen. Die Sippe bringt ihn. Eine Sehnennaht ist notwendig, die unser Chirurg nach allen Regeln der Kunst ausführt. Bei Verletzten, die für sich nicht selber kochen können, muß immer ein Begleiter zur Dienstleistung zurückbleiben. Einstimmig bezeichnet die Sippe einen Mann zu diesem Amte, der es auch als ganz selbstverständlich annimmt. Eine rechte Freude erlebt Herr Lauterburg an seinem Patienten aber nicht, trotz der schön ausgeführten Sehnennaht. Die Verletzung scheint gut zu heilen. Aber der Mann fängt an, verfallen auszusehen. Er torkelt, wenn er zum Verbinden kommt, ist benommen und verliert die Sprache. Etwas ratlos steht N'Tschinda-N'Tschinda vor einer Infektion, die solche Allgemeinerscheinungen hervorruft, ohne Fieber und bei normal heilender Wunde... «Vergiftung», äußere ich, als er mich auf den Fall aufmerksam macht. Wer längere Zeit hier arbeitet, zieht in allen unklaren

Fällen diese Möglichkeit alsbald in Betracht. Unter ehrendem Vorwand wird der Begleiter, der dem Verwundeten bisher kochte, im Spital beschäftigt. Der Kranke erhält das Essen nur aus der Hand eines unserer Gehilfen. Langsam, sehr langsam gehen daraufhin die Erscheinungen zurück.

Nach einiger Zeit klärt sich der Fall auf. Der von der Sippe zurückgelassene Begleiter ist der Mann, der das Palaver mit dem Patienten hatte und ihn verwundete. Als Buße hat er dieses Amt übernehmen müssen. Dabei ist er der Versuchung unterlegen, es zu mißbrauchen, um den Gegner loszuwerden. Trotzdem wir Schweigen beobachten, schöpfen die Verwandten des Patienten Verdacht. Damit sie den Giftmischer nicht töten und ein neues Drama sich dem ersten anreiht, wird er zur persönlichen Dienstleistung bei Fräulein Kottmann ins Doktorhaus hinaufkommandiert, wo er sich bei der Wäsche und beim Wassertragen lieb und anstellig erweist...

Gegen Ende Juni häufen sich die Fälle von Dysenterie in beängstigender Weise. Wir wissen nicht mehr, wohin mit den Kranken. Bekanntlich gibt es zwei Arten von Ruhr, die sogenannte Amöbenruhr, die nur in den heißen Ländern vorkommt, und die Bazillenruhr, die überall heimisch ist...

Welche Arbeit geben uns die Ruhrkranken, die sich nicht mehr bewegen können und alles beschmutzen, wo sie sitzen und liegen! Manchen muß sogar das Essen eingegeben werden, da sie zu kraftlos sind, den Löffel zum Munde zu führen. Doppelt schwer ist die Pflege dieser Armen, weil die Eingeborenen uns dabei nicht zur Hand gehen. Für Hantierung mit Ekel erregenden Dingen sind sie nicht zu haben. So müssen wir alles selbst tun. Findet sich einmal ein Schwarzer, der uns darin beisteht, so wird er mit Geschenken erdrückt und in Lob erstickt...

Vergebens predigen wir den Leuten des Spitals Vorsicht. Sie sollen nur Wasser gebrauchen, das an der Quelle geholt wird. Doch der Fluß ist nur zwanzig Schritt weit, die Quelle aber über hundert. Also holt man Wasser am Fluß statt an der Quelle. Es ist verboten, mit Dysenteriekranken gemeinsame Küche zu machen. Man kocht aber doch mit ihnen und ißt aus dem Gefäß, in das sie mit ihren beschmutzten Fingern hineinfahren.

Ein wegen Fußgeschwür gepflegter Bendjabi hat unter den Dysenteriekranken einen Mann aus seiner Gegend entdeckt, dessen Lager und Kochtopf er nun teilt. Man holt ihn heraus und klärt ihn über die Gefahr auf. Am Abend ist er wieder im Verschlag der Dysenteriekranken. Immer wieder daraus entfernt, findet er immer wieder Wege, hineinzukommen. «Willst du dir den Tod holen?» frägt ihn Herr Neßmann. «Lieber bei dem Bruder sein und sterben, als den Bruder nicht sehen», lautet die Antwort. Das Heimweh ist stärker als die Angst vor dem Tode. Natürlich läßt sich die Dysenterie dieses Opfer nicht entgehen...

Das schlimmste ist, daß die Kranken jetzt anfangen, ihre Dysenterie zu verheimlichen. Sie wollen nicht unter Aufsicht stehen und in ihrer Freiheit behindert sein. Die andern Kranken verraten sie nicht, sondern helfen mit, uns in Unkenntnis zu erhalten. Bei einem frisch Operierten stellt sich heraus, daß er Dysenterie hat. Er hatte sie schon vorher, verheimlichte es aber, weil er wußte, daß wir keine Leute mit Dysenterie operieren.

Durch die Mehrarbeit, die uns die Dysenteriekranken bereiten, ist unser Personal ganz erschöpft. Erstaunlich ist, daß die Heilgehilfen überhaupt noch mitmachen. Mit so nervösen Ärzten zu arbeiten, wie wir es sind, ist wirklich keine Lust. Natürlich benutzen die Bendjabis die Zeit, wo wir so viel Arbeit und Sorge haben, um sich von ihrer schlimmsten Seite zu zeigen.

Eines Tages, in der Verzweiflung über Leute, die eben wieder unreines Wasser geschöpft haben, lasse ich mich im Konsultationszimmer auf einen Stuhl fallen und stöhne: «Was bin ich doch für ein Dummkopf, daß ich der Doktor solcher Wilden geworden bin!» Mild läßt sich Joseph vernehmen: «Ja, auf Erden bist du ein großer Dummkopf, aber nicht im Himmel.» ...

Mitte September gehen schon die ersten Regen nieder. Jetzt heißt es alles Bauholz ins Trockene bringen. Da wir gerade fast keine arbeitsfähigen Männer im Spital haben, schleppe ich selber Balken und Bretter mit zwei Getreuen. Dabei kommt mir ein Schwarzer in weißen Kleidern zu Gesicht, der als Besuch bei einem Kranken sitzt. «Heda, Kamerad», rufe ich, «willst du uns nicht ein wenig helfen?» – «Ich bin ein Intellektueller und trage kein Holz», lautete die Antwort. «Hast du Glück», erwiderte ich; «auch ich wollte ein Intellektueller werden, aber es ist mir nicht gelungen.»

Zum Elend der Dysenterie kommt nun noch ein anderes: die Hungersnot. Tatsächlich existiert sie seit Beginn des Sommers. Aber sie wurde durch die Reiszufuhr verdeckt. Nun stockt diese, und alsbald ist die Not da.

Schon im Verlaufe der letzten Monate wurde der Reis knapp. Man dachte aber, daß dies vorübergehend sei. Seit Ende September ist der Ernst der Situation aber nicht mehr zu verkennen ... Mit unserem Vorrat, um den wir allerorts beneidet werden, halten wir uns, so gut es gehen will, über Wasser. Sowie man von ferne das Tuten eines Dampfers oder Dämpferchens hört, fahre ich mit dem Motorboot in den großen Flußarm hinüber, wo die Faktoreien sind, um bei der Teilung des etwa angekommenen Reises mit berücksichtigt zu werden. Ach, wie oft bringt das Schiff alles mögliche, nur keinen Reis!

Langsam erschöpft sich unser nicht mehr genügend erneuerter Vorrat. Die Zahl der täglich zu beherbergenden und zu ernährenden Kranken ist ja von Monat zu Monat gestiegen und nach und nach auf hundertundzwanzig und darüber hinausgegangen. Dazu das Personal. Sechzig bis achtzig Kilo Reis müssen wir im Tage rechnen, wenn nicht mehr. Bananen sind ja überhaupt nicht mehr zu finden. Mehrmals kommt es uns vor, daß wir nur noch für einige Tage versehen sind. Immer aber gelingt es mir im letzten Augenblick, irgendwo etwas Reis aufzutreiben. Das Hauptverdienst dabei kommt dem Motorboot zu.

Wie die Auflösung des Spitals vor sich zu gehen hätte, wenn unsere Vorräte vollständig zu Ende wären, kann ich mir nicht ausdenken. Viele Kranke sind hundert oder hundertfünfzig Kilometer von hier zu Hause, wenn sie nicht noch weiter weg wohnen. Eine Möglichkeit, sie heimzuschaffen, sehe ich nicht. Ich bringe es nicht einmal fertig, geheilte Kranke so schnell, als wünschenswert wäre, loszuwerden. Gar mancher fällt uns und unseren Reisvorräten noch acht bis zehn Tage zur Last, bis sich endlich ein Kanu oder ein Motorboot findet, das in seine Gegend fährt. Sie haben es auch gar nicht eilig, von hier fortzukommen. Draußen lauert der Hunger auf sie ...

Was für wandelnde Skelette bekommen wir jetzt ins Spital geliefert! ... Mitte Oktober trifft Fräulein Emma Haußknecht als zweite Pflegerin ein. Bisher war sie Lehrerin im Elsaß. Ich kenne sie schon längere Zeit. Vor Jahren bereits hat sie mir ihre Mitarbeit angeboten. Die neue Pflegerin übernimmt den Haushalt und die weißen Kranken. Damit wird Fräulein Kottmann ganz für das Spital unten frei.

Welche Beruhigung für uns, daß jetzt jemand da ist, der ein Auge auf die Kranken hat und überall nach dem Rechten sieht! Wir selber kommen ja unter tags fast nicht aus dem Untersuchungszimmer und der Apotheke heraus. Jetzt ist dafür gesorgt, daß die Dysenteriekranken ihre Suppe erhalten und ihr Lager gereinigt bekommen. Jetzt wird danach geschaut, ob die Kranken haben, was sie brauchen. Alle Palaver, die im Spital vorkommen, werden nun Fräulein Kottmann vorgetragen und von ihr entschieden. Regelmäßig überwacht sie das Austeilen der Essensration, das bisher allzuoft Dominik allein überlassen blieb. Sie kümmert sich darum, daß ständig Feuer unter unserem Vorrat getrockneter Fische unterhalten wird, damit sie nicht verderben und keine Maden hineinkommen. Morgens gibt sie die für die laufenden Arbeiten erforderlichen Schaufeln und Äxte und Buschmesser aus. Abends überzählt sie, ob alle wieder zurückkamen. Auch die Aufsicht über die Kanus liegt ihr ob. Sie hat das Getüch und die Verbandstoffe unter sich und stellt die Leute zum Waschen an. An den Operationstagen ist sie Operationsschwester.

Daß so nach und nach Ordnung in den Spitalbetrieb kommt, könnte uns neuen Mut zur Arbeit geben, wenn die durch Platzmangel, Dysenterie und Hungersnot geschaffenen Verhältnisse nicht so trostlos wären. Von Tag zu Tag wird das Übel schlimmer. Immer weiter schreitet die Verseuchung des Spitals mit Dysenterie fort. Fast jeden Tag wird ein neuer Kranker entdeckt, der sich angesteckt hat. Und immer noch werden Dysenteriekranke eingeliefert. Letzthin an einem Morgen nahmen wir sechs auf einmal auf.

Ohne daß ich etwas dagegen vermag, schlagen meine Überlegungen eine Richtung ein, in der ich ihnen nicht folgen möchte und doch muß. Die Verlegung des Spitals, gegen die ich mich seit meiner Rückkehr sträube und gegen die ich die Tatsache anrief, daß ich dafür weder Baumaterial noch Arbeitskräfte habe, wird mir nun durch andere, neu auftretende Tatsachen aufgedrängt. Was tue ich denn seit Monaten anderes, als daß ich mich darüber hinwegzusetzen versuche, daß der Platz, der für das frühere Spital von vierzig Kranken genügte, für eins von mehr denn hundertzwanzig nicht ausreichen kann!

Weil der Platz zu klein ist, kann ich die Dysenteriekranken von den anderen Patienten nicht in erforderlicher Weise absondern. Aus demselben Grunde kann ich für die armen Geisteskranken nicht tun, was ich sollte. Die Zelle, die ich für sie habe – ein dunkles Loch ohne Fenster –, liegt inmitten der Behausung der Kranken. Über einen abgeschlossenen Raum mit Licht und Sonne verfüge ich nicht. Lärmende Geisteskranke kann ich auf die Dauer nicht beherbergen, weil die anderen Patienten es neben ihnen nicht aushalten. Ich muß sie also gebunden in ihr Dorf zurückbringen lassen, wo sie unter Umständen zu Tode gemartet werden, während sie in meiner Pflege vielleicht gesund würden. Was ich in solchen Fällen leide, habe ich nicht einmal meine Helfer hier ahnen lassen. Hätte ich ein größeres Baugelände, so könnte ich die Geisteskranken fernab von den anderen Kranken unterbringen und meine Pflicht auch an ihnen erfüllen.

Daß wir zum Untersuchen und zur Behandlung der Kranken viel zuwenig und viel zu kleine Räume haben, nehmen meine Helfer ebenso gelassen hin wie ich, weil wir keine Ansprüche machen. Aber die Tatsache, daß hundertundzwanzig Kranke zu besorgen sind statt vierzig und daß sich drei Ärzte betätigen statt einem, schaffen wir damit nicht aus der Welt. Vor allem fehlt ein Raum für die vielen Verbände, die täglich zu machen sind. Sie müssen im Freien vorgenommen werden, was für die Verbindenden und für die zu Verbindenden große Unzuträglichkeiten mit sich bringt und gegen alle Grundsätze der Medizin verstößt. Wir haben keinen Raum für septische Operationen, keinen für Bakteriologie, keinen für mikroskopische Untersuchungen! Unsere ganze Tätigkeit spielt sich in zwei Zimmern von vier Meter Länge und vier Meter Breite und zwei kleinen Nebenräumen ab, von denen der eine als Apotheke dient, während der andere zugleich Laboratorium und Sterilisationsraum ist. In dem Zimmer, in dem wir Kranke untersuchen, macht Joseph die Einspritzungen, wickeln zwei Schwarze Binden und putzen zwei andere Fläschchen. Das ist ein Stoßen und Drängen wie auf dem Jahrmarkt. Wie sehr unsere Arbeit durch diese Zustände beeinträchtigt wird und wieviel Ermüdung und Nervosität davon herrührt, suchen wir uns vergebens auszureden.

In den Baracken ist der Platzmangel, auch abgesehen von der Dysenteriesorge, betrüblich. Wir können die Sterbenden nicht für sich legen. Nicht einmal einen Platz für die Toten haben wir. Sie bleiben in Krankenbaracken, bis sie auf den Friedhof getragen werden. Unser Personal kann ich nicht richtig unterbringen. Von Joseph und dem Koch Aloys abgesehen, hausen sie in Winkeln und Verschlägen. Um sie zu halten, verspreche ich ihnen, daß ich sie einmal menschenwürdig wohnen lassen werde. Wie dies aber werden soll, ist mir selber dunkel. Könnte ich meinen Angestellten gute Unterkunft bieten, so fände ich, trotz der nicht leichten Arbeit, die Heilgehilfen, deren Fehlen uns in der Arbeit so behindert.

Die Feuersgefahr für unser Spital ist so groß, daß wir uns gar nicht über sie hinwegzutäuschen suchen. Unsere Krankenbaracken und alle unsere Gebäulichkeiten sind derart ineinandergeschoben, daß beim Ausbruch eines Brandes gleich alles rettungslos in Flammen stehen würde. Soll ich da der Dysenterie zürnen, daß sie mich so unbarmherzig auf das Unzureichende meines Platzes und meiner Gebäulichkeiten stößt?

Die Hungersnot ihrerseits mahnt mich daran, daß es ein ungesunder und gefährlicher Zustand ist, wenn ein Unternehmen, wie mein Spital, nicht auf eigenem Boden steht und nicht von einem Stück Land zum Anbau von Lebensmitteln umgeben ist. Hätte ich zu Anfang des Sommers, als die Hungersnot am Horizont aufstieg, Mais anpflanzen können, so wäre ich jetzt imstande, die Kranken zu einem Teil mit Mais zu ernähren! ...


Der kühne Entschluß

So kommt im Verlaufe des Oktober [1925] der Entschluß bei mir zum Durchbruch, das Spital auf einen größeren Platz und auf eigenen Grund und Boden zu verlegen, und zwar möglichst bald. Bereits habe ich ja das Wellblech für die Dächer. Es sollte zum Verdecken der Baracken des alten Spitals dienen. Nun wird es für die Gebäulichkeiten des neuen verwandt. An Arbeitskräften wird es mir jetzt nicht fehlen. Wer Reis hat, findet zur Zeit Arbeiter. Wie zahm sind heute die Spitalinsassen gegen früher! Sie gehen den Dienstleistungen nicht mehr aus dem Wege, sondern bieten sich dazu an, weil die, die sich betätigen, mehr zu essen bekommen als die anderen ...

Den gefaßten Entschluß trage ich stumm in mir herum. Auf Fahrten, die ich allein unternehme, besehe ich das Stück Land, das für meine Pläne einzig in Betracht kommen kann. Es liegt drei Kilometer stromaufwärts von hier, auf dem gleichen Ufer, und zwar an der Stelle, wo der Ogowe sich in die beiden Arme teilt. Dort standen einst große Dörfer. N'Kombe, der «Sonnenkönig» – auch in Afrika gab es Sonnenkönige! –, wohnte daselbst. Das Land war also früher stellenweise bepflanzt. Der Wald, der es jetzt bedeckt, ist verhältnismäßig jung und die Rodungsarbeit dementsprechend leicht. Weil hier früher Wohnungen und Pflanzungen waren, finden sich allenthalben Ölpalmen. Eine geräumige Talmulde in der Nähe des Flusses gibt einen guten Platz für das Spital ab. Die sanften Hügel darüber sind für unsere Wohnhäuser wie geschaffen.

Wie gar manchmal war ich schon auf diesem Platze, auf den mich Herr Missionar Morel schon bei meinem ersten Aufenthalte aufmerksam machte. Gleich am Tage nach meiner Rückkehr suchte ich ihn auf und bedauerte, nicht in der Lage zu sein, das Spital hier neu entstehen zu lassen, statt mich in seinen Ruinen anzusiedeln. Nun komme ich wieder als einer, der von Dysenterie und Hungersnot gezwungen wird, sich dennoch hier niederzulassen.

Dem Gesuch um Bewilligung des Geländes kommt der Bezirkshauptmann in der freundlichsten Weise entgegen. Die zu erledigenden Formalitäten werden Monate beanspruchen. Aber in Anbetracht der besonderen Umstände und da wohl von keiner Seite Einspruch zu erwarten ist, wird es mir provisorisch zur Verfügung gestellt. Ich erhalte etwa siebenzig Hektar Wald und Busch als «Concession». Dies bedeutet, daß das Land Staatseigentum bleibt, aber mir zum Bauen und zum Bepflanzen überlassen wird. Was davon bebaut und bepflanzt ist, wird dann Besitz. Der Rest verbleibt dem Staate. Eine andere Art des Landerwerbs gibt es in der Kolonie nicht.

Bei meiner Heimkehr vom Bezirkshauptmann rufe ich die Ärzte und die Pflegerinnen zusammen und eröffne ihnen, was im Gange ist. Zuerst sind sie starr vor Überraschung. Nachher brechen sie in Jubel aus. Überzeugt brauchen sie gar nicht zu werden. Sie sind es von vornherein soviel als ich. Nur wundern wir uns miteinander, wo wir den Mut zu der Sache herhaben. Erstaunt schauen uns die Schwarzen an. Solches Gestikulieren und Durcheinanderreden sind sie an uns nicht gewohnt.

Ich aber denke an das Opfer, das meine Frau und mein Kind für die Verlegung des Spitals bringen müssen. Für Ende dieses Winters erwarten sie mich zurück. Nun werde ich aber kaum vor Beginn des nächsten nach Europa kommen. Ohne mich kann nicht gebaut werden. Für die Anlage des Spitalganzen sind meine Erfahrungen erforderlich. Sind die Bauten einmal unter Dach, so mögen andere die Inneneinrichtung übernehmen ...

Für das Niederlegen des Waldes wird jeden Morgen alles, was im Spital Hand und Fuß regen kann, aufgeboten, mit Äxten und Buschmessern ausgerüstet und in Kanus drei Kilometer stromaufwärts nach unserem Gelände geschafft. Dieser Trupp besteht aus Männern und Frauen, die als Begleiter von Kranken bei uns weilen. Auch geheilte Kranke sind darunter, die aus Dankbarkeit einige Tage bei uns bleiben und uns bei der Arbeit helfen ... Alle zwei Tage etwa bekommen die Leute, die gut gearbeitet haben, einen Geschenkgutschein. Alle zehn Tage ist Geschenkverteilung. Für jeden Gegenstand sind soundso viele Gutscheine erforderlich. Um eine Decke zu erhalten, muß einer seine Gutscheine drei oder vier Wochen lang zusammengelegt haben. Am meisten begehrt sind Messer ...

In der Regel haben wir etwa fünfzehn Arbeiter, was in

Anbetracht der zu bewältigenden Aufgabe viel zuwenig ist. Damit die Arbeit einigermaßen vorangeht, muß einer von uns als Aufseher mitfahren. Sich selbst überlassen, würden die Leute fast gar nichts leisten. Warum sollten auch sie, die gerade jetzt hier sind, sich anstrengen, damit andere, die in einigen Monaten im Spital sein werden, Mais zu essen haben und gar oben in guten Baracken hausen?

Ein Tag da oben verläuft wie eine Symphonie. Lento: Verdrossen empfangen die Leute die Äxte und Buschmesser, die ich ihnen beim Landen austeile. Im Schnekkentempo geht es an die Stelle, wo Gebüsch und Bäume niedergelegt werden sollen. Endlich steht jeder an seinem Platze. Behutsam werden die ersten Striche getan. – Moderato: Äxte und Buschmesser laufen in überaus mäßigem Takte. Vergebens versucht der Dirigent das Tempo zu beschleunigen. Die Mittagspause macht dem langweiligen Stück ein Ende. – Adagio: Mit Mühe habe ich die Leute wieder auf die Arbeitsstelle im dumpfen Walde gebracht. Kein Lüftchen regt sich. Von Zeit zu Zeit hört man einen Axtstreich. – Scherzo: Einige Späße, zu denen ich mich in der Verzweiflung aufraffe, gelingen mir. Die Stimmung belebt sich. Lustige Worte fliegen hin und her. Einige Leute fangen an zu singen. Es wird auch schon etwas kühler. Ein Lüftchen stiehlt sich vom Fluß herauf in das Dickicht. – Finale: Die Lustigkeit hat alle erfaßt. Dem bösen Wald, um dessentwillen sie hier stehen müssen, statt ruhig im Spitale sitzen zu dürfen, soll es übel gehen. Wilde Verwünschungen werden gegen ihn laut. Johlend und kreischend geht man ihm zu Leibe. Äxte und Buschmesser hämmern um die Wette. Jetzt aber darf kein Vogel auffliegen, kein Eichhörnchen darf sich zeigen, keine Frage darf gestellt werden, kein Befehl darf ergehen. Bei der geringsten Ablenkung wäre der Zauber aus. Die Äxte und Buschmesser kämen in Ruhe, und die Leute würden sich über das Geschehene oder Gehörte bereden und wären nicht mehr in Gang zu bringen.

Zum Glück kommt keine Ablenkung. Das Toben geht weiter. Wenn dieses Finale nur eine gute halbe Stunde anhält, war der Tag nicht verloren. Und es hält an, bis ich «Amani! Amani!» (Genug! Genug!) rufe und der Arbeit für heute ein Ende setze.

Noch steht die Sonne am Himmel. Aber der Weg vom Arbeitsplatz zum Fluß, die Heimfahrt im Kanu, das Zurückgeben des Arbeitsgerätes und der Paddel und der Empfang der Essensration nehmen an die anderthalb Stunden in Anspruch. Und gleich nach sechs Uhr abends setzt auf dem Äquator die Dunkelheit ein. Beim Scheine der Laterne die Ablieferung von Äxten und Buschmessern zu überwachen und die Essensration auszuteilen strengt außerordentlich an. Zudem sollen Ärzte und Pflegerinnen bei Einbruch der Dunkelheit nach Möglichkeit mit aller Arbeit im Freien fertig sein, damit sie nicht von Moskitos gestochen werden und von Malaria verschont bleiben...

Am 4. Dezember werden die Kanus bei der Heimfahrt von einem furchtbaren Tornado überrascht. Dr. Neßmann, der an jenem Tage die Rodungsarbeit leitete, hatte die Gefahr nicht rechtzeitig bemerkt. Anderthalb Stunden verbringen wir in angstvollem Warten. Endlich läßt der Sturm nach. Eines nach dem andern kommen die Kanus in schwarzer Nacht unter sintflutartigem Regen an. Sie hatten noch gerade Zeit gehabt, irgendwo das Ufer zu erreichen. Niemand ist ertrunken. Von Freude betäubt, steige ich zum Doktorhaus hinauf.

Auf dem Platz, wo die Bauten des Spitals hinkommen sollen, werden Bäume als Schattenspender stehengelassen. Wo angepflanzt werden soll, müssen alle Bäume geopfert werden. Nur die Ölpalmen werden geschont. Mächtige Hartholzbäume machen uns viel Arbeit. Mehrere Mann müssen mehrere Tage arbeiten, bis ein solcher Riese fällt. Dann dauert es wieder Tage, bis er zerlegt ist...

Das in Haufen geschichtete Holz gibt leider einen guten

Nistplatz für Schlangen. Diesen Übelstand nehmen wir in Kauf. Der Schlangen sind auf unserem Gelände ja sowieso schon so viele, daß es auf einige hundert mehr nicht ankommt. Jeden Tag werden beim Ausroden des Waldes einige zur Strecke gebracht, darunter oft von den gefürchtetsten Arten.

Überall stößt man im Dickicht auf Ölpalmen. Sie können nicht blühen und nicht Früchte tragen, denn das Schlinggewächs liegt wie ein dichter Teppich auf ihnen. Manchmal müssen wir Tunnel in das Schlinggewächs hauen, um uns zum Fuße der Palmen vorzuarbeiten. Ist das Schlinggewächs am Boden abgehauen, so heißt es warten, bis es verdorrt ist und morsch wird. Vorher ist es unmöglich, es von den Bäumen herunterzuziehen. Auch dann macht es noch übergenug Mühe. Unter Umständen brauchen wir eine Woche, um eine Gruppe von Ölpalmen von dem Teppich, der sie zudeckt, zu befreien ...

So bleiben uns nach Entfernung des Waldes an manchen Stellen ganze Haine von Ölpalmen. Sie sind uns wertvoll für die Ernährung der Kranken. Im Laufe der Jahre werden wir dahin kommen, einen guten Teil der Fettrationen an die Schwarzen in Form von Palmöl zu verabreichen. Dieses Palmöl bereiten wir aus der faserigen ölhaltigen Hülle der Nuß ...

Im Spital ist stetig viel Arbeit. Die Dysenterieepidemie hält an. Manchmal werden uns ein halbes Dutzend Fälle an einem Morgen gebracht. Viele dieser Armen sind Skelette, unrettbar dem Tode verfallen. Oft sind im Spital nicht Leute genug vorhanden, um die Gräber zu graben und die Leichen auf den Friedhof zu tragen. Dann müssen wir selber uns als Totengräber und Leichenträger betätigen ...

Wo wir das Spital nun neu errichten, wollen wir ... definitive Bauten, die nicht ständig Unterhalt verlangen. Sie sind für den Anfang viel teuerer als die andern. Im Laufe von fünfzehn Jahren aber kommt ein Blätterdach geradeso teuer wie ein Wellblechdach und hat unterdessen viel Arbeit verursacht.

An Bauten aus Stein oder Backstein ist nicht zu denken. Diese würden uns zuviel Zeit und viel zuviel Geld kosten. So entscheiden wir uns für Wellblechbaracken mit Gebälk aus Hartholz. Das Gebälk muß aus Hartholz sein, weil gewöhnliches Holz in wenigen Monaten ein Raub der Termiten wäre.

Diese Wellblechbaracken werden wir als Pfahlbauten aufführen. Warum Pfahlbauten? Das Spital kommt längs des Flusses zu liegen. Es muß in der Nähe des Wassers gebaut sein, weil die Eingeborenen gewohnt sind, in der Nähe des Wassers zu hausen. Auch wollen sie ihre Kanus im Auge halten können. Wohl wird das Spital auf dem ansteigenden Hügel einige Meter über dem Wasser stehen. Es muß aber auch mit ausnahmsweise hohem Hochwasser gerechnet werden. Dieses würde meine Gebäude mitnehmen, wenn sie zu ebener Erde stünden. Sind es aber Pfahlbauten, so fließt es zwischen den Pfählen ab. Also Pfahlbauten des Flusses wegen.

Aber Pfahlbauten auch des Hügels wegen. Das Spital kommt auf den Abhang des Hügels zu stehen. Gehen in der Nacht zwei oder drei Tornados nieder, so strömen mächtige Bäche von der Höhe herunter. Stehen meine Bauten zu ebener Erde, so können sie ihnen gefährlich werden. Sind es aber Pfahlbauten, so fließt das Wasser zwischen den Pfählen ab.

Ich werde also ein prähistorisch-moderner Mensch und baue das Spital als ein Pfahlbaudorf aus Wellblechbaracken ...

Geht alles gut, so bringe ich im Tage zwanzig bis dreißig Pfähle fertig. Meine ganze Aufmerksamkeit muß ich auf die Verhütung von Unglücksfällen bei dem Hantieren mit den Pfählen richten. Die Pfähle sind zwei bis drei Meter lang und haben etwa dreißig Zentimeter im Durchmesser. Sie sind aber so schwer, daß sechs bis acht Mann erforderlich sind, um einen derselben auf den Damm zu tragen.

Der kritische Moment ist das Niederlegen. Beim Transport einer Last traut kein Primitiver dem andern. Er weiß, daß dieser imstande ist, ohne sich an eine Verabredung zu halten, einfach loszulassen und beiseite zu springen. Darum läßt jeder, sowie er eine verdächtige Bewegung beim andern wahrzunehmen glaubt, die Last fallen und springt beiseite, um nicht der letzte zu sein, der sich in Sicherheit bringt. Dem letzten zerschmettert nämlich die fallende Last die Füße. Was habe ich für Mühe, meine Leute dazu zu erziehen, daß keiner beiseite springt, sondern daß alle auf mein Kommando hören und die schweren Pfähle zuerst an einem Ende auf den Boden setzen und das andere dann langsam folgen lassen! Jedes verdächtige Zucken im kritischen Moment wird mit dem Verlust eines Geschenkgutscheines gebüßt. Ich selber fasse an dem Ende an, das erst zuletzt auf den Boden kommen soll . . .

Ende Februar [1926] soll Dr. Neßmann nach Hause fahren, seines Militärdienstes wegen. Am 22. Februar trifft sein Ersatzmann, Dr. Trensz, ein, ebenfalls ein elsässischer Pfarrerssohn. Kaum hat er ausgepackt, so wird er von Dr. Neßmann auf seine letzte Fahrt zum Beschaffen von Pfählen mitgenommen. Er muß die Sache lernen, weil das Holen von Pfählen nun ihm zufallen wird . . .

Das neue Spital wird ein wirkliches Dorf. Es soll ja für zweihundert Kranke samt ihren Begleitern Raum bieten. In dem am weitesten flußabwärts gelegenen Teil wird es aus drei Reihen parallel verlaufender Gebäude bestehen. Weiter flußaufwärts fällt die vordere Reihe weg, damit die große Baracke, in der die Ärzte ihres Amtes walten, einen freien Platz vor sich hat und Luft vom Fluß her empfängt.

Alle Gebäude sind ungefähr in der Richtung von Ost nach West orientiert, damit die Sonne immer über ihrem Giebel dahinzieht und sie nie die Flanke trifft. Wir sind ja fast auf dem Äquator. Die Sonne weicht also nur wenig nach Norden oder Süden ab. Die Wände eines von Ost nach West orientierten und mit vorspringendem Dach gedeckten Gebäudes werden also nur um Weihnachten oder um den Johannistag herum von der Sonne getroffen werden. In einem so orientierten Gebäude ist es daher bedeutend weniger heiß als in einem, das in der Richtung Nord-Süd orientiert ist, auf dessen Wänden die Morgen- und die Abendsonne aufliegen. Diese Bauregel sollte in den Tropen viel mehr beachtet werden, als es gewöhnlich geschieht.

Mit Absicht baue ich also lange, schmale, von Ost nach West orientierte Gebäude. Diesen kann die Sonne am wenigsten anhaben. Auch ist das für tropische Bauten so wichtige Problem von Licht und Luft unter weit vorspringenden Dächern viel leichter bei schmalen als bei breiten Bauten zu lösen. Die Räume liegen in meinen Bauten also nicht nebeneinander, sondern hintereinander ...

Bei der Behandlung der leider immer noch zahlreichen Dysenteriekranken macht Dr. Trensz eine wertvolle Feststellung. Bekanntlich gibt es zwei Arten von Dysenterie: die durch Amöben – das heißt einzellige Lebewesen – verursachte und die auf eine Infektion mit Dysenteriebakterien zurückgehende. In dem von ihm mit primitivsten Mitteln eingerichteten bakteriologischen Laboratorium unternimmt es nun Dr. Trensz, Kulturen von dem Kote der Kranken anzulegen, in dem keine Amöben gefunden wurden. Statt der erwarteten Dysenteriebazillen stellt er aber Vibrionen fest, die dem Choleravibrio sehr nahe verwandt sind und sich von ihm nur durch eine verschiedene Agglutination unterscheiden. Was also als Bazillendysenterie angesehen wurde, ist nach dieser Feststellung in den meisten Fällen durch einen Paracholeravibrio hervorgerufene schwere Cholerine.

Untersuchungen des Wassers zeigen, daß dieser Vibrio in den Gewässern des Ogowe heimisch ist. Er wird also Vibrio gabunensis genannt. Dr. Trensz gedenkt ihm eine längere wissenschaftliche Arbeit zu widmen. Vielleicht handelt es sich bei der Dysenterie, die in Äquatorialafrika regelmäßig unter den bei Straßen- und Bahnbauten beschäftigten Arbeitern ausbricht, in einer großen Zahl der Fälle, wo Amöbendysenterie nicht nachweisbar ist, nicht um Bakteriendysenterie, sondern um diese Cholerine. Von jeher hatte ich die unaufgeklärten Fälle von Dysenterie in Anlehnung an die Choleratherapie mit in Wasser gelöster weißer Tonerde behandelt und dabei gute Erfolge gesehen. Nun erklärt die Feststellung von Dr. Trensz, warum mit dieser Behandlung etwas erreicht wurde. Es handelt sich ja um eine der Cholera verwandte Krankheit.

Die Züchtung der Vibrionen im Laboratorium erlaubt Dr. Trensz, einen Impfstoff herzustellen, mit dem solche Fälle von Cholerine in zwei bis drei Tagen geheilt werden können ...

Langsam bürgert sich die Gewohnheit ein, daß Europäer, die auf Urlaub nach Hause fahren, ihre Hunde bei uns abgeben. Sie wagen sie nicht den Schwarzen anzuvertrauen, weil diese aller Nachlässigkeiten und Grausamkeiten gegen Tiere fähig sind.

Daß aber auch in den Wildesten der Wilden das Mitgefühl gegen die arme Kreatur geweckt werden kann, darf ich beim Setzen der Pfähle erleben. Ehe der Pfahl ins Loch kommt, sehe ich nach, ob nicht Ameisen, Unken oder andere Tiere hineingeraten sind, und hole sie mit der Hand heraus, daß sie nicht vom Pfahle zermalmt werden oder nachher beim Einstampfen von Stein und Erde zugrunde gehen. Denen, die mit mir am Werke sind, erkläre ich dieses Tun. Einige lächeln verlegen; andere lassen den oft so gehörten Spruch gleichgültig über sich ergehen. Eines Tages wird ein ganz Wilder, der mit mir Pfähle setzte, zu Frau Russell abkommandiert und haut mit anderen Gebüsch um.[10] Als dabei eine Kröte sichtbar wird, will sein Nachbar sie mit dem Buschmesser erschlagen. Er aber fällt ihm in den Arm und entwickelt vor ihm und der aufhorchenden Mannschaft die Theorie, daß die Tiere auch vom lieben Gott geschaffen seien und daß dieser den Menschen, die sie gedankenlos quälen oder töten, ein großes Palaver machen werde. Dieser Wilde war der letzte, von dem ich angenommen hätte, daß mein Tun und Reden beim Setzen der Pfähle ihm Eindruck machen werde...

Ständig müssen wir noch an die zwei Tonnen Reis auf Lager haben. Die Hungersnot nimmt zwar ab, aber nur weil jetzt genügend Reis aus Europa ankommt. Wären wir auf die Früchte des Landes angewiesen, so stünde es übel um uns. Bananen und Maniok sind noch fast nicht zu haben. Was wir uns davon beschaffen können, reicht gerade hin, um einige Kranke, die den Reis absolut nicht vertragen, zu erhalten. Erst nach Neujahr, wenn die neu gepflanzten Bananen Frucht tragen, wird das Land seine Bewohner wieder ernähren können.

Besondere Arbeit nehmen wir aus Mitleid mit den Palmbäumen auf uns. Der Platz, auf den unser Wohnhaus kommen soll, ist mit Ölpalmen bestanden. Das einfachste wäre, sie abzuhauen. Eine Ölpalme hat hier keinen Wert. Es gibt ihrer so viele. Wir bringen es aber nicht übers Herz, sie der Axt zu überantworten, gerade jetzt, wo sie, vom Schlinggewächs befreit, ein neues Dasein beginnen. Also verwenden wir unsere Mußestunden darauf, diejenigen, die noch versetzbar sind, vorsichtig auszugraben und anderswohin zu verpflanzen, was eine große Arbeit ist. Auch große Ölpalmen – bis zu fünfzehn Jahren – lassen sich versetzen.

Daß man mit Tieren Erbarmen hat, verstehen meine Schwarzen. Daß ich ihnen aber zumute, die schweren Palmbäume zu transportieren, damit sie am Leben bleiben, statt umgehauen zu werden, erscheint ihnen eine verfahrene Philosophie...

Zu Beginn des neuen Jahres [1927] sind so viele Gebäude im neuen Spital fertiggestellt, daß die Kranken darin untergebracht werden können. Zwar fehlt an der Inneneinrichtung noch gar vieles. Aber es gilt, die kleine, trockene Jahreszeit zum Umzug zu benutzen. Auch müssen die Gebäude des alten Spitals frei werden, damit wir das darin enthaltene Material zur Vollendung des neuen Spitals verwenden können. Im Urwald hat ja jedes alte Brett und jeder alte Balken einen großen Wert. Am 21. Januar geht der Umzug vor sich ... Am Abend unternehme ich die letzte Fahrt und bringe die letzten Kranken, unter ihnen die Geisteskranken, hinauf. Die Geisteskranken verhalten sich ganz ruhig. Man hat ihnen erzählt, daß sie im neuen Spital in Zellen mit Fußböden aus Holz wohnen werden. Deshalb meinen sie, in einen Palast versetzt zu werden. In ihren bisherigen Zellen hatten sie die feuchte Erde als Fußboden.

Den ersten Abend im neuen Spital werde ich niemals vergessen. Von allen Feuern und aus allen Moskitonetzen schallt mir entgegen: «Das ist eine gute Hütte, Doktor, eine gute Hütte!» Zum ersten Male, seitdem ich in Afrika wirke, sind meine Kranken menschenwürdig untergebracht. Was habe ich in diesen Jahren darunter gelitten, sie in dumpfen, dunklen Räumen zusammenpferchen zu müssen! Voll Dank schaue ich zu Gott empor, der mich solche Freude erleben ließ. Tiefbewegt gedenke ich der Freunde des Spitals in Europa. Im Vertrauen auf ihre Hilfe durfte ich die Verlegung des Spitals wagen und die Bambushütten durch Wellblechbaracken ersetzen ...

Während die beiden Ärzte den Betrieb des neuen Spitals organisieren, rüste ich mich zur Heimfahrt. Es ist dreieinhalb Jahre her, daß ich Europa verlassen habe. Alles ist jetzt so weit geregelt, daß ich den Helfern und Helferinnen das Spital für einige Zeit überlassen kann.

Ein Geisteskranker, N'Tschambi mit Namen, der zur Zeit frei herumgehen darf, hat das Gerücht vernommen, daß ich nach Europa fahren werde. Mit Tränen in den Augen kommt er auf mich zu. «Doktor», sagt er, «hast du auch Befehl gegeben, daß mich niemand von hier fortschicken darf, wenn du in Europa bist?» – «Gewiß, N'Tschambi. Niemand darf dich von hier fortschicken, sonst bekommt er ein großes Palaver mit mir.» Ergriffen drückt er meine Hände. Tränen fließen über seine Wangen herunter.

N'Tschambi wurde uns vor einigen Monaten in Ketten gebracht. In geistiger Umnachtung hatte er eine Frau getötet. In der Zelle wurde er nach und nach ruhig. Nun ist er so weit, daß er unter Aufsicht frei herumgehen und sich auch beschäftigen darf. Er schleift die Äxte und geht mit Frau Russell in den Wald und hilft beim Fällen der Bäume. Sowie man bemerkt, daß er unruhig wird, kommt er zur Beobachtung wieder in die Zelle. Seine stetige Angst ist, das Spital, wo er so gut aufgehoben ist, verlassen zu müssen. Er weiß, welches Los seiner im Dorfe wartet. Auch fürchtet er, in der Besinnungslosigkeit neue Untaten zu begehen. Wie froh bin ich, ihm und anderen, die in demselben Elend sind, eine Zuflucht auf lange bieten zu können!...

Ich frage mich, womit ich es verdient habe, daß ich solches Werk treiben und in solchem Werke Erfolg haben durfte. Und immer wieder bricht das Weh durch, daß ich nun für eine Zeit aus dieser Arbeit fort muß und von Afrika, das mir zur Heimat geworden, mich losreißen soll. Es scheint mir unfaßlich, daß ich die Schwarzen auf Monate verlasse. Wie lieb gewinnt man sie, trotz der Mühe, die sie einem machen! Wieviel schöne Züge entdeckt man an ihnen, wenn man sich durch die mancherlei Torheiten des Naturkindes nicht aufhalten läßt, den Menschen in ihm zu suchen! Wie erschließen sie sich uns, wenn wir die Liebe und die Geduld haben, auf sie einzugehen!...

## AUSBAU UND FESTIGUNG
1927–1939

### Goethe und Paulus

*Längst ist uns Schweitzers immerwährende geistige Nähe zu Jesus von Nazareth und zu Johann Sebastian Bach vertraut. Aber es gibt zwei andere Begleiter, ohne deren ständige Gegenwart er sein Dasein nicht denken kann: Goethe und Paulus. Das Bekenntnis zu Goethe kommt überraschend für die Umwelt, als der Tropendoktor 1928 den Goethepreis der Stadt Frankfurt entgegennimmt; nie vorher hatte er in seinen vielen Schriften dergleichen angedeutet. Die erste seiner vier Goethereden ist die persönlichste.*

... Sie, verehrte Herren vom Kuratorium, sind verantwortlich für den astronomischen Vorgang, daß ich armseliges Möndlein heute vor der gewaltigen Sonnenscheibe Goethes vorübergehe. Dafür tragen Sie vor der Welt die Verantwortung. Um Sie aber einigermaßen vor Ihnen selber zu entlasten, darf ich Ihnen sagen, daß dieses arme Gestirnlein sich selber schon in der Anziehungskraft Goethescher Sonne gravitierend erfaßt hat. Und ich bitte Sie, mir zu erlauben, Ihnen in dieser Stunde in Kürze zu sagen, wie ich zu Goethe kam und was ich mit ihm erlebte. Damit möchte ich den Brauch begründen, daß diejenigen, die Sie hier auszeichnen, auch jedesmal bekennen, was sie mit Goethe erlebt haben und wie sie innerlich zu ihm stehen.

Auf dem Felde der Philosophie war es, wo ich zuerst zu Goethe Stellung zu nehmen hatte. Als meine verehrten Straßburger Lehrer, Wilhelm Windelband und Theobald

Ziegler, mich in die neuere Philosophie einführten und ich vor Begeisterung für die großen spekulativen Systeme glühte, wollte es mir unbegreiflich vorkommen, daß Goethe, der das gewaltige Wirken eines Kant, eines Fichte, eines Hegel miterlebt hatte, einigermaßen fremd beiseite stand und dieses vorüberziehen ließ, indem er im Kreise einer Naturphilosophie stehenblieb, wie er sie in der Stoa und bei Spinoza kennengelernt hatte, wie sie ihm vertraut geworden war und wie er sie selber weiterzubilden suchte. Dieses Erstaunen, daß er in dem scheinbar Unscheinbaren stehenblieb, wo das Gewaltige vorüberzog, hat an mir gearbeitet. Ich kann sagen, daß es mir vielleicht der erste und nachhaltigste Anstoß war, mich mit der neueren Philosophie auseinanderzusetzen und mich auf mich selber zu besinnen. Dabei wurde mir dann im Laufe der Jahre klar, daß es zwei Philosophien gibt, die nebeneinander einhergehen.

Ziel aller Philosophie ist, uns als Denkenden begreiflich zu machen, wie wir in einem begreifenden und innerlichen Verhältnis zum Universum zu stehen und in den Anregungen, die sich für uns daraus ergeben, zu wirken haben.

Die erste Philosophie vermag den Menschen mit dem Universum zusammenzubringen, indem sie Natur und Welt vergewaltigt und den Menschen mit einer seinem Denken gebeugten Welt in Verbindung setzt.

Die andere, die unscheinbare Naturphilosophie, läßt Welt und Natur, wie sie sind, und zwingt den Menschen, sich in sie hineinzufinden und sich in ihnen als ein geistig Triumphierender und auf sie Wirkender zu behaupten. Die erste Philosophie ist genial, die zweite elementar. Die erste verläuft in gewaltigen Eruptionen des Denkens, wie sie in den großen spekulativen Systemen der deutschen Philosophie auftreten, durch die wir immer zur Bewunderung hingerissen werden. Sie geht vorüber. Die andere, die schlichte, einfache Naturphilosophie, bleibt. Immer tritt ein elementarisches Philosophieren in seine Rechte, das in der Stoa zuerst sich zu erfassen suchte, das in ihr dann zugrunde ging, weil es sich nicht zur Welt- und Lebensbejahung durchringen konnte. Diese Naturphilosophie ist uns unvollendet überliefert. In Spinoza und in dem Rationalismus des 18. Jahrhunderts suchte sie noch einmal sich zur Welt- und Lebensbejahung durchzudenken. Als sie es nicht vermochte, da trat die Gewalt an die Stelle des Versuchens. Die große spekulative Philosophie führte ihre bezwingenden Systeme auf. In jener Zeit, wo alles geblendet wurde von der Welt, die dem Denken gebeugt war, da war einer nicht geblendet und verharrte in der elementaren schlichten Naturphilosophie, erkennend, daß sie es nicht vermocht hatte, in dem 18. Jahrhundert, in dem er noch lebte, sich bejahend zu Ende zu denken, aber wissend, daß sie das müßte, und daran arbeitend in der schlichten Art, die das Wesen seines Geistes ist.

Als ich selber zur Besinnung kam und zu dieser Naturphilosophie mich zurückwandte und erkannte, daß es unsere Bestimmung sei, sie zur Welt- und Lebensbejahung durchzudenken, in einfacher Art, daß alle Denkenden auf der ganzen Welt an diesem Denken teilhaben müßten und darin Frieden mit dem Unendlichen und Wirkungsantrieb zum Gestalten finden könnten, da wurde mir Goethe derjenige, der auf dem verlorenen Posten ausgehalten hatte, wo wir nun aufs neue die Wache beziehen und zur Arbeit antreten.

Unterdessen hatte ich eine andere Begegnung mit ihm gehabt. Am Ende meiner Studienzeit las ich einmal fast zufällig wieder von der Harzreise im Winter 1777. Und es ergriff mich wunderbar, daß derjenige, den wir als Olympier ansehen, sich im Novemberregen und Novembernebel auf den Weg machte, um einen geistig in schweren Nöten gefangenen Pfarrerssohn zu besuchen und zu versuchen, ihm geistig aufzuhelfen. Über einem Mal leuchtete mir aus dem Olympier der tiefe, schlichte Mensch entgegen. Ich lernte Goethe lieben. Wenn mir dann in meinem Leben es vorkam, daß ich Arbeit auf mich nehmen mußte, um dem oder jenem Menschen Menschendienst, der ihm not tat, zu erweisen, da sagte ich mir: Das ist deine Harzreise.

Eine neue Begegnung hatte ich mit Goethe, als mir in seinem Schaffen auffiel, daß er sich keine geistige Beschäftigung denken konnte, ohne nebenhergehendes praktisches Tun und daß beide bei ihm nicht durch die gleiche Bestimmung und Art zusammengehalten waren, sondern auseinanderfielen, nur in eins gebracht durch seine Persönlichkeit. Es hat mich ergriffen, daß es für diesen Großen unter den geistig Schaffenden keine Arbeit gab, die er unter seiner Würde hielt, keine praktische Beschäftigung, von der er sagte, daß andere nach ihrer Gabe und Bestimmung sie besser tun könnten als er, sondern daß er darauf aus war, die Einheit seiner Persönlichkeit in dem Nebeneinander von praktischem Tun und geistigem Gestalten zu verwirklichen.

Ich selber stand im Pfarramt, als ich versuchte, meine ersten Arbeiten zu gestalten. Wenn ich dann seufzte, daß durch die Gänge und durch die mannigfachen Obliegenheiten dieses Amtes – das ich aus innerem Bedürfnis beibehalten hatte – mir Zeit genommen wurde für meine geistige Arbeit, da tröstete ich mich mit Goethe, der ja, gewaltige Pläne geistigen Schaffens im Haupte, über den Rechnungen saß und die Finanzen eines kleinen Fürstentums in Ordnung zu bringen suchte, Pläne begutachtete, damit Straßen und Brücken zweckmäßig angelegt würden, und sich jahrelang bemühte, verfallenen Bergbau wieder in Betrieb zu bringen. So war mir dieses Nebeneinander von unscheinbarer Beschäftigung mit geistigem Schaffen ein Trost für mein eigenes Dasein. Und als mein Lebensweg mich so führte, daß ich, um dienen zu können, ein Schaffen ergreifen mußte, das fernab von der Begabung lag, in der ich mich bisher erprobt hatte, fernab von der Beschäftigung, auf die ich mich vorbereitet hatte, da fand der Tröster Goethe die Worte, die mir aufhalfen. Während die anderen und die mich am besten verstanden, sich darüber aufhielten und mich mit Einwänden quälten, daß ich jetzt Medizin studieren wolle, zu der ich doch wirklich nicht geschaffen sei, und mir sagten, daß dies abenteuerhaft sei, durfte ich mich darauf besinnen, daß dieses Abenteuerhafte für ihn, den Großen, vielleicht nicht so ganz abenteuerhaft gewesen wäre, wo er doch seinen Wilhelm Meister zuletzt, nachdem er gar nicht darauf vorbereitet scheint, Wundarzt werden läßt, damit er dienen könne. Und hier fiel es mir dann auf, welche Bedeutung es für uns alle hat, daß Goethe in dem Suchen nach der letzten Bestimmung des Menschen diejenigen, in denen er sich selber in Dichtung gestaltet, Faust und Wilhelm Meister, zuletzt in einem ganz unscheinbaren Schaffen enden läßt, daß sie darin Mensch werden in dem vollsten Sinne, in dem sie es nach seinem Gedanken werden konnten.

Als ich mich dann auf den Weg machte, mir die Fertigkeiten für dieses neue Schaffen anzueignen, begegnete ich wiederum Goethe. Für meine medizinische Laufbahn mußte ich mich mit Naturwissenschaften beschäftigen, wenn auch nur als Lernender, nicht als Forschender wie er. Wie weit, ach, lagen die Naturwissenschaften von dem ab, was ich noch in geistigem Gestalten fertigstellen wollte, ehe ich ganz in die praktische Arbeit trat! Da durfte ich mich darauf besinnen, daß auch Goethe über geistigem Arbeiten wieder in die Naturwissenschaften hineingekommen war. Es hatte mich fast aufgeregt, daß er in einer Zeit, wo er so vieles, was sich in ihm regte, hätte auf seine letzte Form bringen sollen, sich an die Naturwissenschaften verlor. Nun wurde ich selber gezwungen, als einer, der bisher allein geistig gearbeitet hatte, mich mit Naturwissenschaften zu befassen. Ich erlebte darin eine Vertiefung, und es war mir klar, warum Goethe sich der Naturwissenschaft hingab und bei ihr verblieb: weil es für jeden, der geistig gestaltet, einen ungeheuren Gewinn und eine Klärung bedeutet, wenn er, der bisher Tatsachen produzierte, nun vor Tatsachen treten soll, die etwas sind, nicht weil man sie erdacht hat, sondern weil sie sind. Jedes Denken wird dadurch gefördert, daß es in einem bestimmten Augenblick sich nicht mehr mit Erdachtem abgeben darf, sondern durch die Wirklichkeit hindurch muß. Und wo ich dieses Durch-die-Wirklichkeit-Hindurchmüssen erlebte, da durfte ich auf den schauen, der es uns allen vorgemacht hatte.

Als nun die schwere Lernzeit zu Ende war und ich als Arzt hinausging, begegnete ich noch einmal Goethe, als spräche ich mit ihm im Urwald. Ich hatte immer gedacht, daß ich als Arzt hinauszöge. In den ersten Jahren, als es Bauarbeit oder sonstige materielle Arbeit gab, gab ich mir Mühe, sie auf diejenigen abzuschieben, die mir dazu geeignet oder bestimmt erschienen. Bald mußte ich erkennen, daß das nicht ging. Entweder sie waren nicht da, oder sie waren nicht so dazu geschaffen, daß die Arbeit gut voranging. Da bequemte ich mich zur Arbeit, die fernab von meinem ärztlichen Wirken war. Aber das Schlimmste kam am Ende. Als ich in den letzten Monaten 1925 durch eine große Hungersnot, die mein Spital in Gefahr brachte, dazu gezwungen wurde, selber eine Pflanzung für das Spital anzulegen, damit wir in einer kommenden Hungersnot uns einigermaßen über Wasser halten könnten, da mußte ich selbst das Niederlegen des Urwaldes leiten. Die aus freiwilligen Begleitern unserer Kranken bunt zusammengewürfelte Arbeiterschaft beugte sich unter keine Autorität als unter die des «Alten Doktors», wie ich dort genannt werde. So habe ich Wochen und Monate im Urwald gestanden, mich mit widerspenstigen Arbeitern abquälend, dem Urwald fruchttragendes Land abzuringen. Wenn ich ganz verzweifelt war, da dachte ich daran, daß auch Goethe für seinen Faust als Letztes erdacht hatte, daß er dem Meer Land abgewönne, wo Menschen darauf wohnen und Nahrung finden könnten. Und so stand Goethe im dumpfen Urwald als lächelnder Tröster, als großer Verstehender neben mir.

Soll ich noch eines sagen, was ich mit Goethe erlebte, so ist es dieses, daß ich ihn überall begleitet fand von der

Sorge um die Gerechtigkeit. Als um die Jahrhundertwende die Theorien Macht gewannen, daß das, was zu verwirklichen ist, sich zu verwirklichen habe, ohne Rücksichten auf Recht, ohne Rücksicht auf Schicksal von Menschen, die von dem Neuen betroffen werden, und ich selbst nicht wußte, wie diesen Theorien, die uns alle gefangennahmen, zu begegnen sei, da war es mir ein Erlebnis, daß ich überall bei Goethe die Sehnsucht fand, das zu Verwirklichende nicht auf Kosten des Rechts zu verwirklichen. Und immer wieder habe ich ergriffen in den letzten Seiten des Faust geblättert, den ich in Europa und Afrika immer in den Ostertagen las, wo Goethe als letztes Erlebnis Faustens, in welchem er zum letzten Male schuldig wird, darstellt, daß er die Hütte, die ihn in seinem Besitze stört, durch eine leichte, wohlgemeinte Gewalttat – der Gerechtigkeit müde, wie er selbst sagt – wegräumen will und daß dann in der Ausführung diese wohlgemeinte Gewalttat furchtbare Gewalttat wird, in der Menschen ihr Leben ließen und in der die Hütte in Flammen aufging. Daß Goethe in den Abschluß seines Faust diese die Handlung aufhaltende Episode einfügt, läßt uns tief hineinschauen in die Art, wie die Sorge um die Gerechtigkeit und die Sehnsucht, das, was sein muß, zu verwirklichen, ohne zu schädigen, an ihm gearbeitet haben.

Als letzte dauernde Begegnung erlebte ich, daß Goethe in äußerst lebhafter Weise seine ganze Zeit in ihren Gedanken und in ihrem Geschehen miterlebte. Das Wogen der Zeit brandete in ihm. Dies ist das Ergreifende nicht nur an dem jungen und an dem reifen Goethe, sondern gerade an dem greisen Goethe. Als die Postkutsche noch über die Landstraße kroch und wir meinen würden, das Industriezeitalter habe sich erst nur in ganz ungewissen Schatten angekündigt, da stand das Industriezeitalter für ihn schon da. Er beschäftigte sich mit dem Problem, das dadurch gestellt wurde, daß die Maschine an die Stelle des arbeitenden Menschen trat. Wenn er in Wilhelm Meisters Wanderjahren nicht mehr des Stoffes Meister wird, so ist es nicht nur, weil er nicht mehr die Gestaltungskraft besitzt, die ihm früher zu Gebote stand, sondern weil der Stoff ins Unermeßliche und Unformbare gewachsen ist, weil er sein ganzes Erleben und sein ganzes Sorgen um die kommende Zeit in diesen Stoff hineinbringt, weil er damit beschäftigt ist, daß er mit den Menschen seiner Zeit einer wird, der die neue Zeit versteht und ihr gewachsen ist. Dies ist das tief Ergreifende an dem alternden Goethe.

Dies die Begegnungen mit Goethe, in denen ich ihm näherkam. Er ist kein Begeisterer. Er trägt in seinen Werken keine Theorien vor, die Enthusiasmus wirken. Alles, was er uns bietet, ist in Gedanken und Geschehnissen Erlebtes, das er zur höheren Wirklichkeit gestaltet. Nur in dem Erleben kommen wir ihm näher. Durch entsprechendes Erleben wird er uns aus dem Fremden ein Vertrauter, mit dem wir uns in ehrerbietiger Freundschaft verbunden fühlen.

Mein eigenes Schicksal hat es mit sich gebracht, daß ich in einer bis auf den Nerv meiner Existenz gehenden Lebhaftigkeit die Schicksale unserer Zeit und die Sorge um unsere Menschheit erlebe. Daß ich sie in einer Zeit, wo so viele, die uns als Freie notwendig wären, in die Arbeit eines Berufes eingeengt werden, als ein Freier erleben darf und wie Goethe durch eine glückliche Fügung der Umstände der Zeit als ein Freier dienen darf, erscheint mir als die Gnade, die mein schweres Leben erleichtert. Alles, was ich arbeiten und schaffen darf, erscheint mir nur als ein Gegendank an das Schicksal für diese Vergünstigung.

Das Sorgen und das Arbeiten für die Zeit hat uns Goethe vorgelebt. Die Verhältnisse sind chaotischer geworden, als er selbst mit seinem klaren Blick sie voraussehen konnte. Größer als die Verhältnisse muß unsere Kraft sein, unter diesen Verhältnissen Menschen zu werden, die die Zeit verstehen und der Zeit gewachsen sind.

Ein Dreifaches liegt uns ob in Goetheschem Geiste. Wir haben zu ringen mit den Umständen, daß die Menschen, die durch diese Umstände in die Arbeit eingeengt und in ihr verzehrt werden, dennoch die Möglichkeit der Geistigkeit behalten. Wir haben zu ringen mit den Menschen, daß sie in der stetigen Ablenkung auf das Äußerliche, das in unserer Zeit gegeben ist, den Weg zur Verinnerlichung finden und auf ihm bleiben. Wir haben zu ringen mit uns und mit allen den anderen, daß wir in einer Zeit verworrener und humanitätsloser Ideale den großen Humanitätsidealen des 18. Jahrhunderts treu bleiben, sie in die Gedanken unserer Zeit übertragen und zu verwirklichen versuchen.

Dies haben wir, jeder in seinem Leben, jeder in seinem Beruf, zu tun, in dem Geiste des großen Frankfurter Kindes, dessen Geburtstag wir heute an seiner Geburtsstätte feiern. Ich meine, daß dieses Frankfurter Kind uns mit dem Gang der Zeit nicht ferner rückt, sondern näher kommt. Je weiter wir fortschreiten, desto mehr erkennen wir Goethe als denjenigen, der sich, wie es uns obliegt, in dem tiefen und in dem umfassenden Erleben seiner Zeit um seine Zeit gesorgt und für sie gewirkt hat; als denjenigen, der zum Menschen werden wollte, der die Zeit verstand und der der Zeit gewachsen war.

Er tat es mit den überreichen Gaben, die ihm hier von dem Schicksal in seine Wiege gelegt worden waren. Wir haben es zu tun als solche, die nur ein kleines Pfund empfangen haben, die aber in der Verwaltung dieses Pfundes treu erfunden werden wollen. Also sei es! –

Von den zwei Jahren, die ich in Europa verlebte, war ich ein gut Teil auf Konzert- und Vortragsreisen. Den Herbst und den Winter 1927 verbrachte ich in Schweden und Dänemark. Im Frühjahr und Frühsommer 1928 war ich in Holland und in England, im Herbst und im Winter in der Schweiz, in Deutschland und der Tschechoslowakei. 1929 unternahm ich mehrere Konzertreisen in Deutschland. War ich nicht auf Reisen, so lebte ich bei Frau und Kind in dem Höhenluftkurort Königsfeld im Schwarzwald oder in Straßburg. Viel Unruhe und Arbeit hatte ich damit, daß ich mehrmals für Ärzte und Pflegerinnen in Lambarene alsbaldigen Ersatz finden und absenden mußte, weil sie das Klima nicht gut ertrugen oder wegen Familienangelegenheiten früher als vorgesehen nach Hause zurückkehren mußten. Als neue Ärzte gewann ich Dr. Mündler, Dr. Hediger, Dr. Stalder und Fräulein Dr. Schnabel, alle vier aus der Schweiz... Alle freie Zeit während meines Europaaufenthaltes verwandte ich auf die Fertigstellung der «Mystik des Apostels Paulus». Ein drittes Mal wollte ich das Manuskript nicht wieder nach Afrika mitnehmen. Bald hatte ich mich wieder ganz in den Stoff hineingefunden. Langsam entstand Kapitel um Kapitel...

Zu vieren fahren wir am Freitag, dem 29. November [1929] aus dem Straßburger Bahnhof in die Nacht hinaus: meine Frau, die Ärztin Frl. Dr. Anna Schmitz, die in Bakteriologie ausgebildete Pflegerin Frl. Marie Secretan und ich. Zum Glück ist der Zug fast leer, so daß wir uns alle ausstrecken und schlafen können. Still verbringen wir in Bordeaux den ersten Advent. Am Montag werden die letzten Einkäufe gemacht. Dann begebe ich mich mit Frl. Marie in die Schuppen der Schiffahrtsgesellschaft, um an Hand der Listen festzustellen, ob die als Fracht vorausgesandten hundertachtundzwanzig Kisten alle da sind. Es stimmt. Alsbald beginnt man mit der Verladung.

Am Dienstagabend, dem 3. Dezember, gehen wir an Bord... Vor Ende der Flut müssen wir eine bestimmte Stelle der Gironde erreicht haben, die Schiffe mit größerem Tiefgang nur bei hohem Wasser passieren können. Plötzlich wird alles still. Das Zittern des Schiffsleibes hört auf, die Maschine setzt aus. Sirenentöne. Das Schiff ruft die entschwundenen Schleppdampfer zu Hilfe wieder herbei, weil die Maschine defekt geworden ist. Sie bringen uns an den Kai zurück. Die ganze Nacht wird an den Maschinen gearbeitet. Viele Passagiere benutzen die so unerhofft gewonnene Zeit, um, wie ich, noch Briefe zu schreiben, die noch von Bordeaux abgehen sollen.

Man hatte dem Schiffe versprochen, daß es sich bei seiner Rückkehr vom Kongo, Ende November, in Reparatur begeben dürfe und durch ein neues ersetzt würde. Das wurde aber nicht rechtzeitig fertig. So muß es nochmals im alten Zustand eine Reise machen.

Am nächsten Morgen fahren wir endgültig ab. Kaum sind wir aus der Gironde heraus, so sinkt das Barometer auf Sturm. Vier Tage lang werden wir im Golfe von Biskaya übel geschüttelt. Aber die Maschine hält sich wacker. In der Nacht des zweiten Adventsonntages werden Sterne am Himmel sichtbar. Durch drahtlose Telegraphie erfahren wir, daß in diesem Sturme ein italienischer Dampfer im Golf von Biskaya gesunken ist. Nun wird die Sonne von Tag zu Tag stärker. Wunderbar leuchtet sie über Las Palmas, während wir ganz nahe daran vorbeifahren.

Auf seiner vorigen Fahrt nach Afrika sollte unser Schiff den jungen Schweizer Arzt, Doktor Erich Dölken, den Sohn von Prediger Dölken aus Thun, nach Lambarene bringen. Er kam nicht bis an sein Ziel. Bei Grand-Bassam fand man ihn morgens, nachdem er abends noch ganz frisch gewesen war, tot in der Kabine. In Grand-Bassam ist er beerdigt. Wahrscheinlich erlag er einer unbeachteten und sich plötzlich verschlimmernden Erkrankung des Herzmuskels. Auf dem Schiffe wird noch viel von ihm gesprochen. Das Personal, das mit ihm zu tun hatte, liebte ihn ob seines natürlichen und freundlichen Wesens. Jeden Tag fällt mich der Schmerz um den Verlust, den dieses Schiff in mir wachruft, von neuem an. In Grand-Bassam ankern wir fernab vom Lande und halten uns nur so kurze Zeit auf, daß ich nicht einmal auf das Grab gehen kann.

Herr Dölken sollte mein Nachfolger in Lambarene werden. Seit Jahren hatte er den Entschluß gefaßt, sich meinem Spitale zu widmen, nicht nur auf einige Zeit, sondern auf immer. In der großen Trauer um den Verlust dieses herrlichen Menschen war es denen um mich und mir ein Trost, daß die schwergebeugten Eltern das Leid, das Lambarene über sie gebracht, in wunderbarer christlicher Ergebung trugen. Noch immer aber kann ich es nicht fassen, daß der erste, der für Lambarene starb, sein Leben hingeben mußte, ohne in der Arbeit des Barmherzigkeitsdienstes am Ogowe gestanden zu haben.

*Auf dem Schiff entsteht das letzte Kapitel der «Mystik des Apostels Paulus», dem die folgenden Abschnitte entnommen sind. Das Buch festigt Schweitzers fachlichen Ruf als Theologe – dies um so bemerkenswerter, als er seit siebzehn Jahren nicht mehr im Hochschulleben wirkt.*

Für alle Zeiten hat Paulus das Recht des Denkens im Christentum sichergestellt. Über den überlieferungsgemäß geltenden Glauben erhebt er die aus dem Geiste Christi kommende Erkenntnis. Eine uneingeschränkte und ungebrochene Ehrfurcht vor der Wahrheit lebt in ihm. Nur die durch die Liebe gebotene, nicht die durch eine Lehrautorität auferlegte Unfreiheit läßt er gelten.

Dabei ist er kein Revolutionär. Er geht von dem Glauben der Gemeinde aus, aber gibt nicht zu, daß er da haltmachen müsse, wo dieser aufhört, sondern nimmt sich das Recht, die auf Christentum gehenden Gedanken bis zu Ende zu denken, unbekümmert darum, ob die Erkenntnisse, zu denen er dabei gelangt, für den in der Gemeinde geltenden Glauben auch in Sicht gekommen sind und von ihm anerkannt werden.

Das Ergebnis dieses ersten Auftretens des Denkens im Christentum ist geeignet, für alle Zeiten die Zuversicht zu begründen, daß der Glaube vom Denken nichts zu befürchten hat, auch wenn dieses den Frieden stört und eine Auseinandersetzung heraufführt, die keinen Ertrag für die Frömmigkeit zu versprechen scheint. Wie hat sich der Glaube der Urgemeinde gegen das Denken Pauli aufgelehnt! Und doch war es der durch den Heidenapostel zur Erkenntnis erhobene Glaube an Jesum Christum, der die Lösung der Probleme vorbereitete, die sich dem Christentum der nächsten Generationen durch die Nichterfüllung der eschatologischen Erwartung stellten. Die Gedanken, die den Führern der Urgemeinde so gefährlich vorgekommen waren, setzten das Evangelium Jesu in Stand, nach seiner Ablehnung durch das Judentum Eingang und Verständnis in der griechischen Welt zu finden ...

Es hat also eine Bedeutung für alle Zeiten, daß die Symphonie des Christentums mit einer gewaltigen Dissonanz zwischen Glauben und Denken anhebt, die sich nachher in Harmonie auflöst. Lebendige Wahrheit kann das Christentum den aufeinanderfolgenden Geschlechtern nur werden, wenn in ihnen ständig Denker auftreten, die im Geiste Jesu den Glauben an ihn in den Gedanken der Weltanschauung ihrer Zeit zur Erkenntnis werden lassen. Wo das Christentum zu einem überlieferten Glauben wird, der den Anspruch erhebt, von den einzelnen einfach übernommen zu werden, verliert es die Beziehung zu dem geistigen Leben der Zeit und die Fähigkeit, in neuer Weltanschauung neue Gestalt anzunehmen. Hört die Auseinandersetzung zwischen Überlieferung und Denken auf, so leidet die christliche Wahrheit und mit ihr die christliche Wahrhaftigkeit Not...

Worauf beruht im letzten Grunde die Eigenart der paulinischen Lehre?

Daß sie in dem Vorstellungsmaterial der eschatologischen Weltanschauung gedacht ist, macht nur ihr äußeres, nicht ihr inneres Wesen aus. Das innere ist dadurch bestimmt, daß Paulus den Gedanken der Erlösung durch Christum in dem Glauben an das Reich Gottes denkt. In Pauli Mystik hat der Tod Jesu seine Bedeutung für den Gläubigen nicht an sich, sondern als das Geschehnis, in dem die Verwirklichung des Reiches Gottes anhebt. Erlöst sind für ihn die Gläubigen dadurch, daß sie in der Gemeinschaft mit Christo durch ein geheimnisvolles Sterben und Auferstehen mit ihm schon in der natürlichen Weltzeit in den überirdischen Zustand eingehen, in dem sie im Reiche Gottes sein werden. Durch Christum werden wir dieser Welt enthoben und in die Seinsweise des Reiches Gottes versetzt, obwohl dieses noch nicht erschienen ist: dies ist der Grundgedanke der Vorstellung der Erlösung, die Paulus in dem Gedankenmaterial der eschatologischen Weltanschauung denkt.

Indem die Verwandlung der Welt zum Reiche Gottes bei Paulus mit Christi Tod beginnt, gestaltet sich bei ihm der urchristliche, auf eine zukünftig sich verwirklichende Erlösung eingestellte Glaube dahin um, daß er auf eine schon gegenwärtige, wenn auch erst in der Zukunft sich ganz vollendende Erlösung geht. Gegenwartsglaube entsteht im Zukunftsglauben. Paulus setzt die Erwartung des Reiches und der in ihm verwirklichten Erlösung in der Art mit der Erscheinung und dem Tode Jesu in Verbindung, daß der Glaube an die Erlösung und der an das Kommen des Reiches davon unabhängig werden, ob das Reich bald kommt oder verzieht. Ohne die Eschatologie aufzugeben, steht er schon über ihr.

Daß sie die Vorstellung der Erlösung durch Christum in dem Glauben an das durch ihn gebrachte Reich denkt, ist das Urchristliche an der Lehre Pauli. Im Evangelium Jesu und im Glauben der Urgemeinde besteht die Erlösung ja in dem Kommen des Reiches und des Messias. Die Tat Pauli ist die, daß er diesen evangelisch-urchristlichen Glauben an die Erlösung durch Christum und das kommende Reich in dem Glauben an Jesus als den zukünftigen Messias in der Art zu Ende denkt, daß er seiner zeitlichen Bedingtheit enthoben wird und eine Fassung erlangt, in der er in allen Zeiten gelten kann ...

In der mystischen Erlösungslehre Pauli löst der urchristliche Glaube die ihm gestellte Aufgabe, den Glauben an das erwartete Reich und die in ihm gegebene Erlösung mit dem an den gestorbenen Jesus als an den kommenden Messias in logische Verbindung zu bringen. Dies ist nach Paulus notwendig, um den Gläubigen zur Einsicht zu bringen, daß er in der Gemeinschaft mit Christo bereits die Seinsweise des Reiches Gottes erlangt hat und also ein Erlöster ist, obwohl das Reich noch nicht da ist, und daß er in dieser Seinsweise von der Herrschaft des Gesetzes befreit ist. Zugleich hilft ihm der in dieser Art mit der Erwartung des Reiches sich verbindende Glaube an die durch den Tod Jesu bereits erlangte Erlösung über die Tatsache der Verzögerung der Wiederkunft Christi und des Erscheinens des Reiches hinweg...

Ein anderer Weg, als Paulus ihn einschlug, steht uns nicht offen. Auch wir können Glauben an das Reich Gottes und an die Erlösung durch Christum als lebendigen Besitz nur in Christusmystik erleben. Diese Christusmystik hat Paulus in der eschatologischen Weltanschauung in einer solchen Tiefe und Lebendigkeit gedacht, daß sie ihrem geistigen Gehalt nach in allen Zeiten Geltung hat. Wie eine Fuge Bachs ihrer Form nach dem 18. Jahrhundert angehört, ihrem Wesen nach aber zeitlose musikalische Wahrheit ist, also findet sich die Christusmystik aller Zeiten in der paulinischen als in ihrem Urbild wieder...

Jesu Ethik des Bereitseins auf das überirdische Reich Gottes wird bei Paulus zur Ethik des Erlöstseins in die Seinsweise des Reiches Gottes, das in der Gemeinschaft mit Jesus erlebt wird. Durch den Gedanken der bereits Wirklichkeit gewordenen Erlösung durch Christum wandelt sich bei ihm die Ethik der Erwartung des Reiches Gottes in die der Bewährung desselben. Sie tritt aus der Abhängigkeit von der eschatologischen Erwartung heraus und verbindet sich mit der Gewißheit, daß mit Christo die Verwirklichung des Reiches begonnen hat. In der logisch einzig möglichen Weise denkt Paulus also die Ethik Jesu zur Ethik des von ihm gebrachten Reiches Gottes um. Dabei behält sie die ganze Unmittelbarkeit und Wucht der Ethik der Bergpredigt. In seinem vollen Glanze erstrahlt Jesu großes Gebot der Liebe in Pauli Hymnus von der Liebe, die größer ist als Glaube und Hoffnung, und in Geboten, die er für das alltägliche Leben ausgibt.

In den Herzen, in denen Pauli Mystik der Gemeinschaft mit Christo lebendig wird, ist nimmer ersterbende Sehnsucht nach dem Reiche Gottes und zugleich Trost, daß wir seine Vollendung nicht schauen.

Drei Dinge machen die Gewalt des Denkens Pauli aus. Es eignen ihm eine Tiefe und eine Sachlichkeit, die uns in ihren Bann zwingen. Das Feuer des urchristlichen Glaubens schlägt aus ihm in den unsrigen hinein. Ein Erleben mit Christo als dem Herrn des Reiches Gottes spricht aus ihm, das uns in die Bahn gleichen Erlebens reißt.

Paulus führt uns auf den sachlichen Weg der Erlösung. Er liefert uns Christo aus ... –

Am 23. Dezember [1929] gegen Mitternacht kommen wir in Port Gentil (Cap Lopez) an. Aus der Ferne sieht man die Lichter der Häuser durch die dunkle Nacht. Eine rechte Freude über das Ende der Seefahrt will in mir nicht aufkommen, weil die Sorge um die 128 Kisten auf mir lastet. Wie soll ich das alles in den wenigen Stunden bis zur Abfahrt des Flußdampfers verzollen und umladen? Wie schon so oft versuche ich mich mit dem Gedanken vertraut zu machen, daß ich meine Frau und die beiden Neuen allein nach Lambarene fahren lassen muß und selber der Erledigung der Kisten wegen über vierzehn Tage bis zur nächsten Reise des Flußdampfers in Cap Lopez bleiben werde. Diesen Sorgen macht Frl. Mathilde, die zu meiner Überraschung in der Nacht an Bord erscheint, ein Ende. Auf die den letzten Briefen entnommene Kunde hin, daß ich mit so viel Gepäck reise, ist sie mit dem Motorboot ans Meer heruntergekommen, um mir zu helfen. Mit dem Kapitän des Flußdampfers, den sie schon in Krankheit gepflegt hat, hat sie ausgemacht, daß er die Abfahrt so weit wie möglich hinausschiebt. Den Vertreter der Schiffahrtsgesellschaft hat sie bewogen, daß für meine Kisten und Koffer ein besonderer Leichter zur Verfügung steht, der sie nach der Verzollung sofort auf den Flußdampfer bringt. Um vier Uhr nachmittags ist die Verzollung und das Umladen erledigt. Daß die Verzollung im Verlauf weniger Stunden vor sich gehen konnte, verdanke ich den genauen Listen, die Frau Martin und Frl. Emma von allen Kisten angefertigt hatten. Art, Gewicht und Wert jedes, auch des kleinsten verpackten Gegenstandes sind auf ihnen verzeichnet; alle erforderlichen Rechnungsbelege sind ihnen angeheftet. «Wenn alle Passagiere solche Listen hätten, wäre unsere Arbeit ein Spiel», sagt mir der Zollbeamte ...

Um zehn Uhr nachts fahren wir über das dunkle Meer dem fernen, an einem Baum befestigten Lichte zu, das die Einfahrt in den Ogowe anzeigt. Immer wieder müssen wir uns zur Vorstellung zwingen, daß es Heiliger Abend ist. Auf dem Schiffe merkt man nichts davon. Drei Grammophone schreien durcheinander. Auf dem Oberdeck spielen die wenigen weißen Fahrgäste Karten; auf dem Unterdeck schwatzen die Schwarzen. Aber siehe, durch das Dunkel funkeln Sterne vom Himmel herunter. Jetzt sind wir im Walde. Ergriffen schauen meine Frau und ich die ins Wasser hineinragenden Mangrovienbäume an, zwischen denen wir im Frühjahr 1913 miteinander den Fluß hinauffuhren. Es wird ein schöner, stiller Weihnachtstag auf dem Schiff. Auch unsern Fahrtgenossen wird bewußt, daß Feiertag ist. Am Nachmittag kommt, wie von selbst, ein Gespräch über religiöse Fragen in Gang ...

Wie die Gefühle beschreiben, die meine Frau und mich bei der Einfahrt aus dem großen Flußarm in den kleinen, an welchem das Spital liegt, bewegen! Am Strande warten die Insassen des Spitals mit Fackeln auf uns. Während die anderen die Mobilmachung für das Ausladen der Kisten betreiben, machen meine Frau und ich einen kurzen Rundgang durch das neue Spital, das sie noch nicht kennt ...

Am Silvesterabend findet die Weihnachtsbescherung statt. Sie mußte verschoben werden, weil die Geschenke erst in meinen Kisten ankamen. Beschenkt werden die Heilgehilfen und das Nebenpersonal des Spitals, der Koch und seine Helfer, die Boys und alle Frauen, die ständig oder aushilfsweise mit der Wäsche oder beim Flicken beschäftigt sind, ebenso wie diejenigen, die das Palmöl bereiten; im ganzen an die fünfunddreißig Leute. – Ach, das Auspacken der Kisten! Welche Schätze kommen da zum Vorschein! Wie dankbar sind wir den Freunden, die uns die guten Decken, das Getüch, die herrlichen Konserven, das Dörrobst, das wunderbare Dörrgemüse, den Käse und andere so wertvolle Dinge mitgegeben haben!

Vertrauen in Geist und Denken

Langsam arbeite ich mich wieder in die Tropenmedizin und den Betrieb meines Spitals ein. Wie froh bin ich, meinen lieben Genossen Doktor Lauterburg hier vorzufinden. Eigentlich sollte er schon wieder in Europa sein. Da aber Herr Dr. Karl Hediger und Herr Dr. Hans Stalder im Herbst nach Hause mußten und dann Frl. Dr. Ilse Schnabel für die große Arbeit allein hier gewesen wäre, harrte er bis zu meiner Ankunft aus. Nie werde ich ihm und seiner Frau genug dafür danken können.

An Damen sind zur Zeit hier: Frl. Mathilde Kottmann, Frl. Gertrud Koch, Mrs. C. E. B. Russell..., Frl. Madeleine Sautter, Frl. Olga Wieber und Frl. Emmy van Steen, eine Holländerin. Frl. Mathilde besorgt die Einkäufe, führt die Rechnungen und beschafft die Lebensmittel für die Ernährung des Spitals. Frl. Gertrud hat den Haushalt unter sich, der ihr dadurch kompliziert wird, daß sie ständig etwa acht weiße Kranke zu beherbergen und zu beköstigen hat. Mrs. Russell führt mit den Leichtkranken und den Begleitern der Kranken den Kampf gegen Gras und Gebüsch, die allenthalben im Spital und um das Spital herum wieder hochkommen wollen, besorgt die Pflanzung und legt Wald um, sie zu erweitern. Frl. Madeleine, Frl. Emmy und Frl. Olga sind im Spital tätig. Frl. Madeleine muß leider noch diesen Monat ihrer Gesundheit wegen nach einjähriger Tätigkeit nach Europa zurückkehren. Sie hat uns in dieser Zeit außerordentliche Dienste geleistet.

Das Spital ist stärker besetzt als zu meiner Zeit[11]. Es beherbergt etwa zweihundertfünfzig schwarze Kranke. Vor einiger Zeit, als wieder eine schwere Dysenterieepidemie herrschte, waren es Monate hindurch über dreihundert! ... Der Betrieb ist in vielem besser organisiert als zu meiner Zeit. Dr. Hediger, Dr. Stalder und Frl. Dr. I. Schnabel haben es verstanden, den Schwarzen mehr Disziplin beizubringen, als ich es vermochte. In gar manchem muß ich über das hierin Erreichte staunen. Auch an so manchen anderen ihrer praktischen Neuerungen habe ich meine Freude. Daß sie dies fertigbrachten, während sie von der Arbeit in dem überfüllten Spital geradezu erdrückt waren, nötigt mir, da ich die afrikanischen Verhältnisse kenne, größte Hochachtung ab.

Manche Bauten sind in diesen zwei Jahren zu den anderen hinzugekommen. Daß ein weiteres Wohnhaus für uns mit vier Zimmern fertig wurde, ist hauptsächlich das Verdienst von Frl. Emma Haußknecht, die 1928 nicht eher in Urlaub ging, als bis der von ihr angeleitete schwarze Zimmermann Monenzali es vollendet hatte. Im Rohbau hatte es noch Herr Hans Muggensturm aufgestellt. Neu für mich ist auch die Pumpe, die jetzt an den von mir gegrabenen Brunnen angebracht ist. Gehe ich dort durch, so verweile ich immer und sehe den Schwarzen zu, die das klare Wasser in ihre Gefäße pumpen ...

Große Sorge macht uns die Beschaffung der Nahrungsmittel für die vielen schwarzen Kranken. Seit Monaten herrscht wieder Mangel an Bananen und Maniok. Durch den Holzhandel in Anspruch genommen, haben die Eingeborenen es versäumt, genügend Pflanzungen anzulegen ... So bin ich, mit meinen Helfern und Helferinnen, wieder ganz in den Afrikasorgen drin. So schwer sie uns oft bedrücken, tragen wir sie geduldig, weil wir hier so viel Gutes tun dürfen und weil uns die lieben Freunde in Europa die schwerste Sorge, die sonst auf so vielen Liebeswerken lastet – die um die materielle Existenz des Unternehmens –, abnehmen ...

*Während dieses dritten Afrika-Aufenthaltes schreibt der 55- und 56jährige seine bisherige Lebensgeschichte, sein meistgelesenes Buch; autobiographisches Rückgrat unseres Textes für den Zeitraum von 1893 bis jetzt, 1931, da diese wichtige Quelle der Selbstaussagen endet. Am 7. März schließt Schweitzer den Epilog ab. Wiedergegeben wird er in den Teilen, die gedanklich nicht schon Gegenstand vorheriger Darstellungen von ihm waren und hier nicht wiederholt zu werden brauchen. Aus der negativen Zeitbetrachtung von 1931 spricht das Klima der Weltwirtschaftskrise und ihrer sozialen Zerrüttungen.*

Zwei Erlebnisse werfen ihre Schatten auf mein Dasein. Das eine besteht in der Einsicht, daß die Welt unerklärlich geheimnisvoll und voller Leid ist; das andere darin, daß ich in eine Zeit des geistigen Niedergangs der Menschheit hineingeboren bin. Mit beiden bin ich durch das Denken, das mich zur ethischen Welt- und Lebensbejahung der Ehrfurcht vor dem Leben geführt hat, fertig geworden. In ihr hat mein Leben Halt und Richtung gefunden. So stehe und wirke ich in der Welt als einer, der die Menschen durch Denken innerlicher und besser machen will.

Mit dem Geiste der Zeit befinde ich mich in vollständigem Widerspruch, weil er von Mißachtung des Denkens erfüllt ist. Daß er so gesinnt ist, ist bis zu einem gewissen Grade daraus verständlich, daß das Denken das Ziel, das es sich stecken muß, bisher nicht erreicht hat. Soundso oft war es überzeugt, eine erkenntnismäßig und ethisch befriedigende Weltanschauung in einleuchtender Weise begründet zu haben. Nachher aber stellte sich immer wieder heraus, daß ihm dies nicht gelungen war.

So konnten Zweifel daran aufkommen, ob das Denken jemals imstande sein würde, uns die auf die Welt und unser Verhältnis zu ihr gehenden Fragen in der Art zu beantworten, daß wir unserem Leben Sinn und Inhalt zu geben vermöchten.

Bei der heutigen Mißachtung des Denkens ist aber noch

Mißtrauen gegen es mit im Spiele. Die organisierten staatlichen, sozialen und religiösen Gemeinschaften unserer Zeit sind darauf aus, den einzelnen dahin zu bringen, daß er seine Überzeugungen nicht aus eigenem Denken gewinnt, sondern sich diejenigen zu eigen macht, die sie für ihn bereithalten. Ein Mensch, der eigenes Denken hat und damit geistig ein Freier ist, ist ihnen etwas Unbequemes und Unheimliches. Er bietet nicht genügende Gewähr, daß er in der Organisation in der gewünschten Weise aufgeht. Alle Körperschaften suchen heute ihre Stärke nicht so sehr in der geistigen Wertigkeit der Ideen, die sie vertreten, und in der der Menschen, die ihnen angehören, als in der Erreichung einer höchstmöglichen Einheitlichkeit und Geschlossenheit. In dieser glauben sie die stärkste Widerstands- und Stoßkraft zu besitzen ...

Sein ganzes Leben hindurch ist der heutige Mensch also der Einwirkung von Einflüssen ausgesetzt, die ihm das Vertrauen in das eigene Denken nehmen wollen. Der Geist der geistigen Unselbständigkeit, dem er sich ergeben soll, ist in allem, was er hört und liest; er ist in den Menschen, mit denen er zusammenkommt, er ist in den Parteien und Vereinen, die ihn mit Beschlag belegt haben; er ist in den Verhältnissen, in denen er lebt. Von allen Seiten und auf die mannigfachste Weise wird auf ihn eingewirkt, daß er die Wahrheiten und Überzeugungen, deren er zum Leben bedarf, von den Genossenschaften, die Rechte auf ihn haben, entgegennehme. Der Geist der Zeit läßt ihn nicht zu sich selber kommen. Wie durch die Lichtreklamen, die in den Straßen der Großstadt aufflammen, eine Gesellschaft, die kapitalkräftig genug ist, um sich durchzusetzen, auf Schritt und Tritt Zwang auf ihn ausübt, daß er sich für ihre Schuhwichse oder ihre Suppenwürfel entscheide, so werden ihm fort und fort Überzeugungen aufgedrängt.

Durch den Geist der Zeit wird der heutige Mensch also zum Skeptizismus in bezug auf das eigene Denken angehalten, damit er für autoritative Wahrheit empfänglich werde. Dieser stetigen Beeinflussung kann er nicht den erforderlichen Widerstand leisten, weil er ein überbeschäftigtes, ungesammeltes, zerstreutes Wesen ist. Überdies wirkt die vielfache materielle Unfreiheit, die sein Los ist, in der Art auf seine Mentalität ein, daß er zuletzt auch den Anspruch auf eigene Gedanken nicht mehr aufrechterhalten zu können glaubt . . .

In einer Zeit, die alles, was sie irgendwie als rationalistisch und freisinnig empfindet, als lächerlich, minderwertig, veraltet und schon längst überwunden ansieht und sogar über die im 18. Jahrhundert erfolgte Aufstellung von unverlierbaren Menschenrechten spottet, bekenne ich mich als einen, der sein Vertrauen in das vernunftmäßige Denken setzt.

Ich wage, unserem Geschlechte zu sagen, daß es nicht meinen soll, mit dem Rationalismus fertig zu sein, weil der bisherige zuerst der Romantik und dann einer auf dem Gebiete des Geistigen wie des Materiellen zur Herrschaft kommenden Realpolitik Platz machen mußte. Wenn es alle Torheiten dieser universellen Realpolitik durchgemacht hat und durch sie immer tiefer in geistiges und materielles Elend geraten ist, wird ihm zuletzt nichts anderes übrigbleiben, als sich einem neuen Rationalismus, der tiefer und leistungsfähiger ist als der vergangene, anzuvertrauen und in ihm Rettung zu suchen . . .

Auf die Frage, ob ich pessimistisch oder optimistisch sei, anworte ich, daß mein Erkennen pessimistisch und mein Wollen und Hoffen optimistisch ist.

Pessimistisch bin ich darin, daß ich das nach unseren Begriffen Sinnlose des Weltgeschehens in seiner ganzen Schwere erlebe. Nur in ganz seltenen Augenblicken bin ich meines Daseins wirklich froh geworden. Ich konnte nicht anders, als alles Weh, das ich um mich herum sah, dauernd miterleben, nicht nur das der Menschen, sondern auch das der Kreatur. Mich diesem Mit-Leiden zu entziehen, habe ich nie versucht. Es erschien mir selbstverständlich, daß wir alle an der Last von Weh, die auf der Welt liegt, mittragen müssen. Schon während meiner Gymnasialzeit war mir klar, daß mich keine Erklärung des Übels in der Welt jemals befriedigen könne, sondern daß sie alle auf Sophistereien hinausliefen und im Grunde nichts anderes bezweckten, als es den Menschen zu ermöglichen, das Elend um sie herum weniger lebhaft mitzuerleben. Daß ein Denker wie Leibniz die armselige Auskunft vorbringen konnte, diese Welt sei zwar nicht gut, aber unter den möglichen die beste, ist mir immer unverständlich geblieben.

Sosehr mich das Problem des Elends in der Welt beschäftigte, so verlor ich mich doch nie in Grübeln darüber, sondern hielt mich an den Gedanken, daß es jedem von uns verliehen sei, etwas von diesem Elend zum Aufhören zu bringen. So fand ich mich nach und nach darein, daß das einzige, was wir an jenem Problem verstehen könnten, dies sei, daß wir unsern Weg als solche, die Erlösung bringen wollen, zu gehen hätten.

Auch in der Beurteilung der Lage, in der sich die Menschheit zur Zeit befindet, bin ich pessimistisch. Ich vermag mir nicht einzureden, daß es weniger schlimm mit ihr steht, als es den Anschein hat, sondern bin mir bewußt, daß wir uns auf einem Wege befinden, der uns, wenn wir ihn weiter begehen, in eine neue Art von Mittelalter hineinführen wird. Das geistige und materielle Elend, dem sich unsere Menschheit durch den Verzicht auf das Denken um die aus dem Denken kommenden Ideale ausliefert, stelle ich mir in seiner ganzen Größe vor. Dennoch bleibe ich optimistisch. Als unverlierbaren Kinderglauben habe ich mir den an die Wahrheit bewahrt. Ich bin der Zuversicht, daß der aus der Wahrheit kommende Geist stärker ist als die Macht der Verhältnisse. Meiner Ansicht nach gibt es kein anderes Schicksal der Menschheit als dasjenige, das sie sich durch ihre Gesinnung selber bereitet. Darum glaube ich nicht, daß sie den Weg des Niedergangs bis zum Ende gehen muß.

Finden sich Menschen, die sich gegen den Geist der Gedankenlosigkeit auflehnen und als Persönlichkeiten lauter und tief genug sind, daß die Ideale ethischen Fortschritts als Kraft von ihnen ausgehen können, so hebt ein Wirken des Geistes an, das vermögend ist, eine neue Gesinnung in der Menschheit hervorzubringen.

Weil ich auf die Kraft der Wahrheit und des Geistes vertraue, glaube ich an die Zukunft der Menschheit. Ethische Welt- und Lebensbejahung enthält optimistisches Wollen und Hoffen unverlierbar in sich. Darum fürchtet sie sich nicht davor, die trübe Wirklichkeit so zu sehen, wie sie ist.

In meinem eigenen Dasein sind mir Sorge, Not und Traurigkeit zuzeiten so reichlich beschieden gewesen, daß ich mit weniger starken Nerven darunter zusammengebrochen wäre. Schwer trage ich an der Last von Müdigkeit und Verantwortung, die seit Jahren ständig auf mir liegt. Von meinem Leben habe ich nicht viel für mich selber, nicht einmal die Stunden, die ich Frau und Kind widmen möchte.

Als Gutes ist mir zuteil geworden, daß ich im Dienste der Barmherzigkeit stehen darf, daß mein Wirken Erfolg hat, daß ich viel Liebe und Güte von Menschen erfahre, daß ich treue Helfer habe, die mein Tun zu dem ihren machen, daß ich über eine Gesundheit verfüge, die mir angestrengtestes Arbeiten erlaubt, daß ich eine sich stets im Gleichgewicht haltende Gemütsart und eine mit Ruhe und Überlegung sich betätigende Energie besitze und daß ich alles, was mir an Glück widerfährt, auch als solches erkenne und als etwas hinnehme, für das ich Dankbarkeitsopfer darzubringen habe.

Tief bewegt mich, daß ich als ein Freier in einer Zeit, in der drückende Unfreiheit das Los so vieler ist, wirken darf, wie auch, daß ich, in materieller Arbeit stehend, zugleich die Möglichkeit habe, mich auf dem Gebiete des Geistigen zu betätigen. Daß die Verhältnisse meines Lebens in so mannigfacher Weise günstige Vorbedingungen für mein Schaffen abgeben, nehme ich als etwas hin, dessen ich mich würdig erweisen möchte.

Wieviel werde ich von der Arbeit, die ich mir vorgenommen habe, noch fertigbringen? Mein Haar beginnt zu ergrauen. Mein Körper fängt an, die Strapazen, die ich ihm zumutete, und die Jahre zu spüren. Dankbar blicke ich auf die Zeit zurück, in der ich, ohne mit meinen Kräften haushalten zu brauchen, rastlos körperliche und geistige Arbeit leisten durfte. Gefaßt und demütig schaue ich auf die aus, die kommt, damit mich Verzichten, wenn es mir beschieden sein soll, nicht unvorbereitet treffe. Als Wirkende und als Leidende haben wir ja die Kräfte von Menschen zu bewähren, die zum Frieden hindurchgedrungen sind, der höher ist als alle Vernunft. –

... Welchen Ruf die in unserem Spital betriebene Chirurgie durch die Tätigkeit von Dr. Lauterburg, Dr. Mündler, Dr. Hediger, Dr. Stalder, Frl. Dr. Schnabel und neuerdings durch die von Frl. Dr. Schmitz besitzt, erfuhren wir vor einigen Wochen, als miteinander sechs Wilde mit Elephantiasistumoren von fünfhundert Kilometer weit her aus dem Innern, aus der Gegend von Koula-Moutou, bei uns eintrafen, um sich hier operieren zu lassen. Sie waren anderthalb Monate teils zu Fuß, teils im Kanu unterwegs gewesen. Ihrer großen Tumoren wegen konnten sie nur ganz langsam gehen. «Operiert uns gut», sagten sie bei ihrer Ankunft. «Kommen wir glücklich nach Hause, so treffen vier Kanus voll Männer mit Elephantiasis bei euch zur Operation ein.»

Der größte dieser Tumoren wog fünfundzwanzig Kilo. Fast hätten wir den Träger desselben verloren. Über der sehr langen und schmerzhaften Operation erlitt er eine Herzschwäche, deren wir nur schwer Herr wurden. In Narkose lassen sich diese Operationen nämlich ihrer langen Dauer wegen nicht ausführen. Die Lokalanaesthesie aber bleibt immer unbefriedigend, weil sie in dem

Elephantiasisgewebe nicht wirksam ist. Überdies bedeutet die Entfernung eines so großen Tumors, besonders da damit ein sehr großer Blut- und Lymphverlust einhergeht, einen «Schock», der unter Umständen sehr gefährlich werden kann. Wir sind immer erschüttert, zu sehen, mit welcher Zuversicht sich die Träger so großer Elephantiasistumoren auf den Operationstisch legen, als handelte es sich um einen ganz gefahrlosen Eingriff. Sie wissen aber, daß sie bei Weiterbestehen des Tumors außerordentlich schnell altern und keine Widerstandskraft gegen Krankheiten mehr besitzen. Schon nach acht Tagen sind unsere operierten Elephantiasispatienten so verjüngt, daß wir sie fast nicht mehr erkennen.

Wie teuer uns diese Operationen und die wochenlange Verpflegung zu stehen kommen, ahnen diese braven Wilden nicht. Und wenn sie sich auf den Heimweg machen, muß ich jeden von ihnen noch mit Geld ausstatten, daß sie sich Kanus mieten und Lebensmittel auf der langen Reise verschaffen können.

Welches Vertrauen die Patienten in die Kunst von Frl. Dr. Schmitz setzen, erfuhr sie dieser Tage, als ein Mann namens Changh Ei, dessen mächtige Hernie bei einem früheren Operationsversuch als inoperabel angesehen wurde, in sie drang, die Operation zum zweiten Male zu versuchen, obwohl sie ihm die große Gefahr, die dies für ihn bedeute, auf das eindringlichste vorstellte. Diese zweite Operation fand gestern statt und gelang. Am Abend vorher hatte Changh Ei das Lager, auf das er nach der Operation kommen sollte, mit Blumen bekränzt!...

Keine reine Freude erlebte Frl. Dr. Schmitz an einer alten Frau, bei der sie die Staroperation vorgenommen hatte. Da diese in den folgenden Tagen einiges Brennen in den Augen verspürte, begab sie sich mehrmals an den Fluß, um sie mit Wasser zu benetzen. Zuletzt mußten wir einen Wächter anstellen, um sie daran zu verhindern. Trotz dieser unvorschriftsmäßigen Waschungen wurde das Auge gut. Als der Verband abgenommen wurde und die Ärztin die erste Sehprobe mit der Patientin anstellte, bekam sie auf ihre diesbezüglichen Fragen die Antwort: «Du hast mich operiert!, also mußt du wissen, ob ich sehe und wie ich sehe.» ...

Im Sommer, der trockenen Jahreszeit, unternahmen Frl. Dr. Schnabel, Frl. Dr. Schmitz und Dr. Neyländer nacheinander Reisen in einem Umkreis von hundert Kilometern nach allen Himmelsrichtungen, um die Kranken in den Dörfern und auf den Holzplätzen zu besuchen. Frl. Dr. Schnabel und Frl. Dr. Schmitz mußten ihre Fahrten im Kanu machen, weil die Wasser in den Seitenflüssen, in die sie sich begaben, zu jener Zeit für das Motorboot nicht mehr passierbar waren. Ein solches Vertrauen dürfen wir in unsere Wilden setzen, daß wir jede Ärztin allein mit ihrer schwarzen Rudermannschaft davonfahren ließen! – Damit das ganze Jahr hindurch die nötigen Reisen unternommen werden können, suche ich es möglich zu machen, daß wir zum mindesten drei Ärzte hier sind: zwei für die Tätigkeit im Spital und einer für die Reisen ...

Seit einigen Monaten besitzt das Spital eine schöne, von Meister Causard in Colmar gegossene Glocke. Die ersten Gaben zu ihrer Beschaffung erhielt ich bei meinem Geburtstag im Jahre 1926 von damaligen Ärzten und Pflegerinnen. Durch Beiträge von Freunden aus Colmar wurde dann die erforderliche Summe vollgemacht. Nun hängt die Glocke in einem schönen von Herrn Zuber erbauten Campanile aus Holz auf der mit Palmen bestandenen Höhe, die von dem Spital zu unseren Wohnhäusern hinaufführt. Geläutet wird sie nur als Abendglocke um 9 Uhr abends und zu den sonntäglichen Gottesdiensten. Sie soll nur religiösen, nicht profanen Zwecken dienen. Der Beginn und das Ende der Arbeit wird durch einen Gong angegeben. «Der Gong ist die Stimme des Doktors und die Glocke die des lieben Gottes», sagen die Wilden.

*Sonntags pflegt der theologisch gebildete Fetischmann seinen Schwarzen aus dem Evangelium Jesu zu erzählen. Über die Formen des Urwald-Gottesdienstes und der inhaltlichen Aussagen gibt es einen farbigen Bericht von ihm aus dieser Zeit:*

... Langsam finden sich die Kranken, die bewegungsfähig sind, und die im Spital befindlichen Begleiter von Kranken auf dem Platze zwischen den zwei gegen den Berg hinauf gelegenen Baracken ein und setzen sich unter die weit vorspringenden Dächer, um Schatten zu haben. Bis sie alle zusammen sind, dauert es eine gute halbe Stunde. Nun spiele ich auf dem tragbaren kleinen Harmonium, das im Freien aufgestellt wird, oder Frau Russell läßt auf ihrem vorzüglichen Grammophon ein feierliches Stück ertönen. Sind Christen unter den Kranken, so singen diese ein Lied. Meine Gemeinde als solche kann nicht singen, weil sie fast ausschließlich aus Heiden besteht, die zudem noch sechs verschiedene Sprachen sprechen. Auch das Eingangsgebet ist unmöglich, weil die vielen Neuen, die an jedem Sonntag zum erstenmal im Gottesdienst sind, nicht wissen würden, was es bedeutet, und es stören würden. So müssen sie durch die Predigt auf das Gebet vorbereitet werden.

Während der Predigt habe ich zwei Übersetzer neben mir stehen, einen zur Rechten und einen zur Linken, die jeden meiner Sätze wiederholen. Der zur Rechten übersetzt sie in zwei Sprachen, die der Galoa und der Pahouins, der zur Linken in die der Bendjabis, die die meisten Leute aus dem Innern einigermaßen verstehen. Der Übersetzer zur Rechten ist entweder der Schneider des Spitals, Sombunaga, der Christ ist, oder der Heilgehilfe Mendoume, der es noch nicht ist. Als Übersetzer zur Linken wechseln die Heilgehilfen Bolingi und Dominik ab, die beide in der Lage Mendoumes sind.

Daß meine Hörer so still sitzen wie die Gläubigen in einer europäischen Kirche, kann ich nicht verlangen. Ich lasse es hingehen, daß diejenigen, die auf dem Platze zwischen diesen beiden Baracken ihre Feuerstelle haben, über dem Zuhören ihr Essen kochen, daß eine Mutter ihr Kind wäscht und kämmt, daß einer sein unter dem Dach der Baracke aufgehängtes Fischnetz ausbessert und gar manches dergleichen. Sogar wenn ein Wilder die Zeit dazu benutzt, seinen Kopf in den Schoß eines Kameraden zu legen und diesen in seinem Haar auf die Jagd gehen zu lassen, wehre ich es ihm nicht. Es sind ja immer neue Leute da. Wollte ich nun während des Gottesdienstes diese immer zurechtweisen, so würde die Feierlichkeit viel mehr gestört werden, als wenn ich sie machen lasse. Auch von den Schafen und Ziegen, die blökend und mähend zwischen meiner Gemeinde kommen und gehen, und den vielen Webervögeln, die in den nahen Bäumen nisten und einen Lärm vollführen, der mich zwingt, die Stimme zu erheben, nehme ich keine Notiz. Nicht einmal die beiden Affen von Frau Russell, die am Sonntag frei herumlaufen dürfen und während des Gottesdienstes bald in den Zweigen der nahen Palme herumturnen, bald auf den Wellblechdächern herumspringen und sich schließlich, wenn sie ausgetobt haben, auf der Schulter ihrer Herrin niederlassen, werden als Störung empfunden. Der Gottesdienst im Freien ist trotz dieser Bewegtheit von ergreifender Feierlichkeit durch die Tatsache, daß das Wort Gottes hier an Menschen ergeht, die es zum ersten Male hören.

Bei der Predigt muß ich mich der größten Einfachheit befleißigen. Ich darf nichts voraussetzen. Meine Hörer wissen nichts von Adam und Eva, von den Erzvätern, vom Volke Israel, von Moses und den Propheten, vom Gesetz, von den Pharisäern, vom Messias, von den Aposteln. Und da meine Gemeinde sich ständig erneuert, darf ich auch nicht daran denken, ihnen das Elementarste dieser geschichtlichen, uns von Kind auf geläufigen Vorstellungen beibringen zu wollen. Ich muß das Wort Gottes fast zeitlos zu ihnen reden lassen. Weil ich auf diese Art so vieles beim Reden vermeiden muß, komme ich mir vor, als spielte ich Klavier, ohne die schwarzen Tasten berühren zu dürfen. Spreche ich das Wort «Messias» aus, so erkläre ich es alsbald durch «König der Herzen, den Gott gesandt hat».

Hat man sich einmal an diese Art zu predigen, ohne irgend etwas als bekannt voraussetzen zu dürfen, gewöhnt, so geht es ganz gut. Für die Schwierigkeit, die man zu meistern hat, ist man überreichlich dadurch entschädigt, daß man Worte der Schrift den Menschen als etwas ganz Neues ins Herz schreiben darf. Dies ist ein Erlebnis, das mir jeden Sonntag wieder neu und unfaßlich schön ist.

Als Text wähle ich einen Spruch, dem ich ein oder zwei Gleichnisse oder eine in der Schrift gebotene Geschichte beifüge, die ihn erklären. Am Ende wiederhole ich dieses Wort mehrmals, bis ich annehmen kann, daß die Hörer es behalten haben und in ihrem Herzen bewahren. Wenn einer aus seinem Aufenthalte im Spitale nur drei oder vier Sprüche mitnimmt, die ihn beschäftigen, ist dies schon viel für sein Leben.

Gegen die Versuchung, hauptsächlich «das Gesetz zu predigen», dem jeder, der zu Heiden redet, ausgesetzt ist, suche ich mich nach Möglichkeit zu wehren. Es liegt ja so nahe, Leuten, denen Lügen, Stehlen und Unsittlichkeit etwas ganz Selbstverständliches sind, immer wieder die zehn Gebote vorzuhalten und sie so auf das Evangelium vorbereiten zu wollen. Naturgemäß predige ich auch öfters über dieses oder jenes Gebot. Aber darüber hinaus suche ich in den Herzen die Sehnsucht nach dem Frieden mit Gott wachzurufen. Wenn ich von dem Unterschiede zwischen dem friedlosen und dem friedvollen Herzen rede, dann wissen die wildesten meiner Wilden, was gemeint ist. Und wenn ich ihnen Jesus als den, der den Frieden mit Gott in die Herzen der Menschen bringt, schildere, begreifen sie ihn.

So versucht meine Predigt ganz elementar auf das einzugehen, was die Hörer schon an sich erlebt haben, und auf das auszugehen, was sie erleben können, wenn sie gewillt sind, Jesum in ihren Herzen mächtig werden zu lassen. Von wo ich auch ausgehe, komme ich immer auf die innerlichste Tatsache des Christwerdens, das Ergriffenwerden von Christo zu reden, damit auch der, der nur einen Gottesdienst mitmacht, eine Ahnung von dem Wesen des Christseins bekommen kann.

Um verstanden zu werden, muß ich mich befleißigen, so sachlich wie möglich zu reden. So darf ich zum Beispiel die Frage Petri an Jesum, ob es genug sei, daß man dem Bruder siebenmal vergebe, nicht in dieser Allgemeinheit stehen lassen, sondern muß meinen Schwarzen im Leben vorführen, was es für einen von ihnen, wie auch für Petrus, heißen kann, am Tage siebenmal zu vergeben. Dies schilderte ich ihnen in einer der letzten Predigten folgendermaßen: «Kaum daß du morgens auf bist und vor deiner Hütte stehst, kommt einer, den alle Leute als bös kennen, und beleidigt dich. Weil der Herr Jesus sagt, daß man verzeihen soll, schweigst du, statt das Palaver zu beginnen.

Nachher frißt dir die Ziege des Nachbars die Bananen, die dein Mittagessen abgeben sollten. Statt mit dem Nachbar Streit zu beginnen, sagst du ihm nur, daß es seine Ziege war und daß es gerecht wäre, wenn er die Bananen ersetze. Aber wenn er dann widerspricht und behauptet, es sei nicht seine Ziege gewesen, gehst du still fort und denkst daran, daß der liebe Gott dir in deiner Pflanzung so viel Bananen wachsen läßt, daß du wegen dieser keinen Streit anzufangen brauchst.

Nachher kommt der Mann, dem du zehn Büschel Bananen mitgegeben hast, damit er sie für dich mit den seinen auf dem Markt verkauft, und er bringt dir nur das Geld von neun. Du sagst, das sei zu wenig. Er aber entgegnet, du hättest dich verzählt und ihm nur neun Büschel mitgegeben. Schon willst du ihm ins Gesicht schreien, daß er ein Lügner ist. Da mußt du aber daran denken, wie viel Lügen, die nur du allein kennst, dir der liebe Gott verzeihen muß, und gehst still in deine Hütte.

Beim Feuermachen wirst du dann gewahr, daß dir

jemand von dem Holze, das du gestern aus dem Walde
gebracht hast und das dir für eine Woche zum Kochen
genügen sollte, weggenommen hat. Noch einmal zwingst
du dein Herz zum Vergeben und stehst davon ab, bei allen
Nachbarn nachzuschauen, wer dein Holz haben könnte,
und den Dieb beim Häuptling zu verklagen.

Nachmittags, beim Aufbruch zur Arbeit in der Pflanzung, entdeckst du, daß einer dein gutes Buschmesser
weggenommen hat und dir sein altes schartiges an die
Stelle gelegt hat. Du weißt, wer es ist, denn du erkennst das
Buschmesser. Da denkst du, daß du viermal verziehen
hast, und daß du es auch noch ein fünftes Mal fertigbringen
willst. Obwohl es ein Tag war, an dem du viel
Unangenehmes hattest, fühlst du dich froh, als wäre es
einer der glücklichsten. Warum? Weil dein Herz darüber
glücklich ist, daß es dem Willen des Herrn Jesus gehorsam
war.

Am Abend willst du fischen gehen. Du langst nach der
Fackel, die in der Ecke der Hütte stehen soll. Aber sie ist
nicht da. Da kommt der Zorn über dich, und du denkst,
daß du heute genug vergeben hast, und daß du jetzt dem
auflauern willst, der mit deiner Fackel zum Fischen ging.
Aber noch einmal wird der Herr Jesus Meister über dein
Herz. Mit einer beim Nachbar geliehenen Fackel gehst du
ans Ufer hinunter.

Dort entdeckst du, daß dein Boot nicht da ist. Ein
anderer ist damit zum Fischen gefahren. Zornig versteckst
du dich hinter einem Baum, um auf den zu warten, der dir
dieses angetan hat, und hast vor, ihm bei seiner Rückkehr
alle Fische wegzunehmen und ihn beim Bezirkshauptmann
zu verklagen, daß er dir eine Buße zahlen muß, wie
es recht ist. Aber während du wartest, fängt dein Herz an
zu reden. Immer wiederholt es den Spruch Jesu, daß uns
Gott unsere Sünden nicht vergeben kann, wenn wir den
Menschen nicht vergeben. Das Warten dauert so lange,
daß der Herr Jesus noch einmal Meister über dich wird.
Statt mit den Fäusten auf den andern loszugehen, wo er

endlich bei Tagesgrauen zurückkehrt und vor Angst niederfällt, wie du hinter dem Baum hervortrittst, sagst du ihm, daß der Herr Jesus dich zwingt, ihm zu vergeben, und läßt ihn ruhig gehen. Selbst die Fische verlangst du ihm nicht ab, wenn er sie nicht freiwillig überläßt. Aber ich glaube, er gibt sie dir, vor lauter Erstaunen, daß du keinen Streit mit ihm anfängst.

Nun gehst du heim, froh und stolz, daß du es über dich gebracht hast, siebenmal zu vergeben. Aber wenn an jenem Tage der Herr Jesus in dein Dorf käme, und du vor ihn trätest und meintest, er würde dich vor allen Leuten darum loben, dann würde er zu dir sagen, wie zu Petrus, daß siebenmal nicht genügt, sondern daß du noch einmal siebenmal, und noch einmal, und noch einmal und noch viele Male vergeben mußt, bis Gott dir deine Sünden vergeben kann...»

Möglichst in jeder Predigt muß ich Gelegenheit finden, auf die Nichtigkeit der Götzen und Fetische zu sprechen zu kommen, wobei ich dann zugleich gegen den Wahn, daß es böse Geister gebe und daß Fetischmänner und Zauberer im Besitze einer übernatürlichen Macht seien, angehe. Alle meine Wilden leben in diesen Vorstellungen. Möglicherweise bringt das Wort, das er in einer einzigen Predigt, im Spital erlebt, gehört hat, einem im Banne dieser grausigen Vorstellungen stehenden Menschen Befreiung. Wie viel erfahren wir in unserer ärztlichen Tätigkeit von Mißhandlungen und Totschlägen, die auf den Spruch eines Fetischmannes hin gegen Menschen verübt werden, auf deren Zauber er eine Erkrankung oder einen Todesfall zurückführt! Ich bin immer wieder erschüttert, wenn ich einen Blick in dieses Elend des Aberglaubens tun muß.

Über Mangel an Aufmerksamkeit habe ich bei meinen Zuhörern nicht zu klagen. Man sieht es ihren Gesichtern an, wie das Gehörte sie innerlich beschäftigt. Öfters unterbreche ich, um sie zu fragen, ob ihr Herz und ihre Gedanken dem vernommenen Worte Gottes recht geben oder ob einer etwas dagegen einzuwenden habe. Im lauten Chor antworten sie dann, daß es so ganz recht sei, wie ich es gesagt habe.

Ein schwarzer Evangelist, der als Kranker an Spitalgottesdiensten teilgenommen hatte, erzählte auf der Missionsstation, der Doktor predige gerade, als hätte er wie ein Missionar Theologie studiert.

Am Ende der Predigt erkläre ich kurz, was beten sei. Dann lasse ich die Hände falten. Diejenigen, die es noch nicht kennen, schauen es den anderen ab. Sind endlich alle Hände gefaltet, dann spreche ich ganz langsam ein freies Gebet in fünf oder sechs Sätzen, das ebenso langsam von den Übersetzern in den beiden Sprachen wiederholt wird. Lange bleiben nach dem Amen die Häupter über die Hände gebeugt. Erst wenn die leise Musik vom Grammophon oder vom Harmonium einsetzt, gehen sie in die Höhe. Unbeweglich bleiben alle sitzen, bis der letzte Ton verklungen ist. Wenn ich mich dann dankend von den beiden Übersetzern verabschiede, fangen die Hörer an, sich zu erheben. –

«... endlich fertig sein»

Erschöpft Ende Januar 1932 nach Europa zurückgekehrt, durfte ich mir keine Erholung gönnen, sondern mußte mich alsbald auf Vortrags- und Konzertreisen (Deutschland, Holland, England und Schottland) begeben, von denen ich erst im Laufe des Juli (nach Günsbach) zurückkehrte. Nachher machte ich eine monatelang anhaltende Müdigkeitskrise durch, während welcher ich, so gut und schlecht es gehen wollte, die laufende Arbeit und die während der Reisemonate angehäufte Korrespondenz zu erledigen suchte. Erst mit Beginn des Jahres 1933 wurde ich wieder einigermaßen leistungsfähig. Da galt es aber, sich an das Einkaufen und das Packen für die neue Ausreise nach Lambarene zu machen...

Nun bin ich wieder hier... nach einer Reise mit Hindernissen. Mittwochabend, den 15. März (1933), fahren wir in dem das Schild «Bordeaux» tragenden Wagen von Straßburg ab: Frl. Mathilde Kottmann, aus dem Elsaß, die die Reise nun zum dritten Mal unternimmt, Dr. Ladislas Goldschmid, aus Budapest, der Nachfolger von Dr. van der Elst, und ich. In Colmar steigt Frl. Siefert, eine neue Pflegerin, zu uns ein. Mitten in der Nacht, in Besançon, heißt es plötzlich: «Heraus aus dem Wagen!» Seine Achsen haben sich heißgelaufen, und er muß durch einen andern ersetzt werden. Und schnell sollt' es gehen! Das ist für uns, die wir an die zwanzig Gepäckstücke haben, keine einfache Sache. Um nämlich Fracht zu sparen, haben wir, wie wir es auf dieser Reise immer tun, besonders schwere Sachen wie Bücher, Werkzeuge und dergleichen als Handgepäck mit uns. Nach einigen Stunden müssen wir noch einmal umsteigen, da der zuerst eingestellte Wagen nur eine bestimmte Strecke weit mitgeführt werden soll.

Im Bahnhof von Bordeaux empfängt uns Frau Russell, die direkt von England gekommen ist. Sie fährt zum vierten Male nach Lambarene.

Am Morgen nach unserer Ankunft vergewissern wir uns an Hand unserer Listen, daß die hundertzwei als Fracht vorausgesandten Gepäckstücke vollzählig im Schuppen der Reederei liegen. Miteinander wiegen sie viertausendachthundert Kilo. Hauptsächlich führen wir mit uns: Medikamente, Decken, Verbandstoffe, Waschkessel, Küchengeräte, Einmachgläser und Werkzeuge. Es hat sich der Brauch herausgebildet, daß ich bei meiner Rückkehr nach Afrika das Nötigste für etwa zwei Jahre mitbringe, damit die anderen, besonders die Neuen, möglichst wenig mit Gepäck belastet sind und möglichst wenig mit der Verfrachtung und dem Zoll zu tun haben. – Am Samstagabend, dem 18. März, fahren wir bei stürmischem Wetter auf der «Brazza», deren Kapitän ein alter Bekannter von mir ist, die Gironde hinab. Vier Tage auf bewegtem Meere. Dann schöne Fahrt bis Santa Cruz auf Teneriffa, wo wir Freitag, den 24. März, ankommen. Mit Bewegung denke ich daran, daß ich vor zwanzig Jahren, in derselben Jahreszeit, auf der ersten Fahrt nach Afrika, mit meiner Frau hier an Land gegangen bin. Alle Einzelheiten jenes ersten Spaziergangs in Santa Cruz kommen mir wieder in Erinnerung. Wie still war es damals in dieser Stadt! Heute ist sie vom Lärme der Hupen und Sirenen der Autos, die die engen, holprigen Straßen durchrasen, erfüllt.

Zwei Tage nach der Abfahrt von Teneriffa wird einer der beiden Dieselmotoren unseres Schiffes defekt. Wir fahren nur noch mit der Backbordschraube. Zum Glück haben wir den Wind im Rücken. So gelangen wir, wenn auch in sehr langsamer Fahrt, am Dienstag, dem 28. März, nach Dakar. Hier wird uns eröffnet, daß das Schiff nicht imstande sei, die Reise fortzusetzen, sondern nach einer provisorischen Reparatur leer nach Europa, zur Sicherheit von einem anderen Dampfer geleitet, zurückkehren müsse. Wie wir in Besançon den Wagen gewechselt, müssen wir in Dakar auf ein anderes Schiff umsteigen. Und zwar haben wir auf die erst am 1. April in Bordeaux abfahrende «Asie» zu warten. Solange die «Brazza» zur Not-Reparatur in Dakar bleibt – bis zum 5. April –, wohnen wir an Bord. Nachher werden die Passagiere auf Kosten der Schiffahrtsgesellschaft in den verschiedenen Gasthäusern der Stadt untergebracht. Für die achtundzwanzig Stück Gepäck, die wir in unseren Kabinen verstaut haben, benötigen wir ein Lastauto, das uns die Schiffahrtsgesellschaft freundlichst zur Verfügung stellt. Wie auf dem Schiffe verbringe ich in Dakar die Zeit mit dem Skizzieren einiger Kapitel eines philosophischen Werkes. Von der Sahara her weht ein so kühler Wind, daß ich im Zimmer friere und beim Ausgehen den Lodenmantel anziehe ...

Am Morgen des 9. April – es ist der Palmsonntag – läuft die «Asie» in Dakar ein. Unter Tags übernimmt sie die Ladung, die die «Brazza» liegenließ, darunter auch unsere vielen Koffer, Kisten und Ballen. Abends (ohne den Unfall der «Brazza» kämen wir jetzt in Lambarene an!) gehen wir an Bord. Im herrlichen Mondschein gleitet das Schiff längs der dem Hafen vorgelagerten Insel Goree dem Süden zu. Immer bin ich beim Anblick dieses kleinen Felseneilandes erschüttert. Hier war früher der größte Verladeplatz für Sklaven an der Westküste Afrikas. Da die Schiffe sich nicht in die Bucht von Dakar wagten, aus Furcht, von den räuberischen Eingeborenen überfallen zu werden, ankerten sie vor dieser einige Kilometer von dem Festland entfernten Insel. Hier nahmen sie die armen Schwarzen, die die Häuptlinge aus dem Innern auf ihren Streifzügen erbeutet und an die Sklavenhändler von Goree gegen Schnaps, Pulver, Blei, Tabak und Salz verhandelt hatten, an Bord. Noch finden sich auf der Insel mächtige Kellergewölbe, in denen die armen Sklaven bis zur Ankunft des Schiffes, das sie nach Amerika entführen sollte, gefangengehalten wurden. In den Wänden sind noch die Eisen zu sehen, durch die die Ketten liefen, an die sie mit Ringen um die Arme geschmiedet wurden ...

Eine herrliche Überraschung war es für mich, oberhalb des Spitals auf einen Weg zu stoßen, der im Januar mit schon ziemlich großen Brotfruchtbaum-Setzlingen bepflanzt wurde, die fast alle herrlich gedeihen. Diese gewöhnlich nicht leicht zu beschaffenden Bäumchen, etwa siebzig an der Zahl, hat uns die Missionsstation Lambarene-Andende geschenkt. Nun haben wir an die hundert Brotfruchtbäume, von denen die im Jahre 1926 gesetzten schon zu tragen anfangen. Leider dauert die Zeit der Brotfrüchte nur wenige Wochen, und sie lassen sich nicht aufbewahren.

Fruchttragende Ölpalmen, Mangobäume, Süßbananen- und Papayastauden gibt es in der Pflanzung jetzt so viele, daß die Kranken und ihre Begleiter sich von diesem Obst nach Belieben holen dürfen. Welch ein Unterschied gegen früher, wo wir ihnen nur ganz wenig Früchte und Palmnüsse (aus deren fleischigen Hüllen sie sich Öl bereiten können) zum Reis geben konnten.

Unterhalb unseres Gartens haust seit Monaten ein Nilpferd im Fluß. Sein Schnauben und Trompeten ist in der Nacht in den Wohnhäusern zu vernehmen. Glücklicherweise ist es ihm noch nicht eingefallen, auf dem Garten herumzutrampeln.

Unsere Ziegen liefern jetzt schon etwa ein Fünftel der Milch, die wir für das Spital und den Haushalt brauchen. Aber welche Pflege erfordern sie, der Krätze wegen, von der sie ständig befallen werden! Früher hoffte ich, daß die Eingeborenen mit der Zeit dazu kommen könnten, in ihren Dörfern Milchziegen zu halten. Jetzt, wo ich aus Erfahrung weiß, welche Sorgfalt und Mühe aufgewandt werden muß, um sie vor dem Zugrundegehen an dieser Hautinfektion zu bewahren, fange ich an, Zweifel zu hegen, ob unsere Primitiven wirklich fähig sind, diese für das Land so notwendigen Milchtiere aufzuziehen. An das Halten von Kühen ist hier der Tsetsefliege wegen nicht zu denken ...

Große Freude macht es uns, daß jetzt eingeborene Frauen bereit sind, Kinder verstorbener Frauen zu säugen. Mit dem guten Beispiel, durch verheißene Geschenke dazu ermuntert, gingen die Frauen unserer Krankenpfleger Dominik und N'Vama voran. Bekanntlich wagen die Frauen der Primitiven, wie ich schon in einem früheren Berichte mitteilte, das Kind einer Verstorbenen nicht an ihre Brust zu nehmen, weil sie meinen, daß sie und ihr eigenes Kind damit der Macht des bösen Geistes verfallen, der den Tod über jene andere brachte. Um sich gegen den verwaisten Säugling barmherzig zu erweisen, muß die schwarze Frau sich nicht nur selber über jenen Aberglauben erheben, sondern auch den Mut aufbringen, ihrer Familie, die von ihm beherrscht ist und ihr vorwirft, daß sie ihr Kind in Gefahr bringt, Trotz zu bieten. Wegen dieses Aberglaubens, der sich hier infolge des Fehlens von Milchtieren so verhängnisvoll auswirkt, sind die Säuglinge bei dem Tode der Mutter dem Verhungern geweiht. Weil sie sowieso nicht am Leben bleiben konnten, begrub man sie früher lebendig mit ihr ...

Die Patienten, die von vierhundert bis fünfhundert Kilometer weit herkommen, um sich operieren zu lassen, treffen gewöhnlich halb verhungert und von der langen Reise übel mitgenommen bei uns ein. Oft bedürfen sie einer Pflege von mehreren Wochen, bis sie so weit sind, daß man den Eingriff wagen darf. Dieser Tage starb ein solcher Fremdling bei uns, der sich auf der Wanderung eine Pneumonie zugezogen hatte. Haben sie die Operation glücklich überstanden, sind wir darauf aus, eine Gelegenheit zu finden, sie baldigst flußaufwärts zu befördern, weil immerhin Gefahr besteht, daß sie sich im Spitale mit Dysenterie anstecken. – Heute morgen fuhr ein großer Häuptling aus dem Innern, der hier durch Herrn Bonnema von einem mächtigen Elephantiasistumor befreit worden war, nach Hause. Er hatte meine Ankunft abgewartet, um mir nahezulegen, in seinem Gebiete ein Spital zu eröffnen, damit seine Leute nicht den langen Weg zu machen hätten, um sich operieren zu lassen. Leider mußte ich ihm sagen, daß zur Zeit, der Wirtschaftskrise wegen, nicht daran zu denken sei. Aber vielleicht ist es einmal möglich, daß ich einen Arzt während der trockenen Jahreszeit zum Operieren hinaufsende. Dies habe ich schon lange vor.

Wie viele Patienten aus dem Innern das Spital zur Zeit beherbergt, hatte ich gestern, bei dem am Ersten des Monats abgehaltenen Appell, zu bemerken Gelegenheit. Diese Fremdlinge sind nämlich daran kenntlich, daß sie nicht wie die Bewohner unserer näher bei der Küste liegenden Gegend Lendentücher aus Baumwolle, die auf der Faktorei gekauft sind, tragen, sondern noch mit selbstverfertigten Stoffen aus Raphiafibern bekleidet sind. So viele Raphia-Lendentücher habe ich noch bei keinem Monatsappell zu sehen bekommen...

Über unsere Gesundheit und die Arbeit läßt sich in der Hauptsache nur Gutes berichten. In der von Mai bis Ende September währenden trockenen Jahreszeit, die hier die Stelle des Winters vertritt, konnten sich die, die von längerem Aufenthalt etwas angegriffen waren, gut erholen. Viel zu unserm Wohlergehen tragen die Früchte unseres großen Gartens bei. Dieser wirft jetzt viel mehr ab als früher, weil wir durch unsere Ziegen- und Schafherde in Stand gesetzt sind, ihn in der erforderlichen Weise zu düngen. Am besten geraten Tomaten, Kohl, Bohnen, Karotten und Salat. Erbsen liefern keinen Ertrag. Auch an Anbau von Kartoffeln ist nicht zu denken, wie uns durch Jahre hindurch fortgesetzte Versuche überzeugt haben.

Im Garten finden die arbeitsfähigen Spitalinsassen, die als Begleiter von Kranken hier sind, reichlich Beschäftigung. Da es die ganze Zeit über nicht regnet, muß er täglich mit Wasser, das aus dem Fluß heraufgeholt wird, gründlich begossen werden. Zum Glück erlaubt es die Bodenbeschaffenheit, ihn in nächster Nähe des Flusses anzulegen. Dieses Jahr aber hatten es die Wasserholer schwer dadurch, daß sich vor dem Garten eine an die vierzig Meter breite Sandbank gebildet hatte, durch die ihnen der Weg zum Wasser arg verlängert wurde. Für die größere Mühe wurden sie durch entsprechende Geschenke entschädigt.

Von Beginn Oktober an fangen die Gemüse unter dem Einfluß der warmen Gewitterregen an zu faulen. Während der nassen Jahreszeit kann nur, und gewöhnlich mit geringem Erfolg, die Anpflanzung von Sorten von Bohnen und Salat, die gegen Regen widerstandsfähig sind, versucht werden ...

Kurz hintereinander verloren wir zwei Operierte an rapid verlaufendem Tetanus. Welch furchtbare Tage! Daraufhin haben wir uns entschlossen, allen Verletzten und allen zu Operierenden präventiv Antitetanus-Serum zu injizieren, was leider eine sehr große Ausgabe bedeutet. Wer aber je einen armen Menschen in Tetanusnot gesehen hat, wird begreifen, daß wir sie machen müssen ...

Eine schöne Stunde ist es jedesmal, wenn ein Dampfboot oder Motorboot, dessen Führer sich erbitten ließ, unsere Operierten aus dem Innern stromaufwärts mitzunehmen, bei uns anlegt. Jeder der Heimreisenden erhält von uns mit: Mundvorrat (Maniok, Bananen und getrockneten Fisch) für mehrere Tage; eine bestimmte Summe in kleiner Münze, um auf der langen Fußwanderung Lebensmittel zu kaufen und den Leuten, die ihn über Flüsse übersetzen, das zum voraus geforderte Geschenk zu entrichten; Empfehlungsschreiben (in einer Blechschachtel eingeschlossen) an die Beamten, durch deren Bezirke sie ihr Weg führt. Die meisten haben sich im Hinblick auf die Heimreise Reis von der im Spital verabreichten Essensration abgespart, den sie in Flaschen mit sich nehmen. Leere Flaschen können sie sich in Lambarene nach Belieben verschaffen, da sie hier keinen Wert haben. Weiter im Innern sind sie aber sehr begehrt und werden teuer bezahlt. So trägt jeder der Heimkehrenden soviel Flaschen mit sich, als er nur zu schleppen vermag.

Endlich sind die Leute, die wochenlang bei uns waren, im Boot verstaut. Bis zum letzten Augenblick sind wir in Angst, daß der Führer sich weigert, alle mitzunehmen. Wir verwickeln ihn in eine Unterhaltung, damit er abgelenkt wird. Das Boot fährt... Braune Hände winken zum Abschied. Mögen die lieben Menschen die lange Wanderung, die sie nach dem Verlassen des Bootes anzutreten haben, gut überstehen. Zurück zum Spital, dessen Betrieb für eine halbe Stunde still stand...

Daß die eingeborenen Frauen immer mehr die Gewohnheit annehmen, für ihre Entbindung in das Spital zu kommen, zeigt an, daß wir das Vertrauen der Bevölkerung gewonnen haben. Vor zwanzig Jahren wurde ich nur in ganz seltenen Fällen für Entbindungen in Anspruch genommen. Die Anwesenheit von Frauen mit ihren Neugeborenen gibt Fräulein Koch, die diese Abteilung unter sich hat, Gelegenheit, der unsachgemäßen Pflege der Mütter und der Säuglinge, die hier so große Opfer fordert, entgegenzuwirken. So wird hier zum Beispiel Mißbrauch mit dem Baden der Säuglinge betrieben. Ist einer erkrankt, so kann es vorkommen, daß er fort und fort, und gar noch in der Morgen- und Abendkühle, lange Waschungen in dem

Flusse über sich ergehen lassen muß, durch die er natürlich immer mehr von Kräften kommt.

Als kürzlich die Ärzte bei der abendlichen Visite bei einer Frau durchkamen, die am Morgen geboren hatte, fanden sie sie damit beschäftigt, den erst einige Stunden alten Weltbürger mit Reisbrei zu füttern!...

Von dem Nilpferd, das sich des öfteren vor dem Spital aufhält, ist leider zu melden, daß es bösartig ist. In blinder Wut greift es durchfahrende Kanus an, wirft sie um und verfolgt die Menschen im Wasser. So hat es einen Mann getötet und eine Frau, eine Insassin des Spitals, gefährlich verwundet. Herr Goldschmid und Herr Holm und ich selber haben in einer Mondscheinnacht beobachten können, mit welchem Ungestüm es auf ein Kanu, dessen Ruderer von seiner Anwesenheit nichts wußten, losging. Mit Mühe konnten die Angegriffenen sich durch plötzliches Wenden retten. Da es nun solch eine Gefahr für die Menschen, die nach Sonnenuntergang auf das Spital zufahren oder von ihm heimkehren, bedeutet, ist sein Tod eine beschlossene Sache. Insgeheim wünschen wir aber, daß das Urteil nicht vollstreckt zu werden braucht, sondern das Tier, durch ein Ahnen gewarnt, es vorzieht, seine Wildheit und Bosheit, statt vor dem Spital, in irgendeiner einsamen Gegend auszutoben ...

Zur Erhaltung unserer Leistungsfähigkeit trägt der Kühlschrank, den wir seit einigen Wochen besitzen, nicht wenig bei. Hartnäckig hatte ich mich, der bedeutenden Kosten wegen, gegen eine solche Anschaffung gewehrt, obwohl wir alle darunter litten, für die Stillung des hier so peinigenden Durstes immer auf lauwarmes und durch das vorherige Abkochen dazu noch fades Wasser angewiesen zu sein.

Da stiftete vor einigen Monaten ein mit mir verwandter elsässischer Arzt eine namhafte Summe zu diesem Zwecke. Andere dafür bestimmte Gaben kamen hinzu. So konnten wir, von Herrn Ingenieur Ittel in Colmar freundlichst beraten, einen für die Tropen geeigneten Apparat bestellen, der im November ankam. Er wird von einem kleinen Motor betrieben, der zur Erzeugung der benötigten Temperatur etwa zwei Stunden im Tage läuft. Nun sind wir in der Lage, so viele Essensreste, die sonst in der Wärme verdarben, zur Wiederverwendung aufzubewahren. Nur wer in äquatorialen Urwaldniederungen gelebt hat, kann ermessen, welche Labung für uns Ärzte und Pflegerinnen das Glas kühlen Wassers bedeutet, das wir jetzt um zehn Uhr und um vier Uhr ins Spital heruntergebracht bekommen. Wieviel besser läuft die Arbeit, wenn man den quälenden Durst für einige Zeit los ist, was mit dem gewöhnlichen, hier eine Temperatur von sechsundzwanzig bis achtundzwanzig Centigrad aufweisenden Trinkwasser nie der Fall war ...

Ein dankbarer weißer Patient hat uns eine große Petroleumlaterne mit Glühstrumpf geschenkt, die ein wunderbar helles Licht gibt. Sie leistet uns große Dienste im Operationssaal. Wir kommen ja öfters in die Lage, dringende Operationen in der Nacht vornehmen zu müssen. In der dritten Märzwoche mußte in vier Nächten hintereinander operiert werden.

Äthernarkose ist bei der Petroleumlaterne, der Feuersgefahr wegen, natürlich nicht möglich. Aber in der Regel operieren wir sowieso in Lokalanaesthesie. Wie dankbar müssen gerade wir Kolonialärzte Carl Ludwig Schleich sein, der 1892 die Lokalanaesthesie entdeckte und damit den chirurgischen Betrieb so außerordentlich vereinfachte! In besonderen Fällen verwenden wir auch die Lumbalanaesthesie, das heißt die Einspritzung von Novokainlösung in die Rückenmarksflüssigkeit, Äther- und Chloroformnarkose machen wir nur, wenn wir sie nicht vermeiden können.

Die vor zwei Jahren erbaute Baracke für die aufgeregten und lärmenden Geisteskranken leistet uns gute Dienste. Aber trotz aller getroffenen Vorsichtsmaßregeln – der Boden um diesen Bau herum ist zementiert und wird jeden

Abend mit frischer Asche bestreut – sind die Insassen dieser etwas abgelegenen Baracke doch von den Kriegerameisen bedroht. Wird nämlich die Asche in der Nachtluft feucht und etwas klebend, so versinken diese Insekten nicht mehr in ihr, sondern können sie überschreiten. Mehrmals mußten in diesen Wochen Nachtangriffe solcher Ameisenheere, vor denen selbst der Elefant die Flucht ergreift, abgewehrt werden. Zum Glück wurde die Gefahr von der Pflegerin, die die Aufsicht über diese Kranken hat, immer rechtzeitig bemerkt. Sind die Kriegerameisen einmal über die Aschebarrikade hinübergekommen und in den Bau eingedrungen, so bleibt nichts anderes übrig, als die Geisteskranken aus den Zellen zu nehmen und die ganzen Räume vom Boden bis zur Decke mit Lysollösung auszuwaschen. Als gäben sie sich von der Gefahr Rechenschaft, aus der man sie befreien muß, verhalten sich auch die aufgeregten Geisteskranken in dieser Situation verhältnismäßig ruhig...

Als unlängst Dr. Goldschmid mit einer Frau, die auf dem Operationstisch lag und bei der die Einspritzungen für die Lokalanaesthesie aber gemacht worden waren, nach löblicher Chirurgengewohnheit ein freundliches Gespräch anfing, um sie etwas abzulenken und aufzumuntern, bekam er von ihr die Antwort: «Jetzt ist nicht Zeit zum Schwätzen. Du sollst schneiden.»

Nach einer schweren Operation war man in großer Sorge um das Ergehen einer Patientin. Dreimal schlich sich in der Nacht Herr Holm, der operiert hatte, an ihr Bett und hob das Moskitonetz in die Höhe, um nach dem Puls zu greifen und auf die Atmung zu horchen. Dreimal erschien, zu demselben Beginnen, die Pflegerin. Als man die Operierte am Morgen nach ihrem Befinden befragte, antwortete sie mürrisch: «Ich hätte diese Nacht gut geschlafen, wenn man mich in Ruhe gelassen hätte.» ...

Unfall-Verletzte werden uns ständig von den Holzplätzen gebracht... Diesen primitiven Menschen fehlt das Verständnis für die Gefahr, die ihnen von der

Maschine her droht. Ein Holzhändler erzählte mir, daß einer seiner neu geworbenen Arbeiter ahnungslos auf den Schienen stehenblieb, als ein Wagen den Abhang herunterfuhr, und im letzten Augenblicke beiseite gerissen werden mußte. Er konnte sich nicht vorstellen, daß der Wagen über ihn hinweggegangen wäre, sondern glaubte, er hätte ihn mit der Hand aufgehalten. Er hatte eben noch niemals eine schwere Masse in Bewegung gesehen. Immer wieder kommt es auch vor, daß solche Neulinge von einem in voller Fahrt befindlichen Wagen herunterspringen, ohne sich vorzustellen, daß sie dabei zu Fall kommen. Es fehlt ihnen die Erfahrung der Geschwindigkeit ...

Auch unsere Warenhaus-Kataloge, in die sie sich mit solcher Wonne versenken und nach denen sie mit Leidenschaft Postpakete per Nachnahme bestellen, geben unsern Schwarzen Rätsel auf, denen sie nicht immer gewachsen sind. Verkündet da vor einiger Zeit ein Mann aus der Gegend der Missionsstation Talaguga allen seinen Bekannten, er habe in einem Katalog Schuhe zu unglaublich billigen Preisen entdeckt, und läßt sich wochenlang von ihnen darob beneiden. Das Paket kommt an und enthält ... Puppenschuhe.

Wie mir ein Weißer aus der Oubangui-Gegend erzählte, bot dort ein Schwarzer seine Bekannten auf, sie müßten ihm beim Transporte eines Klaviers behilflich sein. Er habe sich ein solches Gesangsholz, wie die Frau des Bezirkshauptmanns eines habe, nach einem Kataloge in Europa bestellt, und es sei eigentlich merkwürdig billig. Als es ankam, konnte er es aber allein nach Hause tragen. Er hatte sich ein Puppenklavier verschrieben ...

Gleich nach meiner Ankunft [in Lambarene nach einem Europa-Aufenthalt im Herbst und Winter 1934/35] habe ich mich leider wieder ans Bauen machen müssen. Ich konnte mich den so oft gehörten Klagen der Ärzte und Pflegerinnen, daß unser Konsultationsraum viel zu klein geworden sei, nicht länger verschließen. In den Tagen, in denen in diesem Raume von drei bis vier Ärzten nebeneinander die Kranken befragt, die Medikamente an alle Spitalinsassen ausgeteilt und die vielen Salvarsan-, Tryparsamid- und Antileproleinspritzungen vorgenommen werden, geht es in ihm wirklich wie auf einem Jahrmarkt zu. Oftmals tönt in all den Lärm noch das Stöhnen der hinter einem Vorhang liegenden schwarzen Wöchnerinnen hinein. Der Konsultationsraum muß nämlich auch als Kreißsaal dienen!

Früher, als das Spital noch nicht so bevölkert war, machten sich die Unzuträglichkeiten des für mannigfache Zwecke in Anspruch genommenen einen Raumes nicht so bemerklich wie jetzt, wo die Zustände einfach unhaltbar geworden sind ...

Einem von Freunden des Werkes geäußerten Wunsche entsprechend, versuche ich eine Darstellung des täglichen Spitalbetriebes zu geben.

Morgens, beim ersten Gong, um 6 Uhr 45, begeben sich ins Spital hinunter: der Arzt, der in der betreffenden Woche die Morgenvisite in den Krankenräumen zu machen hat, die Pflegerin, die Morgendienst hat, und die Pflegerin, die die Arbeiter unter sich hat. Die letztere hält den Appell der Spital-Tagelöhner, der arbeitsfähigen Begleiter und Begleiterinnen der Kranken und der arbeitsfähigen Genesenden ab, teilt ihnen die Äxte, Sägen, Schaufeln, Rechen, Buschmesser aus und dirigiert sie auf die Arbeitsplätze, sei es in den Wald, sei es in die Pflanzung, sei es in den Garten, sei es zu den Erd- und Bauarbeiten, sei es zur Wäscherei. Zu derselben Zeit hält die Pflegerin in den Konsultationsräumen den Appell der schwarzen Krankenpfleger ab und sieht nach den Schwerkranken.

Um halb acht Uhr ruft der Gong zum Frühstück. Erst nach dem Frühstück, um acht Uhr, soll der eigentliche Dienst im Spital beginnen. Trotz aller Vermahnungen kann ich es aber nicht verhindern, daß Pflegerinnen und Ärzte, auch wenn sie nicht Morgendienst haben, schon um sieben Uhr unten sind. Die Pflegerin, die die Verbände der Operierten zu machen hat, pflegt schon bald nach sechs Uhr damit anzufangen. An dem Grundsatze aber, daß die Hauptarbeit im Spital erst um acht Uhr beginnen soll, halte ich dennoch fest. Im äquatorialen Klima muß man mit den Kräften haushalten. Hier kann man nur drei Fünftel der Arbeit, deren man in Europa fähig ist, leisten. Die Neulinge und die Übereifrigen bezahlen die Mißachtung dieser Wahrheit oft ziemlich teuer ...

Wenn wir um acht Uhr herunterkommen, haben die sechs Spital-Waschfrauen, unter einem sie vor Sonne und Regen schützenden Dache, schon die Waschkessel über vier großen Feuern aufgesetzt. Das Wasser beziehen sie aus einer in der Nähe befindlichen Pumpe. Diese Waschfrauen unten vor dem Spital haben die Binden, die Verbandstoffe und die Operationswäsche zu waschen. Ihre Arbeitsstelle ist gerade vor dem Konsultationsraume, dem Flusse zu gelegen, so daß die Pflegerinnen sie durch die Fenster hindurch überwachen und durch Zurufe aus dem Schwatzen und Nichtstun herausreißen können. Oben, bei den Wohnhäusern, sind andere sechs Waschfrauen mit der Wäsche des Haushaltes beschäftigt. Der Verbrauch an Wäsche in den Tropen ist ja viel größer als in den gemäßigten Zonen. In der heißen Zeit kann es vorkommen, daß jeder von uns drei Kleider am Tage nötig hat.

Unter demselben Dach wie die Spital-Waschfrauen, und wie diese vom Konsultationsraum aus überwachbar, arbeiten die vier Frauen, die das Palmöl bereiten. Die Büschel Palmnüsse werden ihnen von zwei Männern zugebracht, die den ganzen Tag nichts anderes tun, als an den Palmbäumen unserer Pflanzungen emporzuklettern und sie abzuernten ...

Mindestens sechs Leute sind täglich mit dem Fällen, Zerlegen und Herbeischaffen des für das Spital benötigten Holzes beschäftigt. Zwischen Spital und den Wald hat sich im Laufe der Jahre die Pflanzung eingeschoben. Der Wald liegt jetzt eine gute halbe Stunde vom Spital entfernt.

In dem bergigen Gelände sind Wagen nicht verwendbar. Alles Holz muß herbeigetragen werden. Und nicht nur die Wasch- und Palmölfrauen verbrauchen Holz. Da sind noch die fast den ganzen Tag brennenden Feuer für die Desinfektion der Instrumente, die Feuer für das Essen, das unter Aufsicht der Pflegerinnen für die Schwerkranken und Geisteskranken gekocht wird, die Feuer, die in der Baracke der Dysenteriekranken (zu denen ihre Angehörigen ja keinen Zutritt haben) von schwarzen Heilgehilfen Tag und Nacht unterhalten werden. Dazu kommt noch das Holz, das oben im Haushalt für unsere Küche, für den Backofen und für die Haushaltswäsche verbraucht wird.

Öfters bekommen wir ganze Flöße von herrlichem Okoumeholz, das aus irgendeinem Grunde unverkäuflich ist, von Holzhändlern geschenkt. Eine Pflegerin mit einer Mannschaft holt sie dann ab und flößt sie zum Spital herunter. Aber das Zersägen dieser mächtigen Stämme ist sehr mühsam...

Von acht Uhr an, nach dem zweiten Gong, beginnen sich die Kranken des Spitals und die, die von auswärts kommen, vor der landeinwärts gelegenen Seite des Konsultationsraumes einzufinden. Unter dem großen Pfahlbau für die Operierten sind Holzpritschen angebracht, auf denen sie sitzen oder liegen können und die ihnen Schutz vor Sonne und Regen gewähren.

Dreimal in der Woche, an den Tagen, an denen die Einspritzungen gemacht werden, geht der Heilgehilfe Dominik um acht Uhr mit einer großen Kuhglocke durchs Spital und ruft die Schlafkranken, die Leprösen, die Elephantiasispatienten, die Tuberkulösen und die Kranken, die für Einspritzungen von Neo-Salvarsan in Betracht kommen, auf. Eine Stunde dauert es, bis er wenigstens einen Teil von ihnen beieinander hat. Damit sie sich nicht wieder alsbald verlaufen, werden sie in einen großen vergitterten Raum vor dem Konsultationszimmer eingeschlossen, aus dem sie dann einzeln herausgefischt werden, wenn die Reihe an sie kommt. Beim Appell aber, den der Arzt, der mit den Einspritzungen zu tun hat, auf Grund seiner Listen vornimmt, ergibt sich, daß mindestens ein Drittel der betreffenden Patienten fehlt. Nun macht sich Dominik, der am meisten Autorität über die Kranken besitzt und der der findigste Kopf unter seinen Kollegen ist, abermals auf den Weg. Er sucht die Säumigen unter den Patienten, die auf der Landungstreppe sitzen und sich Geschichten erzählen, unter den Badenden, unter den Fischenden, unter denen, die Holz holen, und unter denen, die Palmnüsse auflesen, und treibt sie wie eine Herde vor sich her dem Spitale zu. Die «Unverbesserlichen» herbeizuschaffen versucht er nicht. Diese ergehen sich den ganzen Morgen im Wald und in der Pflanzung und tauchen dann im Laufe des Nachmittags oder gegen Abend im Konsultationsraum auf, um vorwurfsvoll festzustellen, daß sie noch nicht «gestochen» worden sind. Daß für sie die betreffende Lösung wieder frisch bereitet werden muß, macht ihnen nichts aus. Vergebens versuchen wir, ihnen klarzumachen, wie sehr sie uns durch ihre Unbekümmertheit um Tag und Stunde die Arbeit erschweren. Nicht einmal dadurch, daß sie für wiederholtes nicht rechtzeitiges Erscheinen zu den Einspritzungen des Essens für ein oder zwei Tage verlustig gehen, lassen sie sich zur Pünktlichkeit erziehen. Sie finden immer hilfreiche Freunde, die sie an ihrem Kochtopf teilhaben lassen, und brauchen also dem Grundsatze, daß Freiheit das höchste Gut sei, nicht untreu zu werden.

Die Einspritzungen werden vom Heilgehilfen N'Vama gemacht. Er hat dieses Amt seit Jahren inne und ist virtuos im Auffinden von Venen, die sich weder dem Auge noch dem betastenden Finger zeigen wollen...

Die Arbeit ist unter die drei Ärzte in der Regel folgendermaßen verteilt: der eine hat die weißen Kranken, die Geisteskranken, die urologischen Fälle unter sich, leistet die Hauptarbeit im Operationssaal und hält Ordnung in der Apotheke; der andere gibt sich hauptsächlich mit den Leprapatienten, den Schlafkranken, den Tuberkulösen, den Leuten mit den tropischen Fußgeschwüren und den schwarzen Wöchnerinnen ab und hat die Aufsicht über alle Patienten, die regelmäßig subkutane, intramuskuläre und intravenöse Injektionen erhalten sollen; der dritte übernimmt einen Teil der Operationen, hat die Verantwortung für alle Verbände der Operierten und der durch Unfall Verletzten und besorgt die Dysenteriekranken.

Von den acht Pflegerinnen sind drei im Haushalt, in der Küche, im Garten und mit dem Getier beschäftigt. Eine dieser Haushalt-Pflegerinnen versorgt die mutterlosen kleinen Kinder, die bei uns mit der Flasche großgezogen werden ... Eine vierte Pflegerin hat die Arbeiter unter sich ... Die vier im Dienst der Kranken beschäftigten Pflegerinnen verteilen die Arbeit unter sich folgendermaßen: Die erste verrichtet den Dienst im Operationssaal, sterilisiert Operationswäsche und Verbandstoffe und beaufsichtigt die Waschfrauen, die die aus dem Operationssaal kommende Wäsche zu reinigen haben; die zweite macht die Verbände der Operierten und Unfall-Verletzten, besorgt die weißen Kranken und hilft der Pflegerin des Operationssaales aus; die dritte versieht den Dienst im Konsultationsraum, teilt nach Anweisung des Arztes die Arzneien an die Kranken aus, pflegt die schwarzen Wöchnerinnen und die Neugeborenen und sieht nach den Schwerkranken, die in den Baracken liegen; die vierte hat die tropischen Geschwüre zu verbinden (was mehrere Stunden im Tage beansprucht), die Geisteskranken zu pflegen, die Palmöl-Frauen zu beaufsichtigen, die Bananen und die Maniokstangen zur Ernährung der Kranken einzukaufen, das Essen auszugeben und für Reinlichkeit in den Baracken um das Spital herum zu sorgen.

Die Bananen und den Maniok bringen die Eingeborenen aus den nahen und fernen Dörfern, oft von über sechzig Kilometer weit her, auf den von der vierten Pflegerin täglich abgehaltenen Spitalmarkt ... Um halb elf Uhr läßt die vierte Spitalpflegerin das Horn blasen, das den Beginn der Essenausteilung ankündet. Diese Essenausteilung nimmt sie von einem Raum zu ebener Erde aus vor, der eine große Fensteröffnung und ein großes Fensterbrett hat. Die Patienten defilieren am Fenster entlang und bekommen ihre Ration aufs Fensterbrett gelegt. Ehe er aber etwas erhält, muß jeder die Karte mit seinem Namen und seiner Nummer hereinreichen, damit die Pflegerin auf ihrer Liste mit einem Kreuze hinter diesem Namen und dieser Nummer vermerkt, daß der Betreffende für diesen Tag sein Essen empfangen hat. Sonst käme es vor, daß einer bei einer Austeilung viermal vor dem Fenster vorüberzöge und viermal Essen faßte ...

Drei Morgen in der Woche (Montag, Mittwoch und Freitag) sind für die den von auswärts Kommenden zu erteilenden Konsultationen und für die Neuaufnahmen von Kranken angesetzt. An drei Morgen (Dienstag, Donnerstag und Samstag) wird operiert. Streng durchführen können wir aber diese Einteilung der Arbeit nicht. Wochen hindurch sehen wir uns genötigt, jeden Morgen zu operieren, weil sich anders die chirurgische Arbeit nicht bewältigen läßt. Andererseits können wir nicht verhindern, daß auch an den drei Morgen, die für die Operationen angesetzt sind, Auswärtige zur Konsultation und Kranke zur Aufnahme bei uns eintreffen. Denen, die von fern her im Kanu zu uns kommen, können wir nicht vorschreiben, wann sie bei uns landen sollen ...

Gewöhnlich sind wir mit der Konsultation noch nicht fertig, wenn der Gong um $12^1/_2$ Uhr zum Essen ruft ... Von ein bis zwei Uhr sollen Ärzte und Pflegerinnen ruhen, um für die Nachmittagsarbeit frisch zu sein. Am Äquator ist die Siesta fast eine Notwendigkeit. Von zwei Uhr an beschäftigen sich die Ärzte mit den Leuten, die zur Konsultation oder zur Aufnahme kamen, soweit sie morgens nicht erledigt werden konnten. Unsere Haupttätigkeit nachmittags aber gilt den schweren Fällen, die im Spital liegen. An den Nachmittagen sollen alle die oft so zeitraubenden Untersuchungen vorgenommen werden, die der

Aufstellung oder der Sicherung der Diagnose dienen. Wie glücklich sind wir, daß wir mehrere Ärzte sind und die Kollegen um ihre Meinung befragen können! Als Grundsatz gilt bei uns, daß, wer von uns einen schweren Fall zu behandeln hat, diesen den Kollegen vorstellt. Auch hat jeder von uns das Recht, mit dem Kollegen ungefragt über jeden seiner Kranken zu sprechen, ihm seine Meinung über die Diagnose mitzuteilen und Ratschläge über die Behandlung zu geben. In schweren Fällen entscheidet der Arzt, der am längsten am Ort ist, über die Behandlung und übernimmt die Verantwortung dafür. Die abendliche Visite machen die Ärzte, soweit es die Arbeit zuläßt, miteinander.

Das Heimschaffen der von weit her gekommenen Kranken bereitet uns, wie ich schon in früheren Berichten erwähnte, große Schwierigkeiten. Wir sind darauf angewiesen, daß sie durch Dampf- oder Motorboote auf der Durchfahrt mitgenommen werden... Hat sich herausgestellt, daß ein Boot für uns in Betracht kommt, wird eilends Dominik mit einer Schelle, wie sie die Bahnhofsportiers schwingen, durch alle Baracken geschickt und ruft aus: «Fahrgelegenheit in der Richtung so und so. Wer mit will, soll sogleich in den Konsultationsraum kommen.» Im Konsultationsraum, wo jetzt alle andere Arbeit ruht, stellt der Arzt fest, ob die betreffenden Leute wirklich entlassen werden können. Während er ihnen eine Empfehlung für die Beamten schreibt, bei denen sie auf ihrer Reise durchkommen, und die Pflegerin ihnen Mundvorrat für mehrere Tage rüstet und ein Geschenk für die, die Arbeit geleistet haben, bereitlegt, holen sie ihre Sachen in den Baracken. Diesen Gang darf man sie aber nicht allein tun lassen. Ein schwarzer Heilgehilfe wird jedem beigegeben, damit er schnell macht und nicht im Spital herumgeht, um von allen Bekannten umständlich Abschied zu nehmen. Die Führer der Boote haben es eilig, fortzukommen. Für unsere Wilden aber spielt die Zeit keine Rolle. Manchmal müssen wir die Leute, die fort sollen, auch erst in der Pflanzung suchen lassen. Trotz aller Mühe, die wir uns geben, dauert es oft über eine Stunde, ehe die Leute im Boot sind. Ärzte und Pflegerinnen sind vom Hin- und Herlaufen und dem Anordnen und Rufen ganz erschöpft. Und immer müssen wir befürchten, daß die Sache doch noch nicht fix genug ging und daß der Besitzer oder Führer des Bootes nicht so bald wieder bei uns anlegen wird und sich in Gefahr begibt, Leute mitnehmen zu müssen und dafür noch Zeit zu verlieren...

Am Nachmittag des letzten Tages im Monat wird der Monatsappell abgehalten. Da unsere Wilden sehr oft abfahren, ohne sich abzumelden, müssen wir von Zeit zu Zeit feststellen, wer auf den Listen der Spitalinsassen noch geführt und wer auf ihnen gestrichen werden soll. Überdies gibt uns der Appell Gelegenheit, alle die Kranken oder ihre Begleiter betreffenden Fragen in gemeinsamer Besprechung zu erledigen...

Etwa vier Stunden dauert es, bis die dreihundert Kranken und ihre Begleiter an den Ärzten und Pflegerinnen vorbeigezogen sind. Jede Eile im Abhalten des Appells ist verpönt. In Ruhe werden alle Fragen, die sich in betreff eines Spitalinsassen stellen, zwischen Ärzten und Pflegerinnen erörtert. Es wird über Diagnose und Pflege des Kranken, über sein Anrecht auf die Essensration, über die Zeit, wann er zur Entlassung kommen kann, verhandelt. Jeder Spitalinsasse darf seine Beschwerden und Wünsche äußern; jeder muß aber auch gewärtig sein, daß von den Pflegerinnen und den schwarzen Heilgehilfen alles, was er sich an Unbotmäßigkeit zuschulden kommen ließ, vorgebracht wird.

Der Appell ist auch die Stunde des Gerichts. Als Stunde des Gerichts ist er besonders von den Begleitern und den Frauen der Kranken und von den Genesenden gefürchtet. Denn zwischen Ärzten, Pflegerinnen und schwarzen Heilgehilfen kommt nun zur Sprache, ob diese Frau oder dieser Begleiter noch ganz durch die Pflege des Kranken in

Anspruch genommen sind oder ob sie nicht auch Arbeit für das Spital leisten können, wie auch, welche Genesenden so weit sind, daß sie bis zu ihrer Heimbeförderung zu den und jenen Diensten verwandt werden können.

Die Pflegerin, die die Arbeiter unter sich hat, sitzt mit ihrem Notizbuche da und lauert auf ihre Opfer. Da wird ihr eine Wasch- oder eine Palmölfrau zugesprochen, da ein Mann zum Aufklopfen der Palmnüsse, da eine Frau zum Unkrautausjäten, da eine Wasserträgerin und ein Wasserträger für den Garten, da gar Leute, die zu jeglicher Arbeit, auch zum Holzfällen, verwendet werden können. Diese alle erhalten nun einen Vermerk auf der durchlochten Karte, die sie bei sich tragen, daß sie ihre Essensration nicht mehr durch die Pflegerin, die sie den Kranken austeilt, sondern nur durch die, die die Arbeiter unter sich hat, erhalten. Dadurch werden sie von dieser abhängig...

Als Grundsatz gilt, daß alle Arbeitsfähigen, die nicht zu Wärterdiensten bei Kranken notwendig sind, gleichviel ob sie von uns ernährt werden oder sich selber beköstigen, sich irgendwie für das Gemeinwohl betätigen müssen als Entgelt für die Pflege und die Medikamente, die ihre Angehörigen bei uns erhalten. Arbeit ist für alle stets in Fülle vorhanden...

Etwas vor sechs Uhr ertönt der Gong, der das Ende der Arbeit anzeigt. Schon sind die Leute aus dem Walde und der Pflanzung zurück. Sie richteten sich nach einer Wekkeruhr, die einer von ihnen, an eine Schnur gebunden, mit sich führt. Nun gibt es ein großes Gedränge um den Raum, in dem die Werkzeuge aufbewahrt werden. Die Äxte, Sägen, Buschmesser, Schaufeln, Pickel, Hacken und Rechen werden zurückgegeben, und die Pflegerin, die die Arbeiter unter sich hat, hat zu wehren, daß es nicht zu schnell geschehe, damit sie feststellen könne, ob alles, was sie ausgab, auch wieder heimgebracht wird. Würde nicht genau nachgezählt, so würden die Wilden gar manche von den Äxten und Sägen für sich beiseite schaffen oder sie im Walde liegenlassen, um der Mühe enthoben zu sein, sie nach Hause zu tragen. Das Ende der Rückgabe der Werkzeuge geschieht schon beim Scheine der Laterne. Wir befinden uns ja in der Nähe des Äquators. Um sechs Uhr – der Unterschied zwischen Winter und Sommer beträgt nur etwa eine Viertelstunde – bricht plötzlich die Nacht herein...

Um halb sieben Uhr mahnt ein zweiter Gong die Übereifrigen, von der Arbeit abzulassen und sich vor dem Abendessen umzuziehen und noch etwas auszuruhen. Um sieben Uhr ruft ein dritter Gong zum Abendessen. Nach dem Essen wird die Abendandacht gehalten. Danach bleiben wir noch eine halbe Stunde beieinander. Um $8^1/_2$ Uhr wird die Abendglocke – die sonst nur noch zu sonntäglichen Gottesdiensten ruft – geläutet. Nun hat jeder Lärm im Spital zu verstummen; auch dem Grammophon der weißen Kranken ist Schweigen geboten. Die Pflegerinnen besuchen sich gegenseitig mit Handarbeiten auf ihren Zimmern. Die Ärzte vertiefen sich in die medizinischen Zeitschriften, auf den Fluß hinaus horchend, ob sich in der Ferne nicht ein Motorboot, das uns noch Kranke bringt, vernehmen läßt. – Nach zehn Uhr sind die Lichter in den meisten Zimmern erloschen. Dies will nicht heißen, daß wir alle gleich den Schlaf finden. Da sind zuerst die afrikanischen Grillen und Unken, die von neun Uhr abends bis zwei Uhr morgens einen gründlichen Lärm vollführen. Gar manchmal auch beherbergt das Haus der weißen Kranken Wochen hindurch Mütter mit Neugeborenen, die unter Tags schlafen und nachts schreien. Sind keine Neugeborenen zu vernehmen, so trompeten die beiden Nilpferde, die vor dem Spital hausen, miteinander um die Wette. Oder einer der Geisteskranken (wenn es nicht mehrere sind) trommelt stundenlang auf den Holzwänden seiner Zelle. Oder in einem der Dörfer auf dem jenseitigen Ufer wird die ganze Nacht das Tam-Tam zum Tanze gerührt. Als Dr. Goldschmid sich letzthin beim Vorsteher eines Dorfes, in dem das Tam-Tam die ganzen Nächte während des Vollmonds nicht zur Ruhe gekommen war, beschwerte, antwortete ihm dieser: «Was wird aus einem Volk, Doktor, das sich nicht amüsiert?» ...

Als ich zu Beginn dieses Jahres [1937, nach eineinhalb Jahren Europa] hier ankam, nahm ich mir vor, mich diesmal nicht auf Bauarbeiten einzulassen. Diesem Vorsatz blieb ich bis in den Mai hinein treu. Dann aber mußte ich mir eingestehen, daß eine Reihe von Bauarbeiten keinen Aufschub duldeten. Das dringendste war eine gründliche Reparatur der Baracke für die verwaisten Säuglinge, die bei uns mit der Flasche aufgezogen werden. Der Fußboden, für den ich zur Zeit, als ich sie baute, das Holz nehmen mußte, das ich gerade bekommen hatte, war verfault und die Drahtgitter zum Schutz gegen Moskitos durchgerostet, von andern Schäden nicht zu reden. Wie freute ich mich, als die armen Geschöpfchen nun in dem wieder instand gesetzten luftigen und hellen Raume untergebracht waren.

Nachher mußte ich mich, auf Bitten der Pflegerinnen, entschließen, einen Anbau an eine der vorhandenen Baracken zu machen, um einige Räume mehr zum Unterbringen von Operierten zu gewinnen.

Während ich mit dieser Arbeit beschäftigt war, hatte ich Gelegenheit, mit Schrecken festzustellen, daß ich das seit Jahren begonnene Ersetzen der Holzpfähle, auf denen meine Bauten stehen, durch Betonpfeiler schleunigst zu Ende führen müsse. Ich hatte geglaubt, daß die mächtigen, gut angekohlten Hartholzpfähle der großen Baracke der Operierten, des Konsultationsraumes und unseres großen Wohnhauses noch so gut imstande wären, daß sie noch zwei bis drei Jahre halten könnten. Bei einer genauen Besichtigung zeigte sich aber, daß die Fäulnis der in der Erde steckenden Enden in den letzten Jahren unerwartet große Fortschritte gemacht hatte. Ein schwerer Tornado hätte den so mangelhaft fundierten Gebäuden zum Verhängnis werden können. Also mußte ich mich entschließen, nun auch diese Holzpfähle durch Betonpfeiler zu ersetzen. Der Entschluß wurde mir dadurch erleichtert, daß ich Fräulein Emma Haußknecht, die in solchen Arbeiten Bescheid weiß, zur Verfügung hatte. Sie schob ihre fällige Heimreise um Monate hinaus, um mir beim Bauen zu helfen...

Viel Zeit und Arbeit kostete uns das Regulieren des Abflusses der Wasser, die bei den sintflutartigen Regen der großen Tornados von den Abhängen gegen die auf die unten am Ufer des Flusses liegenden Gebäude des Spitals zuströmen, Erde mit sich führend, die Wege überflutend und die Fundamente der Bauten unterwühlend. Nun ist für diese Wasser ein ganzes System von Rinnsälen aus Beton geschaffen, in denen sie zum Flusse geleitet werden. Zwei Maurer mit mehreren Gehilfen waren monatelang mit dieser so notwendigen Arbeit beschäftigt...

Noch einige Wochen werden Erdarbeiter, Maurer und Zimmerleute zu tun haben. Dann wird hoffentlich das Spital endlich in der Hauptsache wirklich fertig sein. Fast wage ich es nicht zu glauben, daß ich dann einmal hier sein werde, ohne das Beste meiner Zeit auf solche Arbeiten verwenden zu müssen...

Am 16. April [1938] waren es fünfundzwanzig Jahre, daß meine Frau und ich zum ersten Wirken in Lambarene angekommen waren. Ich hatte mit niemand davon gesprochen und war sicher, daß niemand hier dieses Tages gedenken würde. Aber einige von der älteren Generation der im Lande ansässigen Europäer wurden auf das Datum aufmerksam, das sie aus dem Bericht der ersten Reise, wie er sich in dem Buche «Zwischen Wasser und Urwald» findet, errechnen konnten. Sie veranstalteten unter den hiesigen Weißen eine Sammlung, um dem Spitale an diesem Gedenktag eine Spende zu überreichen. Das Geheimnis wurde so gut gewahrt, daß ich nichts davon erfuhr bis zu dem Augenblick des Empfanges der Spende. Ich war tief bewegt, daß die Europäer in der Zeit der schon beginnenden Krise des Holzhandels, die sie alle so schwer traf, in dieser Weise des Spitals gedachten. Von manchen weiß ich, daß ihr Beitrag zu der Gabe ein Opfer für sie bedeutete. Auch von mehreren Eingeborenen erhielt das Spital liebe Spenden. Die Missionare stifteten einen schönen Schrank für das Eßzimmer und wertvolle medizinische Bücher. Der Schrank war in der Handwerkerschule der Mission in N'Gomo hergestellt worden.

Am Ostermontag fand eine Erinnerungsfeier in der Kirche der Missionsstation Lambarene statt, in der die Missionare und wir dessen gedachten, was die Mission und das Spital in diesen fünfundzwanzig Jahren füreinander gewesen waren. Stets bleibe ich der Missionsgesellschaft in tiefer Dankbarkeit dafür verbunden, daß sie mir auf dem Boden der Missionsstation Lambarene Gebäude für den Betrieb des Spitals bei meinem ersten Wirken hier zur Verfügung stellte und dadurch, wie auch noch durch so manche andere geleistete Dienste, die Gründung des Werkes ermöglichte. Das Kirchlein, in dem diese Erinnerungsfeier stattfand, erhebt sich auf dem Platze am Ufer des Flusses, auf dem früher die Gebäude des Spitals standen. Es kostet mich heute einige Mühe, mir vorzustellen, daß das Spital einst auf einem so kleinen Platze Raum hatte. Nach der Feier besahen wir den Hühnerstall, der mir in den ersten Monaten als Konsultationsraum diente, und die Bambushütte, in der ich die erste Operation ausführte.

Niemals hätte ich geglaubt, daß Weiße und Schwarze meinem Werke in dem Maße zugetan wären, wie wir es in jenen Tagen erfahren durften ...

# DIE BÜRDE DER HOHEN JAHRE
## 1939–1965

### Lambarene wird Kampfgebiet

Am 12. Januar 1939 verlasse ich Lambarene nach einem 2jährigen Aufenthalt, um nach Europa zu fahren, wo ich einige Monate zu verbringen gedenke. Rechte Freude über die Zeit der Erholung, die vor mir liegt, will von Anfang an nicht aufkommen. Zu schwer lasten auf mir die Sorgen, die die Nachrichten von politischen Geschehnissen in mir wachrufen und wachhalten. In allen Häfen, die wir auf der Fahrt berühren, treffen wir Kriegsschiffe an, die die drohende Kriegsgefahr verkörpern. Was an Reden aus dem Lautsprecher herausdröhnt, der sich auf Deck und im Speisesaal hören läßt, wie auch die Unterhaltungen, die geführt werden, ist nicht geeignet, die Befürchtungen zu zerstreuen, sondern verstärkt sie.

Bei der Landung in Bordeaux bin ich entschlossen, auf den Europaaufenthalt zu verzichten und nach zwölf Tagen, mit demselben Schiff, auf dem ich gekommen, wieder nach Afrika zurückzukehren. Die wenigen Tage, die ich im Elsaß zu verbringen habe, benutze ich, um Ordnung in die Angelegenheiten des Spitals und in die meinen zu bringen. Sollte es wirklich zum Kriege kommen, so muß ich auf meinem Posten sein und in den schwierigen Situationen, die er mit sich bringen wird, die Leitung des Spitals innehaben.

Am 3. März fahre ich auf einem kleinen Flußdampfer wieder in den Ogowe ein. Während wir zwischen den waldigen Ufern, die sich vor uns auftun, das Meer außer Sicht bekommen, frage ich mich mit Bangen, was alles sich ereignet haben wird, wenn ich einmal wieder aus dem

Fluß ins Meer hinausfahren werde. In den nun folgenden Monaten benutzte ich alle Mittel, über die das Spital verfügt, um Medikamente und andere für seinen Betrieb erforderlichen Dinge an Ort und Stelle zu kaufen oder aus Europa kommen zu lassen. Ich habe das Glück, daß fast alle Sendungen noch vor Ausbruch des Krieges eintreffen ...

Bei Kriegsbeginn müssen wir uns schweren Herzens entschließen, einen großen Teil der Leute, die aus dem Innern gekommen waren, um sich von Hernien und Elephantiasistumoren operieren zu lassen, nach Hause zu senden. Es heißt ja jetzt, mit dem Operationsmaterial haushalten, da wir nicht wissen, wann wir uns neues beschaffen können. Nur die dringlichsten Operationen dürfen wir unternehmen. Überhaupt müssen wir alle Patienten, die nicht ganz schwer krank sind, ziehen lassen. Unsere Mittel erlauben uns fürderhin nicht, Kranke in großer Anzahl zu ernähren.

Welch traurige Tage verbringen wir mit dieser Heimsendung! Immer wieder müssen wir denen, die dennoch hierbleiben wollen, die flehentlichen Bitten versagen, immer wieder es versuchen, ihnen das für sie Unbegreifliche zu erklären, daß sie aus dem Spitale fort müssen. Manche der Heimkehrenden können Dampfer und Motorboote, deren Inhaber die Güte haben, sie mitzunehmen, benutzen. Andere bleiben darauf angewiesen, auf Urwaldpfaden in langen, beschwerlichen Wanderungen sich in das ferne Dorf zurückzubegeben. Endlich sind alle, die wir dafür bestimmt haben, fort. Die herzzerreißenden Szenen haben ein Ende. Wie tot kommt uns das Spital mit der so verringerten Anzahl der Insassen vor. Auch einen Teil der eingeborenen Heilgehilfen haben wir entlassen ...

Mehrmals werde ich von Faktoreibesitzern angehalten, die mir Reis in erheblichen Mengen zu einem äußerst günstigen Preis anbieten. Es stellt sich heraus, daß es sich um Reis handelt, dessen sie sich gerne entledigen möchten, weil er nicht bester Qualität ist und schon Rüsselkäfer beherbergt. Ich gebe ihnen zu bedenken, daß sie nicht sicher sind, in absehbarer Zeit andern zu bekommen. Sie aber sind fest überzeugt, daß in diesem Kriege, anders als in dem vorhergehenden, die Seewege nicht gefährdet sein werden und daß also die regelmäßige Zufuhr der erforderlichen Güter und Waren gesichert sei. Darum lehnen die Käufer diesen Reis ab. Sie warten auf den neuen, der aus Saigon kommen soll. So wird mir eine stattliche Anzahl von Säcken mit Reis geradezu aufgedrängt. Zum Glück habe ich die Räume, um sie zu lagern. Aber die Barschaft des Spitals schmilzt durch diesen Kauf in beängstigender Weise zusammen. Drei Jahre lang zehren wir dann von diesem Reis ...

Am 11. Januar 1940 trifft Frl. Dr. Wildikann, die schon von 1935 bis 1937 hier in Tätigkeit war, zu einem zweiten Aufenthalt ein. Sie hat das scheinbar Unglaubliche fertiggebracht, während des Krieges von Riga, ihrer Heimat, nach Bordeaux zu gelangen und sich dort nach Äquatorialafrika einzuschiffen ...

Im März wird der große Passagierdampfer «Brazza», der seit Jahren den Dienst auf der Linie zwischen Bordeaux und Äquatorialafrika versieht, in der Nähe von Cap Finisterre torpediert. Das Schiff sinkt so schnell, daß nur wenige Passagiere gerettet werden. Unter den Umgekommenen befinden sich so manche Leute aus unserer Gegend. Auch unter den verunglückten Angehörigen des Schiffspersonals haben wir gute Bekannte von den Fahrten her, die wir auf diesem Dampfer gemacht haben. Mit diesem Schiff geht die letzte Sendung von Medikamenten und Operationsmaterial, die wir von Europa erhalten sollten, verloren.

Nunmehr müssen auch diejenigen, die sich hier darüber hinwegtäuschen wollten, einsehen, daß in diesem Kriege der Schiffsverkehr in demselben Maße gefährdet ist wie in dem vorigen. Die gewaltigen Geschehnisse im Mai und Juni 1940 bringen es dann allen zu Bewußtsein, daß der Krieg nun wirklich entbrannt ist und daß er dem vorigen an Furchtbarkeit nichts nachgeben, ihn eher übertreffen wird.

In den Kämpfen zwischen den Truppen General de Gaulles und denen von Vichy,[12] die im Oktober und November 1940 um den Besitz von Lambarene stattfinden, bleibt unser Spital vor Schaden bewahrt. Dies hat es sowohl seiner Lage als auch der Rücksichtnahme der beiden kämpfenden Parteien zu verdanken. Es liegt nicht bei Lambarene selbst, sondern vier Kilometer flußaufwärts und ist von ihm durch einen etwa fünfhundert Meter breiten Flußarm getrennt. Von ihren Befehlshabern werden die Flugzeugbesatzungen beider Parteien angewiesen, von Bombenabwurf auf das Spital abzusehen. So wird es zu einem Zufluchtsort für Weiße und Schwarze. Gegen die zahlreichen verirrten Geschosse schützen wir uns durch starke Wellblechplatten, mit denen wir die Holzwände unserer Häuser in der Richtung gegen Lambarene zu verstärken. Zum Glück besitze ich einen ziemlichen Vorrat an Wellblech.

Dadurch, daß unsere Kolonie vom Herbst 1940 an eine mit den Alliierten zusammengehende Regierung besitzt, sind wir von Frankreich und dem europäischen Kontinent abgeschlossen, können nunmehr aber mit England und den Vereinigten Staaten von Amerika verkehren. Es dauert jedoch geraume Zeit, bis die Postverbindungen mit diesen Ländern einigermaßen zu funktionieren beginnen. Auf lange hinaus bleibt der Schiffsverkehr mit ihnen so gefährdet, daß er für Postsendungen kaum in Betracht kommen kann. Über England können wir gelegentlich, nicht ständig, in Verbindung mit Schweden sein.

Aus dem Elsaß empfangen wir nun lange Zeit keine Nachrichten mehr. Durch die letzten, die wir erhielten, erfahren wir, daß durch die Ereignisse des Frühsommers 1940 so manche Ortschaften in der Heimat schwer betroffen worden sind und daß Weier-im-Tal, bei Günsbach, leider beinahe ganz zerstört ist.

Im Sommer 1941 gelingt es meiner Frau, aus Frankreich

nach Lissabon zu kommen und von dort, mit einem portugiesischen Schiff, Sazaire, einen Hafen der portugiesischen Kolonie Angola an der Kongomündung, zu erreichen, von wo sie dann auf dem Umweg durch Belgisch-Kongo am 2. August hier eintrifft...

Die ärztliche Arbeit teilen unter sich und mit mir: Doktor L. Goldschmid, der dem Spital seit 1933 angehört und Ende 1938 von einem Urlaub in Europa zurückgekehrt ist, und Frl. Doktor Anna Wildikann. Ich selber bin daneben noch auf mancherlei Weise in Anspruch genommen: durch den Unterhalt der Gebäude und der Wege und durch die Leitung der Arbeiten in der Pflanzung. Da in der Kriegszeit, wo der Holzhandel darniederliegt, Arbeitskräfte billig zu haben sind, entschließe ich mich, Arbeiten, die ich bisher verschoben hatte, nunmehr in Angriff zu nehmen. Mehrere Hektar Land müssen urbar gemacht werden, damit alle die jungen Bäume, die in der Baumschule und sonstwo stehen, verpflanzt werden können. Wenn alle Bäume des Spitals einmal tragen, können wir in Port-Gentil für Obst Reis eintauschen.

Große Flächen der schon bestehenden Ölpalmenpflanzung sind im Begriff, von Gebüsch und Schlinggewächs wieder überwuchert zu werden, weil wir uns seit Jahren darauf beschränken mußten, dasselbe nur abzuhauen, statt mit den Wurzeln auszugraben. Nun heißt es, auch diese sich über Hektare erstreckende, nicht länger aufzuschiebende, mühevolle Arbeit in Angriff zu nehmen...

Viel Mühe muß ich ferner mit den Arbeitern darauf verwenden, das Erdreich unseres großen Gartens auf dem Abhang gegen den Fluß zu, das in den Regenperioden der letzten Jahre immer mehr ins Rutschen gekommen ist, aufzuhalten. Einige hundert Meter von starken, auf tiefen Fundamenten aufgeführten Mauern sind nötig, um dieser die Existenz unseres Gartens bedrohenden Bewegung ein Ende zu setzen. Schon allein das Herbeischaffen der dazu erforderlichen Steine bedeutet eine schwere und lange Arbeit, da sie nicht in der Nähe zu finden sind. Eine trokkene Jahreszeit reicht für das Unternehmen nicht aus. Erst in der des folgenden Jahres wird es vollendet. Nunmehr droht unserm in Terrassen ansteigenden Garten keine Gefahr mehr ...

Eine herrliche Überraschung erlebe ich zu Ende des Jahres 1940. Doktor Edward Hume, Sekretär des «Christian Medical Council for Overseas Work» (Komitee für missionsärztliche Angelegenheiten), den ich von einem Zusammensein mit mir in Günsbach kenne, bietet mir in einem Briefe an, mir Medikamente aus Amerika zukommen zu lassen. Gleichzeitig schreibt mir Professor Everitt Skillings vom Middleburg College, der mich ebenfalls einmal in Günsbach besucht hatte, daß er und seine Freunde, in Anbetracht der schwierigen Lage, in der sich mein Spital befinden müsse, Gaben dafür in den Vereinigten Staaten zusammenzubringen versuchen. Daraufhin schicke ich Doktor Hume eine Liste der Medikamente und Sachen, deren wir am meisten bedürfen, und bitte ihn, mir davon so viel zu beschaffen und zu senden, als es die Mittel der von Professor Skillings empfangenen Gaben erlauben. Es dauert über ein Jahr, bis die Sendung, die zunächst nach Duala (Kamerun) geht und von dort weitergeleitet wird, bei uns eintrifft. Wieviel Angst haben wir Monate hindurch um diese wertvollen Kisten, die der Flußdampfer am 11. Mai 1942 bei uns ablädt, ausgestanden! Die neuen Medikamente kommen gerade recht. Der Vorrat, den wir besaßen, ist beinahe aufgebraucht. Nun füllen sich die leeren Schäfte der Apotheke wieder einigermaßen. Im Frühjahr 1945 kommen dann auch Medikamente aus England an.

Die Geldgaben, in deren Besitz wir 1941 gelangen, reichen gerade hin, um den Betrieb aufrechtzuerhalten. Was uns dann 1942 und 1943 gesandt wird, erlaubt uns, nach und nach wieder Kranke in größerer Zahl aufzunehmen. Wir haben nun nicht nur die für ihre Behandlung erforderlichen Medikamente, sondern auch die Mittel, sie zu ernähren. Wie dankbar bin ich den treuen Freunden, daß ich nun, wie früher, alle Patienten, die es nötig haben, aufnehmen und verpflegen kann! Jetzt sind wir auch imstande, wieder mehr zu operieren als bisher ...

Eine große Veränderung bewirkt in unserm Lande von 1941 an der Bau von Straßen, die den Verkehr mit Lastautomobilen erlauben. Sie sind eine strategische Notwendigkeit ... Natürlich weisen die neugebauten Straßen noch viele Unvollkommenheiten auf. Eine Fahrt auf ihnen ist nichts weniger als ein Genuß. Aber es bedeutet doch einen großen Fortschritt, daß wir jetzt auf dem Landwege in wenigen Tagen Ortschaften erreichen können, für die man vor dem Kriege. mit einer Trägerkolonne auf Waldpfaden wochenlang unterwegs war. So stehen wir jetzt durch Kraftwagenpost mit im Innern gelegenen englischen, amerikanischen und schwedischen Missionsstationen in Verbindung, die uns früher so gut wie unerreichbar waren ...

Im Jahre 1943 verbringt Doktor Goldschmid einen Erholungsurlaub von mehreren Monaten im Belgischen Kongo. In seiner Abwesenheit operiere ich wieder selber, wie zu Beginn meiner afrikanischen Tätigkeit, während ich sonst als sein Assistent fungiere ...

Im Laufe von 1944 kommt uns zu Bewußtsein, wie müde wir eigentlich sind. Diese Müdigkeit hat ihren Grund ebenso sehr in dem zu langen Aufenthalt in dem heißen, dumpfen äquatorialen Klima wie in der durch die übergroße Arbeit verursachten stetigen Überanstrengung. Wir müssen hinfort die letzten Reserven unserer Energie in Anspruch nehmen, um täglich das leisten zu können, was der Betrieb erfordert. Ja nicht krank werden, ja weiter zur Arbeit taugen: dies ist unser aller tägliche Sorge. Für einen von uns, der aufgeben muß, aufzukommen, ist weiter nicht mehr möglich, wie uns allen klar ist. Ersatz kann bis auf weiteres nicht kommen ... Und wir bleiben aufrecht.

Während wir immer mehr ermüden, nimmt die Arbeit immer mehr zu. Zu einem guten Teil ist diese Zunahme durch die stets wachsende Anzahl der weißen Kranken, die hospitalisiert werden müssen, bedingt. So manche der Europäer befinden sich nunmehr in einem so schlechten Gesundheitszustand, daß sie immer häufiger einen Aufenthalt im Spital benötigen. Gewisse Patienten verbringen Monate bei uns. Gar oft muß für zwanzig weiße Kranke oder noch mehr gekocht werden ...

Die durch die vielen und vielerlei Kranken verursachte Arbeit tun wir hier wie im Frieden lebend, während in der Ferne der Krieg tobt. Wir sind nicht täglich auf dem laufenden der Geschehnisse, da das Spital keinen Radioapparat besitzt und nicht danach trachtet, einen zu erwerben. Für die Nachrichten sind wir in der Hauptsache auf ein Blatt von etwa fünfzig Zeilen angewiesen, das der Beamte der Radiostation Lambarene für solche, die sich darauf abonnieren, täglich mit Schreibmaschine herstellt. Dieses Blatt lassen wir etwa zweimal in der Woche in Lambarene abholen. Ist ein weißer Patient im Spital, der seinen Radioapparat mitgebracht hat, so empfangen wir durch ihn einige Tage oder Wochen hindurch täglich Nachrichten.

Obwohl wir nicht ständig auf dem laufenden sind, sind wir doch stets durch das Furchtbare, was sich fort und fort ereignet, beschäftigt und bedrückt. Wir sorgen uns um so viele uns nahestehende Menschen, die durch die Ereignisse gefährdet sind. Es überkommt uns wie eine Scham, daß wir hier genügend zu essen haben, während Millionen in der Ferne Hunger leiden. Die Nachrichten von dem, was in den Gefangenenlagern geschieht, von der Mißhandlung der Juden und von den Leiden, die die verschleppten Bevölkerungen erdulden, erfüllen uns mit Entsetzen. Die Not der Holländer, von der wir erst nach und nach erfahren, erschüttert uns.

Wir wissen es voneinander, daß wir uns alle täglich aus der ständigen Niedergeschlagenheit zu der Arbeit, die es zu tun gibt, aufraffen müssen. Miteinander erleben wir es fort und fort als etwas Unbegreifliches, daß wir, während andere zum Leiden verurteilt sind oder eine Leiden und Tod verursachende Tätigkeit ausüben müssen, das mitleidsvolle Helfen zum Beruf haben dürfen. Daß wir in dieser Weise begnadet sind, gibt uns täglich neue Kraft zur Arbeit und macht uns diese kostbar.

Die erste Nachricht aus dem Elsaß erhalte ich durch einen am 6. Dezember 1944 in Straßburg geschriebenen und am Stephanstage hier ankommenden Brief von Fräulein Mathilde Kottmann. Sie hatte ihn, da die Post vom Elsaß aus noch nicht ging, jemandem, der sich nach Paris begab, anvertraut, der ihn dann von dort aus mit Luftpost beförderte. Bei der Ankunft dieses Briefes sind wir aber bereits wieder in großer Sorge um das Elsaß. Aus den wenigen unzusammenhängenden Nachrichten, die das Blatt der Radiostation Lambarene enthält, entnehmen wir, daß das Elsaß sich in großer Gefahr befindet. In den ersten Januartagen äußere ich meiner Frau und Fräulein Haußknecht gegenüber die Befürchtung, daß die Einwohner Straßburgs sich auf der Flucht gegen Zabern zu befinden. Nach und nach empfangen wir aus den Nachrichten über die schweren Kämpfe im Unterelsaß und im Oberelsaß den Eindruck, daß die Front hält. Mit tiefer Trauer lesen wir die gewöhnlich verstümmelt wiedergegebenen Namen von uns vertrauten Elsässer Ortschaften, die zerstört worden sind! Von den ersten Februartagen an lassen die Meldungen erkennen, daß das Elsaß gerettet ist. Durch ein Telegramm, das am 28. Februar in Paris aufgegeben wird und am 2. März hier ankommt, erfahren wir, daß die Dörfer des Münstertals in diesen für andere Gegenden so verhängnisvollen Monaten keinen Schaden gelitten haben. Ich kann es kaum fassen, daß Günsbach, das ich schon verlorengegeben hatte, noch steht. Wie ein Träumender wandle ich in jenen Tagen umher.

Die Nachricht von dem Aufhören des Krieges in Europa erhalten wir am Montag, dem 7. Mai, um die Mittagszeit. Während ich nach dem Essen an meinem Tische sitze, um dringende Briefe fertigzustellen, die um zwei Uhr auf den zum Meer hinabfahrenden Flußdampfer gebracht werden sollen, taucht vor meinem Fenster ein weißer Kranker auf, der seinen Radioapparat mitgebracht hat. Er ruft mir zu, daß nach deutschen Meldungen, die von der Radiostation Leopoldville in Belgisch-Kongo weitergegeben werden, in Europa ein Waffenstillstand zu Wasser und zu Lande abgeschlossen werden soll. Ich aber muß am Tisch sitzen bleiben, um mit den Briefen, die alsbald fort müssen, fertig zu werden. Nachher muß ich ins Spital hinunter, wo die Herzkranken und andere Patienten auf zwei Uhr zur Behandlung bestellt sind. Im Laufe des Nachmittags wird die Glocke geläutet und den sich versammelnden Bewohnern des Spitals mitgeteilt, daß der Krieg zu Ende ist. Später muß ich mich, trotz der großen Müdigkeit, in die Pflanzung schleppen, um zu sehen, was dort gearbeitet wird.

Erst am Abend komme ich zur Besinnung und kann versuchen, mir vorzustellen, was das Ende der Feindseligkeiten in Europa bedeutet und was die vielen Menschen empfinden müssen, die seit Jahren die erste Nacht ohne Angst vor drohender Bombardierung erleben dürfen. Während draußen im Dunkel die Palmen leise rauschen, hole ich das Büchlein mit den Sprüchen Laotses, des großen chinesischen Denkers aus dem 6. Jahrhundert vor Christus, vom Schaft herunter und lese seine ergreifenden Worte über Krieg und Sieg.

«Die Waffen sind unheilvolle Geräte, nicht Geräte für den Edlen. Nur wenn er nicht anders kann, gebraucht er sie ... Ruhe und Frieden sind ihm das Höchste. Er siegt, aber er freut sich nicht daran. Wer sich daran freuen würde, würde sich des Menschenmordes freuen ... Bei der Siegesfeier soll der Oberführer seinen Platz einnehmen nach dem Brauch der Trauerfeiern. Menschen töten in großer Zahl soll man beklagen mit Tränen des Mitleids. Darum soll, wer im Kampfe gesiegt, weilen wie bei einer Trauerfeier.» ...

Auf Grund einer Befürwortung des Generalgouverneurs

unserer Kolonie und den Bemühungen von Freunden des Spitales, die sich in Paris aufhalten, kann Fräulein Mathilde Kottmann Ende Juli 1945 ein von Paris nach Libreville fahrendes Flugzeug benutzen. Von dort gelangt sie, zuerst mit Automobil, nach dem Ogowefluß und dann auf diesem im Motorboot nach Lambarene, wo sie am 6. August eintrifft. Kaum angekommen, tut sie Dienst, um Fräulein Emma und mich nach Möglichkeit zu entlasten...

Im Oktober kommt endlich das längst erwartete Schiff, die Providence, zur Heimbeförderung der Europäer unserer Kolonie. Es nimmt Hunderte mit, darunter eine Reihe von Leuten aus unserer Gegend, die ihrer Gesundheit wegen so schnell als möglich fort müssen und seit längerer Zeit ständig oder fast ständig sich in unserem Spital aufhielten. Nun haben wir dementsprechend weniger Arbeit...

Die Existenz des Spitals wird sich in Zukunft... überaus schwierig gestalten. Zweifel könnten uns befallen, ob das Weiterbestehen des Werkes, bei der großen, überhaupt noch nicht übersehbaren, allenthalben eingetretenen Verarmung, weiterhin möglich sein werde. Aber wir vertrauen darauf, daß seine Freunde ihm auch unter den kommenden schweren Verhältnissen Treue halten werden. Das eine können wir ihnen versichern, daß dieses Werk notwendig ist, in Zukunft notwendiger denn je. Wir, die wir wissen, wieviel körperliches Elend hier vorhanden ist und was das Spital für die vielen, die davon betroffen sind, bedeutet, wagen die Freunde zu bitten: «Helft, daß es ihnen auch weiterhin verbleibe.» ...

*Ende 1951 schreibt Schweitzer ein Vorwort zur französischen Ausgabe des Buches «Zwischen Wasser und Urwald». Die Vorrede ist ein Gegenstück zur Missionspredigt von 1905: dort die Anklage gegen den ausbeuterischen Kolonialismus, hier die Verteidigung des patriarchalischen Kolonialgeistes der Wohlmeinenden.*

... Das Problem der Beziehungen zwischen Weißen und Eingeborenen hat sich in seinen Grundvoraussetzungen nicht geändert. Es kann nur eine definitive Lösung finden, wenn wir dazukommen, durch gegenseitige Achtung und durch die Art, wie wir uns gegenseitig benehmen, zwischen den beiden Gruppen wahrhaftige geistige Beziehungen zu schaffen. Alle anderen Unternehmungen, welcher Natur sie auch sein mögen, sind nur Lösungsversuche an der Außenseite, welche das Problem eher komplizieren als vereinfachen.

In der in diesem Buche beschriebenen Zeitepoche hatten wir das Recht, uns gegenüber den Eingeborenen in der Stellung des älteren Bruders zu fühlen, der das Wohl seines jüngeren Bruders will und der durch seine Kenntnis und Intelligenz im Stande ist zu beurteilen, welche Faktoren für seine Entwicklung und seinen wahren Fortschritt am günstigsten sind, und dementsprechend haben wir uns auch verhalten können. Wir waren nicht nur ein paar einzelne, die diese Überzeugung und geistige Haltung hatten und uns Mühe gaben, in den Kolonien dementsprechend zu handeln, sondern wir waren die Mehrzahl: Gouverneure, Kolonialbeamte, Missionare, Ärzte, Holzhändler, Kaufleute, Kolonisten aller Art. Mit Stolz konnten wir feststellen, daß die Gescheitesten und Klarsichtigsten unter den Eingeborenen in uns die älteren Brüder sahen und anerkannten, daß wir ihr Bestes und seine Verwirklichung auf gerechten Wegen wollten. Als Zeuge der Bemühungen jener Epoche wage ich zu behaupten, daß wir im Verlauf dieser Jahre nicht nur im Bereich der Wirtschaft Resultate erhalten haben, sondern auch im Bereich der menschlichen und geistigen Beziehungen zwischen den Eingeborenen und uns. Beziehungen auf der Basis von gegenseitigem Vertrauen waren im Begriff zu entstehen. Trotz aller Unzulänglichkeiten in den Resultaten, trotz aller Nachlässigkeiten, die vorgekommen sind, trotz aller Irrtümer, die begangen worden sind, hatten wir das Bewußtsein, auf dem guten Weg zu sein.

Jetzt müssen wir uns darein finden, uns nicht mehr als die älteren Brüder zu fühlen und nicht mehr als solche zu handeln. Nach der heute vorherrschenden Meinung kann die Geburt der Fortschritt-Aera nur stattfinden unter der Bedingung, daß der jüngere Bruder als mündig und genau so urteilsfähig wie der ältere Bruder betrachtet wird und daß die Eingeborenen die Schicksale ihrer Länder immer mehr selber in die Hand nehmen. So hat der Zeitgeist entschieden. In allem und auf der ganzen Erde will er abschaffen, was von einem patriarchalischen System übrig ist, um an seine Stelle ein nichtpatriarchalisches System zu setzen, das schwer zu definieren und noch schwerer zu verwirklichen ist. Die Geschichte wird eines Tages ihr Urteil über die Erfolge sprechen, welche durch die Preisgabe des patriarchalischen Systems in den Territorien zu erhalten sind, welche früher Kolonien hießen und heute diesen Namen nicht mehr tragen dürfen. Die Ereignisse, welche den Lauf der geschichtlichen Entwicklung bedingen, sind für ihre Zeitgenossen unergründlich und in ihren Effekten unberechenbar.

So gewinnt dieser Bericht über meinen ersten Lambarene-Aufenthalt die Züge eines einfachen Denkmals, gewidmet der Zeit, da die Kolonien noch Kolonien waren.

... Das dominierende Ereignis in den Jahren der Nachkriegszeit ist, daß das Spital dadurch, daß wir ständig über zweihundert Leprakranke in Pflege haben, zu einem fast doppelt so großen Unternehmen geworden ist, als es bisher war. Mich dazu zu entschließen, es in diesem Maße zunehmen zu lassen, ist mir nicht leichtgefallen. In demselben Maße sind ja die benötigten Kosten gestiegen. Aber ich glaubte, den Leprakranken dieser Gegend die Heilung, die ihnen die in Amerika während des Krieges entdeckten Mittel versprachen, nicht vorenthalten zu dürfen. Ich glaube, im Geiste unseres Spitals und im Sinne der Freunde, die es unterstützen, gehandelt zu haben.

Unterdessen hat sich noch eine Schwierigkeit dieser

Vergrößerung geltend gemacht, die ich damals bei meinem Entschluß nicht in Betracht zog. Ich glaubte, die Frage der Unterbringung der Leprakranken in der Weise lösen zu können, daß ich sie ein Dorf aus Bambushütten auf einem Hügel in der Nähe des Spitals (wo wir schon ein Gelände für ansteckende Kranke hatten) errichten ließe. Mit dem Bau dieses Dorfes hat sich seinerzeit Doktor Naegele viel Mühe gegeben. Bambushütten halten aber nur drei Jahre, weil ihre in den Boden getriebenen Pfähle, auch wenn sie aus relativ gutem Holz sind, in dieser Zeit verfaulen. Ein großer Nachteil der Bambushütten ist auch, daß die aneinandergereihten Bambusstäbe gegen den Wind und die feuchte Kühle der Nacht keinen genügenden Schutz bieten und daß das Dach aus den Blättern der Raphiapalme, wenn es nicht aus bestem Material besteht und nicht mit besonderer Sorgfalt hergestellt wurde, Regen durchläßt. Überhaupt bleibt es kaum drei Jahre in gutem Zustand, weil die Raphiablätter unter dem Einfluß des Regens und der Sonne brüchig werden ...

Ließen wir also unsere Leprapatienten das Dorf aus Bambushütten alle drei Jahre neu aufführen, ohne sie dabei zu beaufsichtigen, würde es größtenteils aus miserablen Hütten bestehen. Wird sich aber jedesmal ein Arzt auf viele Wochen frei machen können, um sich in der erforderlichen Weise mit dem Neubau des Dorfes abgeben zu können? Wird mir jedesmal einer dafür zur Verfügung stehen, der die Autorität besitzt, die Leute zu dieser langen und schweren Arbeit anzuhalten, und über einige Erfahrungen in dieser Art von Bauen verfügt? So entschloß ich mich vor Monaten, ein Dorf aus dauerhaften Gebäuden aufzuführen und die Arbeit derselben zu leiten.

Um richtig bauen zu können, mußte ich zuerst den rechten Bauplatz schaffen. Ein anderer Platz als der zwanzig Minuten vom Spital entfernte Hügel, auf dem jetzt das Dorf aus Bambushütten steht, kam nicht in Betracht. Die Niederung eignet sich nicht als Baugelände, weil hier Sümpfe sind, was heißen will, daß die in ihnen zum Leben gelangenden die Malaria verbreitenden Moskitos dem Menschen den Aufenthalt unmöglich machen.

Den Hügel aber muß man einebnen, damit er einen brauchbaren und ausreichenden Bauplatz abgibt. Die bisherigen Hütten standen auf den Abhängen desselben. Bei jedem Tornado floß Wasser in sie ein. Auch lagen sie weit auseinander, weil für jede ein einigermaßen tauglicher Platz gewählt worden war. Das Dorf bestand aus drei auseinanderliegenden, durch Dickicht voneinander getrennten Teilen. Die Pflegerin hatte es nicht leicht, die Kranken, die nicht gehen konnten, täglich in ihren Hütten aufzusuchen.

So nahm ich denn im Mai 1953 die Schaffung des Baugeländes in Angriff, indem ich die Kuppe des Hügels abtrug und die so gewonnene Erde auf beide Flanken desselben tragen ließ. Dadurch sollte ein ebenes Gelände von etwa zweihundert Meter Länge und neunzig Meter Breite entstehen. Daß zuerst so umfangreiche Erdarbeiten vorgenommen werden sollten, wollte den Schwarzen nicht in den Sinn. Sie hätten lieber auch die neuen Gebäude hingeklebt, wo es gerade einigermaßen gegangen wäre.

Daß bei diesen Erdarbeiten das Erforderliche geleistet würde, erreichte ich nur dadurch, daß ich fast Tag für Tag die ganze Arbeitszeit hindurch auf dem Bauplatz stand. Die Erde wurde in Kisten, die an Tragstangen befestigt waren, von je zwei Personen getragen. Alle Leprapatienten, die sich noch in einem befriedigenden Allgemeinzustand befanden, wurden zu dieser Arbeit aufgeboten. Es waren derer etwa sechzig. Bei dieser Arbeit taten auch zwölf Frauen mit. Sie trugen Erde in besonders leichten und kleinen Tragkisten und nur auf kurzen Strecken. In den letzten Wochen habe ich von einem befreundeten Holzhändler hundertachtzig Meter Feldbahnschienen und drei auf ihnen laufende Wagen geliehen bekommen. Dies erlaubt mir, die Erde von dem oberen Ende des Bauplatzes, wo sie mir in Mengen zur Verfügung steht, an das untere, wo ich sie brauche, zu befördern ...

Die Gebäude des Dorfes sind so gedacht, daß sie möglichst billig zu stehen kommen, dabei möglichst dauerhaft sind und den Patienten eine gute Unterkunft bieten. Sie sollen überdies den Eingeborenen als Muster dauerhafter Gebäude für ihre Dörfer dienen. Das Gebälk ist aus Hartholz, damit die Termiten ihm nichts anhaben können. Es wird auf etwa dreißig Zentimeter hohe Mauern aus Beton aufgesetzt. So kommt keiner seiner Teile mit Erde oder Wasser in Berührung, wodurch es vor Fäulnis bewahrt bleibt. Das Dach besteht aus Wellblech. Man meine nicht, daß ein Wellblechdach in den Tropen nicht verwendbar sei, weil es den Raum durch aufgespeicherte Sonnenhitze übermäßig erwärmt. Baut man in der Art, daß die Luft unter dem Dachgiebel in der Längsachse des Gebäudes durchstreichen kann, so wird der große Vorteil, daß das Wellblechdach auf lange Jahre einen absoluten Schutz gegen Regen gewährt, nicht durch den Nachteil erkauft, daß der Wohnraum eine unerträgliche Temperatur aufweist. Durch den unter dem Giebel statthabenden Zugwind fließt die von dem Wellblech erwärmte Luft ständig ab. Überdies halten sich ja unsere Leprakranken unter Tags nicht in der Hütte, sondern vor ihr unter dem weit vorspringenden, Schatten spendenden Dach auf. Im Innenraum verbringen sie nur die Nacht . . .

Für das ganze Dorf von etwa zweihundertfünfzig Personen sind die Aufwendungen für Zement, Wellblech, gesägtes Hartholz, Nägel, Schrauben, Türangeln, Türschlösser und Scharniere natürlich sehr bedeutend. Zement und Wellblech mit Fracht und Zoll kommen teuer zu stehen, bis sie von Europa nach Lambarene gelangt sind. Mit Wellblech, das ich geschenkt oder zu ermäßigtem Preis erhalten hatte, hätte ich einige der Gebäude decken können. Für die anderen hätte ich Raphiablätter nehmen müssen, wenn der Friedens-Nobelpreis mich nicht in Stand gesetzt hätte, das Dorf so, wie es sein soll, zu bauen. Von Bedeutung ist für mich auch, daß mit den Wellblechdächern die mit den Raphiadächern gegebene Feuersgefahr gebannt ist. Die Ausgaben für Wellblech sind so bedeutend, weil ich die Dächer weit vorspringen lasse, um den Leprakranken den Aufenthalt im Schatten vor den Häusern zu ermöglichen ...

Die Schwarzen sind gewohnt, zwei auseinanderliegende Bambushütten zu haben, die eine zum Wohnen, die andere als Küche. Im Spital, wo sie sich nur vorübergehend aufhalten, kann ich ihnen zumuten, unter dem vorspringenden Dach des Raumes, in dem sie wohnen, zu kochen. Für die Leprösen, die zwei oder drei Jahre bei uns in Pflege verbleiben müssen, wenn ihre Krankheit zum Stillstand kommen soll, geht dies nicht an. Sie müssen über einen Raum zum Unterbringen ihrer Vorräte an Lebensmitteln, an Wasser, an Brennholz verfügen, um sich daheim fühlen zu können. Daß ich ihnen zwei Räume zugestehen muß, hat zur Folge, daß mich das Dorf bedeutend teurer zu stehen kommt, als es anders der Fall wäre ...

Etwa ein Drittel der Gebäude des Dorfes der Leprakranken ist fertiggestellt. Unter ihnen befindet sich dasjenige, in dem die Kranken durch den Arzt und die Pflegerin behandelt werden. Es liegt im Schatten zweier Mangobäume und führt den Namen «Haus Greta Lagerfelt». In den letzten Briefen an die große schwedische Freundin des Spitals mußte ich ihr von diesem Bau berichten. Sie interessierte sich besonders für ihn. Eine von ihr gestiftete Gabe wurde für ihn verwandt.

Jedesmal, wenn wieder Leprakranke aus verfallenen Bambushütten in die neuen Räume übersiedelten, gaben sie ihrer Freude über das neue, schöne Wohnen Ausdruck. Ganz besonders wissen sie zu schätzen, daß die neuen Räume feste und verschließbare Türen besitzen, was in den Bambushütten mit den Bambustüren nicht der Fall sein könnte.

So erlebe ich, wie einst bei dem Bau des neuen Spitals in den Jahren 1925 bis 1927, nun im Alter wiederum die Genugtuung, daß ich Kranken auf Grund von Bauarbeit, die ich auf mich nahm, eine ungleich bessere Unterkunft als zuvor bieten kann. Aber diese Befriedigung kann mir nicht ganz darüber hinweghelfen, daß ich in dieser Zeit, dieses Bauunternehmens wegen, ein ganz anderes Leben führe, als ich vorhatte. Ich hatte gehofft, endlich einmal Zeit zu finden, um neben ruhiger Betätigung im medizinischen Betrieb auch wieder am Schreibtisch sitzen zu dürfen, um einigen Werken, mit denen ich seit Jahren beschäftigt bin, ihre definitive Gestalt zu geben und mich auch der großen Korrespondenz, die ich zu führen habe, in der erforderlichen Weise widmen zu können. Nichts davon hat sich erfüllt. Viel leide ich darunter, daß trotz aller Nachtarbeit, die ich auf die Korrespondenz verwende, und trotz der Hilfe, die mir von Fräulein Kottmann und Fräulein Silver für ihre Erledigung zuteil wird, so viele Briefe, auf die man Antwort von mir zu erwarten das Recht hat, ohne diese bleiben. Ganz besonders lastet auf mir, daß ich so vielen lieben Menschen, die durch ihre Gaben meinem Spital das Fortbestehen in dieser schweren Zeit ermöglichen, nicht meinen Dank aussprechen kann. Ich bitte sie, mir zu verzeihen und versichert zu sein, daß er in meinem Herzen vorhanden ist. Fort und fort Verstehen und Gütigkeit von Menschen zu erfahren gibt mir die Kraft und die Freudigkeit, die mich in der Arbeit aufrecht erhalten ...

Von jeher hatte ich die Eingeborenen dazu zu bringen gesucht, sich aus leichtem Holz oder Tierhäuten Sandalen zu machen, um sich nicht beim Barfußgehen Fußverletzungen durch Dornen und Steine sowie auch durch Glasscherben, die in der Nähe ihrer Behausungen im Gras herumliegen, zuzuziehen. Ich predigte tauben Ohren. Nicht einmal durch meinen Hinweis, daß bei Homer der schöne Gott Hermes sich für jede Wanderung, die er unternimmt, sogar wenn sie in der Luft stattfindet, Sandalen an die Füße bindet, konnte ich Interesse für diese Fußbekleidung erregen. Auf den Bildern, die unsere Leute in illustrierten Zeitschriften, die ihnen in die Hände fielen, zu sehen bekamen, trugen die Weißen, Männer wie Frauen, Schuhe und keine Sandalen. Damit war für sie die Sache entschieden. Da Schuhe für sie unerschwinglich waren, liefen sie weiter barfuß, ohne meinem Gerede Aufmerksamkeit zu schenken.

Wenn ich für Sandalen Propaganda machte, war es mir auch darum zu tun, daß Patienten von uns, mit Verbänden unten an den Füßen, aufhören würden, mit diesen auf dem Erdboden, in der Nässe und in jeglichem Schmutze herumzulaufen.

Als ich mich im Laufe der Jahre in mein mit der Anpreisung von Sandalen erlittenes Fiasko ergeben hatte, tauchten plötzlich in den Bildern von illustrierten Zeitschriften elegante Damen auf, die Sandalen an den Füßen hatten. Diesen war dann gegeben, die Eingeborenen zum Tragen von Sandalen zu bekehren. Seit etwa zehn Jahren hat sich diese Mode hier eingebürgert. Nun gehen uns die Spitalinsassen, und nicht nur die, die Verbände an den Füßen tragen, um Sandalen an. Unsere Mittel erlauben uns nicht, ihnen solche aus Europa kommen zu lassen. Aber ein Schwarzer, der auf der Veranda vor meinem Zimmer auf einem Schusterschemel sitzt und mit Schusterwerkzeug ausgerüstet ist, schustert aus alten Autoreifen und Schläuchen, die wir im Lande zusammenbetteln, Sandalen zusammen. Ihre Sohle wird den Mänteln entnommen. Der Schlauch gibt das Material für die Riemen ab. Gepriesen seien die eleganten Damen, die uns zur rechten Zeit zu Hilfe gekommen sind! Ihnen verdanken wir es, daß die vielen Verbände an Füßen von Leprakranken, die wir heute zu machen haben, rein bleiben.

Als ein Geschehnis in dem Aufkommen neuer Zeiten für das Spital habe ich auch etwas, das sich am 27. April dieses Jahres zugetragen hat, anzuführen. An diesem Tag hatten wir nämlich die erste Blinddarmoperation an einem Eingeborenen dieser Gegend auszuführen. Wie es kommt, daß diese bei den Weißen so häufige Erkrankung bei den hiesigen Schwarzen nicht vorkam, läßt sich nicht überzeugend erklären. Wahrscheinlich geht ihr vorläufig nur ausnahmsweises Vorkommen auf eine Änderung in der Ernährung zurück. Manche Eingeborenen, besonders solche, die in größeren Ortschaften ansässig sind, leben heute nicht mehr, wie früher, fast ausschließlich von Vegetabilien (Bananen, Maniok, Ignam, Taro, Süßbataten und Früchten), sondern teilweise auch schon von Büchsenmilch, Büchsenbutter, Fleischkonserven, Fischkonserven und Brot.

Das Datum des Aufkommens des Karzinoms (Krebs), dieser anderen der Kultur zugehörigen Erkrankung, ist für unsere Gegend nicht mit derselben Sicherheit festzustellen wie die der Blinddarmentzündung. Wir können nicht mit Bestimmtheit behaupten, daß es früher hier gar keinen Krebs gab, weil die mikroskopische Untersuchung aller festgestellten Tumoren (Geschwülste), die über ihre Natur Auskunft gibt, hier erst seit einigen Jahren stattfindet. Nur so viel kann ich aus meiner eigenen bis auf 1913 zurückgehenden Erfahrung sagen, daß, wenn Krebs vorkam, dies immerhin sehr selten gewesen sein muß und daß er erst mit der Zeit etwas häufiger geworden ist. Er ist aber noch nicht so weit verbreitet wie bei den Weißen Europas und Amerikas...


Der «idyllische» Atomkrieg

Im April des vorigen Jahres habe ich, gleichzeitig mit anderen,[13] das Wort ergriffen, um auf die große Gefahr aufmerksam zu machen, welche die radioaktive Verseuchung der Luft und der Erde durch Versuchsexplosionen von Atombomben und Wasserstoffbomben bedeutet. Mit anderen vertrat ich die Forderung, daß die atomwaffenbesitzenden Staaten möglichst bald darüber übereinkommen sollten, mit diesen Versuchen aufzuhören, um damit zugleich zu bekunden, daß sie ernstlich gewillt seien, miteinander auf Atomwaffen zu verzichten.

Damals konnte man sich der Hoffnung hingeben, daß dieser erste Schritt getan würde. Es kam aber nicht dazu. Die im Sommer 1957 in London von Harold Stassen geleiteten Verhandlungen zwischen Amerika, England und der Sowjetunion verliefen ergebnislos. Dasselbe Schicksal war den Besprechungen einer im Herbst des vergangenen Jahres von der UNO veranstalteten Konferenz dadurch beschieden, daß die Sowjetunion aufhörte, sich an ihnen zu beteiligen.

Nunmehr hat die Sowjetunion einen Abrüstungsplan vorgeschlagen, auf Grund dessen man sich anschickt, in neue Verhandlungen einzutreten. Als erstes sieht dieser vor, daß man ohne weiteres und alsbald mit den Versuchsexplosionen aufhören solle.

Wie steht es um diese Forderung? Man sollte meinen, daß es für alle Verhandlungspartner leicht sei, ihr zuzustimmen. Keiner würde dadurch eine Einbuße in seinem Besitz an Atomwaffen erleiden. Und der Nachteil, keine neuen Atomwaffen erproben zu können, würde ja für alle der gleiche sein.

Dennoch fällt es Amerika und England schwer, auf den Vorschlag einzugehen. Schon gleich, als im Frühjahr 1957 von ihm die Rede war, haben sie sich gegen ihn ausgesprochen. Seitdem bestreiten sie in einer zähen Propaganda, daß die Gefahr der dadurch produzierten Radioaktivität so groß sei, daß sie zu einem Verzicht auf weitere Versuche nötige. Fortlaufend wird der amerikanischen und europäischen Presse reichliches Material dieser Propaganda durch staatliche Atomkommissionen und Wissenschaftler, die sich bewogen fühlen, sich in demselben Sinn zu äußern, zugestellt ...

Im Fortgang der Beruhigungspropaganda versteigt sich, im August 1957, eine sehr hohe amerikanische Atompersönlichkeit zu der Behauptung, daß die Radiumleuchtzifferblätter der in Gebrauch befindlichen Uhren eine größere Gefahr bedeuten als der gesamte radioaktive Niederschlag von allen bisher stattgefundenen Versuchsexplosionen!

Viel verspricht sich die Beruhigungspropaganda davon, daß sie der Welt die frohe Botschaft verkünden kann, es sei der Wissenschaft gelungen, den Prototyp einer Wasserstoffbombe herzustellen, die bei der Explosion viel weniger von den so gefährlichen radioaktiven Stoffen produziert als die gewöhnliche. Diese neue Wasserstoffbombe wird die saubere genannt. Die bisherige muß sich gefallen lassen, hinfort die schmutzige zu heißen.

Die saubere Wasserstoffbombe beruht darauf, daß bei ihr der Mantel aus Uran 238 fehlt, der bei der ungeheuren Temperatur der Explosion das Material für eine Unmenge radioaktiver Elemente abgibt! Aus diesem Grunde ist sie, was die produzierende Radioaktivität betrifft, viel weniger schädlich als die gewöhnliche. Sie besitzt aber auch eine geringere Explosionskraft als diese.

Nebenbei sei bemerkt, daß diese als sauber gepriesene Wasserstoffbombe nur relativ sauber ist. Ihre Zündung ist ja eine Uranbombe aus spaltbarem Uran 235, die die Wirkung einer Hiroshimabombe hat. Diese produziert bei der Explosion auch Radioaktivität. Dasselbe tun die massenhaft bei der Explosion frei werdenden Neutronen.

In lyrischen Tönen singt Edward Teller, der Vater der schmutzigen Wasserstoffbombe, in einer amerikanischen Zeitung zu Beginn des Jahres 1958, einen Hymnus auf den idyllischen Atomkrieg, der einmal mit ganz sauberen Wasserstoffbomben geführt werden wird. Er verlangt Fortsetzung der Versuche, um in ihnen diese ideale Bombe züchten zu können.

Zwei Verse aus Edward Tellers Hymnus auf den idyllischen Atomkrieg: «Weitere Bombenversuche werden uns in die Lage versetzen, daß wir die Kriegsmaschinerie unseres Gegners bekämpfen können, während die unschuldig daneben Stehenden verschont bleiben.»

«Die ganz reinen Bomben werden unnötige Zufälle in einem zukünftigen Krieg vermindern.»

Natürlich denken weder die Sowjetunion noch Amerika daran, diese eine geringe Wirkung besitzende Bombe herzustellen, um sich ihrer in einem eventuellen Krieg zu bedienen. Vor noch nicht langer Zeit, im Sommer 1957, hat ja das amerikanische Verteidigungsministerium geäußert, daß die radioaktive Verseuchung ganzer Gebiete zu einer neuen Angriffswaffe geworden ist.

Die saubere Atombombe ist nicht für den Gebrauch, sondern nur für das Schaufenster bestimmt. Sie soll helfen, die Leute glauben zu machen, daß die Versuchsexplosionen von jetzt an immer weniger Radioaktivität im Gefolge haben werden und daß also gegen ihre Fortsetzung nichts Stichhaltiges vorzubringen sei. Dies hat eine amerikanische Wissenschaftler-Zeitschrift schon 1956 festgestellt...

Eines der gefährlichsten radioaktiven Elemente, die wir in uns aufnehmen, ist bekanntlich Strontium 90. Dieses lagert sich in den Knochen ab und gibt von da seine Strahlung in die Zellen des roten Knochenmarks ab, in dem die roten und weißen Blutkörperchen gebildet werden. Dies hat Blutkrankheiten zur Folge, die in den meisten Fällen tödlich verlaufen.

. Am meisten werden durch die Strahlung die Zellen der für die Fortpflanzung in Betracht kommenden Organe geschädigt. Auch wenn die Strahlung nur ganz schwach auf sie einwirkt, kann sie verhängnisvolle Folgen haben.

Das Unheimliche der von innen wie auch von außen kommenden Bestrahlung ist, daß es jahrelang gehen kann, bis die Folgen offenbar werden. Die üblen Wirkungen auf die Nachkommenschaft treten sogar erst viel später in Erscheinung, kaum in der ersten und zweiten Generation, sondern erst in den späteren. In diesen zeigen sich dann die Erbschäden in steigendem Maße bis auf Jahrhunderte hinaus...

Den Todesstoß gab der Beruhigungspropaganda die Erklärung der 9 235 Wissenschaftler aus allen Völkern, die der bekannte amerikanische Forscher Dr. Linus Pauling am 13. Januar 1958 dem Generalsekretär der UNO überreichte. In ihr stellen sie miteinander fest, daß die durch die Versuchsexplosionen fort und fort erzeugte Radioaktivität eine schwere Gefahr für alle Gegenden der Erde bedeutet und eine überaus schwere insbesondere dadurch, daß sie in kommenden Generationen Mißgeburten in steigender Zahl zur Folge haben wird. Darum verlangen sie, daß ein internationales Abkommen den Versuchen ein Ende setze . . .

Das Unbegreifliche an der Propaganda für die Fortsetzung der Versuchsexplosionen ist, daß sie es fertigbringt, sich über alles hinwegzusetzen, was, den Biologen und Ärzten zufolge, auf Grund der auf die heutige Menschheit einwirkenden Radioaktivität in kommenden Geschlechtern an Unheil zu erwarten ist. Das Manifest der 9 235 Wissenschaftler tat gut daran, auf diese Gefahr eindringlich aufmerksam zu machen.

Wir können die Verantwortung dafür nicht auf uns nehmen, daß, weil wir ihr nicht genügend Beachtung schenkten, einmal Kinder mit schwersten körperlichen und geistigen Schäden zu Tausenden auf die Welt kommen werden. Nur solche, die nie dabei waren, wenn eine Mißgeburt ins Dasein trat, nie ihr Wimmern hörten, nie Zeugen des Entsetzens der Mutter waren, können die Behauptung wagen, daß die Fortsetzung der Versuchsexplosionen ein Risiko sei, zu dem man sich unter Umständen entschließen könne. Der bekannte französische Biologe und Erbforscher Jean Rostand nennt das Fortsetzen der Versuche das auf die Zukunft hin verübte Verbrechen (le crime dans l'avenir). Dafür einzutreten, daß diese Versündigungen an der Zukunft nicht stattleben, sind in besonderer Weise die Frauen berufen. An ihnen ist es, die Stimme zu erheben. Sie mögen es vernehmlich tun.

Merkwürdigerweise ist bisher ganz außer Betracht geblieben, daß die Frage des Weitergehens oder Aufhörens der Versuchsexplosionen nicht etwas ist, das nur die Atomwaffen erzeugenden Länder angeht und über das sie miteinander nach Gutdünken zu beschließen haben. Wer gibt denn diesen Mächten das Recht, in Friedenszeiten Erprobungen von Waffen vorzunehmen, die sämtliche Länder der Welt in schwerster Weise zu schädigen vermögen? Was sagt das in unserer Zeit hochgepriesene und von den Vereinten Nationen auf den Thron erhobene Völkerrecht dazu? Sieht es aus dem Tempel, in dem es thront, nicht mehr in die Welt hinaus? Man hole es heraus, daß es sich in ihr umsehe und seines Amtes walte.

Einen interessanten Fall kann es gleich in Japan zu Gesicht bekommen. Dieses Land leidet unter den Versuchsexplosionen in besonderem Maße. Die Winde treiben die radioaktiven Wolken sowohl der Versuche der Sowjetunion in Nordostsibirien als auch der amerikanischen auf Bikini (einer Insel des Stillen Ozeans) auf Japan zu und über es hin. So ist die radioaktive Verseuchung, unter der es zu leiden hat, die denkbar schlimmste. Sehr starke radioaktive Regen gehen häufig über ihm nieder. Die radioaktive Verseuchung des Bodens und der Pflanzen ist derart, daß zuzeiten die Einwohner dieser oder jener Gegend darauf verzichten müßten, sich von dem, was sie ernten könnten, zu ernähren. Denn sonst kommen sie in die Lage, Reis zu essen, der strontiumhaltig ist. Für Kinder ist dies besonders gefährlich. Da auch die umgebenden Meere zuzeiten radioaktiv verseucht sind, ist die Ernährung der Bevölkerung durch Fische, die in Japan eine so große Rolle spielt, durch die Mengen von radioaktiven Fischen, die für sie nicht in Betracht kommen können, in Frage gestellt... Es ist keine Zeit zu verlieren. Neue Versuche dürfen die Gefahr, in der wir uns befinden, nicht noch erhöhen. Von selbst wird sie, was wohl zu beachten ist, in den nächsten Jahren noch zunehmen. Ein großer Teil der durch die bisherigen Versuche in die Atmosphäre und Stratosphäre emporgeschleuderten radioaktiven Stoffe befindet sich noch über uns. Erst im Laufe von Jahren – man rechnet mit ungefähr fünfzehn – wird er auf die Erde herabgekommen sein...

Daß die Sowjetunion von jetzt an bis auf weiteres darauf verzichten will, Versuchsexplosionen zu unternehmen, hat eine große Bedeutung. Wenn England und Amerika sich zu demselben vernünftigen, durch das Völkerrecht verlangten Entschluß aufraffen können, wird die Menschheit von der Angst befreit werden, durch die sich aus den Versuchsexplosionen ergebende Zunahme radioaktiver Verseuchung der Luft und des Erdbodens in ihrer Existenz bedroht zu sein ...

Wie verliefe ein heute ausbrechender Atomkrieg?

Zuerst sei der sogenannte lokale in Betracht gezogen. Insgeheim geben sich nämlich so manche Menschen der Hoffnung hin, daß die Feindseligkeiten mit einem einigermaßen lokal begrenzten Atomkrieg anheben könnten, in dem noch nicht von den vervollkommneten Atombomben und von mächtigen Wasserstoffbomben Gebrauch gemacht würde, sondern nur von Kurz- und Mittelstreckenraketengeschossen. Die durch diese angerichtete Vernichtung könnte, so hofft man, sich noch in gewissen Grenzen halten und ein rechtzeitiger Friede ebenfalls noch in Betracht kommen.

Was die lokale Beschränktheit eines solchen Krieges angeht, ist es damit nicht weit her. Er wird ja mit Raketengeschossen von bis zu 2 400 Kilometer Reichweite geführt. Auch die statthabende Vernichtung darf nicht gering eingeschätzt werden, da die Wirkung der zur Verwendung kommenden Atomgeschosse die einer Hiroshimabombe ist und eine noch viel größere, wenn sie einen Wasserstoffbombensprengkopf haben.

Es ist kaum anzunehmen, daß die Gegner darauf verzichten werden, von Anfang an auf große Städte vervollkommnete Uranbomben oder mächtige Wasserstoffbomben durch Bomber abwerfen zu lassen. Eine große Wahrscheinlichkeit spricht also dafür, daß in einem kommenden Atomkrieg Raketengeschosse und große Bomber miteinander eingesetzt werden. Der mit Abwurf großer

Bomben geführte Krieg wird durch den mit Raketengeschossen nicht ersetzt, sondern vervollständigt ...

Schutzbauten mit dicken Betonmauern für die ganze Bevölkerung eines Ortes zu erstellen, daran ist nicht zu denken. Woher nähme man den erforderlichen Platz und die erforderlichen Mittel? Wo nähmen, im Falle einer Bombardierung, die Einwohner die Zeit her, miteinander in irgendwo erstellten Bunkern Schutz zu suchen?

In einem Atomkrieg gibt es keinen Sieger, sondern nur Besiegte. In ihm erleidet jeder von den Bomben und Atomgeschossen seines Gegners, was die seinen diesem antun. Es entsteht dabei eine in Gang bleibende Vernichtung, der kein Waffenstillstand und kein Friedensschluß ein Ende setzen kann. Wo es sich um Atomwaffen handelt, kann kein Volk zu seinem Gegner sagen: «Nun sollen die Waffen entscheiden», sondern nur: «Nun wollen wir miteinander Selbstmord begehen, indem wir uns gegenseitig vernichten.» Mit Recht hat ein englischer Parlamentarier gesagt, daß, wer Atomwaffen gebraucht, das Schicksal einer Biene hat, die, wenn sie sticht, ihrerseits unfehlbar daran zugrunde geht, daß sie von ihrem Stachel Gebrauch gemacht hat ...

Leider ist die Gefahr, daß der kalte Krieg in einen Atomkrieg übergeht, heute viel größer als je zuvor. Sie hat ihren Grund in dem Aufkommen der ferngelenkten Raketengeschosse und den durch sie gegebenen Möglichkeiten. In vergangenen Zeiten hat Amerika zum Prinzip gehabt, neben der Sowjetunion allein im Besitze von Atomwaffen zu bleiben. Es hatte kein Interesse, andere Staaten mit Uran- und Wasserstoffbomben auszustatten. Diese hätten auch nicht gewußt, was damit anfangen. Durch das Aufkommen von ferngelenkten Raketengeschossen von kleinerer und größerer Reichweite ändert sich aber die Lage. Mit diesen können die mit Amerika im Bund stehenden Länder etwas anfangen, das sie in ihrem und Amerikas Interesse für geboten erachten. So geht Amerika vom

Dogma ab, keine Atomwaffen in andere Hände zu geben. Ein folgenschwerer Entscheid.

Von seinem Standpunkt aus ist es begreiflich, daß es die NATO-Völker in Stand setzen will, sich mit diesen neuartigen Atomwaffen gegen die Sowjetunion verteidigen zu können. Für die Sowjetunion aber bedeutet diese Bewaffnung eine vorher nicht vorhandene Bedrohung. Nunmehr sind die bisher nichtvorhandenen Voraussetzungen für einen zwischen Amerika und der Sowjetunion auf europäischem Boden mit Atomwaffen zu führenden Landkrieg gegeben. Von Westdeutschland aus kann das Gebiet der Sowjetunion durch ferngelenkte Mittelstreckenraketen bis zu 2 400 Kilometer Reichweite, bis Moskau und Charkow hin, beschossen werden. Die Mittelstreckenraketen, die die Türkei und Iran eventuell zu ihrer Verteidigung gegen die Sowjetunion von Amerika annehmen würden, vermöchten Städten der Sowjetunion bis weit ins Innere gefährlich zu werden. So kann sich die Sowjetunion in der Lage fühlen, ein gegen sie, auf Grund des Vorhandenseins von Raketengeschossen, unternommenes Einkreisungsmanöver abwehren zu müssen.

Die strategische Wichtigkeit des Mittleren Orients bringt es mit sich, daß sowohl die Sowjetunion als auch Amerika sich dort Völker zu verpflichten suchen, indem sie für sie eintreten, sie mit Geld unterstützen und ihnen Waffen (vorerst gewöhnliche) zukommen lassen. In allen dort entstehenden Streitereien treten sie offen oder versteckt gegeneinander auf. So können Geschehnisse im Mittleren Orient für das Weiterbestehen des Friedens verhängnisvoll werden. Der Mittlere Orient hat die Rolle übernommen, die vor dem ersten Weltkrieg der Balkan innehatte.

Die durch das Aufkommen von atomaren Raketenwaffen gesteigerte Kriegsgefahr wird größer noch dadurch, daß der Atomkrieg wohl kaum auf Grund einer Kriegserklärung von seiten einer Atommacht statthaben wird, sondern durch irgendein Vorkommnis zufällig zum Ausbruch kommen wird. Schuld daran ist die nunmehr dem Faktor Zeit zukommende Bedeutung. Der plötzlich Angreifende wird sich dem Angegriffenen gegenüber in einem Vorteil befinden, der ihm eine fast den Sieg bedeutende Überlegenheit verleiht. Er wird ihm ermöglichen, dem Gegner gleich zu Anfang Verluste beizubringen, die dessen Kampffähigkeit außerordentlich herabsetzen.

So fühlt man sich hüben und drüben genötigt, des Überfalls täglich und stündlich gewärtig zu sein, um ihn durch eine augenblicklich erfolgte kraftvolle Abwehr soviel wie möglich zu vereiteln. Diese Nötigung schnellster Abwehr ist es, welche die große Gefahr des zufälligen Ausbruchs eines Atomkrieges in sich trägt. Bei der Schnelligkeit, mit der entschieden werden muß, was das auf dem Radarschirm Sichbarwerdende bedeutet, ist die Möglichkeit eines verhängnisvollen Irrtums gegeben, der unter Umständen den Ausbruch eines Atomkrieges zur Folge haben kann. Dem amerikanischen General Curtis Le May zufolge muß man ernstlich mit dieser Möglichkeit rechnen.

Tatsächlich befand sich die Welt vor kurzem in einer solchen Gefahr. Die Radarstation der amerikanischen Luftwaffe und die der amerikanischen Küste meldeten miteinander, daß Geschwader unbekannter Bomber mit Überschallgeschwindigkeit auf Amerika zukämen. Daraufhin hätte der General, der das strategische Bomberkommando befehligte, alsbald die Bomber zur Vergeltungsbombardierung starten lassen müssen. Er konnte sich aber nicht dazu entschließen, womit er eine schwere Verantwortung auf sich nahm. Kurz darauf stellte es sich heraus, daß die Radarstationen einem technischen Irrtum zum Opfer gefallen waren. Was hätte geschehen können, wenn ein weniger besonnener General an seiner Stelle gewesen wäre!

In der nächsten Zeit wird die Gefahr eines durch Irrtum verursachten Atomkriegs noch größer sein. Die mit Überschallgeschwindigkeit heransausenden Raketen werden ihrer Kleinheit wegen erst spät auf dem Radarschirm sichtbar. Dadurch sind die Abwehrmöglichkeiten sehr beschränkt. Es bleiben nur Sekunden, um zu entscheiden, ob das, was sichtbar wird, wirklich Raketen sind, und das Erforderliche in Gang zu setzen. Dieses besteht in der Entsendung von Abwehrraketen, durch die die feindlichen Raketen zur Explosion gebracht werden sollen, ehe sie das Ziel erreichen, und in der Entsendung von Bombengeschwadern, um die feindlichen Abschußbasen zu vernichten. Einem Menschenhirn kann das nicht überlassen bleiben. Es arbeitet zu langsam. Man muß es einem mit dem Radargerät in Verbindung stehenden Elektronenhirn anvertrauen. Hat dieses ermittelt, daß es sich tatsächlich um Raketen handelt, so berechnet es nach vom Radargerät empfangenen Angaben in Bruchteilen von Sekunden deren Flugbahn und Entfernung und setzt den Start der Abwehrraketen in Gang. Dies alles erfolgt automatisch.

So weit haben wir es gebracht: Unser Schicksal wird von einem Elektronenhirn und den Versehen, die ihm passieren können, abhängen. Es kann nur automatisch entscheiden. Das Vermögen des Menschenhirns, in jeder Richtung und in jeder Hinsicht überlegend vorzugehen, ist ihm nicht verliehen. Seine Entscheidung ist rasch. Sie besitzt aber nicht die Gründlichkeit und Zuverlässigkeit der menschlichen. Überdies ist das Elektronenhirn noch ganz davon abhängig, daß in seinem so komplizierten Funktionieren alles bis ins kleinste in bester Ordnung ist. An Möglichkeiten, daß wir einmal durch irgendeinen Zufall auf die blödeste Art in einen Atomkrieg hineinstolpern, fehlt es also nicht...

Eine merkwürdige Haltung in der Frage des Verzichts auf Atomwaffen nimmt Amerika ein. Es kann nicht anders, als aus Überzeugung für deren Abschaffung eintreten. Zugleich aber will es für den Fall, daß dies nicht Tatsache wird, sich, zusammen mit den Ländern der NATO, in einer möglichst günstigen militärischen Situation befinden. Darum dringt es darauf, daß diese sich entschließen, die Raketengeschosse, die es ihnen anbietet, möglichst bald anzunehmen. Es will weiterhin imstande sein, den Frieden durch Abschreckung des Gegners aufrechtzuerhalten. Dabei muß es die Erfahrung machen, daß die meisten NATO-Staaten keine große Eile zeigen, sich die angebotenen Waffen zu eigen zu machen. Sie haben nämlich mit einer bei ihnen immer stärker werdenden öffentlichen Meinung zu rechnen, die dafür nicht zu haben ist.

Es wäre von großer Bedeutung, wenn Amerika in dieser Schicksalsstunde der Menschheit sich entschließen könnte, einzig an die Notwendigkeit des Verzichts auf Atomwaffen und an die nur dadurch ermöglichte Vermeidung eines Atomkrieges zu denken. Die Theorie der Aufrechterhaltung des Friedens durch Abschreckung des Gegners vermittelst atomarer Aufrüstung kann für die heutige Zeit der so gesteigerten Kriegsgefahr nicht mehr in Betracht kommen.

Ein lichter Schein im Dunkel. Im Dezember 1957 machte der polnische Außenminister Rapacki (von sich aus, nicht, wie man annehmen wollte, im Auftrag der Sowjetunion) den Vorschlag, daß Polen, die Tschechoslowakei, Ost- und Westdeutschland von Atomwaffen frei bleiben sollten. Wird auf diesen Plan eingegangen und wird der atomwaffenfreie Raum in Europa noch dadurch erweitert, daß angrenzende Länder dieses Privileg für sich in Anspruch nehmen und zuerkannt bekommen, so ist damit viel für die vorläufige Erhaltung des Friedens erreicht. Der Anfang des Verjagens des Gespenstes der Einkreisung der Sowjetunion ist gemacht.

Mit diesem so vernünftigen Vorschlag ist die öffentliche Meinung Europas durchaus einverstanden. Sie ist in den letzten Monaten zur Erkenntnis und zum Entschluß gelangt, daß Europa in keiner Weise zum Schlachtfeld eines zwischen der Sowjetunion und Amerika ausbrechenden Atomkrieges werden darf. Davon läßt sie sich nicht mehr abbringen. Die Zeiten sind vorüber, wo dieser oder jener europäische Staat noch heimlich planen durfte, seinen Rang als Großmacht darin zu bekunden, daß er für sich selber Atomwaffen herstellte. Angesichts der Haltung, die die öffentliche Meinung Europas einem solchen Unternehmen gegenüber einnehmen würde, hat es keinen Sinn mehr, heimliche Vorbereitungen auf seine Verwirklichung hin zu betreiben.

Vorüber sind auch die Zeiten, in denen NATO-Generäle und europäische Regierungen miteinander über die Erstellung von Abschußrampen und Lagerung von Atomwaffen und deren Gebiet entschieden. Angesichts der Gefahr eines Atomkrieges, die dies zur Folge haben könnte, kommt das bisherige politische Verfahren nicht mehr in Betracht. Geltung kommt nur noch Abmachungen zu, die von den Völkern als solchen sanktioniert werden ...

Kommt es zur Abschaffung der Atomwaffen, so findet schon allein hierdurch, ohne das Zutun irgendwelcher Verhandlungen, eine weitgehende Gesundung der politischen Lage statt. Sie hat ihren Grund darin, daß mit diesem Verzicht die Distanz und mit ihr die Zeit wieder Wirklichkeit werden und in ihre Rechte treten.

Die Atomwaffen verleihen einem Fernkrieg die Wirkung eines Nahkrieges. Die Sowjetunion und Amerika können sich heute, trotz der zwischen ihnen liegenden Entfernung, mit mächtigen, weit abliegende Ziele in ganz kurzer Zeit erreichenden Atomgeschossen in so furchtbarer Weise bedrohen, als lägen sie nebeneinander. Weil sie Nachbarn geworden sind, müssen sie jede Minute um ihre Existenz bangen.

Kommen aber Atomwaffen nicht mehr in Betracht, so können sie sich, auch bei Benutzung von Raketen, nur noch mit Geschossen, die eine viel geringere Zerstörungskraft besitzen, angreifen. Die die Existenz bedrohende Nachbarschaft hat aufgehört. Sind Raketengeschosse keine Atomwaffen mehr, kommt auch Europa als Schlachtfeld zwischen der Sowjetunion und Amerika nicht mehr für einen Fernkrieg mit dem Effekt eines Nahkrieges in Betracht.

Heute ist Amerika, mit seinen in Europa aufstellbaren Batterien von ferngelenkten Raketen-Atomgeschossen, militärisch mit großer Macht in Europa gegenwärtig. Europa ist zu einem Zwischenland zwischen Amerika und der Sowjetunion geworden, als wäre Amerika, wie in einer Kontinentverschiebung, an Europa herangekommen.

Kommen Raketen-Atomwaffen nicht mehr in Betracht, so nimmt diese unnatürliche Situation ein Ende. Amerika wird wieder ganz Amerika, Europa wieder ganz Europa, der Atlantische Ozean wieder ganz Ozean, eine zwischen Kontinenten räumlich und zeitlich Distanz schaffende Wasserfläche.

Damit ist dann auch das Aufhören der militärischen Gegenwart Amerikas in Europa eingeleitet. Sie ist durch die beiden Weltkriege geschaffen worden. Unvergessen bleiben die großen Opfer, die Amerika Europa im zweiten Weltkrieg und den auf ihn folgenden Jahren gebracht hat, unvergessen die so große und so mannigfache Hilfe, die Europa von ihm empfing, unvergessen der Dank, den es ihm schuldet.

Aber die auf die zwei Kriege zurückgehende unnatürliche Situation seiner dominierenden militärischen Gegenwart in Europa kann nicht in alle kommenden Zeiten übernommen werden. Sie muß nach und nach zu bestehen aufhören, sowohl Europas wegen als auch Amerikas wegen.

Nun erschrockene Stimmen von allen Seiten: «Was soll denn aus dem armen Europa werden, wenn Amerikas Atomwaffen es draußen und nicht mehr in Europa verteidigen? Wie wird es ihm ergehen, wenn es der Sowjetunion ausgeliefert ist? Muß es dann nicht darauf gefaßt sein, lange Jahre hindurch in einer ihm von den Kommunisten auferlegten babylonischen Gefangenschaft zu schmachten?»

Hierzu ist zu bemerken, daß die Sowjetunion vielleicht doch nicht ganz so bösartig ist, daß sie nur daran dächte, sich bei erster Gelegenheit auf Europa zu stürzen, um es zu verschlingen, und auch vielleicht nicht so ganz unintelligent, daß sie nicht überlegte, ob sie Vorteil davon hätte, sich mit diesem unverdaulichen Brocken den Magen zu verderben.

Das Europa, dessen Völker endlich zur Einsicht gekommen sind, daß sie auf Gedeih und Verderb zusammengehören und miteinander verbündet sein müssen, ist eine neue Erscheinung in der Geschichte, an der keine Politik vorbeigehen kann. Eine andere, auch zu beachtende politische Erkenntnis ist, daß es heute nicht darauf ankommt, Völker zu unterwerfen, sondern mit ihnen auch geistig fertig zu werden. Das auf sich selber gestellte Europa hat keinen Grund zu verzweifeln.

Die Verhandlungen der drei Atommächte über das Abrüstungsabkommen haben es mit den Garantien zu tun, die der Westen und der Osten sich gegenseitig zu geben haben, um die tatsächliche, völlige und dauernde Abschaffung von Atomwaffen sicherzustellen. Dabei werden sie auch die Möglichkeit ausübender Kontrolle versehen wollen. Gegenseitig werden sie sich Rechte zuzugestehen haben, internationalen oder von ihnen eingesetzten Kommissionen zu erlauben, auf ihrem Boden Nachforschungen anzustellen. Man redet auch davon, daß Flugzeugen einer internationalen Polizei das Recht zugestanden werden soll, über fremdem Boden in mittlerer und höchster Höhe spionierend zu kreisen.

Bis zu welchem Grade kann ein Staat, ohne sich etwas zu vergeben, solches Überwachtwerden auf und über seinem Boden ertragen? Zu befürchten sind auch üble Zwischenfälle, die sich dabei ereignen können. Wie steht es um die Allmacht, die einer internationalen Kontrolle zugetraut werden soll?

Auch die weitgehendste internationale Kontrolle vermag nicht die Gewähr zu geben, daß überall und in allem ein Übereinkommen eingehalten wird. Letzten Endes sind der Osten und der Westen jeder darauf angewiesen, die Vertrauenswürdigkeit des anderen einigermaßen vorauszusetzen.

Dasselbe gilt noch in einer anderen Angelegenheit. Durch den Verzicht auf Atomwaffen wird die militärische Macht der Sowjetunion, was das europäische Gebiet angeht, weniger betroffen als die Amerikas. Es verbleibt ihm diejenige, die ihm die vielen, mit vorzüglichen gewöhnlichen Waffen ausgerüsteten Divisionen seiner Landarmee verleihen. Es könnte mit ihnen die NATO-Staaten in Europa, insbesondere Westdeutschland, überrennen, ohne daß diesen jemand mit einiger Aussicht auf Erfolg zu Hilfe kommen könnte. Angesichts dieser in den Verhandlungen zu berücksichtigenden Gefahr müßte die Sowjetunion im Abrüstungsabkommen darauf eingehen, ihre Armee zu verringern, und sich verpflichten, nichts gegen Deutschland zu unternehmen. Wie wäre die Innehaltung dieser Verpflichtung in wirklich wirksamer Weise zu überwachen und zu garantieren? – Auch hier gilt also, daß mit einem bis in alle Einzelheiten ausgetüftelten und sozusagen international garantierten Abrüstungsabkommen nicht alles getan ist, sondern daß die Partner darauf angewiesen sind, sich Vertrauen entgegenzubringen.

Wir leben aber in einer Zeit, in der die Vertrauenswürdigkeit von Völkern mehr als je bezweifelt wird. Äußerungen, in denen sie sich fort und fort gegenseitig die Vertrauenswürdigkeit absprechen, sind in unserer Zeit wie abgegriffene Münzen im Umlauf. Sie sind in dem begründet, was die Völker – vom ersten Weltkrieg an – an Unehrlichkeit und Unmenschlichkeit miteinander erlebt und voneinander erlitten haben. Wie soll es zugehen, daß wieder eines Vertrauen in das andere setzen kann?

Und doch muß es wieder dazu kommen. Wir können in diesem uns lähmenden Mißtrauen nicht weiter verharren. Wollen wir uns aus der trostlosen Lage, in der wir uns befinden, herausarbeiten, muß ein anderer Geist in den Menschen und in den Völkern entstehen. Aufkommen kann er nur, wenn die von uns erlebte Notwendigkeit seines Kommens uns die Kraft gibt, an ihn zu glauben. Dieses Erleben dürfen wir auch bei den Angehörigen der Völker voraussetzen, die mit uns die furchtbaren Ereignisse durchgemacht haben. Wir begegnen ihnen in der Besinnung darauf, daß wir miteinander Menschen sind und als solche uns befähigt erachten müssen, miteinander in derselben Weise zu fühlen, zu denken, zu wollen.

Das Bewußtsein, daß wir miteinander Menschen sind, ist uns in Kriegen und Politik abhanden gekommen. Wir kamen dazu, miteinander nur noch als Angehörige verbündeter oder gegnerischer Völker zu verkehren und in den sich daraus ergebenden Ansichten, Vorurteilen, Zuneigungen und Abneigungen gefangen zu bleiben. Nun heißt es wiederentdecken, daß wir miteinander Menschen sind und uns zu bemühen haben, uns gegenseitig zuzugestehen, was in dem Wesen des Menschen als moralische Fähigkeit vorhanden ist. So können wir uns zu dem Glauben erheben, daß auch in Angehörigen anderer Völker das Bedürfnis eines neuen Geistes wach werden wird, wodurch wir beginnen werden, füreinander wieder vertrauenswürdig zu sein.

Der Geist ist eine gewaltige Macht der Umgestaltung der Dinge. Wir haben ihn als Geist des Bösen am Werke gesehen, der das Unglaubliche vermochte, uns aus dem Zustande des Bemühens um geistige Kultur in das Barbarentum zurückzuwerfen. Nun wollen wir unsere Hoffnung auf dasselbe Vermögen des Geistes setzen, die Menschen und die Völker wieder zu Kulturgesinnung gelangen zu lassen.

Zur Zeit haben wir die Wahl zwischen zwei Risiken. Das eine besteht in der Fortsetzung des unsinnigen Wettrüstens in Atomwaffen und der damit gegebenen Gefahr eines unvermeidlichen und baldigen Atomkrieges, das andere in dem Verzichten auf Atomwaffen und in dem Hoffen, daß Amerika, die Sowjetunion und die mit ihnen in Verbindung stehenden Völker es fertigbringen werden, in Verträglichkeit und Frieden nebeneinander zu leben. Das erste enthält keine Möglichkeit einer gedeihlichen Zukunft. Das zweite tut es. Wir müssen das zweite wagen.

In der unter dem Eindruck des Sputnikereignisses am 7. November 1957 gehaltenen Rede des Präsidenten Eisenhower kommt das Wort vor: «Was die Welt heute noch mehr braucht als einen gigantischen Sprung in den Weltraum, ist ein gigantischer Sprung zum Frieden hin.» Dieser gigantische Sprung besteht darin, daß wir den Mut zum Hoffen aufbringen, daß in den Menschen und Völkern der Geist der Vernünftigkeit und der Menschlichkeit den der Unvernünftigkeit und Unmenschlichkeit verdrängen könne ...

*Gute fünf Jahre nach den Radioappellen von 1958 entsteht dieser Aufsatz, in welchem das Moskauer Abkommen von 1963 über die Beendigung der (oberirdischen) Versuchsexplosionen gewürdigt wird. «Der Weg des Friedens heute» blieb zu Lebzeiten ungedruckt, erschien erst 1966.*

Wenn man heute auf den Weg des Friedens kommen will, ist der natürliche Ausgangspunkt das am 25. Juli dieses Jahres zustande gekommene Moskauer Abkommen. Es ist ein erster Schritt auf diesem Weg.

In diesem Abkommen haben sich die Regierungen der Sowjets, der USA und Großbritanniens miteinander entschlossen, in der Luft und unter dem Wasser keine Versuchsexplosionen mehr zu unternehmen. Dies will heißen, daß sie miteinander aufhören wollen, sich weiterhin mit dem Bau mächtiger Atomwaffen abzugeben. Deren Bau ist durch den Verzicht auf große Versuchsexplosionen unmöglich geworden. Nur durch diese konnte man ja die Funktion und Leistung großer Atomwaffen erproben und beurteilen.

Eine Bedeutung hat der Verzicht auf große Versuchsexplosionen auch dadurch, daß die durch sie verursachte, für die Menschheit schon sehr hohe und sehr gefährliche Radioaktivität der Atmospäre, des Erdbodens und des Wassers weiterhin nicht mehr zunehmen wird. Überdies bringt es der Verzicht auf große Versuchsexplosionen und auf zu bauende mächtige Atomwaffen mit sich, daß die Großmächte nicht weiterhin auf dem gefährlichen Weg zum wirtschaftlichen Ruin wandeln. Sie befinden sich auf ihm durch die großen Ausgaben, welche die von ihnen unternommene großartige und sinnlose Aufrüstung in Atomwaffen ihnen auferlegten. Die vervollkommneten modernen Atomwaffen sind ja, wie die modernsten vervollkommneten Flugzeuge, technische Wunderwerke. Ihr Preis ist dementsprechend sehr hoch.

Eigentlich ist die durch das Moskauer Abkommen geschaffene Lage dieselbe, wie sie vom 31. Oktober 1958 an für einige Zeit bestand. An diesem Tage nämlich machten die Atomwaffenexperten der Großmächte, die sich im Völkerbundspalast in Genf mit dem Problem des Verzichts auf Versuchsexplosionen beschäftigten, den Versuch, diesen dadurch zu ermöglichen, daß auf der Erde hundertundachtzig Stationen gegründet werden sollten, auf denen Wissenschaftler, dreißig auf jeder Station, die irgendwo statthabenden Versuchsexplosionen feststellen könnten.

Daraufhin beschlossen die Sowjets, Amerika und Großbritannien, ohne das Funktionieren des geplanten Überwachungssystems abzuwarten, bis auf weiteres keine Versuchsexplosionen mehr zu unternehmen. Bei diesem Verzicht verblieben sie auch, als sich herausstellte, daß die geplante Kontrolle aller auf der Erde stattfindenden Versuchsexplosionen undurchführbar ist.

Nur verlangte Amerika, daß unterirdische Versuchsexplosionen, weil sie nicht feststellbar sind, erlaubt bleiben sollten. Dieses Weiterbestehen unterirdischer Versuchsexplosionen hatten Teller und andere amerikanische Wissenschaftler gefordert, um noch irgendwie kleinere Atomwaffen produzieren zu können. Großbritannien und die Sowjets machten dieses Zugeständnis, wobei die Sowjets erklärten, daß sie selber nicht im Sinne hätten, unterirdische Versuchsexplosionen zu unternehmen.

So lebte man also schon vor dem Moskauer Abkommen in einer Epoche, in der die Versuchsexplosionen über der Erde verboten waren und die unterirdischen erlaubt blieben. Sie dauerte vom 31. Oktober 1958 bis zum 1. September 1961. Von diesem Tage an fingen die Sowjets wieder an, große Versuchsexplosionen über der Erde zu unternehmen. Auch entschlossen sie sich nunmehr auch zu unterirdischen.

Nun folgten durch alle Atommächte unternommene große und größte Versuchsexplosionen aufeinander, in denen neue, mächtige Atomwaffen erprobt wurden. Die mächtigsten produzierten die Sowjets. In diesen neuen Versuchen nahm die Radioaktivität der Atmosphäre, der Erdoberfläche und des Wassers in beängstigender Weise zu. Auch die Angst, daß durch irgendein Geschehnis ein grausiger Atomkrieg in Gang kommen könnte, nahm zu.

Durch das Moskauer Abkommen befinden wir uns wieder auf einem weniger gefährlichen Weg. Aber es bedarf noch anderer vernünftiger Abkommen, bis die Gefahr, in der wir uns durch das Vorhandensein von Atomwaffen befinden, aufgehört haben wird.

Das Moskauer Abkommen ist eine Morgenröte. Die Sonne aber kann erst aufgehen, wenn alle Versuchsexplosionen, auch die unterirdischen, aufhören, besonders auch, weil zu befürchten ist, daß die unterirdischen eine Zunahme der Erdbeben zur Folge haben können.

Bedauerlich ist und bleibt, daß die Großmächte im Moskauer Abkommen sich nicht entschließen konnten, mit den unterirdischen Versuchsexplosionen aufzuhören, weil sie sich über eine genügende Kontrolle derselben nicht einigen konnten und sich nicht gegenseitig das Vertrauen entgegenbrachten, daß jeder, auch bei der Unmöglichkeit völliger Kontrolle, das Abkommen des Aufhörens der unterirdischen Versuchsexplosionen halten würde.

Unser nächstes Unternehmen wird darin bestehen, die Abschaffung der großen Menge bereits vorhandener Atomwaffen durchzuführen. Sie muß kommen, damit der Friede möglich werde. Auch für dieses Unternehmen kann es keine völlig genügende Kontrolle geben. Es wird darum nur gelingen können, wenn irgendeine Garantie vorhanden ist, daß das, was abgemacht wird, auch gehalten wird. Im Verlauf der kommenden Verhandlungen über die Abschaffung der vorhandenen Atomwaffen und den erst dadurch möglich werdenden Frieden werden die Großmächte sich also gegenseitig Vertrauenswürdigkeit in dem Halten von Abkommen zugestehen und zutrauen müssen.

Die Garantie durch Vertrauenswürdigkeit ist ihrem Wesen nach derjenigen durch völlige Kontrolle überlegen. Diese letztere garantiert ja nur die Möglichkeit der Entdeckung, daß der Vertrag nicht gehalten wird. Die Garantie durch Vertrauenswürdigkeit hingegen gibt die Sicherheit, daß der Vertrag tatsächlich gehalten wird.

Ohne daß die Großmächte füreinander vertrauenswürdig werden, kann die Abschaffung der vorhandenen Atomwaffen, die den Frieden ermöglicht, also nicht stattfinden. Wie aber kann diese Vertrauenswürdigkeit tatsächlich entstehen? Nicht durch Zusicherungen, die sich die verhandelnden Regierungen gegenseitig machen, sondern allein dadurch, daß in ihren Völkern eine öffentliche Meinung aufkommt, die das Abschaffen der Atomwaffen fordert und garantiert. Regierungen können durch solche, die anderer Meinung sind, abgelöst werden. Die Völker sind das Bleibende. Ihr Wille ist das Entscheidende. In unserer Zeit müssen wir also darüber im klaren sein, daß, wenn keine öffentliche Meinung der Völker für die Abschaffung der Atomwaffen vorhanden ist, diese nicht durchgeführt werden kann.

Nicht alle in Frage kommenden Regierungen sind sich dessen bewußt. Es gibt auch solche, die die Abschaffung der Atomwaffen und den dadurch ermöglichten Frieden wünschen und planen, es aber nicht für erforderlich erachten, daß eine diese fördernde und garantierende öffentliche Meinung in ihren Völkern aufkomme. Sie ziehen es vor, es mit einer unbestimmten öffentlichen Meinung zu tun zu haben, die sie nach Belieben dirigieren können. Die Lenkung der öffentlichen Meinung ist ja eine Hauptbeschäftigung der Regierungen in unserer Zeit.

Wo wir heute darauf ausgehen müssen, durch die baldige und völlige Abschaffung der so reichlich vorhandenen Atomwaffen zu einem dauernden Frieden zu gelangen, darf man in keinem der beteiligten Länder in der Illusion verbleiben, dies ohne eine die Abschaffung fordernde und sie garantierende öffentliche Meinung verwirklichen zu können. Die Völker als solche müssen gegen die Atomwaffen sein, wenn es gelingen soll, diese loszuwerden.


«... daß ich zu euch gehöre»

*Die beiden Briefauszüge entstammen den Jahren 1961 (3. 10.) und 1963 (8. 3.)*

Mein Leben wird von Jahr zu Jahr schwerer. In den drei letzten Monaten war es besonders schlimm, weil ich die Straße, die das Spital mit der großen Regierungsstraße nach dem Innern des Landes in Verbindung bringt, langsam erhöhen und verbessern mußte, und was das Schwerste war, eine Brücke aus Eisenbeton über den großen Bach, der auf dem Spitalboden in den Ogowe mündet, bauen mußte, um auch bei Hochwasser diese Straße benützen zu können. Das war eine lange Arbeit, die in der trockenen

Jahreszeit fertig werden mußte. Am Schluß mußten wir mit Überstunden arbeiten, um vor dem Einsetzen des Hochwassers fertig zu werden, was uns mit Mühe am 30. September gelang. Ich bin noch ganz mitgenommen von dieser Hetze und noch ganz nervös von der Angst, nicht rechtzeitig mit dem Bau fertig zu werden, in der ich mich abquälte. Mit der Erhöhung der Straße bin ich nicht fertig geworden. Aber das ist das kleinere Übel. Im Spital geht alles gut. Die zwei neuen Schweizer Ärzte sind sehr tüchtig und verstehen sich gut. Der Brücke wegen mußte ich darauf verzichten, noch diesen Herbst nach Europa zu fahren. Es tat mir sehr leid. Ich hatte Mühe, mich damit abzufinden. Hoffentlich kommen jetzt etwas ruhigere Zeiten ...

Meine Strategie besteht darin, nie auf einen Angriff einzugehen, welcher Art er auch sei ... Ich habe von jeher dies zum Grundsatz gemacht und treu eingehalten. Gegen das Schweigen kann niemand auf die Dauer ankämpfen. Es ist ein unüberwindlicher Gegner. Man muß mich auch nicht verteidigen. Es soll nicht für mich gekämpft werden. Es ist mir bestimmt, unkämpferisch meinen Weg zu gehen. Meine Bestimmung ist, dem Geist der Ehrfurcht vor dem Leben, welches auch der Geist des Friedens ist, seinen Weg zu bahnen. Ich bin ganz erschüttert, daß mir ein so herrlicher Beruf bestimmt ist, das macht, daß ich innerlich unangefochten meinen Weg gehe. Eine große ruhige Musik umtönt mich innerlich. Ich darf erleben, daß die Ethik der Ehrfurcht vor dem Leben ihren Weg in der Welt zu machen beginnt, das hebt mich über alles hinaus, was man mir vorwerfen oder antun kann. Mit 88 Jahren darf ich noch in der schönen Arbeit stehen. Wem ist solches verliehen gewesen?

*Zum Goldenen Afrika-Jubiläum im April 1963 spricht Albert Schweitzer auf der ehemaligen Missionsstation, wo er einst begonnen hatte, zu den Einheimischen.*

Ich erinnere mich noch an den Tag, da ich mein Medizinstudium beendet hatte und mich mit Herrn Morel unterhalten konnte. Er war Missionar in Lambarene. Er sagte zu mir: Kommen Sie doch zu uns!, und da er ein Elsässer ist und ich auch einer, so sagte ich mir: Ich gehe dorthin! Ich habe es mir nicht lange überlegt, sondern mir gesagt: Ich habe Vertrauen. Mein Vertrauen wurde nicht getäuscht.

Die Mission hat mir erlaubt, ein kleines, aber ordentliches Spital zu bauen, und lange Jahre hindurch habe ich dem Land mit diesem Missionsspital dienen können. Als das Gelände auf der Mission zu klein wurde, als ich mehr als sechzig Patienten zu beherbergen hatte, mußte ich mich entschließen, einen größeren Platz zu suchen. Dann war es die Kolonialverwaltung, die mir das ehemalige Gelände der Galoa-Könige geschenkt hat. Brazza war dort schon an Land gegangen, als er zum ersten Male den Ogowe hinauffuhr. Er wohnte in einer Hütte, da wo jetzt mein Schlafzimmer steht. Brazza hat von jeher Lambarene geliebt; kam er aus dem Inneren zurück, so ging er in diese Hütte, die der König für ihn hatte bauen lassen ... von ihm haben wir noch viele, aus Lambarene datierte Briefe.

Sagen möchte ich euch noch, wie oft ich mir die Frage gestellt habe: Was hättest du denn getan, wenn du nicht hierhergekommen wärest? In meinen Überlegungen kam ich immer zu demselben Ergebnis: Ich war ein Glückspilz, daß ich nach Lambarene gegangen bin, denn in Lambarene habe ich gefunden, was ich suchte: Liebe, Vertrauen, Hilfsbereitschaft und nützliche Arbeit.

Mit euch, Leute vom Gabun, habe ich die beiden Kriege erlebt, und viele Freundschaften wurden zwischen mir und den Leuten vom Gabun geschlossen während der beiden Kriege und seither. Und so bin ich noch immer unter euch, und ich weiß, daß es eine große Ehre für mich ist und eine große Wohltat, daß ich hier bleiben kann, wo ich mein Werk gegründet habe und wo ich noch zu etwas nützlich bin. Ich gestehe euch: Hier, unter euch, fühle ich mich zu Hause, und wenn ich irgendwo anders hingekommen wäre, so weiß ich nicht, ob alle diese Gefühle der Sympathie zwischen denen, die hier wohnen, und mir, der ich hierhergekommen bin, entstanden wären. Tatsache ist, daß die Sympathie zwischen uns entstanden ist und daß ich zu euch gehöre bis zu meinem letzten Atemzuge. Ich danke euch für alle die Sympathie, die ihr mir erwiesen habt.

*Am 90. Geburtstag, 1965, spricht der «alte Doktor», der «grand docteur», zu seinen Mitarbeitern.*

Hier an diesem Tisch, in diesem Raum, feiern wir voll Freude den Geburtstag. Was allerdings für mich, in meinem Leben, in erster Linie in Betracht kommt, das ist mein Hospital.

Und nun seid Ihr hier. Ihr, die im Hospital arbeiten, die Freunde und Bekannten, die im Hospital sind und die dabei helfen, daß es weitergeführt werden kann. Und da wir hier zusammen sitzen, gedenke ich des Beginns dieser Arbeit. Ich sehe in meiner Erinnerung diejenigen, die zuerst mit mir zusammen gearbeitet haben unter mühevollen und schwierigen Umständen. Keiner von ihnen lebt mehr. Aber ich denke an sie, die den Mut gehabt haben, diese Gründung mit mir vorzunehmen. Und dann denke ich an die Lebenden, die hier sind, und an alle, die schon in früheren Generationen mit mir gearbeitet haben, damit dieses Hospital zustande kommen konnte. Denn es war etwas Abenteuerliches, das ich im Sinn hatte, und ich fühlte und fürchtete es, und alles, was ich gefühlt und gefürchtet hatte, ist auch eingetreten. Aber es ging doch immer weiter vorwärts, und ich kann es selbst nicht mehr schildern, wie wir miteinander den Weg zur Gründung und zum Aufbau des Hospitals fanden. Wir fanden miteinander die richtige Weise, auf die einfachste Art dieses Hospital zu führen und einen Geist zu gründen, der es weiterhin trug. Vor mir sehe ich viele Mitarbeiter, aber auf zwei Mitarbeiter richtet sich mein Gedenken besonders, zwei schwarze Handwerker, die vom katholischen Missionsposten kamen. Die Frau des einen hatte ich im Krankenhaus, der andere kam aus Freundschaft mit. Diese beiden betrachteten mich noch als jungen Mann und sagten: «Sie dürfen das Hospital nicht in die Höhe bauen wie die Regierungshospitäler, Sie müssen es einstöckig bauen!» Zuerst begriff ich dies nicht, aber mit der Zeit verstand ich, was sie meinten. Es war so, daß diese beiden Afrikaner eine deutliche Vorstellung von einem für Schwarze bestimmten Krankenhaus hatten, daß es sich dabei nicht um ein Gebäude mit sechs Stockwerken handeln durfte. Das habe ich zuerst nicht begriffen, aber ich habe ihnen gehorcht und bin ihnen gefolgt. Nun ruhen sie schon lange auf dem Friedhof, aber ich werde sie niemals vergessen. Niemand anderes hätte mir das geben können, was diese beiden mir gegeben haben und was sie für mich getan haben.

Und nun danke ich Ihnen allen, denn hier ist ein Werk entstanden, wie ich es nicht erwartet hatte. Meine ganze Geburtstagsfeier besteht darin, daß ich an diejenigen denke und sie vor mir erscheinen, die mit mir gearbeitet haben, und daß ich mich unter denjenigen befinde, die jetzt mit mir arbeiten. Ihnen allen danke ich und auch denjenigen, die mitgeholfen haben, daß das Hospital die Mittel erhielt, um sich zu entwickeln. Und dieses Danken ist das Schönste an meinem Geburtstag!

# ANMERKUNGEN

1 Bezogen auf das Jahr 1923, in dem die Erinnerungen entstanden.
2 Im Original unleserlich.
3 Die Autobiographie von 1931 übergeht die anfängliche Absicht, als Missionar, mit ärztlichen Grundkenntnissen, nach Afrika zu gehen. Die Sinneswandlung – zwischen Juli und Oktober 1905 – bleibt unerwähnt. Sie beruhte sowohl auf den Widerständen der Pariser Missionsgesellschaft gegen sein liberales Christentum als auch auf dem Zuraten von Medizinprofessoren, das Studium regulär zu betreiben.
4 Gedächtnistäuschung des Verfassers. Das Physikum war 1908.
5 In wirkichkeit 1910.
6 Titel: «Die psychiatrische Beurteilung Jesu». Tübingen 1913. Diese Arbeit blieb Schweitzers einzige medizinische Publikation.
7 Erst lange nach Schweitzers Tod haben wir aus dem Nachlaßband «Straßburger Vorlesungen» erfahren, daß der Privatdozent für Neues Testament den Ausdruck „Ehrfurcht vor dem Leben» bereits am 13. Februar 1913 in einer Vorlesung verwendet hat. Rätselhaft bleibt, daß ihm der Begriff wieder verlorenging und er ihn 1915 auf dem Ogowe neu erfand. Möglich, daß die unendlichen Schwierigkeiten mit der Pariser Missionsgesellschaft – deren ganzes Ausmaß auch erst aus dem Nachlaß bekannt geworden ist – einen Schleier des Vergessens über die Erstfindung des berühmten Ausdrucks gebreitet hatten.
8 An dieser Stelle faßt Schweitzer seine Lehre nur knapp zusammen, rückschauend von 1931 her. Ausführlicher wird sie, gemäß dem chronologischen Fortgang unseres selbstdarstellenden Lesebuchs, im Kapitel «Resignation und Ermutigung» (1918–1923) behandelt.
9 Die Mutter war, wie früher schon berichtet, im Krieg ums Leben gekommen, 74jährig.
10 Lilian Russell aus Kanada half seit April 1927 – und später wiederholt – einige Monate beim Roden und Pflanzen, indem sie die Arbeiter beaufsichtigte und anleitete. Schweitzer: «Seither habe ich ganz allgemein die Erfahrung gemacht, daß die Autorität der weißen Frau von unseren Primitiven leichter anerkannt wird als die von uns Männern.»
11 Gemeint: bis zum vorigen Weggang von Lambarene, Juli 1927.
12 In Vichy hatte die unter der deutschen Besatzungsmacht amtierende französische Regierung des Marschalls Pétain ihren Sitz.

13 Gemeint: die achtzehn deutschen Atomforscher, die am 12. April 1957 in ihrer Göttinger Erklärung von einer Fortsetzung der Atomwaffenversuche gewarnt hatten. Zufällig elf Tage später, unabgestimmt, sprach Schweitzer erstmals zu diesem Thema warnend im Osloer Rundfunk. Jetzt, ein Jahr danach, folgen seine drei Appelle über denselben Sender zum selben Gegenstand.

# ZEITTAFEL

| | |
|---|---|
| 1875 | 14. Januar: Albert Schweitzer in Kaysersberg/ Oberelsaß geboren. Übersiedlung nach Günsbach. Vater: Ludwig Schweitzer, Pfarrer (1846–1925), Mutter: Adele, geb. Schillinger (1841–1916). Vier Geschwister: Luise (1873–1927), Adele (1876–1969), Marguerite (1877 bis 1959), Paul (1882–1967). Der erste bekannte Vorfahre: Johann Schweitzer in Frankfurt am Main, 17. Jahrhundert. Sein Sohn Johann Nikolaus wanderte nach dem Dreißigjährigen Krieg ins Elsaß aus. Seither lebten die Schweitzers dort |
| 1880–1884 | Besuch der Dorfschule in Günsbach |
| 1884/1885 | Realschule in Münster/Elsaß |
| 1885–1893 | Gymnasium in Mülhausen. Klavier- und Orgelunterricht bei Eugen Münch. – 18. Juni 1893: Abitur |
| 1893 | Oktober: Studium der Theologie und Philosophie in Straßburg begonnen. Orgelunterricht bei Charles Marie Widor in Paris |
| 1894/1895 | Militärjahr beim Infanterieregiment 143 in Straßburg |
| 1896 | Pfingsten: Entschluß zu einem Beruf menschlichen Dienens nach dem 30. Lebensjahr |
| 1898 | 6. Mai: Erstes theologisches Examen. Lehrvikar |
| 1898/1899 | Wintersemester: Philosophie und Musik in Paris. Kant-Dissertation |
| 1899 | Frühjahr/Sommer: Philosophie-Studien in Berlin. – 2. August: Promotion zum Dr. phil. |
| 1900 | 15. Juli: Zweite theologische Prüfung, – 21. Juli: Lizentiaten-(= Doktor)Examen mit einer Dissertation über das Abendmahlsproblem. – 14. November: Vikar an St. Nicolai |
| 1902 | 1. März: Habilitation an der evang.-theologischen Fakultät in Straßburg. Habilitationsschrift über *Das Messianitäts- und Leidensgeheimnis* (1901) |
| 1904 | Herbst: Ein Aufruf über die Not der Kongomission entscheidet über die Richtung des Dienstberufs |
| 1905 | 9. Juli: Bietet der Pariser Mission seine Dienste als Missionar an. – *J. S. Bach, le musicien-poète*. – 13. Oktober: Mit- |

|      |      |
|------|------|
|      | teilung über die Absicht, Urwaldarzt zu werden. Beginn des Medizinstudiums |
| 1906 | *Deutsche und französische Orgelbaukunst und Orgelkunst; Von Reimarus zu Wrede* |
| 1908 | 14. Mai: Physikum\*. *J. S. Bach* (deutsche Ausgabe) |
| 1909 | *Internationales Regulativ für Orgelbau* (mit F. X. Mathias) |
| 1910 | 3. Dezember: Abschluß des medizinischen Staatsexamens\* |
| 1911/1912 | Ärztliches Praktikum. *Geschichte der paulinischen Forschung* |
| 1912 | 11. Februar: Ärztliche Approbation. – Frühjahr: Aufgabe des Predigtamtes. – 18. Juni: Eheschließung mit Helene Breßlau (geboren 25. Januar 1879 in Berlin). – 14. Dezember: Professor-Titel von seiten des kaiserlichen Statthalters wegen der «anerkennenswerten wissenschaftlichen Leistungen» |
| 1913 | März: Promotion zum Dr. med. mit einer Dissertation über *Die psychiatrische Beurteilung Jesu.* Abschluß der erweiterten *Geschichte der Leben-Jesu-Forschung.* – 21. März: Abreise aus Günsbach nach Afrika (mit Helene). – 4. April: Ausscheiden aus dem Lehrkörper der Universität durch schriftlichen Verzicht auf die Venia legendi, da die Fakultät eine Beurlaubung abgelehnt hatte. 16. April: Ankunft in Lambarene |
| 1913–1917 | Erster Aufenthalt in Afrika |
| 1914 | 1. August: Beginn des 1. Weltkrieges. Schweitzer anfänglich unter Hausarrest, mit dem Verbot ärztlicher Tätigkeit. Arbeit an der Kulturphilosophie |
| 1915 | September: Schweitzer findet den Begriff der Ehrfurcht vor dem Leben. |
| 1916 | 3. Juli: Tödliche Verletzungen der vierundsiebzigjährigen Mutter durch ein scheuendes Militärpferd |
| 1917 | September: Rücktransport nach Europa. Internierung in Bordeaux. Schweitzer bekommt eine Dysenterie |
| 1917/1918 | Herbst–Sommer: Internierungslager Garaison (Pyrenäen) und St-Rémy (Provence) |
| 1918 | Juli: Rückkehr ins Elsaß. – 1. September: Darmoperation durch Prof. Stoltz. Anschließend erneutes Vikariat an St. Nicolai und Assistenzarztstelle an der Hautklinik des Bürgerspitals |
| 1919 | 14. Januar: Tochter Rhena geboren. – Februar: Doppel- |

\* *Soweit Datenangaben den Selbstzeugnissen widersprechen, sind sie nach dem Forschungsstand korrigiert.*

predigt über die Ehrfurcht vor dem Leben. – Sommer: Zweite Operation. – Oktober: Erstes Nachkriegs-Orgelkonzert in Barcelona. – Dezember: Einladung durch den schwedischen Erzbischof Söderblom zu Vorlesungen in Uppsala

1920 Januar: Mit Inkrafttreten des Versailler Vertrages wird Schweitzer französischer Staatsbürger. – Frühjahr–Sommer: Schweden-Reise. Vorlesungen, Vorträge, Orgelkonzerte. Abzahlung der Schulden. Entschluß, die Arbeit in Lambarene fortzusetzen. *Zwischen Wasser und Urwald*

1921 April: Aufgabe der beiden Stellungen in Straßburg. Freie schriftstellerische und künstlerische Arbeit

1921/1922 Konzert- und Vortragsreisen nach Spanien, in die Schweiz (dreimal), nach Schweden (zweimal), nach England und Dänemark. Arbeit an der Kulturphilosophie in Günsbach

1923 Januar: Kulturphilosophische Vorlesungen an der Universität Prag. *Verfall und Wiederaufbau der Kultur; Kultur und Ethik; Das Christentum und die Weltreligionen.* Hausbau für Helene und Rhena in Königsfeld/Schwarzwald. – Herbst: Kurse für Geburtshilfe und Zahnheilkunde in Straßburg, für Tropenmedizin in Hamburg

1924 *Aus meiner Kindheit und Jugendzeit.* – 21. Februar: Zweite Ausreise nach Afrika, ohne Helene

1925 5. Mai: Tod des Vaters, neunundsiebzigjährig. – 18. Juli: Mathilde Kottmann, Elsässerin, kommt als erste Pflegerin. – 19. Oktober: Viktor Neßmann, Elsässer, kommt als erster Arzt. – Herbst: Beginn der Rodungsarbeiten für ein größeres Spital

1927 21. Januar: Umzug in die neuen Baracken. – 21. Juli: Rückfahrt nach Europa

1927–1929 Konzerte und Vorträge in Schweden, Dänemark, Holland, England, der Schweiz, Deutschland, der Tschechoslowakei, Schallplattenaufnahmen in London

1928 28. August: Goethepreis der Stadt Frankfurt. Erste Goethe-Rede

1929 September: Ein deutscher Freundeskreis entsteht in Ansätzen. Initiatoren Richard Kik in Ulm u. a. Aufruf, man wolle Schweitzer «lesen, lehren, lieben und leben». Baubeginn am Günsbacher Haus (mit Hilfe des Goethepreises)

1930/1931 Drittes Wirken in Lambarene (zwei volle Jahre). Frau Schweitzer muß schon zu Ostern 1930 aus Gesundheitsgründen zurück

| | |
|---|---|
| 1930 | Ablehnung eines Rufes an die Universität Leipzig (theologische Fakultät). *Die Mystik des Apostels Paulus* |
| 1931 | *Aus meinem Leben und Denken* |
| 1932 | 22. März: Gedenkrede zu Goethes 100. Todestag in Frankfurt. – 9. Juli: Vortrag *Goethe als Denker und Mensch* in Ulm. – Vorträge und Konzerte in Deutschland, Holland, England |
| 1933–1934 | April – Januar: Viertes Wirken in Afrika |
| 1934 | Oktober/November: Religionsphilosophische Vorlesungen in Oxford und Edinburgh |
| 1935 | Februar – August: Zum fünftenmal in Lambarene. – August: Zweiter Teil der Vorlesungen in Edinburgh. – Dezember: Schallplatten-Einspielungen in London. – *Die Weltanschauung der indischen Denker* |
| 1936 | Oktober: Schallplatten-Einspielungen in Straßburg |
| 1937–1939 | Februar – Januar: Sechster Lambarene-Aufenthalt |
| 1938 | *Afrikanische Geschichten* |
| 1939 | Wegen des Eindrucks drohender Kriegsgefahr nur zwölftägiger Aufenthalt im Elsaß. Regelung der wichtigsten Angelegenheiten |
| 1939–1948 | Neuneinhalb ununterbrochene Lambarene-Jahre (siebenter Aufenthalt) |
| 1940 | Oktober/November: Kämpfe um den Ort Lambarene zwischen Truppen de Gaulles und der Vichy-Regierung. Beide Seiten schonen das Spital |
| 1941 | 2. August: Helene trifft ein nach schwieriger Reise über Angola, bleibt bis September 1946 |
| 1942 | Frühjahr: Erste Hilfssendung, vor allem Medikamente, aus den USA |
| 1948 | 24. Oktober: Ankunft in Bordeaux |
| 1949 | 8. Juli: Festrede zum 200. Geburtstag Goethes in Aspen/Colorado. *Goethe, der Mensch und das Werk* |
| 1949–1951 | November – Mai: Achtes Wirken in Lambarene, bis Juni 1950 zusammen mit Helene |
| 1950 | Goethe. Vier Reden; *Ein Pelikan erzählt aus seinem Leben* |
| 1951 | 16. September: Friedenspreis des deutschen Buchhandels in der Paulskirche. – Oktober/November: In Schweden |
| 1951/1952 | Dezember – Juli: Neuntes Wirken in Lambarene |
| 1952 | September: Schallplattenaufnahmen in Günsbach. – 30. September: Empfang der Paracelsus-Medaille (erste medizinische Ehrung). – Schweitzer sitzt wiederholt Modell für Fritz Behn (auch 1954): Zeichnungen, Ölbilder, Tonbüsten. – 20. Dezember: Schweitzer, in die Académie des sciences morales et politiques gewählt, spricht über |

|  | *Das Problem der Ethik in der Höherentwicklung des menschlichen Denkens* |
|---|---|
| 1952–1954 | Dezember – Mai: Zum zehntenmal in Lambarene |
| 1953 | Mai: Beginn der Arbeiten für eine Leprösensiedlung dicht beim Spital. – Oktober: Friedensnobelpreis rückwirkend für 1952 an Albert Schweitzer. Die Preissumme erlaubt ein Lepradorf «aus einem Guß» |
| 1954 | 28./29. Juli: Bach-Gedenkkonzert in der Straßburger Thomaskirche. Letztes öffentliches Auftreten als Organist. – 4. November: Entgegennahme des Friedensnobelpreises in Oslo (mit Helene). *Das Problem des Friedens in der heutigen Welt* |
| 1954/1955 | Dezember – Juli: Elftes Wirken in Lambarene (mit Helene) |
| 1955 | Mai: Fertigstellung des Lepradorfes. – Herbst: Besuche in England, Paris, der Bundesrepublik Deutschland, der Schweiz. – 11. November: Entgegennahme der Insignien des Ordens Pour le mérite (Friedensklasse) in Bonn |
| 1956/1957 | Januar – Juli: Zwölfter Lambarene-Aufenthalt (mit Helene) |
| 1956–1961 | In Japan entsteht die erste Gesamtausgabe der Werke Schweitzers (19 Bände) |
| 1957 | 23. April: Aufruf des Urwalddoktors gegen die Gefahren der Kernwaffenversuche, gesendet von Radio Oslo. – 22. Mai: Helene Schweitzer verläßt Lambarene. – 1. Juni: Sie stirbt achtundsiebzigjährig in Zürich. – Beim spätsommerlichen Europa-Aufenthalt starke Behinderung wegen Bruchs des rechten Mittelhandknochens |
| 1957–1959 | Dezember – August: Zum dreizehntenmal in Lambarene |
| 1958 | 25. Januar: Schweitzer setzt ein weißes Steinkreuz mit eigenhändig eingeritzten Lebensdaten auf das Urnengrab seiner Frau. – 28./29./30. April: Drei Radioappelle über Sender Oslo gegen die Atomgefahren. *Friede oder Atomkrieg* |
| 1959 | Oktober: Nach Entgegennahme des Sonningpreises in Kopenhagen («jeder Pfennig wird Lambarene zugute kommen») letzte Deutschland-Reise. – November: Dreiwöchiger Paris-Aufenthalt mit Abstechern nach Brüssel und Rotterdam. – 9. Dezember: Der Vierundachtzigjährige verläßt Europa für immer – ohne dies zu ahnen. In den folgenden Jahren werden Reisen geplant, aber nicht ausgeführt |
| 1960 | 23. Juli: Erste Briefmarke der neuen Republik Gabun mit dem Porträt Schweitzers |

| | |
|---|---|
| 1963 | 18. April: Feier zum Goldenen Afrika-Jubiläum (Stichtag: 16. April) |
| 1965 | 14. Januar: 90. Geburtstag, Besucher aus aller Welt. – Frühjahr und Sommer: Bauten, Korrespondenz, Abschluß der kritischen Ausgabe *J. S. Bachs Präludien und Fugen für Orgel.* – 27. August: Letzter Brief: «Gesundheitlich geht es mir gut». In den folgenden Tagen zunehmende Ermattung. – 4. September: Albert Schweitzer stirbt vor Mitternacht. |

# QUELLENNACHWEISE

S. 17–58   Aus meiner Kindheit und Jugendzeit, 1924. C. H. Beck, Beck'sche Reihe 439, München 2005, S. 5–8, 12–20, 22–24, 26–32, 34–43, 45–54, 58–83
S. 59–85   Aus meinem Leben und Denken, 1931, Fischer Taschenbuch 12 876, Frankfurt ⁷2008, S. 13–15, 17–20, 22–25, 27–36, 44–46, 49 f., 52, 54–64
S. 85 f.   Zitiert nach: Erwin R. Jacobi, A. S. und die Musik, Breitkopf und Härtel, Wiesbaden 1975, S. 30–32
S. 86–94   Aus meinem Leben und Denken, S. 67 f., 70–74, 78–81
S. 94–99   Straßburger Predigten, C. H. Beck, Beck'sche Reihe 307, München ³1993, S. 55–61
S. 99–103  Brief an Boegner, abgedruckt aus dem 41. Rundbrief für den Freundeskreis von Albert Schweitzer und den Deutschen Hilfsverein e. V., Dettingen/Rottenburg 1976, S. 51–53, in der Übersetzung von Gustav Woytt
S. 103–113 Aus meinem Leben und Denken, S. 81–92, 94 f.
S. 113–118 Straßburger Predigten, S. 76–83
S. 118     Aus meinem Leben und Denken, S. 96
S. 119–121 Brief an Lüpke, abgedruckt aus dem 41. Rundbrief für den Freundeskreis von A. S., 1976, S. 54 f.
S. 121–126 Aus meinem Leben und Denken, S. 98, 101–105
S. 126–130 Geschichte der Leben-Jesu-Forschung, 1913, Gesammelte Werke III, C. H. Beck, München 1974, S. 873–876, 878 f., 882 f., 885–887
S. 131 f.  Mitteilungen aus Lambarene 1913–1914, Neudruck Union Verlag Berlin 1983, S. 34 f.
S. 132     Zwischen Wasser und Urwald, C. H. Beck, Beck'sche Reihe 1098, München ²2008, S. 12 f.
S. 132 f.  Aus meinem Leben und Denken, S. 123
S. 133 f.  Mitteilungen aus Lambarene, S. 40 f.
S. 134     Zwischen Wasser und Urwald, S. 34 f.
S. 134–136 Aus meinem Leben und Denken, S. 124 f.
S. 136     Zwischen Wasser und Urwald, S. 37
S. 136–145 Mitteilungen aus Lambarene, S. 47–51, 54, 73–76, 80–83

| | |
|---|---|
| S. 145 f. | Zwischen Wasser und Urwald, S. 84 f. |
| S. 146 f. | Mitteilungen aus Lambarene, S. 95–97 |
| S. 148 | Zwischen Wasser und Urwald, S. 61 f. |
| S. 148 | Mitteilungen aus Lambarene, S. 105 f. |
| S. 148 | Zwischen Wasser und Urwald, S. 67 |
| S. 149–153 | Josephine, das zahme Wildschwein, 1923, abgedruckt aus dem 40. Rundbrief für den Freundeskreis von A. S., 1975, S. 128–131 |
| S. 153 f. | Zwischen Wasser und Urwald, S. 72 |
| S. 154–157 | Mitteilungen aus Lambarene, S. 108–113 |
| S. 157–163 | Zwischen Wasser und Urwald, S. 99–101, 103, 109 f., 115–117 |
| S. 163–166 | Aus meinem Leben und Denken, S. 126–129 |
| S. 166 | Zwischen Wasser und Urwald, S. 121 |
| S. 166–168 | Aus meinem Leben und Denken, S. 129–131 |
| S. 168–170 | Kultur und Ethik, in: Kulturphilosophie, 1923, C. H. Beck, Beck'sche Reihe 1150, Neuausgabe München 2007, S. 93 f. |
| S. 170–174 | Aus meinem Leben und Denken, S. 135–141 |
| S. 175–182 | Zwischen Wasser und Urwald, S. 124–135 |
| S. 182–189 | Afrikanische Geschichten, 1938, Gesammelte Werke V, C. H. Beck, München 1974, S. 40–48 |
| S. 189–192 | Zwischen Wasser und Urwald, S. 137–141, 143 f. |
| S. 193 f. | Aus meinem Leben und Denken, S. 143 f. |
| S. 194–196 | Zwischen Wasser und Urwald, S. 146–148 |
| S. 196–205 | Aus meinem Leben und Denken, S. 144–157 |
| S. 206–218 | Straßburger Predigten, S. 122–131, 134–142 |
| S. 218 | Aus meinem Leben und Denken, S. 158 |
| S. 218–226 | Das Christentum und die Weltreligionen, C. H. Beck, Beck'sche Reihe 181, München ⁴2002, S. 12, 25–27, 56–65 |
| S. 227–229 | Aus meinem Leben und Denken, S. 160–162 |
| S. 229 | Zwischen Wasser und Urwald, S. 151 |
| S. 229–231 | Aus meinem Leben und Denken, S. 170–172 |
| S. 231–245 | Kultur und Ethik, S. 306–322 |
| S. 246 | Aus meinem Leben und Denken, S. 177 |
| S. 246–292 | Briefe aus Lambarene 1924–1927, 1928, C. H. Beck, Beck'sche Reihe 1641, Neuausgabe München 2009, S. 27 f., 30, 33–48, 50, 52 f., 55, 58, 61 f., 64, 68 f., 73–77, 80 f., 84–86, 90–93, 100–110, 114–116, 123 f., 126–131, 133–142, 147, 151–154, 157, 159 f., 171, 175 f., 179 f., 184 f., 190 f. |
| S. 293–301 | Goethe. Vier Reden, 1950, Gesammelte Werke V, C. H. Beck, München 1974, S. 469–478 |
| S. 301 f. | Aus meinem Leben und Denken, S. 183 |

| | |
|---|---|
| S. 302–304 | Briefe aus dem Lambarene-Spital. Berichte aus den Jahren 1930–1954, Neudruck Union Verlag Berlin 1981, S. 13–15 |
| S. 304–308 | Die Mystik des Apostels Paulus, 1930, Gesammelte Werke IV, C. H. Beck, München 1974, S. 484 f., 489 f., 502, 508–510 |
| S. 308–311 | Briefe aus dem Lambarene-Spital, S. 15–21 |
| S. 312–317 | Aus meinem Leben und Denken, S. 189–191, 206–208 |
| S. 317–319 | Briefe aus dem Lambarene-Spital, S. 41 f., 46, 48 |
| S. 320–326 | Gottesdienst im Spital in Lambarene, 1930, abgedruckt aus dem 9. Rundbrief für den Freundeskreis von A. S., Heidenheim 1956, S. 54–61 |
| S. 326–361 | Briefe aus dem Lambarene-Spital, S. 85, 88–91, 94–96, 98 f., 102, 104–106, 110, 112 f., 125 f.,128 f., 133–135, 140–150, 152 f., 156–166, 193 f., 205 f., 216 f., 223–225, 227–237, 245–249, 252 |
| S. 362 f. | Vorwort für die französische Ausgabe von „Zwischen Wasser und Urwald", 1951, abgedruckt aus dem 26. Rundbrief für den Freundeskreis von A. S., Dettingen 1965, S. 39 f. |
| S. 363–370 | Briefe aus dem Lambarene-Spital, S. 261–267, 274–279 |
| S. 370–387 | Friede oder Atomkrieg, 1958, Gesammelte Werke V, C. H. Beck, München 1974, S. 578–582, 584–588, 591–600, 604–609 |
| S. 387–391 | Der Weg des Friedens heute, 1966, Gesammelte Werke V, C. H. Beck, München 1974, S. 612–616 |
| S. 391 f. | Zwei Briefe vom 3. 10. 1961 und 8. 3. 1963, abgedruckt aus dem 19. Rundbrief für den Freundeskreis von A. S., 1962, S. 20, und aus dem 22. Rundbrief, Dettingen 1963, S. 96 |
| S. 392–394 | Ansprache zum Goldenen Afrika-Jubiläum, 1963, Gesammelte Werke V, C. H. Beck, München 1974, S. 112 f. |
| S. 394 f. | Ansprache am 90. Geburtstag, abgedruckt aus dem 26. Rundbrief für den Freundeskreis von A. S., 1965, S. 3 f. |

*Aus dem Verlagsprogramm*

# Albert Schweitzer in der Beck'schen Reihe

## Aus meiner Kindheit und Jugendzeit
166. Tsd. 91 Seiten mit 13 Abbildungen
Paperback
Beck'sche Reihe Band 439

## Zwischen Wasser und Urwald
Erlebnisse und Beobachtungen eines Arztes
im Urwald Äquatorialafrikas
2. Auflage. 2008
151 Seiten mit 16 Abbildungen
Paperback
Beck'sche Reihe Band 1098

## Briefe aus Lambarene
2009. 191 Seiten. Paperback
Beck'sche Reihe Band 1641

## Die Ehrfurcht vor dem Leben
Grundtexte aus fünf Jahrzehnten
8. Auflage. 2003. 167 Seiten
Paperback
Beck'sche Reihe Band 255

## Ehrfurcht vor den Tieren
Herausgegeben von Erich Gräßer
2006. 160 Seiten mit 10 Abbildungen
Paperback
Beck'sche Reihe Band 1714

Verlag C. H. Beck

# Albert Schweitzer in der Beck'schen Reihe

## Kulturphilosophie
Erster Teil: Verfall und Wiederaufbau der Kultur
Zweiter Teil: Kultur und Ethik
Mit einem Nachwort von Claus Günzler
2007. 356 Seiten. Paperback
Beck'sche Reihe Band 1150

## Das Christentum und die Weltreligionen
Zwei Aufsätze zur Religionsphilosophie
Mit einer Einführung in das Denken
Albert Schweitzers von Ulrich Neuenschwander
4., unveränderte Auflage. 2002. 125 Seiten. Paperback
Beck'sche Reihe Band 181

## Gespräche über das Neue Testament
Herausgegeben von Winfried Döbertin
2., durchgesehene Auflage. 1994. 217 Seiten. Paperback
Beck'sche Reihe Band 1071

## Straßburger Predigten
Herausgegeben von Ulrich Neuenschwander
3., unveränderte Auflage. 1993. 175 Seiten. Paperback
Beck'sche Reihe Band 307

## Friede oder Atomkrieg
Vier Schriften
Mit einem Vorwort von Erhard Eppler
3. Auflage. 1984. 100 Seiten. Paperback
Beck'sche Reihe Band 241

Verlag C. H. Beck

# Biographien bei C. H. Beck

*Nils Ole Oermann*
Albert Schweitzer
2009. Ca. 375 Seiten mit 48 Abbildungen
Gebunden

*Reinhard Mehring*
Carl Schmitt
Aufstieg und Fall
Eine Biographie
2009. Etwa 800 Seiten mit etwa 30 Abbildungen
Gebunden

*Ferdinand Schlingensiepen*
Dietrich Bonhoeffer
1906–1945
Eine Biographie
4., durchgesehene Auflage. 2007
432 Seiten mit 46 Abbildungen im Text
Gebunden

*Verena Mühlstein*
Helene Schweitzer Bresslau
Ein Leben für Lambarene
2001. 298 Seiten mit 18 Abbildungen. Paperback
Beck'sche Reihe Band 1387

*Günter Brakelmann*
Helmuth James von Moltke
1907–1945
Eine Biographie
2009. 432 Seiten mit 60 Abbildungen. Paperback
Beck'sche Reihe Band 1916

Verlag C. H. Beck